国家社会科学基金重大项目
"建设开放型世界经济与大国经济开放的中国方案研究"
（18VSJ047）

新兴大国经济开放战略

汤凌霄 欧阳峣 洪联英 等著

建设开放型世界经济的中国方案

北京大学出版社
PEKING UNIVERSITY PRESS

图书在版编目(CIP)数据

新兴大国经济开放战略:建设开放型世界经济的中国方案/汤凌霄等著. —北京:北京大学出版社,2022.4

ISBN 978-7-301-32983-2

Ⅰ. ①新… Ⅱ. ①汤… Ⅲ. ①经济开放—研究—中国 Ⅳ. ①F125

中国版本图书馆 CIP 数据核字(2022)第 057721 号

书　　　名	新兴大国经济开放战略——建设开放型世界经济的中国方案 XINXING DAGUO JINGJI KAIFANG ZHANLÜE——JIANSHE KAIFANGXING SHIJIE JINGJI DE ZHONGGUO FANGAN
著作责任者	汤凌霄　欧阳峣　洪联英　等著
责 任 编 辑	杨丽明
标 准 书 号	ISBN 978-7-301-32983-2
出 版 发 行	北京大学出版社
地　　　址	北京市海淀区成府路 205 号　100871
网　　　址	http://www.pup.cn　新浪微博:@北京大学出版社
电 子 信 箱	sdyy_2005@126.com
电　　　话	邮购部 010-62752015　发行部 010-62750672　编辑部 021-62071998
印 刷 者	北京中科印刷有限公司
经 销 者	新华书店
	730 毫米×1020 毫米　16 开本　21 印张　366 千字 2022 年 4 月第 1 版　2022 年 4 月第 1 次印刷
定　　　价	68.00 元

未经许可,不得以任何方式复制或抄袭本书之部分或全部内容。
版权所有,侵权必究
举报电话:010-62752024　电子信箱:fd@pup.pku.edu.cn
图书如有印装质量问题,请与出版部联系,电话:010-62756370

前 言

党的十九大报告提出了"推动建设开放型世界经济"的战略任务，全国哲学社会科学工作办公室将"建设开放型世界经济研究"的选题公开招标，湖南师范大学以汤凌霄教授为首席专家，以"建设开放型世界经济与大国经济开放的中国方案研究"为题撰写的申报书，顺利地获得批准立项。

由湖南师范大学教师和中国社会科学院科研人员组成的研究团队，紧锣密鼓地开展项目研究。鉴于国内外学者已经从不同角度探讨了开放型世界经济的相关问题，但是缺乏整体性的深度研究，我们试图将系统研究和深度研究相结合，作出有特色的理论研究成果。具体地说，一是试图提出比较系统的"开放型世界经济"的分析框架，深入研究国际贸易、国际投资、国际金融、全球价值链和全球经济治理等问题；二是试图探讨当今世界经济格局深刻变化条件下的中国思路，提出在西方国家"逆全球化"浪潮下推动贸易投资自由化和参与全球经济治理的中国策略；三是试图探讨中国发挥新兴大国优势推动建设开放型世界经济的中国实践，提出自由贸易区、粤港澳大湾区建设和构建双循环格局的具体对策。

全书由首席专家汤凌霄教授提出总体思路，子课题负责人欧阳峣教授、高凌云教授、林跃勤教授、洪联英教授分别牵头，课题组成员刘茂松教授、张杨副教授、罗富政副教授等参加，共同完成项目研究和书稿撰写任务。在项目研究过程中，清华大学蔡继明教授、南开大学佟家栋教授和盛斌教授、复旦大学万广华教授、浙江大学黄先海教授、上海财经大学赵晓雷教授、中国社会科学院李仁贵教授、湖南师范大学李军教授等专家给予了指导和帮助，在此谨致以诚挚的谢意！

首席专家：汤凌霄
2021 年 7 月 31 日

摘 要

20世纪中叶开始的第二轮全球化，有力地推动了世界经济的繁荣，不仅促进了世界市场的拓展和一体化，而且通过构建国际生产和投资网络形成全球价值链。然而，美国次贷危机引发的全球金融危机给人类带来了一个副产品，那就是"逆全球化"浪潮成为世界经济舞台上不可忽视的力量。中国作为新兴大国的典型代表，从全球和未来的发展出发，以积极的姿态成为经济全球化和贸易投资自由化的推动者，履行推动建设开放型世界经济的历史责任。

开放是大国崛起的必由之路，也是世界经济繁荣的根本出路，中国将在更大范围、更宽领域、更高层次上提高开放型经济水平。从新兴大国国情和经济高质量发展目标出发，根据自主选择、动态调整和内外均衡的原则，以国内经济空间为主体、以后发国家经济空间为延伸、以发达国家经济空间为前沿，构建具有综合优势的大国经济开放格局。在国内经济开放空间，主要是建设好自由贸易区，重视双边市场、市场主体及其平台支撑者条件，通过制度和体制创新，发挥超大规模市场优势，打造贸易投资便利化的经济特区，推动全国经济开放发展；建设好粤港澳大湾区，消除影响要素自由流动的障碍，以促进国内市场集聚全球创新资源，发挥粤港澳科技研发和产业创新优势，建成全球科技创新高地和新兴产业重要来源地，带动全国经济高质量发展。在国外经济开放空间，主要是建设好"一带一路"经济圈，以贸易投资便利化重塑发展导向，重视沿线国家社会文化法律环境因素的影响，促进区域经济一体化和可持续发展；依托中国西部地区进行跨次区域"西西合作"，利用独特的区位优势和互利共赢的制度安排，形成大国省域和边界地区国际合作的联动效应，提升沿线国家贸易投资便利化的整体水平，推动新兴市场和发展中国家经济开放。

国际分工深化所带来的全球价值链分工，是推动全球化发展的重要动力。一般来说，发达国家处于全球价值链的中高端，发展中国家处于全球价值链的中低端。近年来的"逆全球化"现象，将对全球产业链的供需两端和价值链分工造成影响。新兴大国应该抓住全球价值链重构和产业分工格局重塑的机遇，提升核心技术的自主研发能力，加快传统产业的智能化、绿色化和精细化改造，实现向全球价值链高端的攀升。在百年未有的世界大变局中，"多极世界"正在取代"单极世界"，各主要经济体可以通过形成动态比较优势参与全球价值链重构；在世界多极化背景下，雁行模式的延续和扩张，正在形成多极雁行产业格局，新兴大国逐步成为全球制造业的头雁，这种格局将伴随着产业头雁之间的经济摩擦；中国应该通过创新驱动产业升级，努力从产业规模上的"大雁"变成价值链上的"头雁"。构建以国内大循环为主体、国内国际双循环相互促进的新发展格局，实际上就是构建国家价值链和全球价值链；应该依托强大的国内市场和完备的产业配置能力构建国家产业链，并选择具有国际经济竞争新优势的产业进入全球产业链，进而占据全球价值链的高端。

逆全球化浪潮导致单边主义滥行，使全球经济治理出现严重问题。随着新兴大国对世界经济贡献的增大，也对改善全球经济治理提出了新的要求。国际货币体系呈现多层次的金字塔形状，美元享有超级特权而居于霸主地位，边缘外围国家货币负有"原罪"而处于脆弱地位，中国货币具有"超越原罪"的中间外围国货币性质，应该致力于实现人民币国际地位的攀升，获得与中国经济规模或地位相匹配的货币地位。美联储在次贷危机中多次重启货币互换而成为事实上的国际最后贷款人，但是根据霸权稳定论和美联储的实践，它往往采取"战略竞争"策略而非"基本面"常规策略来选择货币互换对象，因而不能有效履行国际最后贷款人功能。中国应该深度融入国际市场，动态调整外汇储备规模，推进人民币国际化进程，从而实现中美两国平等的货币互换。新兴大国在参与全球经济治理的过程中，应该逐步提升制度性话语权，针对全球经济治理的软弱、缺位和低效，致力于提高治理的正当性和协调性，坚守多边治理宗旨，推动既有多边治理组织改革，倡建新的多边治理规则与平台机构，提升多边治理的引领力和贡献度。

建设开放型世界经济需要通过世界经济学理论的创新发展提供理论支持，中国学者应该发挥在世界经济学科建设上的独特优势，利用马克思主义经济学和西方经济学的知识积累，深入研究当代世界经济发展的新特点和新动能，构建中国风格的世界经济学理论体系；以要素的国际流动为逻辑起点研究建设开放型世界经济，以合作共赢论为核心思想研究构建人类命运共同体，以新一轮技术革命为背景研究构建世界经济发展新模式，以中国风格为文化元素研究中国智慧、中国力量和中国方案。

Abstract

The second round of globalization that began in the mid-20th century strongly promoted the prosperity of the world economy, not only promoting the expansion and integration of the world market, but also forming the global value chain through the construction of international production and investment networks. However, the global financial crisis caused by the US subprime mortgage crisis has brought a by-product, that is "deglobalization". The wave of "de-globalization" has become a force that cannot be ignored on the world economic stage. As a typical representative of emerging powers, China is actively becoming a promoter of economic globalization and trade and investment liberalization from the perspective of global and future development, and fulfills its historical responsibility to promote the construction of an open world economy.

Opening up is the only way for the rise of major powers and it is also the fundamental way out for the prosperity of the world economy. China should improve its open economy on a larger scale, in a broader field and at a higher level. As an emerging big country, China should proceed from its own national conditions and high-quality economic development goals, as well as the principles of independent selection, dynamic adjustment and internal and external balance. At the same time, China should also take domestic economic space as the main body, later develop national economic space as the extension, and the economic space of developed countries as the forefront, so as to build an economic opening pattern of major countries with comprehensive advantages. In the open space of the domestic economy, the main goal is to build a free trade zone. China should pay attention to bilateral markets, market players and the supporting conditions of its platforms. Through the innovation of systems, the market can give full play to its large-sized advantages, and special economic zones can accelerate and facilitate trade and investment, so as to promote the opening and development of the national economy. Moreover, the construction of the Guangdong-Hong Kong-Macao Greater Bay Area (GBA) can eliminate the obstacles to the free flow of factors. The strong domestic market provides global innovation resources for scientific and technological research and industrial innovation in Guangdong, Hong Kong and Macao. It is also important to construct a global technological innovation highland and an important source of emerging industries, so as to promote the high-quality development of the national economy. In the foreign economic open space, It is mainly to build the "Belt and Road" economic circle with reshaping the development orientation of trade and investment facilitation. Attention should also be paid to the influence of social, cultural, legal and environmental factors in countries along the Belt and Road to promote regional economic integration and sustainable development. In addition, relying on China's cross-regional "West-West cooperation", China takes advantage of its unique geographical advantages and win-win institutional arrangements to form a linkage effect of international cooperation between major powers, provinces and border regions. The facilitation of trade and investment in countries along the Belt and Road can promote the economic opening of emerging markets and developing countries.

The deepening of international division of labor brings about the division of labor in the global value chain, which is an important driving force for the development of globalization. Generally speaking, developed countries are at the high and middle end of the global value chain, while developing countries are at the middle and low end of the global value chain. In recent years, the phenomenon of "de-globalization" has an impact on the supply and demand ends of the global industrial chain and the division of labor in the value chain. Emerging powers should not only seize the opportunity of restructuring the global value chain to enhance their independent research and development capabilities for core technologies, but also use the opportunity to reshape the industrial division of labor to speed up the transformation of traditional industries into intelligent, green and refined industries, so as to rise to the top High end of the global value chain. In the great world changes unseen in a century, the "multipolar world" is replacing the "unipolar world", and major economies can participate in global value chain reconstruction by forming dynamic comparative advantage. In the context of world multipolarization, the continuation and expansion of the flying-geese pattern is forming a multi polar flying-geese industrial pattern. Emerging powers gradually become the leading geese of global manufacturing, but this pattern will be accompanied by economic friction between industries. China should drive industrial upgrading through innovation and strive to change from a "wild goose" in industrial scale to a "head goose" in the value chain. To establish a "dual circulation" development pattern in which domestic economic cycle plays a leading role while international economic cycle remains its extension and supplement, which is actually to construct the national value chain and a global value chain. China should rely on the strong domestic market and complete industrial configuration capabilities to build a national industrial chain. At the same time, China also should select industries with new advantages in international economic competition to enter the global industrial chain, so as to occupy the high-end of the global value chain.

The wave of de-globalization has led to excessive unilateralism, causing serious problems in global economic governance. As the contribution of emerging countries to the world economy increases, new requirements are also put forward for improving global economic governance. The international currency system presents a multi-level pyramid shape. The U. S. dollar enjoys super privilege and occupies a dominant position. The currencies of peripheral countries bear "the original sin" and are in a fragile position. China's currency has the monetary nature of intermediate peripheral countries that "surpass the original sin". It is important that China strive to achieve the rise of the status of the people's currency country and obtain a currency status that matches the size or status of economy. In the subprime mortgage crisis, the Federal Reserve Board has repeatedly restarted currency swaps and become a international lender of last resort. However, according to the hegemonic stability theory and the practice of the Federal Reserve, it often adopts the "strategic competition" strategy, rather than the "fundamental" conventional strategy to choose currency swap objects, so it can not effectively perform the function of international lender of last resort. China should deeply integrate into the international market, dynamically adjust the scale of foreign exchange reserves and promote the internationalization of RMB, so as to achieve equal currency swaps between China and the United States. In the process of participating in global economic governance, emerging powers should gradually enhance its institutional discourse power and improve the legitimacy and coordination of governance to solve the weakness, absence and inefficiency in the governance process. It is important that emerging powers adhere to the purpose of multilateral governance and promote the reform of existing multilateral governance organizations. Emerging powers should also advocate new multilateral governance rules and platform institutions, and enhance the leading power and contribution of multilateral governance.

The construction of an open world economy needs to be supported by the innovative development of world economic theories. It is important for Chinese scholars to use the knowledge of Marxist economics and western economics to deeply study the new characteristics and new drivers of the contemporary world economy. Chinese scholars should give full play to their unique advantages in the construction of world economic disciplines to build a Chinese-style world economics theoretical system. The theory system needs to study the construction of an open world economy with the international flow of elements as the logical starting point, and study the construction of the world economy with a new round of technological revolution as the background. It is also necessary that the theory system take the win-win cooperation theory as the core thought to study the construction of a community with a shared future for humanity and take the Chinese style as the cultural element to study Chinese wisdom, China's power and China's plans.

绪　论　以大国开放推动建设开放型世界经济 ·············· 001
 一、开放是大国崛起的必由之路 ························ 001
 二、全球视野的中国对外开放战略 ······················ 004
 三、建设开放型世界经济的重点问题 ···················· 006

第1章　大国经济开放空间选择：原则和思路 ·············· 016
 一、经济空间与经济开放的理论逻辑 ···················· 017
 二、大国经济开放空间的圈层结构及其特点 ·············· 020
 三、构建适应双循环发展的大国经济开放空间 ············ 030

第2章　开放大国的自由贸易区平台建设路径 ·············· 033
 一、中外学者研究自贸区建设的进展 ···················· 034
 二、开放大国自由贸易区平台经济理论框架的构建 ········ 036
 三、内陆型自贸区平台建设短板问题分析：以海南为例 ···· 039
 四、沿海开放型自贸区平台建设优势分析：以上海为例 ···· 048
 五、结论与政策建议 ·································· 061

第3章　依托粤港澳大湾区培育开放的领头雁 ·············· 064
 一、建设内地与粤港澳深度合作的示范区 ················ 064
 二、集聚全球创新资源培育粤港澳创新优势 ·············· 067
 三、打造具有全球影响力的国际科技创新中心 ············ 073

第4章　"一带一路"的贸易投资便利化导向 ·············· 076
 一、研究文献概述 ···································· 077
 二、贸易投资便利化与"一带一路"可持续发展的机理 ···· 079

三、贸易投资便利化实证模型设定与变量说明 ……………… 084
　　四、贸易投资便利化的影响效应及其关键因素实证分析 …… 087
　　五、重塑"一带一路"发展导向的政策建议 …………………… 095

第5章　跨次区域西西合作的贸易投资便利化 ………………………… 99
　　一、研究文献的梳理 ………………………………………………… 99
　　二、跨次区域西西合作的贸易投资便利化实现机制 ………… 103
　　三、跨次区域西西合作的贸易投资便利化指标体系构建 …… 106
　　四、中国西部地区与沿线国家贸易投资便利化水平评估 …… 111
　　五、结论和政策建议 ……………………………………………… 121

第6章　全球价值链发展趋势及中国开放战略 ………………………… 123
　　一、全球价值链发展趋势的新特征 ……………………………… 123
　　二、推进更高水平对外开放的战略选择 ………………………… 127
　　三、多极雁行格局与全球价值链重构 …………………………… 132

第7章　全球价值链的重构与区域经济一体化 ………………………… 138
　　一、全球价值链地位提升研究进展：区域经济一体化视角 … 139
　　二、东盟国家价值链地位的测度与评价：制造业视角 ……… 142
　　三、模型设计与实证分析 ………………………………………… 145
　　四、提升全球价值链地位的政策启示 …………………………… 150

第8章　实现大国经济双循环格局的战略转型 ………………………… 153
　　一、构建大国经济双循环发展格局的基本内涵 ………………… 154
　　二、建设强大国内市场的大国战略 ……………………………… 157
　　三、要素市场分割影响行业价值链参与度分析 ………………… 166

第9章　中国在国际货币金字塔中位置提升战略 ……………………… 191
　　一、国际货币金字塔的结构特征 ………………………………… 191
　　二、非对称性分析：霸权与原罪 ………………………………… 198
　　三、中国的"超越原罪"中间外围国货币性质 ………………… 202
　　四、提升中国在金字塔中地位的行动策略 ……………………… 206

第 10 章　美联储货币互换选择及中国应对策略 …………………… 210
　　一、文献概述及问题提出 …………………………………………… 210
　　二、霸权国 ILOLR 模型及对危机国行为的影响 ………………… 215
　　三、美联储选择货币互换对象策略的实证检验 …………………… 220
　　四、基本结论与中国应对策略 ……………………………………… 228

第 11 章　全球治理中的新兴国家制度性话语权 …………………… 231
　　一、全球经济治理变革动因分析 …………………………………… 231
　　二、全球经济治理变革核心内容 …………………………………… 239
　　三、新兴国家提升制度性话语权基本方向 ………………………… 245

第 12 章　构建中国风格的世界经济学理论体系 …………………… 252
　　一、世界经济学的缘起和中国学者的贡献 ………………………… 252
　　二、构建世界经济学理论体系的知识积累 ………………………… 255
　　三、构建世界经济学理论体系的现实机遇 ………………………… 262
　　四、构建世界经济学理论体系的基本思路 ………………………… 268

结　　语　发展更高水平和更深层次的经济开放 …………………… 277

附录 1　贯彻总书记"一带一部"优势区位重要指示的建议 ………… 281

附录 2　借鉴新加坡经验推进城市基层社会治理 …………………… 285

附录 3　关于中国与埃塞俄比亚经贸合作的思考和建议 …………… 290

附录 4　关于加快粤港澳大湾区建设的调查与思考 ………………… 295

附录 5　理论研究和政策研究的阶段性成果篇目 …………………… 301

参考文献 ………………………………………………………………… 303

Contents

Introduction Promoting the Construction of an Open World Economy with the Opening of Large Countries 001
  I. Rise of the Great Powers: The Open Road to Development 001
  II. China's Opening to the Outside World Global Strategy 004
  III. Key Issues in Building an Open World Economy 006

Chapter 1 The choice of Economic Open Space of Large Countries: Principles and Ideas 016
  1.1 The Theoretical Logic of Economic Space and Economic Open 017
  1.2 The Circle Structure and Characteristics of Economic Open Space of Large Countries 020
  1.3 Constructing a Large Country Economic Open Space to Adapt to the Dual Circulation Development 030

Chapter 2 The Construction Path of Free Trade Zones Platform in a Large Opening Countries 033
  2.1 Research Progress of Chinese and foreign scholars in the Construction of Free Trade Zones 034
  2.2 Construction on Economic Theoretical Framework of Free Trade Zones Platform in Open Large Countries 036
  2.3 Analysis on the Shortcomings of Platform Construction in Inland Free Trade Zone: Taking Hainan as an Example 039
  2.4 Analysis on the Advantages of Platform Construction in Coastal Open Free Trade Zone: Taking Shanghai as an Example 048

Contents

2.5 Conclusion and Policy Suggestions ········· 061

Chapter 3 Relying on the Great Bay Area of Guangdong, Hong Kong and Macao to Cultivate Open Leading Geese ········· 064

3.1 Economic Open of Large Countries and Cooperation between the Guangdong-Hong Kong-Macao Greater Bay Area ········· 064

3.2 Gathering Global Innovation Resources to Cultivate Innovation Advantages in Guangdong, Hong Kong and Macao ········· 067

3.3 Constructing a Science and Technological Innovation Center with Global Influence ········· 073

Chapter 4 Trade and investment facilitation of "the Belt and Road" ········· 076

4.1 Literature Overview ········· 077

4.2 Mechanism of Trade and Investment Facilitation and the Sustainable Development of "the Belt and Road" ········· 079

4.3 Empirical Model Setting and Variable Description of Trade and Investment Facilitation ········· 084

4.4 An Empirical Analysis of the Impact of Trade and Investment Facilitation and Its Key Factors ········· 087

4.5 Policy Suggestions to Remodeling "the Belt and Road" Development ········· 095

Chapter 5 Trade and Investment Facilitation of Cross-regional "West-West Cooperation" ········· 099

5.1 Combing of the Research Literature ········· 099

5.2 Mechanism for Trade and Investment Facilitation in Cross-regional "West-West Cooperation" ········· 103

5.3 Construction of the Index System for Trade and Investment Facilitation of Cross-regional "West-West Cooperation" Countries ········· 106

5.4 Assessment of Trade and Investment Facilitation in Western China and Countries along "the Belt and Road" ⋯⋯⋯⋯⋯⋯ 111

5.5 Conclusions and Policy Suggestions for strengthening "West-West Cooperation" ⋯⋯⋯⋯⋯⋯⋯⋯⋯⋯⋯⋯⋯⋯⋯⋯⋯⋯⋯⋯⋯⋯⋯⋯⋯⋯⋯ 121

Chapter 6 Future Development of the Global Value Chain and China's Opening Strategy ⋯⋯⋯⋯⋯⋯⋯⋯⋯⋯⋯⋯⋯⋯⋯⋯⋯⋯⋯⋯ 123

6.1 New Characteristics of Global Value Chain Development ⋯⋯⋯ 123

6.2 Strategic options to promote opening up to a higher level ⋯⋯⋯ 127

6.3 Multi-polar Flying-geese Industrial Pattern and Reconstruction of Global Value Chain ⋯⋯⋯⋯⋯⋯⋯⋯⋯⋯⋯⋯⋯⋯⋯⋯⋯⋯⋯⋯⋯ 132

Chapter 7 The Reconstruction of the Global Value Chain and the Regional Economic Integration ⋯⋯⋯⋯⋯⋯⋯⋯⋯⋯⋯⋯ 138

7.1 Research Progress on the Promotion of Global Value Chain Status: Regional Economic Integration ⋯⋯⋯⋯⋯⋯⋯⋯⋯⋯ 139

7.2 Measurement and Evaluation of the Status of Value Chain in ASEAN Countries: Perspective of Manufacturing Industry ⋯⋯⋯⋯⋯⋯⋯⋯⋯⋯⋯⋯⋯⋯⋯⋯⋯⋯⋯⋯⋯⋯⋯⋯⋯⋯⋯⋯⋯⋯⋯⋯⋯ 142

7.3 Model Design and Empirical Analysis ⋯⋯⋯⋯⋯⋯⋯⋯⋯⋯⋯ 145

7.4 Policy Enlightenment to Enhance the Status of Global Value Chain ⋯⋯⋯⋯⋯⋯⋯⋯⋯⋯⋯⋯⋯⋯⋯⋯⋯⋯⋯⋯⋯⋯⋯⋯⋯⋯⋯⋯⋯ 150

Chapter 8 Realization of Strategic Transformation of the Dual Circulation Development Pattern in a Large Country ⋯⋯⋯⋯ 153

8.1 The Basic Connotation of Constructing the Dual Circulation Development Pattern in a Large Country ⋯⋯⋯⋯⋯⋯⋯⋯⋯ 154

8.2 The Great Power Strategy of Building a Strong Domestic Market ⋯⋯⋯⋯⋯⋯⋯⋯⋯⋯⋯⋯⋯⋯⋯⋯⋯⋯⋯⋯⋯⋯⋯⋯⋯⋯⋯⋯⋯ 157

8.3 Analyses on the Effects of Factor Market Seperation to the Participation of Industry Value Chain ⋯⋯⋯⋯⋯⋯⋯⋯⋯⋯⋯ 166

Chapter 9 China's Strategy to Improve Its Position in the International Currency Pyramid 191

9.1 Structural Characteristics of the International Currency Pyramid 191

9.2 Asymmetric Analysis: Hegemony and Original Sin 198

9.3 China's "Transcends the Original Sin" the Currency Nature of the Middle Peripheral Countries 202

9.4 Action Strategies to Enhance China's Position in the Pyramid 206

Chapter 10 The Federal Reserve's Currency Swap Options and China's Countermeasures 210

10.1 Literature Overview and Problem Posing 210

10.2 The ILOLR Model of Hegemons and Its Influence on the Behavior of Crisis Countries 215

10.3 An Empirical Test of the Fed's Strategy of Selecting Currency Swap Objects 220

10.4 Basic Conclusions and China's Countermeasures 228

Chapter 11 Institutional Discourse Power of Emerging Countries in Global Governance 231

11.1 Analysis on the Causes of Global Economic Governance Reform 231

11.2 The Core Content of Global Economic Governance Reform 239

11.3 The Basic Direction of Emerging Countries to Enhance Its Institutional Discourse Power 245

Chapter 12 Constructing a Chinese-style Theory System of World Economics 252

12.1 The Origin of World Economics and the Contributions of Chinese Scholars 252

12.2	Knowledge Accumulation of Constructing the Theory System of World Economics	255
12.3	The Realistic Opportunities of Constructing the Theory System of World Economics	262
12.4	The Basic Ideas of Constructing the Theory System of World Economics	268
Conclusions	Developing a higher level and deeper economic openess	277
Appendix 1	Suggestions for Implementing the General Secretary's Important Instructions on "The Belt and Area"	281
Appendix 2	Learning from Singapore's Experience to Promote Urban Grass-roots Social Governance	285
Appendix 3	Thoughts and Suggestions on the Economic and Trade Cooperation between China and Ethiopia	290
Appendix 4	Investigation and Thinking on Development of the Greater Bay Area	295
Appendix 5	Phased Results of Theory and Policy Research	301
References		303

绪 论
以大国开放推动建设开放型世界经济

习近平总书记在党的十九大报告中指出:"开放带来进步,封闭必然落后。中国开放的大门不会关闭,只会越开越大。"这番话里蕴含着丰富和深刻的内涵,它是中国共产党对当代世界经济全球化趋势的正确把握,是中华人民共和国成立以来经济发展和对外开放实践经验的科学总结,同时也是对世界的庄严承诺,向全世界宣示了中国推动建设开放型世界经济的决心和信心。为此,我们需要将全球视野和中国经验结合起来,认真研究大国开放崛起的历史经验,准确把握世界经济深刻调整的新趋势,深入探讨中国推动建设开放型世界经济的重点问题,从而提出系统的战略思路和中国方案。

一、开放是大国崛起的必由之路

中国是一个典型的发展中大国,具有人口众多和幅员辽阔的大国特征,这是经济发展的初始条件。一般地说,在一个超大规模的国家里,由于拥有广大的市场、丰富的人力资源和自然资源,依靠国内市场和资源就可以推动本国经济的自主协调发展。这种大国能够实现自主内生发展的效应,我们将其概括为"大国内生能力"。(欧阳峣,2019)世界经济发展的历史,比较好地证明了这种大国效应:其一,在古代的经济发展中,像中国和印度这样的大国,往往是经济繁荣和科技发达的文明古国；其二，在现代的经济发展中，大国经济的外贸依存度偏低，大国外贸占国民经济的比重往往低于小国。从积极的方面看，大国拥有实现自我发展和内部均衡的优势。

在封闭的世界里，大国经济发展的优势可以说是绝对优势。然而，现在的世界是开放的世界。在开放的经济环境中，小国可以利用国际市场形成比大国更加广阔的市场，可以利用国外资源获得比大国更加丰富的资源，这就是"全球化的红利"或"开放的红利"。在这种情况下，如果大国闭关自守，就不可能获得这种红利，就有可能丧失经济发展的优势。回顾中国历史，唐宋时期曾经有过世人瞩目的经济繁荣，直到清代，仍然出现过"康乾盛世"。但是，面对世界工业革命的历史大变动，清朝政府夜郎自大，采取闭关自守政策，在短短的100多年时间里就大大落后于西方国家，弹唱了一曲"奇异的悲歌"。中华人民共和国成立以后，国际上的封锁逼迫我们实行了一段时间的内向政策；1978年开始的改革开放，使中国逐渐融入世界经济，积极利用国内国际两种资源和两个市场，创造了经济快速持续增长的"世界奇迹"。

习近平总书记反复强调：开放是实现国家繁荣富强的根本出路，"开放带来进步，封闭导致落后，这已为世界和我国发展实践所证明"。从本质上说，经济开放就是要发挥各国的比较优势，达到扬长补短的效果。一方面，经济开放是为了学习发达国家的优秀文明成果，通过模仿、追赶进而实现超越。中国要永远做一个学习大国，无论达到什么水平都虚心向世界各国人民学习。另一方面，扬长补短需要通过各国的经济交流和合作来实现，发挥优势也好，弥补劣势也好，都不是我们关起门来说了算的。站在新的历史起点上，为了实现中华民族伟大复兴的中国梦，我们必须适应经济全球化的新趋势，以更加积极有为的行动，推进更高水平的对外开放。

当今世界面临着百年未有之大变局，世界经济深刻调整，经济全球化遭遇波折，风险挑战加剧。习近平总书记善于从纷繁复杂的局势中认清发展大势，把握发展规律，积极推动世界经济开放合作。他在首届中国国际进口博览会开幕式上的演讲中指出："回顾历史，开放合作是增强国际经贸活力的重要动力。立足当今，开放合作是推动世界经济稳定复苏的现实要求。放眼未来，开放合作是促进人类社会不断进步的时代要求。"这段话从过去、现在、未来的历史跨度，阐述了开放合作对于世界经济增长、经济稳定复苏和人类社会进步的重要作用，为建设开放型世界经济明确了前进方向。

首先，从历史经验看开放合作，世界经济增长和中国经济发展的经验证明，开放合作是经济繁荣发展的必由之路。英国工业革命开启了世界经济快速增长的时代，以机器为主体的工厂制度使工业部门发生彻底变革，而且使交通运输和商业贸易获得迅速发展，促进了国际分工和世界市场的形成。马克思和恩格斯（1958）在《共产党宣言》中谈道："资产阶级在它不到一百年的阶级统治中所创造的生产力，比过去一切世代创造的全部生产力还要多，还要大。"然而，中国的清王朝面对工业文明的兴起无动于衷，"人为地隔绝于世并因此竭力以天朝尽善尽美的幻想自欺"，由一个洋洋自得的天朝大国急剧地坠入落后挨打的境地。改革开放激发了中国经济发展的活力，融入世界经济体系获得了全球化红利，学习国外先进技术和经验获得了后发优势，利用国际市场和资金释放了中国经济增长潜力。经过40余年的对外开放，中国经济快速持续发展，已经成为世界制造业大国，经济总量稳居世界第二位，2019年，人均国内生产总值突破一万美元大关，对世界经济增长贡献率达到30%左右。

其次，从现实需求看开放合作，当前世界经济的稳定和复苏面临困难，迫切要求世界各国的经济开放合作。自国际金融危机以来，世界经济增速放缓。一方面，发达国家经济增长动力不足，由于缺乏新技术的重大突破，传统的刺激经济回升的手段难以奏效；人口老龄化加剧了财政负担，削弱了这些经济体的消费能力，低利率或负利率可能成为"新常态"。另一方面，新兴经济体经济增长遇到新问题，国际市场能源价格下跌使得俄罗斯、巴西、南非的经济增长受阻；发达国家金融货币政策的变化和贸易保护主义的出现，给新兴国家的经济增长带来困难。从2019年的情况看，发达国家集团中美国有2.3%的经济增长，日本和欧洲国家的经济增长都表现乏力；新兴国家中印度经济增长由前一年的7%下降到5%左右，中国经济增长仍保持在6%以上。世界经济发展面临的难题，不可能依靠哪一个国家独自解决。只有通过各国的开放合作，才能做大全球市场，促进世界经济繁荣，才能实现科学技术革命和产业变革的重大突破，增强经济发展的动力，从而保持世界经济的复苏和稳定增长。

最后，从未来发展看开放合作，人类社会的不断进步和可持续发展，离不开世界各国的开放合作。当今世界正在经历新一轮大发展、大变革、大调整，世界经济增长和人类社会进步将面临一些共同的难题，比如阻止生态环境的恶化和气候变化，遏制和消除核武器，抑制流行病和健康威胁，探索太空和深海，打击恐怖主义，以及消除能源危机、金融危机等。这些问题往往可以超越国界,在国际区域范围蔓延和扩张,给全球的安全和人类的进步带来消极影响。为了解决这些问题,需要世界各国采取联合行动。人类生活在同一个地球村,越来越成为你中有我、我中有你的命运共同体。世界各国应该超越差异和分歧,发挥各自的优势,携手应对全人类共同面对的风险和挑战。各国应该顺应时代发展潮流,齐心协力应对挑战,开展全球性或区域性合作,创造人类共同发展的优良环境。

习近平总书记强调:经济全球化为世界经济增长提供了强劲动力,促进了商品和资本流动、科技和文明进步、各国人民交往,符合各国共同利益。中国在参与经济全球化的过程中获得了全球化红利,同时也为世界经济做出了重要贡献。我们对世界庄严承诺,中国开放的大门不会关闭,只会越开越大。各国都应该拿出更大的勇气,积极推动开放合作,实现全球经济繁荣和全人类共同发展。具体地说:一是坚持开放融通,拓展互利合作空间。应该从各国优势互补和互通有无的需要出发,积极开展经贸合作,通过削减壁垒推动贸易和投资自由化;反对贸易保护主义和单边主义,提升多边和双边开放水平,实现各国经济的联动融通;加强宏观经济改革的协调,减少负面外溢效应,构建公正、合理、透明的国际经贸规则体系。二是坚持创新引领,加快新旧动能转换。应该把握新一轮科技革命和产业革命带来的机遇,通过合作创新攻克技术难关,实现产业革命的突破,培育新的增长动能;通过共享创新成果,加强数字经济、人工智能、纳米技术等前沿领域合作,共同打造新技术、新产业、新业态和新模式。三是坚持包容普惠,推进各国共同发展。应该以人类社会持续进步为目标,坚持要开放不要封闭、要合作不要对抗、要共赢不要独占;坚持包容普惠和互利共赢,建设利益共享的全球价值链,培育惠及各方的全球大市场,让各国人民共享经济全球化和世界经济增长成果。

二、全球视野的中国对外开放战略

中国的大国开放道路,从总体上说是全方位的和双向的开放道路。从沿海开放到内地开放,从单边开放到多边开放,从单向开放到双向开放,从贸易开放到金融开放,从市场开放到规则开放,我们在不断扩大对外开放的范围,拓展对外开放的领域,提升对外开放的层次,即"在更大范围、更宽领域、更深层次上提高开放型经济水平",从而形成全方位开放的战略格局。

从中国经济开放的过程看,我们经历了一个循序渐进和不断拓展的过程。第一步,创办经济特区,在深圳、珠海、汕头、厦门等地进行试验,为全国的开放提供示范;第二步,开放沿海城市,促进沿海经济繁荣,带动内地城市的经济开放;第三步,加入世贸组织,使中国市场与世界市场同步开放,中国经济全面融入世界市场;第四步,实施自由贸易区战略,建立同国际贸易和投资运行规则相衔接的制度体系,形成法治化、国际化、便利化的商业环境;第五步,实施"一带一路"建设构想,推进周边国家的互联互通,促进中国经济和沿线国家经济的共同繁荣。通过一系列的战略步骤,中国已经形成全方位开放的格局,正如习近平总书记所说:"二十年前甚至十五年前,经济全球化的主要推手是美国等西方国家,今天反而是我们被认为是世界上推动贸易和投资自由化便利化的最大旗手"。

随着中国全方位对外开放战略的推进,我们逐步形成了一个呈现为"圈层结构"的对外开放格局。第一个圈层是中国对二十国集团(G20)成员国的经济开放,这是以发达国家和新兴国家为主体的国际经济合作平台,在引领和推动国际经济合作方面具有举足轻重的作用,致力于构建"创新、活力、联动、包容"的世界经济。第二个圈层是中国对"金砖国家"的经济开放,这是以新兴大国为主体的国际经济合作平台,它们拥有广大的市场,经济增长速度快,而且面临着共同的诉求,致力于"抱团取暖"。第三个圈层是中国对"一带一路"沿线国家的对外开放,这是以中国大周边国家为主体的国际经济合作平台,连接亚太经济圈和欧洲经济带,主要着眼于欧亚大舞台的谋篇布局,推动基础设施和产能合作,带动中国大周边国家的经济繁荣。

习近平总书记以创新思维谋划经济开放,将全人类解放的理念与中国的和合文化相结合,提出了"互利共赢"的原则和"人类命运共同体"的思想,在新的高度实现了对外开放的实践创新和理论创新。在中国经济进入新常态的条件下,我们必须站在全球视野,更加自觉地统筹国内国际两个大局,全面谋划对外开放大战略,以更加积极主动的姿态走向世界。

首先,贯彻"互利共赢"的经济开放原则。从国际贸易理论看,李嘉图提出的"比较利益"学说,实际上就是讲"互利共赢"的原则,即不同国家之间生产并出口具有比较优势的产品,双方都可以获得比较利益,增进本国的国民福利,从而达到均谋其利、惠及各方的效果。为此,每个国家都应该按照比较利益原则进行合理分工，从而实现各个国家的互利共赢。正如习近平总书记所说："各国要充分发挥比较优势，共同优化全球经济资源配置，完善全球产业布局，建设利益共享的全球价值链，培育普惠各方的全球大市场，实现互利共赢的发展。"在经济全球化条件下，世界经济的强劲增长往往来源于各国的共同增长，产生"一荣俱荣、一损俱损"的连带效应。国家之间的合作动力在于利益融合，要善于寻求各国经济利益的交汇点，从而推动经济合作的良性发展。

其次，贯穿"人类命运共同体"的经济开放思想。随着经济全球化的加深，人类已经成为你中有我、我中有你的命运共同体，利益高度融合，彼此相互依存。每个国家都有发展权利，同时都应该在更加广阔的层面考虑自身利益，不能以损害其他国家利益为代价。一方面，全球市场已经形成"你中有我、我中有你"的整体，世界经济高度融合，以全球产业链为纽带，各国在不同的环节分享利益；另一方面，人类面临的一些全球性问题，如资源、环境、安全等问题，不可能依靠一个国家或少数几个国家的力量解决，而需要各个国家联合行动。因此，正如习近平总书记在纽约联合国总部发表讲话时指出："当今世界，各国相互依存、休戚与共。我们要继承和弘扬联合国宪章的宗旨和原则，构建以合作共赢为核心的新型国际关系，打造人类命运共同体。"

三、建设开放型世界经济的重点问题

1. 科学理解世界经济发展新特征

习近平总书记在党的十九大报告中指出："世界正处于大发展大变革大调整时期，和平与发展仍然是时代主题。世界多极化、经济全球化、社会信息化、文化多样化深入发展，全球治理体系和国际秩序变革加速推进，各国相互联系和依存日益加深，国际力量对比更趋平衡，和平发展大势不可逆转。同时，世界面临的不稳定性不确定性突出，世界经济增长动能不足，贫富分化日益严重，地区热点问题此起彼伏，恐怖主义、网络安全、重大传染性疾病、气候变化等非传统安全威胁持续蔓延，人类面临许多共同挑战。"这是对于世界形势的全面和准确的分析，其中包括对世界经济形势的深刻理解，主要是世界经济呈现多极化趋势，全球经济治理变革加速，世界经济增长明显乏力。目前，经济全球化进程中出现了新的矛盾和问题。那么，我们应该怎样按照党的十九大报告分析世界经济总体形势，辩证地看待当前世界经济中出现的"逆全球化"现象，从而科学理解世界经济发展形势及其特征？

20世纪中叶开始的第二轮全球化，推动了世界经济的拓展和繁荣，不仅促进了世界市场一体化，而且通过不断强化国际生产和投资网络形成全球价值链。然而，美国次贷危机引发的全球金融危机，给人类带来了一个副产品，那就是"逆全球化"浪潮成为世界经济舞台上不可忽视的力量，形成了一股阻碍全球化进程的消极效应。英国的脱欧和特朗普的贸易保护主义政策，更是使"逆全球化"浪潮显得格外炫目。实际上，这主要表明世界经济在经历比较缓和的调整，它并没有，也不可能改变全球化的总体趋势。

斯密认为不同的国家之间存在生产率差异，李嘉图则发现即使一个国家生产所有产品的生产率低于另一个国家，它仍然可以在某些产品上拥有比较优势。既然各个国家都具有比较优势，并可以通过贸易获得利益，那么，从理论逻辑上看，经济全球化通过生产要素在全球范围内的自由流动和优化配置，将惠及所有参与国家。事实上，无论是发达国家还是发展中国家，都在参与全球化的过程中获得了全球化红利。但也要看到，无论在时间的先后或数额的大小上，各个国家获取的利益都并非是均等的，这就有可能导致全球化进程中的矛盾，即有的国家在获利较小的时候出台贸易保护政策，形成"逆全球化"浪潮。

自全球金融危机以来，世界贸易和投资增速下滑，而在发展过程中又是不断波动的，虽然出现了局部的贸易摩擦，一些国家出台了贸易保护措施，但国际贸易规则的总体取向仍然是自由化，而且随着新技术革命的兴起，世界经济发展中正在酝酿第三次全球化浪潮。

自2010年以来，在美国及其他发达国家主持下，全球贸易投资进入规则重构谈判周期，试图在WTO框架基础上，对国际贸易和投资制定更高标准的规则，以期凭借在全球市场体系和治理能力方面的优势，继续掌握经济全球化发展的引领权和话语权。同时，有的西方发达国家由于贸易不平衡，弥漫了一种"逆全球化"情绪，运用隐形保护主义构筑新贸易壁垒。2018年5月在巴黎举行的美国、欧盟、日本部长级官员会谈，表示要加快制定产业补贴和技术转让的新规则。

中国是当今世界主要经济大国和贸易大国，与世界各主要经济体保持着密切的经贸往来。"规则重构谈判"会对中国的经贸利益产生影响，而且可能对中国形成"规则压制"的挑战。如在贸易规则、投资保护、知识产权保护、环境保护和产品安全等方面，有的规则直指中国经济及其治理的结构性弱点。特朗普政府的主要贸易原则是追求"更加公平"和"更加自由"，但在美国商业利益受损的时候，将会运用国内法规反制他国。面对全球经贸体系和治理规则的新一轮调整，中国应该树立积极和包容的战略思维：我们是全球化的参与者和受益者，将以改革开放与和平发展的积极姿态融入经济全球化。为此，我们实施自由贸易区建设和"一带一路"建设，积极开展双边、多边自由贸易协定（FTA）谈判和双边投资协定（BIT）谈判，使世界各国能够有效利用包容性投资和贸易规则安排，以促进经济贸易发展。

波兰著名经济学家科勒德克认为，全球化是政府、市场和世界三者之间关系的平衡。因此，全球化与逆全球化可以理解为国家基于自身面临的国内外经济情势并出于自身利益而作出的选择，前者是减少国际经济交流的障碍，后者则增加障碍。我们认为按照贸易和金融方面的比较优势，可以将一些贸易规模及其对GDP贡献度较大的国家称为有贸易比较优势的国家，而将另一些金融规模及其对GDP贡献度较大的国家称为有金融比较优势的国家。一般而言，前者倾向于贸易开放而对金融开放持谨慎态度，后者倾向于金融开放并在贸易利益不佳的情况下采取贸易保护政策，这两种不同的态度都是基于比较优势和国家利益。基于这样的原因，当前以中国为代表的发展中国家在积极推动贸易自由化，以美国为代表的发达国家则出现贸易保护主义倾向。欧美国家试图通过跨太平洋伙伴关系协定（TPP）、跨大西洋贸易与投资伙伴关系协定（TTIP）和部分贸易协定（PSA）等区域贸易谈判重构国际贸易和投资规则，中国应该采取变被动为主动的战略，在努力提升贸易效益的同时，积极推进金融开放，推动国内经济转型，通过提高贸易开放质量和金融开放水平，为建设开放型世界经济做出贡献。

经济全球化通过对外贸易、资本流动和技术转移等形成相互联系和依存的全球范围的经济整体，从总体上极大地推动了世界经济的发展，世界各国在全球化进程中得到了不同程度的经济增长，其经济绩效和产业结构也得到了不同程度的改善。然而，经济全球化并非有百利而无一害的事情，在全球化进程中也出现了一些负面影响，如全球化增加了世界经济的不稳定性，不尽合理的治理规则加剧了世界经济的不平衡,从而有可能隐藏着危机和风险。英国脱欧、美国发动贸易战以及各国民粹主义泛滥,实际上都是全球化进程中积累的矛盾和问题逐渐暴露出来的表现。在全球化发展面临方向性选择的关键时期,习近平总书记提出了"构建人类命运共同体"的思想,我们应该遵循这种思路和原则,积极建设开放型世界经济,使中国成为经济全球化的重要推动力量和新动力源。

2. 积极促进贸易和投资自由化、便利化

怎样推动建设开放型世界经济?当前的首要问题是促进贸易和投资自由化、便利化。那么,我们应该怎样通过建设自由贸易区(以下简称"自贸区")和自由贸易港(以下简称"自贸港"),实现规则和制度的创新,发展更高层次和更高质量的开放型经济,同时增强在全球经济治理中的制度性话语权?

建设自贸区和自贸港,这是中央根据世界经济发展形势和中国对外开放需要所作出的重大战略决策。2013年9月,中国(上海)自由贸易试验区成立;随后相继在广东、天津、福建、辽宁、浙江、河南、重庆、四川、陕西设立自贸区;2018年6月,设立海南全岛自贸区和自贸港。通过建设自贸区和自贸港这种形式,遵循国际通行规则,加快形成与国际贸易和投资规则相衔接的制度体系和监管模式,有利于提升经济开放水平。

在自贸区和自贸港建设中,可以通过政府职能转换,推进行政管理体制改革,扩大投资领域、服务领域和金融领域开放,完善法制和制度保障,在这些方面进行适应开放型经济新体制的实践探索和创新试验,为全面深化改革和扩大开放探索新途径,积累新经验。在当前经济全球化面临复杂性和不确定性的形势下,中国建设自贸区和自贸港,彰显了积极主动和全方位开放的态度。我们用实际行动向世界表明,中国开放的大门永远不会关闭,只会越开越大。自贸区和自贸港建设的核心任务是制度创新,这是破解当前经济发展难题的重要举措,也是关系中国发展全局的一场深刻革命。应通过制度创新形成新的体制架构,培育创新驱动引领发展的优势;通过对标国际高标准贸易和投资规则,出台外商投资准入"负面清单",扩大服务贸易和金融服务业的对内对外开放,发展更高层次和更广范围的开放型经济,并为提高中国在全球经济治理中的话语权提供支持。

推进自贸区和自贸港的建设,最直接的目标就是促进贸易和投资的自由化、便利化。习近平总书记说:中国的发展得益于经济全球化和贸易自由化,

"作为负责任大国和现行国际体系的建设者和贡献者,中国将坚定不移支持完善多边贸易体制,推动贸易和投资自由化便利化"。我们坚持多边贸易体制是国际贸易治理的主渠道,相信它是促进全球贸易和投资自由化的最佳途径。2016年,中国担任主席的G20启动了全新的贸易投资工作组机制,在上海举行的G20贸易部长会议,明确了反对贸易保护主义的原则,并通过了《G20全球投资指导原则》,提出了促进开放、反对保护和服务于可持续发展的目标。

为了推动贸易和投资的自由化和便利化,我们已在国内设立了21个自贸区和自贸港,并积极推进一些国际性和区域性自贸区和自贸港的谈判和建设。在自贸区和自贸港建设中,应该遵循国际高标准贸易规则,着力提升贸易自由化、便利化水平;遵循国际高标准投资规则,着力促进投资领域的自由化和便利化;遵循国际高标准金融规则,着力培育金融双向开放的新机制。在完善体制机制的同时,要努力培育规范化和法治化的营商环境,建立适应国际化要求的法治保障体系,包括建立试验区的国际商事仲裁制度、知识产权保护制度、公平交易和商业合同的平等保护司法制度。

以贸易和投资自由化、便利化为代表的经济全球化,是过去数十年世界经济快速发展的重要动力,推进贸易和投资自由化、便利化是中国参与经济全球化和发展开放型经济的重要途径。在当前"逆全球化"思潮涌动、保护主义抬头的情况下,我们应该坚定不移地推进经济全球化,促进贸易和投资自由化、便利化。具体地说,要做好以下几项工作:一是加快服务业开放步伐,落实重点产业调整振兴规划;二是坚持高端发展方向,优化外资利用结构;三是构建稳定、透明和可预期的投资环境,建立安全高效的国际金融体系;四是积极稳妥地应对贸易摩擦,克制使用贸易救济措施;五是积极推进自贸区战略,建设面向全球的高标准自贸区网络;六是建设智能贸易和投资管理系统,完善贸易和投资信息共享机制。

各国的经验表明,促进贸易和投资自由化、便利化的最佳载体就是建立自贸区和自贸港。近些年,中国设立了一批自贸区和自贸港,意味着中国可以突破WTO中发展中国家地位与低谈判能力的限制,根据自身经济发展水平,充分利用大国市场优势,主动对接国际市场和自主设定规则体系,全面提升贸易和投资自由化、便利化程度。中国自贸区建设具有两个特点:一是不同于发达国家自贸区的环境,中国自贸区面临的区内外经济环境差异较大,需要探索出一套可以从自贸区推向全国的发展模式,以带动全国贸易和投资自由化、便利化水平的整体提升；二是不同于某些发展中国家以加工贸易为重点的自贸区，中国自贸区对服务业、行政垄断行业和投资领域的开放，将触动既得利益集团利益，倒逼国内行政管理体制、法制法规、监管模式等方面的系统性改革。

中国自贸区建设将实行从"境内关内"向"境内关外"政策转变，从"正面清单"向"负面清单"管理模式转变，采取免除关税、简化海关监管、扩大市场准入等措施，而且这些政策不仅提供给外商投资企业，也提供给本土企业和民营企业。同时，通过扩大金融业开放、资本账户可自由兑换、人民币汇率市场化改革，为实现贸易和投资自由化、便利化创造条件；积极探索发展对外私募股权投资基金、并购投资基金、风险投资基金，鼓励票据融资、租赁融资及债券融资，降低企业投融资成本与风险，促进贸易和投资自由化、便利化。

3. 提升中国在全球价值链中的位置

当前，全球价值链在世界经济中的主导地位愈益突出，国际分工进入全球价值链分工时代，参与全球价值链成为各国优化产业结构的重要途径。那么，我们应该怎样利用自身的要素禀赋优势参与全球生产网络，更好地融入全球价值链，促进世界经济的开放、包容和协调发展？

全球价值链已经成为当今世界贸易和投资领域的主要特征，全球价值链的深化改变了世界经济格局，也改变了国家之间的贸易、投资和生产模式。随着中国整体开放水平的不断提高，参与全球价值链的广度、深度愈益拓展。然而，从总体上看，中国企业更多地局限于对跨国公司价值链的参与和适应，更多地集中于全球价值链低端和低附加值环节。为了提高对外开放的水平，应该将参与全球价值链与创造国际竞争新优势结合起来，与经济转型、产业升级结合起来，努力实现中国在全球价值链中地位的攀升。

中国参与全球生产网络和全球价值链，一是要促进国际国内要素的有序自由流动，实现资源高效配置和市场深度融合；二是要以贸易规则创新为基础，构建覆盖全球的高标准自贸区网络；三是要鼓励中国企业"走出去"，提升中国企业在价值链分工体系中的地位；四是要培育拥有核心技术和自主品牌的跨国公司，提升中国企业在全球价值链中的主导权和控制力。当前，要重视"一带一路"建设，深化区域性的国际分工合作，带动沿线国家深度融入全球价值链，同时使其逐步提升在全球价值链中的位置。

中国制造业开放较早，已经成长为世界工厂。但是，我们主要以贴牌代工或加工贸易方式加入跨国公司主导的全球价值链中，多数产业仍然处在全球价值链的中低端，缺乏核心竞争力，出口附加值水平偏低。这种模式创造大规模的贸易顺差，容易引发贸易摩擦和矛盾，缺乏可持续发展能力。我们知道，发达国家能够占据全球价值链的高端，关键在于技术研发和品牌营销。而中国企业在这两个方面缺乏优势，特别是自主创新能力不足，许多最终产品的生产制造部门为满足发达国家技术标准和消费者需求，直接引进国外的设备和技术。这样的话，中国最终产品出口部门迅速发展，带动的是国外装备部门的发展，而且由于国外技术和设备的不断升级，我们往往被锁定在引进国外技术和设备的模式上，国内装备制造业长期得不到充分发展，缺乏自主创新的能力。

那么，中国怎样提升制造业在全球价值链中的地位，即实现分工模式和贸易模式的转型升级？我们认为，关键在于市场和技术相互作用而形成的良性循环，依托国内市场规模培育自主创新能力，构建国际经贸新优势。具体地说，一方面，要致力于扩大和利用国内市场，打造和延长国内生产链条，提高生产迂回程度，增加中间需求；另一方面，要加强基础性研究，加大研发投入的力度，特别是提高研发效益，实现对国外技术的引进、吸收和再创新，开展集成创新和原始创新。

适应世界经济大调整和新技术革命的要求，全球价值链也进入新一轮重塑期，这就给中国经济带来了机遇和挑战；中国应该继续全方位地嵌入全球价值链，最大限度地获取开放红利和外溢效应。具体地说，一是建立自己的全球价值链网络和全球生产服务体系，通过产业升级，尽快形成在全球价值链中的竞争优势；二是从模仿创新走向自主创新，努力改变在全球价值链中所处的中低端位置；三是通过服务业开放深度参与全球价值链分工，加快向服务经济转型的步伐，特别是要利用大国市场规模的优势，发展和延长全球价值链的国内环节，培育与国内价值链之间的关联对接，构建内外相连的国内价值链和全球价值链。同时，中国作为新兴大国的典型代表，应该发挥负责任大国的积极作用，带领发展中国家融入全球价值链，特别是利用"一带一路"平台，构建沿线国家之间的价值链体系，推动中国和沿线国家向全球价值链的上游攀升。

为使中国从全球价值链中低端走向高端，需要实现高端要素的集聚，金融业的发展往往有利于实现这种集聚，因此，建设国际金融中心显得特别重要。2015年10月发布的《进一步推进中国（上海）自由贸易试验区金融开放创新试点，加快上海国际金融中心建设方案》，提出了率先实现人民币资本项目可兑换、扩大人民币跨境使用、扩大金融业对内对外开放、加快建设面向国际的金融市场等任务,并要求探索金融服务业对外资实行准入前国民待遇加负面清单管理模式。这种金融业的对外开放,将有利于提升上海国际金融中心的全球资源配置能力,引领我们走向全球价值链高端,为经济全球化提供新的机会和动力。特别是要致力于与"一带一路"、亚洲基础设施投资银行(简称"亚投行")投融资需求的对接,并吸收区域合作基金、民间资本和离岸人民币,提升亚投行的投融资能力。

4. 建立公平和有效的全球治理体系

建设开放型世界经济的制度维度,就是要建立公平和有效的全球治理体系。那么,在原有的全球治理主要领导者角色弱化的语境下,我们怎样秉持共商共建共享的全球治理观,积极支持联合国发挥积极作用,扩大发展中国家的代表权和发言权,推动全球治理体系朝着更加公平和有效的方向发展?

我们所有对经济全球化的思考,最后都将落脚到如何对全球化进行治理,即构建公正合理的全球治理体系。从金融治理的角度看,第一代全球金融治理框架是由美国凭借其强大的经济金融实力和综合国力主导建立的,它以布雷顿森林体系为核心,由相应的国际金融规则和国际金融组织构成。具体的治理机制是美国根据其黄金储备余额是否过度来决定货币是否扩张,外围国家根据美国货币政策是否造成通胀来决定是否从美国购买黄金,以迫使美国收缩货币政策,双方被捆绑在同一体系上,需要彼此协调货币金融政策以维持各自内外部均衡。同时,巴塞尔委员会的国际金融监管和国际货币基金组织(IMF)的国际最后贷款人维持着美元本位制的运行。

20世纪70年代,布雷顿森林体系崩溃,美国不再履行美元兑换黄金的承诺,反而获得某种稳定性。尽管美国货币政策对外围国家产生外溢效应,但它享有完全的行动自由,外围国家再也没有任何机制能够诱使或约束美国改变其货币政策。蒙代尔称其为"霸权体系,一个罗马帝国式的方案"。在监管领域,国际金融机构过分倚重对单个国家的监管,忽视对全球金融市场的多边监管,对系统重要性金融机构和私人资本国际流动缺乏有效监管手段,而国际最后贷款人则存在救助资源有限、行动迟缓、条件烦琐及设置不合理等缺陷,这种全球金融治理框架很难适应金融全球化迅猛发展的形势,很难满足维护国际金融稳定的需要。在此背景下,可以沿着两个方向构建公正合理的全球治理体系:一是美国出台货币金融政策时不仅考虑本国利益,而且考虑对外围国家的外溢效应和外围国家利益,同时弥补国际金融监管和国际最后贷款人的缺陷。从当前美国政府奉行"美国优先"政策来看,该方向的现实可行性微乎其微。二是借助新技术革命的成果,以"人类命运共同体"思想为核心理念,秉持"互联互通、共享共治"的原则,推动全球金融治理改革,重塑全球治理体系。

近几年来,国际上要求重新建构全球治理体系的呼声越来越高,并期望中国在参与全球治理机制改革和创新上有所作为。我们应该坚持主动适应和积极参与引领的方针,更加全面广泛地参与全球治理体系改革;同时要看到这种改革是长期的过程,要从发展中大国的地位出发,量力而行,务实地推进改革。在具体实践中,应该采取措施提高综合实力和增强参与能力,使中国在全球治理体系变革中处于主动和有利的地位;要重视金砖国家峰会、G20等治理机制建设,稳步推动全球治理平台建设;要加强以"一带一路"为重点的区域经济治理,切实推动区域经济一体化;要增强参与国际金融监管体系改革的能力,推动国际货币体系多元化;要大力培养经济外交人才,重视国际贸易和投资创新性议题的谋划。同时,还应提供更多的资金和政策资源,从而逐步增强中国对主要国际经济治理机制的影响力。

全球治理体系是经济全球化的公共产品,其框架应该是开放的和建设性的。中国既要以开放的姿态主动融入全球治理体系,也要本着国家利益原则和公平、公正、共享、互惠原则,努力争取引领性话语权;应该对照国际高标准投资准入及保护规则促进投资领域开放,对照国际高标准贸易规则提升贸易便利化水平,适应全球资本流动自由化趋势试验金融开放监管制度,将功能培育与制度创新相结合,形成一套适应国际国内要素有序流动的管理体制和监管模式。同时,在国际双边和多边贸易谈判中发挥建设性作用,积极维护全球多边贸易协定,在惠及各方的全球性以及区域一体化进程中发挥引领作用。

为了推动建设开放型世界经济,中国将继续发挥负责任大国的作用,积极参与全球治理体系改革。在当今世界经济大变革时期,全球治理机制正在经历适应性调整,由此形成了全球治理机制的二元结构:一方面是以联合国和布雷顿森林体系为代表的现行主导机制;另一方面是正在演进中的新兴治理机制。从现行主导机制来看,发展中国家和新兴国家的权力过低,与其对全球经济增长的贡献度、人口和资源在全球的占比以及发展潜力都不对称,权力结构扭曲和失衡,治理效率偏低。近几年来的南北格局变化、金融危机冲击和全球经济失衡,使治理转型的必要性愈益突显,特别是发展中国家的呼声更高。

中国作为新兴大国的典型代表,应该积极参与全球经济治理,特别是运用中国智慧解决全球性问题，提升制度性话语权。首先，坚持构建"人类命运共同体"的理念，倡导包容性增长和互利共赢的原则，传播和弘扬新的全球经济治理观；其次，准确地选择自身的定位，积极做好全球经济治理体系的深度参与者、主要建设者和共同改善者的工作，逐步增强全球公共品的供给能力；再次，积极参与 G20 平台的建设，努力增加发展中国家特殊新兴大国的权重，通过制定全球贸易投资规则，切实推进贸易和投资自由化、便利化；最后，充分发挥中国在新兴治理平台的主导作用，通过金砖国家平台建设，协调和维护新兴国家和发展中国家的利益，通过"一带一路"建设加强国际性的区域治理，促进沿线国家的经济繁荣和可持续发展。

第1章
大国经济开放空间选择：原则和思路

从斯密和马克思到韦伯和克鲁格曼，经济开放空间的研究经历了从市场空间、生产空间到要素集聚空间的过程，空间经济学理论通过揭示经济空间选择的影响因素和客观规律为研究经济开放空间奠定了基础。进入21世纪，中国依托G20、金砖国家、"一带一路"沿线国家以及中日韩自贸区，从总体上构成了纵横交错、有点有面、功能齐全的国际经济开放空间圈层结构。遵循构建新发展格局的思路，应该抓住百年未有之大变局的历史机遇，选择和拓展适应国内国际双循环发展格局的经济开放空间。总体战略是：从新兴大国国情和经济高质量发展目标出发，根据自主选择、动态调整和内外均衡的原则，以国内经济空间为主体，以后发国家经济空间为延伸，以发达国家经济空间为前沿，构建具有综合优势的大国经济开放格局。

伴随着中国对外开放的进展，学术界对经济开放问题作了较多研究。特别是进入21世纪以后，中国对外开放的空间布局也成为讨论的重点问题。具体地说，一是分析中国对外开放空间布局的差异性特征，对东、中、西部经济开放程度进行实证研究。（魏浩等，2018；张红霞等，2009；汪素芹，2013；苏庆义，2016；刘洪愧等，2017）二是分析中国对外开放区域政策的演变过程，总结由点到面的渐进式开放模式。（黄玖立等，2013；张平等，2018；洪俊杰等，2018；裴长洪等，2019；盛斌等，2019）三是分析对外开放空间布局的影响因素，揭示区域经济发展与经济开放的互动关系。（杨汝岱等，2013；鲁志国等，2018；唐宜红等，2019；刘洪愧等，2019）以上是关于国内经济开放空间的研究,而关于国内经济开放空间的选择,主要集中探讨了中国对外直接投资的区域选择问题,重点是同"一带一路"沿线国家的经济贸易和投资合作问题。王晓红(2017)提出,要逐步加快对"一带一路"沿线国家投资的战略布局,积极深化对发达国家投资的战略布局;聂名华(2017)认为,中国对外直接投资的区域分布不均衡,主要是对发展中经济体投资较多,需要合理调整区位配置,增加对发达经济体的投资。综上所述,学术界的研究主要集中在国内经济开放空间布局问题,而对国外经济开放空间布局涉及较少,仅仅是从经贸合作、对外投资方面探讨了一些具体问题,尚未从理论和战略上进行系统研究。本书将从构建新发展格局的视角,依托空间经济理论,探讨大国经济开放的空间结构及特点,提出构建国外经济开放空间的新思路。

一、经济空间与经济开放的理论逻辑

1. 从市场空间、生产空间到要素集聚空间

在经济理论发展史上,经济开放空间的研究经历了从市场空间、生产空间到要素集聚空间的过程。斯密(2003)在《国民财富的性质和原因的研究》即《国富论》中明确提出:"分工起因于交换能力、分工的程度,因此总要受交换能力大小的限制,换言之,要素市场广狭的限制。"他在这里提出了"市场空间假说",他谈到的"市场广狭"问题,实际上就是"市场空间"问题。在斯密看来,其一,市场空间是分工的基本前提,"市场要是过小,那就不能鼓励人们终生专务一业"。只有市场空间扩大了,人们才可能进行细致的分工和专业化生产。其二,市场空间扩展是经济繁荣的重要条件。"有些业务,哪怕是最普通的业务,也只能在大都市经营。"大城市的市场空间较大,有利于各种经济和经营活动的开展。马克思提出"生产空间假说",他认为,首先,"空间是一切生产和一切人类活动的要素"。人们从事各项活动特别是生产活动,不可能离开"空间"这个基本要素。其次,"资本按其基本性来说,力求超越一切空间界限"。资本的本性是追逐高额利润,为了利润,它将不断地拓展空间。(马克思、恩格斯,1995)马克思的研究具有两大贡献:一是提出空间是一切生产活动的要素,从企业生产的角度阐述空间的重要性,把经济空间的研究从"市场空间"推进到"生产空间"。二是提出资本将超越一切空间的论断,从生

产空间拓展的视角研究经济空间,实际上提出了经济开放理论,并将资本追逐利润的本性看作经济空间开放的原动力。

从韦伯、勒施到波特,经济空间理论演变为产业集聚和要素集聚理论,克鲁格曼则提出空间集聚模型。现代工业区位的奠基人韦伯(2010)认为,区位因素是指"经济活动发生在某个特定点或若干点上,而不是发生在其他点上所获得的优势"。他把区位因素分为两类:一类是"区域性地分布工业的";一类是在区域分布中"集聚"或"分散"工业的,从而提出了区域集聚的问题,并进行专门研究,"集聚因素是一种'优势',或是一种生产的廉价,或者是生产在很大程度上被带到某一地点所产生的市场化"。同时,还分析了"集聚"的两个阶段:第一阶段是简单地通过企业扩张使之集中化,第二阶段是每个大企业以其完善的组织而地方集中化。同时,大规模生产显著的经济优势就是具有有效的地方性集聚因素,包括技术设备的专业化、劳动力组织的发展、市场效率的提高和经济成本的降低等。勒施(2010)将工业区位研究转向整体经济空间的研究,从静态研究转向动态研究。他不仅分析了企业区位的自由"集积",而且研究了市场网状组织、地区网状组织和网状组织体系,特别是试图揭示经济空间的秩序及规律性。波特(2002)通过引入"集群"概念,系统地研究了产业集群及产业竞争力问题,他认为"集群不仅仅降低交易成本、提高效率,而且改进激励方式,创造出信息、专业化制度、名声等集体财富。更重要的是集群能够改善创新的条件,加速生产率的成长,也更有利于新企业的形成"。克鲁格曼的新贡献则在于他把空间因素模型化,构建了规范的空间集聚模型。他不仅分析了中心—外围区域模型、城市层级体系模型,而且提出了产业集聚和国际贸易模型,认为国际专业化过程与典型的集聚过程非常相似,它是从既作为生产者又作为中间品消费者的制造业双重角色中产生的。由于国界成为劳动力流动的壁垒,"在特定的国家,这些关联效应并不能导致人口的集中,但是可以产生一种专业化过程,使制造业或特定产业集中到有限的几个国家。"(藤田长久、保罗·克鲁格曼、安东尼·维纳布尔斯,2005)

2. 空间经济学视野的经济空间开放理论

空间经济学理论揭示了经济空间选择的影响因素和客观规律,为研究经济开放空间奠定了基础;特别是,马克思揭示了资本"力求超越一切空间界限"的必然性,克鲁格曼揭示了生产要素通过国际流动形成国际专业化和国际空间集聚的规律性,为探讨经济开放空间提供了理论和方法。

(1) 国际经济空间开放是要素国际流动从非连续性空间到连续性空间的过程。空间是物质运动的存在形式，表示物质之间的并存关系和分离状态，具有连续性和非连续性相统一的特征。空间的连续性是指空间的广延性，即空间在无条件限制时是可以无限地延伸的；空间的非连续性是指空间的隔离性，即空间在具体的条件下只能有限地延伸。我们将空间的非连续性与连续性原理运用于国际经济空间开放中，要素在国际范围的流动也是非连续性和连续性的统一，而导致经济空间开放的非连续性的主要因素则是国家的存在。国家的政治规模受到国界的限制，经济规模在封闭条件下也受到国界的限制，国家可以利用各种政治和经济手段限制要素的自由流动。然而，"只有在完全封闭的世界中，即国与国之间没有任何的经济联系时，每个国家的市场规模才与其政治规模相一致"（阿莱西纳等，2020）。在经济全球化条件下，经济空间开放的非连续性随着世界经济一体化程度的提高而不断地扩展。在理想化的经济开放空间里，生产要素可以在世界范围内无限制地流动，每个国家的经济开放空间就是整个世界的经济空间。

(2) 国际经济空间开放将会带来要素国际流动的集聚效应和扩散效应。经济发展空间差异性的存在，促使资本、技术和劳动力流动从一个经济空间转向另一个经济空间。假如站在母国的角度，要素流动从国内经济空间向国外经济空间的转移属于扩散效应，而从国外经济空间转向国内经济空间属于集聚效应，国际范围的要素集聚和扩散是国际经济空间开放带来的双重效应。马歇尔用"外部经济"来解释产业在经济空间的集聚，认为有三种力量影响产业集聚的正外部性，即劳动力市场共享、专业化服务和技术外溢，这三种力量形成产业空间集聚的向心力。根据克鲁格曼的研究，集聚的机制不仅是传统的要素流动，而且是中间产品的前后向联系。前向联系是指拥有规模庞大的制造业部门的经济空间可以提供多种类的中间产品，后向联系是指最终商品生产规模巨大的经济空间为中间投入品生产提供庞大的市场。在开放的国家经济中，要素向国外空间的流动往往通过对外直接投资或者跨国经营来实现，企业的跨国经营可以将技术研发、生产制造或者营销服务环节转移到国外的经济空间，对外直接投资将以资本要素带动技术和劳动力要素向国外经济空间转移。

(3) 大国幅员辽阔的经济空间优势有利于构建国内国际双循环发展格局。大国拥有广阔的市场范围，有效利用国内经济空间就可以容纳规模庞大的要素集聚和产业集聚，从而实现国内经济的大循环。人口众多和幅员辽阔是大国经济的两个初始特征，幅员辽阔不仅意味着丰富的自然资源，而且意味着广阔的市场范围;将地理空间变为经济空间,就可能形成庞大的经济规模。根据斯密的"市场空间假说",广阔的市场范围可以形成分工和专业化,支撑制造业的发展;根据马克思的"生产空间假说",广阔的经济空间可以容纳庞大的生产要素组合,支撑大企业的发展;根据克鲁格曼的"报酬递增假说",广阔的经济空间可以促进企业和产业集聚,形成庞大的产业规模。显然,这种庞大的经济空间将产生庞大的需求和庞大的供给,从而有利于构建国内大循环系统。同时,庞大的经济空间培育出来的庞大产业也需要合理地利用国外经济空间所形成的资源和市场空间,进入国际经济大循环系统,从而在国内国际双循环相互促进的条件下构建大国经济新发展格局。

二、大国经济开放空间的圈层结构及其特点

改革开放以来,中国对外开放逐步深化,经济开放的空间结构愈益优化。从国内经济空间的角度看,已经形成了东部、中部、西部和东北部四大经济开放区域,京津冀、长三角、珠三角三大产业集聚区域,而且在从不均衡走向均衡;从国外经济空间的角度看,初步形成了依托G20、金砖国家、"一带一路"沿线国家以及中日韩自贸区的经济开放空间,而且表现为一种"圈层结构",各大经济开放圈代表着不同层次经济体的联合,可以发挥不同的功能。

1. 依托"二十国集团"的全球性经济开放合作圈

1999年在德国柏林正式成立G20,在"八国集团"(G8)成员即美国、英国、德国、法国、日本、意大利、加拿大和俄罗斯的基础上,增加阿根廷、巴西、墨西哥、澳大利亚、中国、韩国、印度、印度尼西亚、土耳其、南非、沙特阿拉伯和欧盟,共同组成二十国财长集团。创始公报指出:"G20的创立,是为了在布雷顿森林体系框架内提供一个非正式对话的新机制,扩大在具有系统重要性的经济体之间就核心的经济金融议题的讨论,促进合作,以取得惠及所有人的稳定的、可持续的世界经济增长。"(G20,1999)2008年,在美国华盛顿召开19个国家以及欧盟领导人峰会,G20正式升级为布雷顿森林体系下的全球最高级别的最广泛国家参与的非正式协商机制。从这个国际组织的特点看,一是涉及面特别广泛,遍布欧洲、亚洲、北美洲、南美洲、大洋洲和非洲,全球代表性明显;二是包含发达国家、新兴国家、发展中国家,以及领导国和跟随国,

包容性非常强；三是主要通过设置宏观经济政策协调的议题，为应对全球性经济挑战提供有效的解决方案。中国作为世界上最大的发展中国家，以积极的姿态参加 G20，经历了由谨行慎行、积极参与到主导议题的过程，扮演越来越重要的角色。特别是从 2013 年圣彼得堡峰会到 2016 年杭州峰会，中国逐步实现向主导者角色的演变。可以通过以下两个方面利用好这个最大的国际平台：一是加强与新兴国家的有效合作，并主动寻求与发达国家在核心议题和经济利益上的契合点，构建宏观经济政策国际协调的机制；二是在与发达国家、新兴国家沟通、交流的基础上，推动贸易和投资的自由化、便利化，为中国在国际范围更好地选择经济开放空间创造条件。G20 主要经济数据如表 1.1 所示。

2. 依托"金砖国家"的新兴经济体开放合作圈

2001 年，美国高盛公司前首席经济师吉姆·奥尼尔首次提出"金砖四国"的概念，特指新兴国家中的巴西、俄罗斯、印度、中国，由于这四个国家的英文首字母与英文单词"brick"（砖）类似，故称"金砖四国"。2010 年南非加入后，改称为"金砖国家"。2006 年，首次金砖四国外长会晤，开启了金砖四国合作的序幕，使金砖四国成为新的国际合作平台。该国际组织的特点在于：一是以新兴国家为主体，将亚洲、美洲、非洲的主要新兴国家组织起来，致力于建立紧密而牢固的伙伴关系，达到"抱团取暖"的目的；二是以国家领导人会晤为导向，以安全事务高级代表会议、外长会晤等部长级会议为支撑，形成在经贸、财金、科技、教育等众多领域开展实务合作的多层次架构；三是代表全球新兴国家的利益，积极参与国际经济治理，反映发展中国家的诉求，促进世界经济增长和多极化世界格局的形成。中国是规模最大的新兴国家，是世界上最有活力的经济体之一，在金砖国家平台建设中的地位愈益突显，已成功举办第三届（三亚）和第九届（厦门）金砖国家领导人峰会，成为金砖国家平台建设的主导力量。具体地说：一是倡导"开放包容、合作共赢"的金砖精神，推动建设开放型世界经济，建设全球发展伙伴关系，加强"南南合作"，造福各国人民；二是利用金砖国家贸易结构的互补性，积极拓展中国与其他金砖国家的贸易关系，通过构建"互利共赢"的贸易格局，实现中国与其他金砖国家贸易的共享式增长；三是着力推动金砖国家的金融合作，通过设立金砖新开发银行（简称"金砖银行"），为各国提供基础设施和公共事业建设资金，保障金砖各国的金融稳定。金砖国家主要经济数据如表 1.2 所示。

表 1.1　二十国集团主要经济数据表(2015—2018 年)(单位:亿美元)

指标	GDP				GNI				货物和服务出口		
年份	2015	2016	2017	2018	2015	2016	2017	2018	2015	2016	2017
阿根廷	5947	5575	6436	5176	5826	5453	6272	4990	637	698	729
澳大利亚	13517	12088	13292	14329	13241	11802	12930	13874	2701	2327	2819
巴西	18022	17957	20628	18855	17683	17576	20243	18322	2325	2239	2583
德国	33562	34675	36826	39638	34370	35521	37596	40600	15748	15976	17383
俄罗斯	13635	12768	15742	16696	13257	12413	15321	16292	3914	3301	4107
法国	24382	24713	25952	27879	24909	25236	26538	28495	7459	7475	8032
韩国	14658	15001	16239	17248	14704	15056	16305	17318	6301	6020	6647
加拿大	15561	15282	16499	17163	15323	15096	16307	16941	4956	4814	5182
美国	182247	187150	195194	205802	187043	190452	198303	208373	22659	22272	23746
墨西哥	11719	10785	11589	12223	11416	10496	11288	11894	4046	3995	4363
南非	3176	2964	3496	3683	3097	2882	3391	3566	958	906	1036
日本	43895	49225	48669	49548	45581	50882	50403	51355	7730	8007	8640
沙特	6543	6449	6886	7865	6715	6607	6993	7942	2180	2009	2400
土耳其	8643	8697	8590	7784	8546	8605	8479	7665	2120	2008	2237
意大利	18359	18758	19618	20915	18232	18812	19725	21143	5456	5501	6029
印度	21036	22948	26528	27132	20792	22479	26241	26842	4168	4396	4983
印尼	8609	9319	10156	10422	8323	9020	9834	10123	1822	1779	2049
英国	29286	26943	26662	28607	28651	26279	26295	28201	8098	7662	8096
中国	110616	112333	123104	138948	110198	111883	123007	138199	23621	22000	24242

数据来源:世界银行数据库:https://databank.worldbank.org。
注:欧盟主要经济数据未统计在本表中。

第1章 大国经济开放空间选择：原则和思路

	货物和服务进口				贸易额				中国对外直接投资存量			
2018	2015	2016	2017	2018	2015	2016	2017	2018	2015	2016	2017	2018
757	701	756	899	857	1337	1455	1628	1614	19	19	15	16
3127	2907	2602	2740	3072	5609	4929	5558	6199	284	334	362	384
2807	2533	2167	2435	2735	4858	4406	5018	5543	23	30	32	38
18777	13199	13418	14807	16340	28946	29394	32190	35118	59	78	122	137
5095	2816	2638	3272	3442	6730	5939	7379	8537	140	130	139	142
8843	7597	7625	8308	9133	15056	15100	16340	17976	57	51	57	66
7195	5298	5021	5876	6429	11599	11041	12524	13624	37	42	60	67
5505	5340	5175	5547	5841	10296	9989	10730	11347	85	127	109	125
25287	27924	27397	29301	31382	50583	49669	53047	56669	408	606	674	755
4799	4285	4208	4574	5049	8331	8203	8937	9848	5	6	9	11
1101	999	891	991	1089	1957	1797	2027	2190	47	65	75	65
9179	7914	7519	8187	9063	15645	15527	16826	18242	30	32	32	35
3149	2473	1981	2020	2096	4653	3990	4420	5245	24	26	20	26
2429	2295	2195	2553	2440	4416	4203	4790	4869	1	2	13	17
6561	4902	4885	5468	6061	10358	10386	11497	12622	9	16	19	21
5386	4651	4802	5820	6390	8819	9198	10803	11776	38	31	47	47
2186	1789	1708	1948	2296	3610	3487	3997	4482	81	95	105	128
8758	8502	8099	8420	9155	16600	15761	16516	17913	166	176	203	199
26556	20033	19445	22085	25489	43654	41445	46327	52045	10979	13574	18090	19823

表 1.2 金砖国家主要经济数据（2015—2018 年）（单位：亿美元）

指标	GDP				GNI				货物和服务出口				货物和服务进口				贸易额				中国对外直接投资存量			
年份	2015	2016	2017	2018	2015	2016	2017	2018	2015	2016	2017	2018	2015	2016	2017	2018	2015	2016	2017	2018	2015	2016	2017	2018
巴西	18022	17957	20628	18855	17683	17576	20243	18322	2325	2239	2583	2807	2533	2167	2435	2735	4858	4406	5018	5543	23	30	32	38
印度	21036	22948	26528	27132	20792	22479	26241	26842	4168	4396	4983	5386	4651	4802	5820	6390	8819	9198	10803	11776	38	31	47	47
南非	3176	2964	3496	3683	3097	2882	3391	3566	958	906	1036	1101	999	891	991	1089	1957	1797	2027	2190	47	65	75	65
俄罗斯	13635	12768	15742	16696	13257	12413	15321	16292	3914	3301	4107	5095	2816	2638	3272	3442	6730	5939	7379	8537	140	130	139	142
中国	110616	112333	123104	138948	110198	111883	123007	138199	23621	22000	24242	26556	20033	19445	22085	25489	43654	41445	46327	52045	10979	13574	18090	19823

数据来源：世界银行数据库：https://databank.worldbank.org。

3. 依托"一带一路"的中国大周边国家开放合作圈

2013年，习近平主席在哈萨克斯坦和印度尼西亚发表演讲，分别提出共同建设"丝绸之路经济带"和"21世纪海上丝绸之路"，这两者构成"一带一路"的倡议。"一带一路"涉及中国大周边地区的60多个国家，涵盖东亚、西亚、南亚、中亚和独联体国家以及中东欧国家。将"一带一路"作为经济开放平台，极大地拓展了中国对外开放的经济空间，这是一场规模宏大的"经济地理革命"，将重塑中国和沿线国家的经济地理。这个国际合作平台的特点在于：一是以中国的大周边地区国家为主体，向西丝绸之路经济带分两路到达欧洲和地中海地区，海上丝绸之路先向南再向西到达印度洋地区，将中国的周边地区大大延伸；二是以弘扬丝路精神为核心，即促进文明互鉴、尊重道路选择、坚持合作共赢、倡导对话和平；三是重视务实合作，加强政策沟通、道路联通、贸易畅通、货币流通、民心相通。这个倡议得到国际社会的积极响应，已经成为沿线国家经济开放合作的重要平台。"一带一路"是由中国政府提出并且主导的国际经济开放合作平台，近些年来通过卓有成效的工作，推动了"一带一路"经济开放合作的深化。具体地说，一是制定总体建设方案，发布《推动共建丝绸之路经济带和21世纪海上丝绸之路的愿景与行动》，提出共建原则、框架思路、合作重点以及合作机制；二是加强基础设施建设的合作，设立亚投行和丝路基金，促进互联互通建设和经济一体化进程；三是建设六大经济走廊，包括新亚欧大陆桥经济走廊、中蒙俄经济走廊、中国—中亚—西亚经济走廊、中国—中南半岛经济走廊、中巴经济走廊、孟中印缅经济走廊。"一带一路"沿线主要国家经济指标如表1.3所示。

4. 依托中日韩自贸区的亚洲核心经济区开放合作圈

2002年中日韩三国领导人峰会提出建设中日韩自贸区的设想；2007年中日韩三国成立联合研究委员会，负责探讨建立中日韩自贸区的可行性，并开始三边投资协议谈判；2012年中日韩三国经贸部长会晤，宣布启动中日韩自贸区谈判。迄今为止，中日韩举行了自贸区的16轮谈判。通过建设中日韩自贸区，将取消自贸区内关税和其他贸易限制，使物资流动更加顺畅，区内厂商获得更大市场和收益，三国的整体福利增加。这个经济开放合作平台的特点在于：一是以亚洲经济核心国家为主体，2015年，中日韩三国经济总量占世界

表 1.3 "一带一路"沿线主要国家经济指标（2016—2018 年）（单位：亿美元）

指标	GDP			GNI			货物和服务出口			货物和服务进口			贸易额			中国对外直接投资存量		
年份	2016	2017	2018	2016	2017	2018	2016	2017	2018	2016	2017	2018	2016	2017	2018	2016	2017	2018
阿联酋	3570	3856	4222	3591	3884	4236	3606	3840	3929	2704	2908	2815	6311	6748	6744	49	54	64
埃及	3324	2357	2497	3280	2312	2434	344	373	472	662	691	733	1006	1064	1206	9	8	11
巴基斯坦	2787	3046	3146	2733	2996	3091	255	251	282	450	536	631	705	787	914	48	57	42
俄罗斯	12768	15742	16696	12413	15321	16292	3301	4107	5095	2638	3272	3442	5939	7379	8537	130	139	142
哈萨克斯坦	1373	1668	1793	1238	1487	1573	437	540	675	391	407	465	828	948	1139	54	76	73
吉尔吉斯斯坦	68	77	83	65	73	80	24	26	26	48	51	56	72	78	82	12	2	2
柬埔寨	200	222	246	188	208	229	123	135	151	131	142	156	254	277	307	44	54	60
捷克	1963	2186	2489	1830	2063	2348	1553	1728	1916	1403	1563	1768	2956	3291	3684	2	2	3
克罗地亚	516	555	614	501	547	605	246	277	308	240	273	313	486	550	621	0	15	18
老挝	158	169	180	151	160	171	52	—	—	66	—	—	119	—	—	55	67	83
马来西亚	3013	3191	3587	2929	3101	3475	2012	2234	2460	1811	2015	2219	3823	4249	4679	36	49	84
蒙古	112	114	131	103	98	118	56	68	77	51	66	84	107	134	161	38	36	34
缅甸	672	689	762	654	670	735	174	196	231	236	235	231	410	431	462	46	55	47
南非	2964	3496	3683	2882	3391	3566	906	1036	1101	891	991	1089	1797	2027	2190	65	75	65
沙特	6449	6886	7865	6607	6993	7942	2009	2400	3149	1981	2020	2096	3990	4420	5245	26	20	26
塔吉克斯坦	70	72	75	81	84	87	9	11	—	29	29	—	38	41	—	12	16	19

第1章 大国经济开放空间选择：原则和思路

（续表）

指标	GDP			GNI			货物和服务出口			货物和服务进口			贸易额			中国对外直接投资存量		
年份	2016	2017	2018	2016	2017	2018	2016	2017	2018	2016	2017	2018	2016	2017	2018	2016	2017	2018
泰国	4134	4563	5065	3940	4359	4820	2772	3043	3286	2212	2474	2838	4984	5517	6124	12	54	59
土耳其	8697	8590	7784	8605	8479	7665	2008	2237	2429	2195	2553	2440	4203	4790	4869	2	13	17
乌兹别克斯坦	818	592	504	827	604	519	122	129	141	122	141	194	243	270	336	11	9	37
新加坡	3187	3419	3732	2985	3159	3374	5261	5836	6631	4425	4968	5570	9685	10803	12202	334	446	501
新西兰	1882	2054	2079	1821	1976	2026	500	565	582	483	542	581	983	1106	1163	21	25	26
伊朗	4180	4453	4540	4193	4462	4565	936	1111	1509	870	1062	1445	1806	2172	2953	33	36	32
以色列	3190	3533	3706	3157	3509	3702	957	1017	1104	902	975	1080	1859	1992	2184	42	41	46
印度	22948	26528	27132	22479	26241	26842	4396	4983	5386	4802	5820	6390	9198	10803	11776	31	47	47
印尼	9319	10156	10422	9020	9834	10123	1779	2049	2186	1708	1948	2296	3487	3997	4482	95	105	128
越南	2053	2238	2452	1967	2079	2300	1922	2273	2595	1869	2211	2513	3791	4484	5108	50	50	56

数据来源：世界银行数据库：https://databank.worldbank.org。

的20％，占亚洲的70％，在亚洲经济乃至世界经济中占有重要地位。二是中日韩三国外贸依存度比较高，2015年，三国外汇储备占世界的47％，而且三国间贸易往来频繁，日韩分别为中国的第二大和第三大贸易伙伴。2018年，三国贸易总额已超过7200亿美元，中日韩自贸区发展前景远大。三是由于历史的原因以及竞争关系，中日韩自贸区建设进展缓慢，近些年出现了起伏和曲折。中国作为亚洲最大规模的经济体和市场，高举开放合作的旗帜，积极推动中日韩自贸区建设，先后在中国举行第二轮谈判、第五轮谈判、第八轮谈判、第十一轮谈判和第十四轮谈判，特别是第五次中日韩领导人会议发表了关于提升全方位伙伴关系的联合宣言，提出增进政治互信、深化经贸合作、促进可持续发展的总体思路。同时，推进了一些具体领域的合作，如中国同日本达成双边关税减免安排，中国央行与韩国央行签订双边本币互换协议等。中日韩经济指标如表1.4所示。

通过G20、金砖国家、"一带一路"和中日韩自贸区，中国形成了国际经济空间的圈层结构。这种圈层结构的特点包括：一是不同的圈层代表着世界不同地区的国家，在世界经济发展中占据重要位置。2016年，G20代表六大洲的20多个国家，国民生产总值占世界的85％左右；金砖国家代表四大洲的5个国家，国民生产总值占世界的27％左右；"一带一路"代表亚欧地区的60多个国家，国民生产总值占世界的29％左右；中日韩代表东亚地区的三个国家，国民生产总值占世界的25％左右。二是这些圈层代表着不同层次的主体，反映不同群体的利益诉求。G20代表重要的发达国家、新兴国家和发展中国家，反映全球经济体的利益诉求；金砖国家代表全球的新兴大国，反映新兴市场经济体的利益诉求；"一带一路"代表中国的大周边国家，反映沿线亚欧地区国家的利益诉求；中日韩代表亚洲核心国家，反映东亚经济体的利益诉求。三是这些圈层具有互补性，从总体上构建中国经济开放的国际空间。四大圈层的国家涵盖世界上有人口居住的六大洲，有的代表全球经济体的利益，有的代表新兴大国的利益，有的代表东亚经济体的利益，有的代表中国大周边国家的利益，因而从总体上构成了纵横交错、有点有面、功能齐全的国际性经济开放空间。

表 1.4 中日韩经济指标 (2015—2018 年)(单位:亿美元)

指标	GDP				GNI				货物和服务出口				货物和服务进口				贸易额				中国对外直接投资存量			
年份	2015	2016	2017	2018	2015	2016	2017	2018	2015	2016	2017	2018	2015	2016	2017	2018	2015	2016	2017	2018	2015	2016	2017	2018
中国	110616	112333	123104	138948	110198	111883	123007	138199	23621	22000	24242	26556	20033	19445	22085	25489	43654	41445	46327	52045	10979	13574	18090	19823
日本	43895	49225	48669	49548	45581	50882	50403	51355	7730	8007	8640	9179	7914	7519	8187	9063	15645	15527	16826	18242	30	32	32	35
韩国	14658	15001	16239	17248	14704	15056	16305	17318	6301	6020	6647	7195	5298	5021	5876	6429	11599	11041	12524	13624	37	42	60	67

数据来源:世界银行数据库:https://databank.worldbank.org。

三、构建适应双循环发展的大国经济开放空间

《中华人民共和国国民经济和社会发展第十四个五年规划和 2035 年远景目标纲要》（简称《"十四五"规划》）提出了促进国内国际双循环的目标，就是要立足国内大循环，形成全球资源要素强大引力场，促进内需和外需、进口和出口、引进外资和对外投资协调发展。具体地说，需要"优化国际市场布局，引导企业深耕传统出口市场、拓展新兴市场，扩大与周边国家贸易规模"；同时，"坚持引进来和走出去并重，以高水平双向投资高效利用全球资源要素和市场空间"。显然，合理地选择和拓展经济开放空间，是构建双循环发展格局的题中应有之义。

中国是一个发展中大国，拥有庞大的人口规模和经济空间，以及由此形成的超大规模的国内市场；中国经济已转入高质量发展阶段，需要贯彻新发展理念，更加重视质量和效益。基于这两个客观现实特征，构建经济开放空间应该坚持以下原则：

一是自主选择经济空间的原则。中国是超大规模的国家，土地面积辽阔，自然资源丰富，经济空间广袤，仅仅依靠本国的经济空间，也可以获得经济发展所需要的自然资源和人力资源；仅仅依靠本国的市场范围，也可以培育大规模生产，支撑大产业发展，而发展开放型经济，在国际范围内选择和拓展经济空间，主要是为了在更大范围优化资源配置。因此，我们的选择具有自主性特征，即在国际经济环境好的时候，可以在国外选择和拓展经济空间，以获取最优的资源要素，获得更好的经济利益和社会效益；在国际环境不好的时候，可以将经济空间的选择和拓展限制在国内范围，依靠本国的资源和市场发展经济。

二是动态调整经济空间的原则。世界经济形势复杂多变，往往沿着曲线波动。特别是当今世界处于百年未有之大变局，遭遇单边主义、保护主义和逆全球化浪潮，各国的经济形势、经济政策和经济环境也会发生变化，为此，我们对国外经济空间的选择和拓展，既要有长期的战略，又要有短期的决策；特别是要随着各国经济形势、经济政策和经济环境的变化情况实行动态调整，从而优化对外投资的空间，优化进出口的规模和结构，使中国的跨国企业获得较好的投资环境和营销环境，使中国的对外贸易和对外投资获得较好

第 1 章　大国经济开放空间选择：原则和思路

的效益。

三是内外经济空间均衡的原则。新发展格局要求以国内大循环为主体，这既符合发展中大国的基本国情，又符合经济科学的一般原理和大国发展的基本经验。大国应该走以内需为主的发展道路，往往倾向于采取内向型政策，主要依靠国内经济空间和国内市场。同时，大国也希望获得全球化红利，合理利用国外的经济空间以及市场和资源。从总体上看，以国内空间为主体和以国外空间为补充是不变的，但是主体和补充的具体比例是可以变化的，而变化的原则就是实现动态均衡，从而保障经济的稳定协调发展。

我们遵循构建以国内大循环为主体、国内国际双循环相互促进的新发展格局的思路，抓住百年未有之大变局的历史机遇，选择和拓展适应双循环发展格局的经济开放空间。总体战略是：从新兴大国国情和经济高质量发展目标出发，根据自主选择、动态调整和内外均衡的原则，以国内经济空间为主体，以后发国家经济空间为延伸，以发达国家经济空间为前沿，构建具有综合优势的大国经济开放格局。

第一，以国内经济空间为主体，利用要素供需均衡和匹配的优势构建国内大循环系统。中国拥有960万平方公里的国土面积，经济发展空间广阔，而且东部、中部和西部地区自然条件不同，具有明显的差异。国内经济空间的这种特征，有利于构建优势互补的产业布局，因而，国内经济开放空间的布局应该考虑各个区域的差异性和互补性。改革开放以来，中国形成了以东南沿海地区经济开放带动中部内陆地区和西部偏远地区开放的格局和机制，目前应该在这种经济开放格局下作出适度调整，逐步提升中西部地区经济开放水平。特别是构建国内大循环，需要利用这种规模性和差异性统一的优势，以实现国内要素供需均衡。具体地说，一是要促进资源要素顺畅流动，破除制约流动的堵点，健全要素自由流动的机制，矫正资源要素的失衡错配，形成有效的区域产业梯度转移格局。二是要将扩大内需与供给侧结构性改革有机结合起来，特别是适应品质化和差异化的消费需求，提升产品质量和性能，扩大优质消费品和中高端产品供给，推动供需协调匹配。三是要促进形成强大的国内市场，增强消费对经济发展的基础性作用和投资对优化供给侧结构的关键性作用，积极提升市场质量和改善市场环境，真正使国内市场成为集聚全球资源要素的强大引力场，从而有效发挥国内经济空间的主体作用。

第二，以后发国家经济空间为延伸，利用潜力巨大的新兴市场吸纳国内优势产业产能。中国跨越"中等收入陷阱"，需要推动产业结构升级，从价值链中低端走向价值链中高端。具体地说，一是推动劳动密集型产业向后发国家转移。经过长期发展形成的传统优势产业，拥有劳动力成本优势和传统技术优势，产能已经超出国内的需求，可以遵循"雁行产业形态"的规律，合理地向有较大需求的后发国家转移。特别是"一带一路"沿线的发展中国家，如某些中亚国家、非洲国家和东南亚国家，工业化水平比较低，对中低端轻工业产品和基础设施建设所需产品需求旺盛，我们既可以通过出口贸易满足后发国家的市场需求，也可以通过对外投资带动后发国家的工业发展，还可以通过对外承包工程帮助后发国家加快基础设施建设的步伐。二是积极发展同金砖国家的产业合作。金砖国家均为新兴经济体，首先，这些国家幅员辽阔、人口众多，拥有广袤的经济空间和巨大的市场潜力，已经成为全球投资的首选国家；其次，这些国家属于新兴工业化国家，拥有较为先进的工业技术和优势产业，如俄罗斯的航天航空产业、巴西的清洁能源产业和印度的电脑软件产业，我们可以加强同金砖国家在优势产业领域的合作，共同开展关键技术研发，构建由不同国家带头的产业链和供应链。

第三，以发达国家经济空间为前沿，利用国际先进技术提升中国产业链现代化水平。中国经济的高质量发展需要现代化产业链的支撑，目前，我们的产业体系比较完备，产业转换能力较强，但仍然存在全球创新链上突破关键技术能力较弱的问题，从而具有产业链和供给链出现风险的可能性。从总体上看，世界上顶尖的技术主要在美国等西方发达国家，半导体加工设备和材料技术是美国和日本领先，超高精度机床技术是德国、日本、瑞士领先，工业机器人技术是日本领先，顶尖精密仪器技术是美国、日本、德国、英国领先，发电用大蒸汽机轮技术是日本和德国领先。因此，我们应该保持清醒的头脑，坚持开放发展的道路，防止同发达国家的技术脱钩，积极推进开放式技术创新。具体地说，一是要继续利用技术后发优势，寻求技术领先的发达国家开展经济技术合作，联合研发重点产业的关键技术，通过合作创新或集成创新，努力追赶和超越发达国家的技术水平。二是利用中国的市场规模优势，吸引某些发达国家开展技术合作，学习和研发先进的产业技术；特别是利用中国产业配套比较完备的优势，保持和创造在全球产业链和供应链上的核心地位，深度融入世界产业体系和技术体系，进而构建牢不可破的国际创新链和供应链，通过参与国际经济大循环提升产业链的现代化水平。

第 2 章
开放大国的自由贸易区平台建设路径

自 2013 年国务院首次设立上海自贸区以来，全国已经设立 21 个省市自由贸易区。客观地说，在速度和数量上达到了旨在通过先行先试的制度创新，形成全面改革开放新格局的初衷；但从内涵上看，目前多数自贸区的建设和发展仍然停留在概念和形式上，并没有真正推进贸易便利化和投资自由化。与自贸区相关的现有文献和新闻报道，大多也是远景展望和美好的期许，较少有微观层面的问题分析，特别是对于每个自贸区实际的境况和可能遇到的困难讨论不足。实际上，随着国家对自贸区建设的大举推进，除了正面分析和报道，更应该需要一些冷思考：自贸区建设不能停留在形式和概念上，不能仅靠政策倾斜，而应该思考如何突破实际困境，让自贸区真正成为推进一个大国开放的试验田以及新时代改革开放的新高地。

实际上，经过改革开放 40 余年的快速发展，中国形成了其他国家无可比拟的庞大市场空间：近 14 亿人口、9 亿劳动力、8 亿网民、1.7 亿受过高等教育和拥有技能的人才资源、1 亿多个市场主体，这些超大规模的市场资源和空间，不仅是新时期中国参与全球经济竞争的重要优势，而且是开放大国推动国内自贸区平台建设、实现国内国际双循环相互促进新发展格局的重要基础和支撑条件。在全球地缘政治博弈加剧和中国确立双循环新格局的背景下，中国自贸区建设实质上就是对国内超大规模市场的利用。（洪联英，2021）然而，具体对业已设立的 21 个省市自贸区来说，由于各省市地理位置、资源禀赋、经济基础、市场化程度等条件各异,能够充分利用国内超大市场规模优势的能力也不同。如上海自贸区可以凭借其开放高地和国际金融中心的定位,较好地利用全国超大规模的市场资源和空间,形成超大市场的规模优势,有效推动自贸区国内国际双循环相互促进。但是,对海南自贸区这些相对封闭型的自贸区来说,就缺乏这种相对开放的、超大规模的市场优势,进而会影响自贸区建设的顺利推进。因此,如何运用本省市场条件与资源禀赋,克服短板,形成自贸区发展所需的市场规模优势,是推进开放大国自贸区平台建设的重大现实课题。

一、中外学者研究自贸区建设的进展

关于自贸区建设问题的研究,国外学者主要对自贸区的作用和影响效应进行较多的关注,如 Chauffour 和 Maur(2011)、Castilho 等(2015)等认为,设立自贸区可以促进商品生产和交换,打破资源流动障碍和贸易壁垒,通过影响贸易成本、市场范围、企业生产率等正向作用于地区经济发展;但 Polaski(2006)、Jenkins 和 Kuo(2019)等则认为,设立自贸区可能对区域内的平衡发展产生负面影响,如影响产业分工与区位选择、拉大收入差距,并且对自贸区的相关政策倾斜可能导致产生"劫贫济富"问题。如 Boring(2005)认为,建立内陆自贸区可以缓解沿海港口货物仓储的压力,同时带动区域经济发展和基础设施建设(Graham,2004),还能发挥吸引外资、发展离岸金融的作用(Yang,2009)。Li、Scolloy 和 Maani(2016)认为,中国—东盟自由贸易区(ACFTA)的建立对中国和东盟存在两方面的正面效应,但会因为工厂合理化效应的存在而对国际投资产生部分消极影响。Thangavelu 和 Narjoko(2014)基于引力模型,认为 FTA 促进外国直接投资(FDI)的流入,但 FDI 流入的程度取决于国内基础设施建设、人力资本和技术投入水平,以及参与国际生产价值链的能力。

自 2013 年上海自贸区成立以来,国内学者们关于推进自贸区发展的研究成果日渐丰富,特别是对发展战略、影响效应、制度建设、评估评价体系等问题都进行了深入研究。如张幼文(2014),陈爱贞、刘志彪(2014)等认为,自贸区建设以改革促开放,重点是要构建与经济全球化最新发展趋势相兼容的开放型经济体制,促进从产品市场开放转变为要素市场开放。黄玖立、周璇(2018)认为,在自贸区建设中,定制生产比重越高,对契约环境越敏感的外地企业越容易遭受东道国市场地方保护主义的打击，因而政府职能转变尤其重要。何枭吟、吕荣艳（2018）等认为，自贸区向空港延伸成为新的趋势，"自贸区＋空港"为临空经济发展带来了新机遇。陈林、邹经韬（2018）研究了中国自贸区试点历程中的区位选择问题。成新轩、郭志尧（2019）引入制度性原产地规则中的累积规则、微量条款及原产地证书等要素，提出适合测定中国自贸区优惠原产地规则限制程度的一套体系。

随着国家提出以改革促开放的新举措，重庆、广东、福建等多省市自贸区相继设立，特别是2018年海南自贸区（港）落地，国内学者们的研究开始转向自贸区（港）的建设问题。如史本叶、王晓娟（2019）认为，中国特色自贸港的本质特征在于要素和资源的自由流动，功能在于促进对外贸易、培育现代产业和引领开放，内在逻辑在于降低交易成本，核心在于制度创新。但王晓玲（2019）认为，中国应优先选取区位地缘优势突出的港口推进中国特色自贸港建设。郭永泉（2018）等认为，中国自贸港建设可借鉴新加坡的属地原则和新加坡、中国香港地区自贸港实行的"境内关外"税制，提升营商环境。具体对海南自贸港建设问题的研究，周子勋（2018）等认为，海南建设自贸港，除了要形成自贸港的政策和制度体系，更在于战略定位，使其发挥在"一带一路"建设尤其是泛南海经济合作中的中心枢纽作用。朱孟楠等（2018）通过对比中国香港地区、新加坡和迪拜等自贸港经验，认为海南自贸港建设初期要严格执行各种宽松政策，但在各种宽松环境下严格制定各相关规则。

近年来，研究发展平台经济的主张为自贸区建设提供了新方向。如 Rochet 和 Tirole（2006），埃文斯、施马兰奇（2018）认为，早期的自贸港遵循多边平台经济的模式；王冠凤（2014）等认为，上海的发展要将总部经济与平台经济进行融合，在平台经济的基础上，大力发展新型贸易；洪联英、黄汝轩（2017）认为，上海自贸区"金融＋服务贸易＋科技"的功能定位偏离了平台经济，当前政府要致力于平台建设，营造良好的企业发展环境。

总之，上述研究为推进自贸区及其平台建设问题研究提供了重要的理论基础和参考。然而，这些研究大都讨论的是宏观层面问题，很少从微观层面来剖析当前自贸区建设中存在的深层次问题。本质上看，自贸区是一组允许商品和要素自由流动的特殊制度安排，是一个在特定区域营造的较高水平的自由交易市场，即它是一个自由交易机制和交易关系的高度集合，需要关注它的微观基础。国外典型自贸区经过几十年甚至上百年的发展，微观市场基础和体制机制都较为成熟,较少关注微观层面的问题是情理之中。但是,中国市场经济体制尚不完善,制约自贸区发展的体制机制矛盾依然存在,因此,研究中国特色自贸区建设问题时,要基于发展中大国的"发展"和"规模"双重特征(欧阳峣、罗富政、罗会华,2016;欧阳峣,2018),高度重视微观基础准备不足的问题。

我们的研究主要创新点体现在:一是从开放大国的市场规模优势利用新视角,研究缺少这种优势的内陆省份或相对封闭型的自贸区建设短板问题,认为在当前全球经济结构失衡、地缘政治博弈加剧的背景下,中国特色自贸区建设实质上是对国内超大规模市场的利用,当前文献较少对微观基础准备不足的问题进行系统研究。二是将平台经济理论思想运用到自贸区建设领域,构建开放大国自贸区平台经济理论框架。本书认为,自贸区建设要利用起国内超大规模的市场优势,首先要立足平台补短板;同时认为,自贸区内外供需双边市场条件、市场主体条件(平台企业及其支持产业条件)、平台支撑者条件三大要素,是决定自贸区能否形成超大规模市场的重要条件。三是采用多案例嵌套比较方法,先分析海南自贸区平台建设中存在的双边市场条件、市场主体条件及平台支撑者条件等问题,再比较分析上海自贸区平台建设取得的优势和经验,以揭示开放大国在内陆型或相对封闭型的自贸区建设中存在的短板问题及其内在根源,为推进中国自贸区平台建设提供新的理路和政策参考。

二、开放大国自由贸易区平台经济理论框架的构建

从内涵上看,自由贸易区分两类:一类源于《关税及贸易总协定》(GATT),是指国家或地区间通过贸易协定达成的自由贸易区(FTA),其核心功能是通过削减关税和非关税壁垒促进成员国之间贸易自由;另一类源于世界海关组织(WCO)签订的《京都公约》,是指主权国家在本土自行设立的以关税减免为特征的自由贸易区(FTZ),其核心职能是贸易便利化,以及所带动的投资自由化和金融开放。显然,中国自由贸易试验区属于第二类,是中国政府自主开放的贸易园区。不过,中国作为发展中的开放大国,自贸区建设仍然基于"发展"和"规模"双重特征,要将转变政府职能作为制度创新进行先行先试,"试验区"是中国与国外自贸区的根本区别,即开放大国的自由贸易

试验区。

依据平台经济理论，平台实质是一种交易的空间或场所，可以存在于现实世界，也可以存在于虚拟网络空间，该空间引导或促成双方或多方客户之间的交易，并且通过收取恰当的费用努力吸引交易各方使用该空间或场所。（徐晋，2013）这一内涵表明：从微观层面来看，大型超市、银行甚至证券交易所、期货交易所、产权交易所等都属于平台的范畴；从宏观层面来看，"平台经济"可以定义为一种宏观的经济发展模式，即一个城市或区域具有汇集国内外贸易、金融、物流、信息交易活动的服务功能和集散功能，从而形成强大的具有国内外资源配置能力的经济发展模式。因此，中国自贸区建设也可以作为一个大的平台来看待。

具体地说，作为追求贸易和投资便利化、自由化的经济特区，自贸区是一个特殊的经济平台：以双边市场为载体，以平台企业或产业为核心，通过促成双方或多方供需之间的交易博弈获取利润或发展。（Rochet and Tirole，2006）如图 2.1 所示，从平台经济的组成成分来看，自贸区包括双边市场（需求市场即需求方、供给市场即供给方）、平台企业或产业和平台支撑者三大要素。其中，双边市场是载体；平台企业或产业是这个组织结构的核心与灵魂，通过合同的组成、规则设计及结构安排，将大量相异但又相容、处于市场不同位置的客户群体聚集起来，形成平台的网络规模；而平台支撑者是平台企业的宏观保障和微观基础，主要取决于供给方技术的构成、政府关于平台的规则规制以及

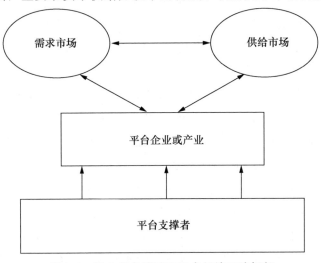

图 2.1　自由贸易试验区平台经济理论框架

整个产业生态系统。(李凌,2015;洪联英、黄汝轩,2017)

在开放大国的自贸区平台经济框架中,双边市场的培育和发展是至关重要的。按照 Rochet 和 Tirole(2006)对双边市场的定义,在自贸区平台交易中,假设商品需求方的每笔交易需要支付 ax 的费用,生产供给方的每笔交易需要支付 ay 的费用,假设在自贸区平台上交换成功的贸易投资量 M 主要取决于总价格 p($p=ax+ay$),而对商品需求方或生产供给方的单边变化不敏感,则该市场就是单边市场;相比较,假设总价格 p 不变,贸易投资量 M 随着 ax 的变化而变化,则该市场就是双边市场。换言之,双边市场就是市场的一边商品需求方或生产供给方规模会直接影响另一边生产供给方或商品需求方的参与意愿和参与价值,而交易成本的分割会直接影响各边的参与者规模。具体地说,在自贸区平台市场上,商品需求方或生产供给方对加入自贸区平台有一个价值预期,这个价值预期取决于对该自贸区平台市场上的另一方——相对应的生产供给方或商品需求方的规模预期,以及交易成本的大小。当规模预期确定时,如果该方承担的交易费用很高,则其加入该市场的意愿就会降低;而一方参与者人数的减少,会使得另一方加入该市场的激励下降。因此,自贸区平台建设中的双边市场具有普通市场所没有的独特特征,具体体现在以下三个方面:

一是自贸区的双边市场具有交叉网络外部性。与传统的网络外部性不同,自贸区双边市场中的网络外部性是一种交叉网络外部性,表现为:生产供给市场的产品或服务数量将影响商品需求市场的产品或服务数量和交易量;反之,商品需求市场的产品或服务数量将影响生产供给市场的产品或服务数量和交易量。这种交叉网络外部性是通过自贸区平台实现的,也是双边市场形成的一个前提条件。

二是自贸区的双边市场具有价格的非对称性。一项贸易或投资交易的达成涉及自贸区平台企业、平台的供给者以及平台的需求者三方。假设平台企业支付的总价格为 $p=ax+ay$,由于平台企业价格不是按照边际收益等于边际成本的原则确定,而是基于合理性要求,在供给市场与需求市场的企业之间进行非对称性分割,结果在价格水平上会呈现出一定的倾向性。这一特点可以保障平台企业拥有合意的利润水平及社会福利水平。

三是自贸区的双边市场具有相互依赖性和互补性。在自贸区双边市场中,商品需求方对平台中的生产供给方提供的产品或服务存在需求;同样,生产供给方对平台中的商品需求方的产品或服务也存在需求。只有供需双方同时对所提供的产品或服务都产生需求时，平台企业的产品或服务才具有价值，否则只有一方有需求或双方均无需求，那么平台企业的产品或服务将不具有价值。这就是自贸区平台的相互依赖性和互补性。

依据上述内涵、框架和特点，一个开放大国的自贸区平台经济内涵包括三大要素：一是围绕各种交易关系和投资服务活动形成自贸区建设平台的供需双边市场；二是逐步汇集国内外贸易、金融、物流、信息交易等活动的各类平台企业或产业，这是自贸区建设的核心与灵魂；三是由国务院、各省（市）政府、各省（市）全面深化改革开放领导小组和自贸区管委会共同组成的平台支撑者。具体地说，自贸区作为平台提供者，出台一系列深化改革开放的举措，其实质就是进行合同的组成、规则设计及结构安排，并依托自贸区平台，对来自于国内外的商贸物流、资本和技术，通过平台企业或者平台组织者有效的组织与安排，以信息、网络等为纽带，为供需双方提供信息空间，达到撮合市场交易、降低交易成本和形成市场规模优势的目的。

三、内陆型自贸区平台建设短板问题分析：以海南为例

1. 研究方法与方案设计

由于中国设立自贸区的时间较短，且各省份设立的时间都不一致，可用的大样本数据资料较少，微观数据资料则更难获取。本书以海南自贸区建设为例，采用典型案例进行研究；同时，采用多案例嵌套比较分析方法，即在对海南自贸区这一典型案例进行研究的过程中，与自贸区建设水平相对较高的上海自贸区以及与邻省的广东自贸区和福建自贸区进行比较分析。这种多案例研究方法不仅能够有效解决数据资料不足的量化难点，而且能较好地观察和研究自贸区建设发生的系列变革。此外，由于多案例研究可通过案例的复制来支持结论，从而提高研究的效度，因此，本书采用多案例嵌套比较分析方法，分析海南自贸区建设中存在的微观基础问题与市场体制机制障碍，以揭示中国自贸区建设中存在的短板问题及其内在根源。

本章选择海南自贸区建设作为总目标案例，以上海自贸区、邻省的广东自贸区和福建自贸区为具体嵌套比较案例进行经验分析，主要基于以下几方面：

一是海南自贸区建设是中国继改革开放之后又一重要的顶层设计，海南自

贸区作为推动海南经济发展的动力,政府层面对其定位很明确,但由于海南有比其他省份更为独特的区域特点、微观市场基础、经济基础和建设条件,其存在的微观层面问题和市场条件问题更为典型。以海南自贸区为例,从平台经济的视角探讨其发展的微观基础和短板问题,既可以为相关政策的实施探索提供新的理路和突破点,也可以为其他省份自贸区的发展提供借鉴,同时能较好地反映无优势企业"走出去"存在的问题与障碍,为国内其他省份的研究提供范例。

二是以上海自贸区、邻省的广东自贸区和福建自贸区为具体嵌套比较案例,这是因为上海自贸区自2013年成立以来,形成了一批可复制推广的先进经验,推进了上海及其他自贸区省份贸易和投资自由化、便利化进程,目前研究文献也相对较多;而广东自贸区和福建自贸区的选择,主要是基于区域相邻的特点,比较有现实意义,可由此探究海南自贸区建设的不足和短板。

三是所选择的多案例嵌套的自贸区建设属于国务院审批的第一批、第二批、第三批,尤其是第一批的上海自贸区建设已经扩容多次,达到一定水平,在建设中不断暴露的贸易和投资自由化、便利化,市场体制机制以及数据资料生成等方面的问题,可以满足案例比较研究的要求。

2. 海南自贸区建设中的双边市场条件短板分析

(1)外需导向型市场发展受限,缺少外贸发展势好这个支点。一是海南经济外向成分占经济总量比重低,2018年实际利用外资总额7.45亿美元,仅为上海的4.3%;对外投资总额33.75亿美元,仅为上海的22.02%;进出口总额849亿元,仅为上海的2.47%,占全国比重仅0.26%,仅为新加坡总额的1.4%左右。2001—2018年上海市和海南省外向型经济发展趋势比较如表2.1所示。二是海南不具备中国香港亚洲金融中心地位,不具备中国香港转口贸易的区位优势,不具备新加坡同时具有的航运枢纽关键区位优势和临港工业基础,这些直接制约海南的外需市场规模。三是纵观世界各国自贸区的成功,都是顺应外贸发展势好这个势,或者依托转口贸易这个支点,但海南自贸区建设时机特殊,一方面是国内40余年的改革开放进入深水区,出口导向转型升级迫在眉睫;另一方面是全球贸易规则遭遇单边主义挑战,中国对外经贸条件恶化,海南自贸区建设缺乏外贸发展势好这个势。

表 2.1 2001—2018 年上海市和海南省外向型经济发展趋势比较（亿美元）

年份	上海				海南			
	进出口额	占比（%）	FDI	OFDI	进出口额	占比（%）	FDI	OFDI
2001	608.98	11.95	—	—	17.62	0.35	—	—
2002	726.64	11.71	—	—	18.67	0.30	—	—
2003	1123.97	13.21	—	—	22.79	0.27	—	—
2004	1600.26	13.86	65.41	2.06	34.02	0.29	6.43	0
2005	1863.65	13.11	68.50	6.67	25.92	0.18	6.84	0.001
2006	2274.89	12.92	71.07	4.49	39.74	0.23	7.49	0.003
2007	2829.73	13.00	79.20	5.23	73.57	0.34	11.20	0.012
2008	3221.38	12.57	100.84	3.37	105.24	0.41	12.83	0.008
2009	2777.31	12.58	105.38	12.09	89.10	0.40	9.38	0.607
2010	3688.69	12.40	111.21	15.85	108.71	0.36	15.12	2.218
2011	4374.36	12.01	126.01	18.38	127.56	0.25	15.23	12.200
2012	4367.58	11.29	151.85	33.16	143.30	0.27	16.41	3.201
2013	4413.98	10.61	167.80	26.75	149.81	0.36	18.11	8.173
2014	4666.22	10.85	181.66	49.92	158.69	0.37	18.89	8.871
2015	4517.33	11.43	184.59	231.83	139.67	0.35	20.06	12.012
2016	4338.05	11.77	185.14	239.68	113.48	0.31	21.31	4.797
2017	4762.00	11.59	170.08	129.90	103.70	0.25	23.06	31.496
2018	5156.80	11.16	173.00	153.30	127.30	0.26	7.45	33.753

数据来源：历年《上海统计年鉴》《海南统计年鉴》和《对外直接投资统计公报》。

（2）内需主导型市场准备不足，缺乏良好的经济基础支撑。一是从 GDP 指标看，2018 年度全国 31 个省份 GDP 排名中，海南名列第 28 位，仅 4832.05 亿元，相当于上海 2000 年的水平，人均 GDP 为全国平均水平的 80.53％。1999—2018 年海南省和上海市地区生产总值比较如图 2.2 所示。二是从经济增长的潜力指标看，海南企业创新活跃程度明显偏低，创新意识薄弱问题较为突出，只有两成企业开展技术创新活动，高层次、创新型人才明显缺乏，教育投入和科研投资整体不足。三是从交通物流条件看，海南虽然拥有深水良港和国际邮轮码头，但同内陆地区缺乏运输通道，岛内运输成本高，港口配套基础设施建设不完善，货物处理水平、功能低下，港口吞吐量较低，集装箱吞吐量更低。

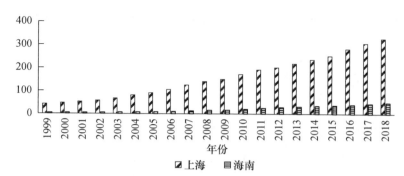

图 2.2　1999—2018 年海南省和上海市地区生产总值比较（万亿元）
数据来源：根据国家统计局历年统计年鉴和各省历年统计年鉴整理。

（3）省内供给市场体量过小、增速缓慢，与其他自贸区相比存在巨大差距。供给市场反映一个地区的生产能力，相应地，供给市场规模可以说明该地区生产总值的高低；第一、第二、第三产业的增加值可以反映出该地区供给市场增速的快慢。但目前，海南供给市场存在三大主要短板：

一是海南当地供给市场体量过小，未能形成一定规模。如表 2.2 所示，海南 2013—2018 年生产总值从 3146.46 亿元上升到 4832.05 亿元，平均年上升率达到 8.93%，表明海南的经济发展处于快速平稳增长时期，供给市场也在不断增长。然而，与地理位置相近的自贸区省份福建和广东相比，则存在较大差距，而且这种差距不只是体现在某个或某几个产业，而是全面性的落后；与全国水平相比，海南的供给市场也处于末端。

表 2.2　海南省与自贸区邻省的当地供给市场体量比较（亿元）

省份	地区生产总值					
	2018 年	2017 年	2016 年	2015 年	2014 年	2013 年
福建	35804.04	32182.09	28810.58	25979.82	24055.76	21759.64
广东	97277.77	89705.23	80854.91	72812.55	67809.85	62163.97
海南	4832.05	4462.54	4053.2	3702.76	3500.72	3146.46

数据来源：根据各省历年统计年鉴整理。

二是海南当地供给市场增速较缓，与地理位置相似区域存在较大差距。如图 2.3 所示，从三个省份的地区生产总值的折线图看，海南明显比广东和福建平缓很多。从数据上计算，2013—2018 年，地区生产总值增速最快的是福建，比海南快 10.98 个百分点；然后是广东，比海南快 2.92 个百分点。可以得出，海南生产总值不仅在总体上落后于临近两个省份，而且在增长速度上也落后。

因此，海南要想从供给的角度去获得优势，是极其困难的，而且短时间内增加地区生产总值，必定会对当地生态环境造成严重破坏，不符合可持续发展观。

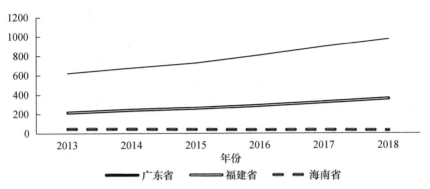

图 2.3　2013—2018 年海南省与自贸区邻省供给市场体量的增速比较（百亿元）
数据来源：根据各省历年统计年鉴整理。

三是海南当地供给市场与上海自贸区各项指标也存在极大的差距。图 2.4 是上海自贸区和海南自贸区 2014—2018 年供给市场的各项指标数据，从总体的生产总值来看，海南大大落后于上海；从各项分数据来看，海南只在第一产业的增加值比上海领先，第二、第三产业增加值与上海相比，存在近 10 倍的巨大差距，而这两个产业才是决定地区经济的加速器。此外，海南还存在着房地产一业独大、人才短缺、物价偏高三个制约海南长远发展的"痛点"，这三个"痛点"制约着海南自贸区建设的需求市场的发展。若直接发展供给市场，短期海南的经济可能会加速发展，上升一个阶梯，但如果海南的需求市场跟不上脚步，未来可能会造成经济萎缩。

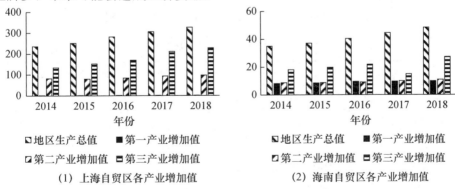

图 2.4　2014—2018 年海南省与上海市自贸区各产业增加值比较（百亿元）
数据来源：根据两省市历年统计年鉴整理。

（4）需求市场体量总体偏低、消费人群受限、增速较慢。需求市场体现一个地区的消费能力，当地消费人群与人均消费是影响该地区消费能力的关键因素。但目前，海南当地消费人群受限，人均消费不足，致使需求市场体量总体偏低、增速较慢。

一是海南当地社会消费品零售总额总体偏低、增速较慢。表2.3是海南与邻近省份广东和福建三个地区的社会消费品零售总额，反映的是各地区一定时期的消费水平或需求市场体量。从数据上看，海南的需求市场和供给市场类似，甚至与福建和广东的地区差距更大。从近几年全国各地区（除港澳台地区）的社会消费品零售总额数据排名来看，海南一直排在倒数第四的位置。可以看出，海南需求市场体量总体偏低，福建5年增长53.2%，海南只增长40.2%，存在增速缓慢的问题。

表2.3　2014—2018年海南省与邻省广东和福建的需求市场体量（消费能力）比较（亿元）

省份	社会消费品零售总额				
	2018年	2017年	2016年	2015年	2014年
福建	14317.43	13013	11674.5	10505.9	9346.7
广东	39501.12	38200.1	34739.1	31517.6	28471.1
海南	1717.08	1618.8	1453.7	1325.1	1224.5

数据来源：根据各省历年统计年鉴整理。

二是海南当地消费人群数量受限，潜在消费人群有限。从表2.4可以看出，2018年，海南常住人口大概只有900万人，而中国总人口达13.95亿人，海南占比只有0.67%，还不到百分之一。所以，当地消费人群数量受限，并且有约2/5的人口属于乡村人口，因此潜在消费人群也有限。

表2.4　2014—2018年海南省消费人群数量变化（万人）

指标	2018年	2017年	2016年	2015年	2014年
年末常住人口（万人）	934	926	917	911	903
城镇人口（万人）	553	537	521	502	486
乡村人口（万人）	381	389	396	409	418

数据来源：根据海南省历年统计年鉴整理。

三是海南当地人均消费水平较低，外来消费收入逐年增加，但仍然有限。从图2.5看出，2013—2018年，海南人均消费支出从11712元增长到22553

元，增长率为92.56%；上海从39223元增长到58988元，增长率为50.39%。从增长速度来看，海南人均消费增长速度确实比上海快很多，但从2018年人均消费水平来看，上海是海南的2.62倍，海南人均消费过低。此外，海南的国际旅游外汇收入从2013年的3.37亿美元增加到2018年的7.67亿美元，仅占全国的0.6%，虽然每年都有一定的涨幅，但从全国（除港澳台地区）的旅游数据来看，海南国际旅游外汇收入排倒数第9名，表明外来消费水平有限。

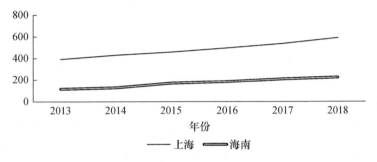

图2.5 2013—2018年海南省与上海市的人均消费水平增速比较（百元）
数据来源：根据两省市历年统计年鉴整理。

（5）缺少与内陆腹地一体化的市场支撑。海南拥有全面开放所需要的独立地理单元，但目前琼州海峡仍未与大陆腹地链接，缺少内陆腹地一体化的市场支撑，难以成为推进海上丝绸之路建设的海上战略支撑点。

综上所述，通过外需条件和内需条件、供给市场和需求市场的比较，海南自贸区的双边市场平台目前还非常薄弱。如果以单边市场的方式，单纯提升一方或两方，则需要极大的努力，而且也很难超越临近的广东和福建以及政策形势相似的上海。因此，如何根据自身禀赋和政府的优惠政策，构建和培育一个有活力的双边市场模式，是海南自贸区平台建设的基本要求。

3. 海南自贸区建设中的市场主体条件短板分析

按照平台经济内涵，微观企业条件是微观基础的核心，扎根立足的企业越多越强，自贸区建设越能持续。但目前海南自贸区微观企业主体准备不足，存在以下突出问题：

（1）中小企业为主体，规模小、实力不强。海南以中小企业为主体，大型企业少且多为国有企业，含有垄断成分；中小企业主体仍然为资源开发型、产品初加工型、服务低层次型；特别是真正做实业的少，投机的多，没有很好的微观企业基础。2017年，海南规模以上企业仅3017家，仅占全省企业数量的

4.8%；国有企业为988家（其中省属国有企业624家），占全省企业数量的1.6%；非公经济市场主体数量为61万余家，占全省市场主体的91.78%，而且受资金和技术的制约，基本上都是依托本地资源，缺乏高新技术企业，一旦将经营重心放在大开放国际竞争市场中，难以支撑起自贸区经济持续稳定发展的微观要求。

（2）生产率水平低，企业基础薄弱、创新能力偏低。2017年中国民营企业500强中，海南只有海航和海马两家入围；营业收入50亿元以上企业只有17家，营业收入超100亿元的企业只有9家；海南百强企业的入围门槛仅为5.62亿元，这一水平不及中部地区湖南的1/3，不及上海的1/7，而且排名在前的百强企业，如海航、华信、海南炼油化工等多为垄断企业，真正有市场竞争力的国际企业少之又少，人均营业收入和人均利润与国际相比差距很大。另外，海南企业创新能力偏低，如表2.5所示，2016年，与全国平均水平相比，海南开展创新活动企业占比低3%，实现创新企业占比低1.8%；与浙江相比，分别低11.2%和9.6%。与全国平均水平相比，海南开展技术创新企业占比低4.5%、实现技术创新企业占比低3.7%；与浙江相比，分别低17.2%、16.2%。在开展创新合作企业占比方面，海南比全国平均水平低0.4%，比浙江低3.6%。在开展产学研合作的企业占比方面，比全国平均水平低22.4%，比上海低34.9%。可见，与全国平均水平及其他自贸区省份相比，海南企业创新方面存在较大的差距。

表2.5　海南省与全国及其他自贸区省份企业创新情况比较（%）

指标	全国	海南	上海	广东	福建	浙江	四川	重庆	湖北
开展创新活动企业占比	39.1	36.1	36.1	36.5	38.6	47.3	37.6	36.9	36.6
实现创新企业占比	36.1	34.3	33.9	32.5	36.8	43.9	35.7	34.7	33.9
开展技术创新企业占比	26.5	22.0	26.2	28.3	22.8	39.2	21.7	24.4	24.2
实现技术创新企业占比	22.0	18.3	22.8	22.6	19.8	34.5	18.0	20.7	19.6
开展创新合作企业占比	16.5	16.1	15.8	16.0	16.9	19.7	15.2	17.0	16.4
开展产学研合作企业占比	43.8	21.4	56.3	48.1	40.5	52.9	44.3	37.9	40.9

数据来源：根据海南省人民政府官方网站数据整理。

（3）企业治理结构和治理机制不完善，限制企业做大做强。海南企业以非公经济为主体，产权清晰，但多数企业存在现代企业治理制度缺位、资金融通弱势和抵押贷款担保的局限；大型国有企业虽然建立起现代企业治理制度，但存在治理结构和治理机制困境，这些都限制企业做大做强，直接影响自贸区的可持续发展。

4. 平台支点产业支持条件短板分析

没有产业就没有贸易，更谈不上建设自由贸易区，平台产业支持是自贸区建设的核心和灵魂。但目前海南缺乏支点产业支持，存在以下突出问题：

（1）旅游、房地产是海南的优势产业，但难以成为海南自贸区的支点产业。2018年，海南服务业占全省GDP比重达56.635％，其中房地产开发固定资产投资占全省GDP比重超过50％，旅游业占服务业产值比重达34.73％。但是，旅游业收入转移支付效应明显，对经济的长期贡献非常有限，旅游饱和反而给城市带来负效用和高成本；而房地产对经济的贡献是短期性的，难以形成地区产业竞争力，因此，单靠旅游致富的城市是不可能持续发展的，单靠服务业或商业也成不了自由贸易区，二者都不足以成为推动自贸区发展的支点产业。

（2）海洋业、热带农业是海南的特色产业，但由于资源型产业的特征及其局限性，也难以成为海南自贸区的支点产业。2018年，海南海洋经济生产总值约为1400亿元，仅占同期全国海洋经济生产总值约1.7％，而同期广东和山东的海洋经济生产总值已达19600亿元和16000亿元。2018年，海南热带特色高效农业增加值超过1034.44亿元，占全省GDP比重的21.41％。目前，已经构建海南特色海洋经济产业体系，形成"五基地一区"为主导的热带特色高效农业体系。从这些数据看，海洋经济和热带特色农业是海南的特色优势产业。但是，由于这两类产业属于资源开发型、产品初加工型、服务低层次型，产业结构形态偏低，附加值增值有限，而且具有脆弱性和自我循环的特点，一旦自然环境遭受破坏将难以恢复，这些限制使海洋业和热带农业难以成为推动海南自贸区发展的支点产业。

（3）工业"短腿"，现代工业短缺。海南工业基础薄弱，工业水平远低于深圳、上海等发达地区，2016年，与全国平均水平相比，也相差20％，工业"短腿"仍为海南自贸区平台提升的瓶颈。具体表现为：一是工业发展起点低、基础差，基本上都是依托本地资源，如热带水果、水产品为主的农副加工业等，港口、铁路、公路等运输制约瓶颈依然存在。二是工业企业分布零散，行业间的生产联系和协作配套差，产品链和市场链薄弱，没有形成主导产业链；三是高新技术、资金密集型工业企业少，产品技术水平低，知名品牌少，目前主要集中在生物和制药领域，电子信息、高端制造等高附加值产业基本处于空白状态；四是基于生态环保要求，中央对海南自贸区的功能定位是不以转口贸易和加工制造为重点，而以发展旅游业、现代服务业和高新技术产业为主导，这表明要补齐海南的工业"短腿"，大力发展现代工业是较困难的。

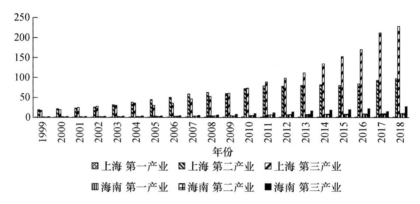

图 2.6　1999—2018 年海南省和上海市三次产业构成比较（百亿元）
数据来源：根据国家统计局历年统计年鉴整理。

四、沿海开放型自贸区平台建设优势分析：以上海为例

按照中国对外开放新格局的战略要求，上海自贸区不仅要成为扩大开放、深化改革、制度创新的试验田，还要形成在全国可复制、可推广的制度性建设方案。经过近 10 年的快速发展，上海自贸区在转变政府职能、深化金融领域改革、推动贸易转型升级等方面取得较显著的成果，特别是扩容后的上海自贸区从投资贸易、金融改革和监管创新三方面开展探索，目标直指建设成为投资贸易最便利、货币兑换最自由、监管服务最高效的自贸区，努力走在全国改革开放的最前列。下面基于平台经济理论分析框架，对扩容后的上海自贸区在平台建设方面取得的优势和经验进行分析。

1. 上海自贸区建设中的双边市场条件优势分析

（1）外需市场发展基础好、平台足，能够带动国内供需双边市场。上海自贸区建设已经超越传统的商品贸易自由化，延伸到服务市场开放、技术市场开放、资本市场开放、投资开放、金融市场改革、汇率和国际金融体系改革、市

场规则创新等更加广泛的领域,并且定位于打造中国的国际金融中心、服务业开放与服务贸易中心和科技创新中心,为外需市场发展提供了非常好的平台。具体表现在:

一是发展外需导向型市场的基础条件优势明显。上海工业基础雄厚,是中国沪宁杭工业区的中心。上海背靠长三角,港口货源充足;有中国最大的港口上海港,自然条件得天独厚。从图 2.7 可见,上海金融业发展稳健,且第 29 期《全球金融中心指数报告》(GFCI 29)显示上海在全球金融中心中排名常年靠前,表明上海金融中心建设成效显著并得到国际社会广泛认可。特别是,上海作为中国自贸区建设的先行试验田,可以享受最新的政策优惠如负面清单(市场准入负面清单以外的行业、领域、业务等,各类市场主体皆可依法平等进入)、服务业和制造业开放。

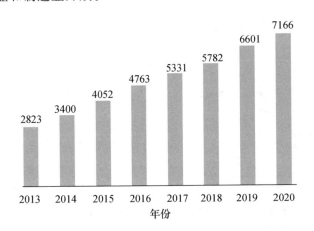

图 2.7　2013—2020 年上海市金融业 GDP 发展态势（亿元）
数据来源：根据国家统计局数据整理。

由表 2.6 可见,上海自贸区负面清单中限制或者禁止服务业的数量由 2013 年的 95 个急剧减少为 2020 年的 23 个,反映了上海自贸区服务业进一步对外扩大开放,为国内市场国际化提供了良好的营商环境。

表 2.6　2013 年与 2020 年上海自由贸易区服务业负面清单数量（个）

服务业	2013 年			2020 年		
	限制	禁止	合计	限制	禁止	合计
批发和零售业	10	3	13	0	1	1
交通运输、仓储和邮政业	18	3	21	3	1	4

(续表)

服务业	2013年			2020年		
	限制	禁止	合计	限制	禁止	合计
住宿和餐饮业	0	0	0	0	0	0
信息运输、软件和信息技术服务业	4	4	8	1	1	2
金融业	5	0	5	0	0	0
房地产业	3	1	4	0	0	0
租赁和商务服务业	12	1	13	1	2	3
科学研究和技术服务业	8	4	12	0	3	3
水利、环境和公共设施管理业	1	2	3	0	0	0
居民服务、修理和其他服务业	0	0	0	0	0	0
教育	2	1	3	1	1	2
卫生和社会工作	1	0	1	0	1	1
文化、体育和娱乐业	4	8	12	6	1	7
合计	68	27	95	12	11	23

数据来源：根据2013年和2020年上海自贸区负面清单整理。

二是从进出口贸易看，上海进出口贸易量大，占全国比重较高。中国是世界第一贸易大国和世界第一制造业大国，而上海则是中国对外贸易的龙头。由图2.8可见，2001—2018年，上海进出口总额波动上升，到2018年超过5000亿美元，占全国比重约12%，口岸贸易总额和集装箱吞吐量常年居世界前列，可见以货物贸易作为上海自贸区的基础很有优势，有条件将上海自贸区发展成国际贸易中心。此外，上海自贸区服务业的开放，能够有效促进上海服务业与服务贸易额的增长。近10年来，上海服务贸易额年平均以两位数增长，增幅高于货物贸易近9个百分点。

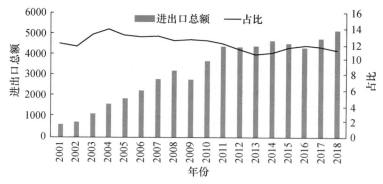

图2.8　2001—2018年上海市进出口总额（亿美元）及占全国比重（%）
数据来源：根据上海历年统计年鉴整理。

三是从利用外资来看,上海对全球投资者有持续的吸引力,仍是跨国公司产业链布局的首选。从图 2.9 可以看出,2013—2019 年上海实际利用外资总额波动上升。2020 年,虽然遭遇全球疫情冲击,全球外国直接投资规模下降 42%,但上海实际使用外资达到 202.33 亿美元,同比增长 6.2%。特别是,2020 年年底,上海已累计引进跨国公司地区总部 771 家,外资研发中心 481 家,聚集海外人才达 20 万人左右,成为中国跨国公司地区总部最集中的城市,这为外向市场持续稳健发展提供了强有力的保障。

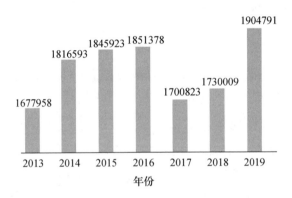

图 2.9　2013—2019 年上海市实际利用外资总额(万元)
数据来源:根据国家统计局历年数据整理。

四是从对外直接投资来看,上海对外直接投资发展态势良好,而且是对接"一带一路"网络的重要平台。图 2.10 表明,2004—2016 年上海对外直接投资逐年递增,2017—2018 年出现小幅度下跌,但整体而言,上海实际对外直接投资发展态势一直较好;而且上海地处"一带一路"的重要交汇点,上海自贸区成为对接国内外超大市场的重要平台。数据显示,2016 年,上海与"一带一路"沿线国家累计进出口额为 5535 亿元,同比增长 2.6%,占全市贸易比重近 20%;上海对"一带一路"沿线国家对外直接投资项目累计 143 个,备案中方投资额超过 36 亿美元;新签工程承包项目合同额 89 亿美元,同比增长 66.5%,占全市比重超过 7 成;不仅如此,上海已与新加坡、捷克等 14 个"一带一路"沿线国家或地区和重要的经贸结点城市签署了经贸合作备忘录,与沿线国家或地区的 92 家商会发起成立了"一带一路"贸易商联盟,设立了俄罗斯和日本等近 10 个国家的商品中心,澳大利亚、加拿大、越南、秘鲁等 9 个经济体 12 个口岸加入了上海的亚太示范电子网络,这为拉动国内外大市场建设提供了重要平台。

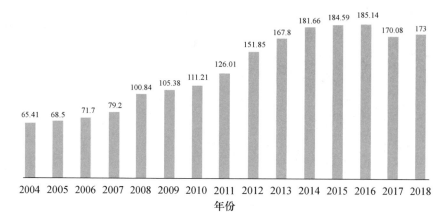

图 2.10　2004—2018 年上海市对外直接投资（亿美元）
数据来源：根据历年《对外直接投资统计公报》整理。

（2）内需主导型市场准备充分，为国内市场国际化提供保障。一是从 GDP 指标看，上海作为中国经济最发达地区，GDP 体量大，除特殊年份外基本上保持 7% 左右的稳定增长，一直位居全国城市 GDP 排名榜首。人均 GDP 可以反映一个地区的富裕程度和人民生活水平，人均 GDP 越高表明该地区经济越发达。2019 年，上海人均 GDP 高达 157300 元。2020 年，虽然遭遇全球疫情冲击，但 GDP 总值依然达到 38700 亿元，反映出上海经济具有较强的韧性。

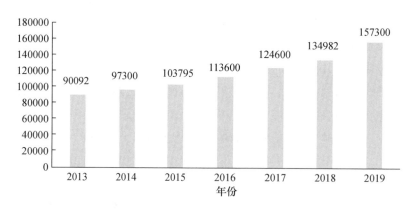

图 2.11　2013—2019 年上海市人均 GDP（元）
数据来源：根据上海市统计局历年数据整理。

二是从经济增长的潜力指标看，上海拥有深厚、扎实的科技创新实力。

资料显示，2019年，上海技术合同成交额为1522.21亿元，仅次于北京；上海高新技术企业数量为12848家，远超企业数量7052家的苏州和企业数量4680家的南京。世界知识产权组织发布的《2020年全球创新指数》显示，在科技集群前100名中，上海排名第九。另一方面，上海人才储备充足。《2020中国城市人才吸引力排名》报告显示，从人才吸引力指数观察，上海一直是最具人才吸引力的城市。数据显示，上海2020年引入国外高端人才约20万人，占全国的23.7%，居全国首位。统计调查显示，2020年，上海户籍高技能人才占技能劳动者比重达35.03%，高技能人才总量约116万人。除此之外，上海通过减税降费、增加科研投入来推动"双创"发展。2019年，上海全社会研发投入占GDP比重达4%，高于2.23%的全国平均水平。

三是从交通物流条件看，上海拥有中国最大的港口上海港，前通中国南北沿海和世界大洋，后贯长江流域和江浙皖内河、太湖流域，交通便利，运输成本相对较低；且上海背靠长三角，经济富庶，近年来长三角一体化加速推进，为上海经济发展提供了广阔的内需市场。上海工业基础雄厚，产品门类齐全，几乎囊括了制造业所有重要产品。港口配套基础设施建设完善，货物处理水平高。截至2016年年底，上海港已经与全球214个国家或地区的500多个港口建立了集装箱货物贸易往来，拥有国际航线80多条。2018年，上海港港口货物吞吐量世界排名第二，而集装箱吞吐量常年排名世界第一。

(3) 上海市内供给市场体量和发展潜力大。供给市场反映一个地区的生产能力，相应地，地区生产总值高低可以反映该地供给市场规模的大小。由图2.12可见，2020年，上海市生产总值达到38700.58亿元，比上年增长1.88%，稳居全国主要城市GDP排名第一位。由图2.13可以看出，上海GDP增速和全国GDP增速高度重合。在中高度发达国家，保持3%左右的年增长率已实属不易。上海作为中国经济转型升级的排头兵和经济最发达地区，在第三产业占地区生产总值2/3的情况下依然保持7%左右的增长率（特殊年份除外），充分说明上海经济发展具有韧性，供给市场具有巨大的发展潜力。

(4) 需求市场水平高，消费群体广阔，消费模式转型升级。一是上海社会消费品零售总额高，零售业发达。需求市场体现一个地区的消费能力，当地消费人群和人均消费则是影响该地区消费能力的关键因素。上海市统计局的数据显示，2015—2019年，上海社会消费品零售总额呈现逐年上升趋势，增速一

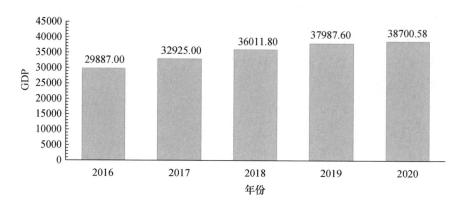

图 2.12　2016—2020 年上海市 GDP（亿元）
数据来源：根据国家统计局历年数据整理。

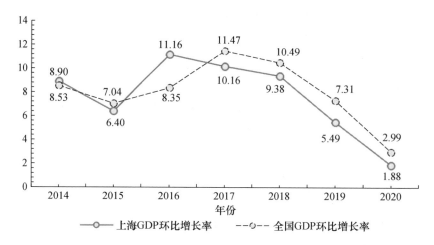

图 2.13　2014—2020 年上海市和全国 GDP 增速比较（%）
数据来源：根据国家统计局历年数据整理。

直保持在 6.5%—8%。2020 年，上海社会消费品零售总额 1.59 万亿元，增长 0.5%，高于全国 4.4 个百分点，居全国城市首位。具体见图 2.14。

另一方面，消费者信心指数由消费者满意指数和消费者预期指数构成，如图 2.15 所示，上海消费者信心指数在 2019 年之前总体呈上升趋势，表明消费者对经济生活较为满意且有较强烈的消费商品或服务的意愿，消费市场潜力较大；但到 2020 年第四季度，消费者信心指数突然下降到 114.1，比上年同期下降了 7.2%，这主要是由于受全球新冠疫情的外生冲击所致。从 2020 年 9 月中国商业

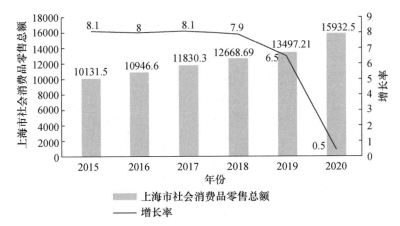

图 2.14　2015—2020 年上海市社会消费品零售总额（亿元）及增长率（%）
数据来源：根据上海市统计局历年数据整理。

联合会和中华全国商业信息中心联合发布的"2019 年度中国零售百强名单"看，上海市有 9 家企业上榜，占百强名单中所有企业总销售规模的 15.31%，其中拼多多这一家企业在 2019 年度就实现 10066 亿元的销售规模，排名第三。

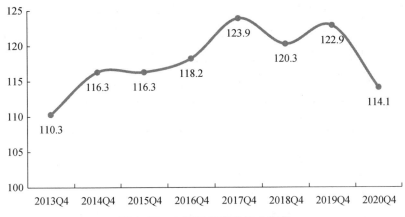

图 2.15　上海市消费者信心指数
数据来源：根据上海市统计局历年数据整理。

二是上海消费者群体收入高，市场潜力大。如图 2.16 所示，在 2015—2019 年，上海居民人均可支配收入呈现逐年上升趋势，其中 2015 年上海居民人均可支配收入为 49867 元，2020 年提升到 72232 元，增速除了 2020 年因全球疫情影响较低外，其余几年均保持在 8%—9%，排名全国第一。另外，上海潜在消费者群体基数大，或者说市场潜力大，截至 2019 年，上海常住人口达 2428.14 万人，城镇人口达 2139.19 万人，城镇化率 88.10%。

图 2.16　2015—2020 年上海市居民人均可支配收入（元）及增长率（%）
数据来源：根据上海市统计局历年数据整理。

三是利用自身特色优势发展进口消费和首发经济。一方面，上海人均消费高，消费者倾向高端高质产品。由图 2.17 可以看出，上海 2020 年人均消费支出达到 42536 元，成为全国唯一一个人均消费支出超过 4 万元的城市，是山东省的两倍多。另一方面，上海自贸区有其自身优势，如优良港口、低关税与零关税，可以以较低的价格进口大量国外优质产品。另外，上海累计培育了 10 家千亿级市场平台，展馆面积、展览面积、百强商展数量均居全球会展城市之首。上海通过举办进口博览会使消费者"足不出沪"就能购买到外国产品，使进口消费更加便捷，更好地满足了消费者对优质消费品的需要，使进口消费成为扩大内需的一个新增长点。

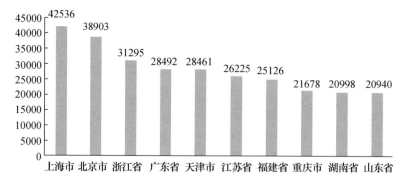

图 2.17　2020 年居民人均消费支出排名前十省市（元）
数据来源：根据国家统计局历年数据整理。

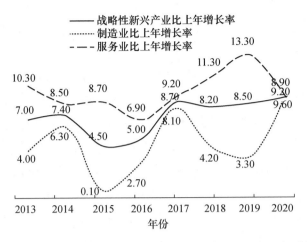

图 2.18　2013—2020 年上海战略性新兴产业、制造业、服务业年增长率（%）
数据来源：根据上海市历年统计公报整理。

除此之外，上海的消费活力强大，是国外品牌进驻中国的第一站，为上海发展首发经济提供了重要依托。数据显示，2020 年，上海共引入各类首店 909 家。透视 909 家上海首店方阵，上海城市首店、华东地区首店、全国首店、亚洲/全球首店分别有 753 家、26 家、118 家、12 家，首入中国市场就扎根上海的首店比例为 14.3%。上海 2021 年 5 月举办的以首发经济为重点活动的"五五购物节"，充分体现了发展首发经济对上海利用国内超大内需市场的重要作用。据统计，上海"五五购物节"共举办 170 余项重点活动，其中以首发经济为主题的占 99 项，超过总数的一半。5 月全市社会消费品零售总额同比增长 0.6%，增速高出全国 3—4 个百分点。

2. 上海自贸区建设中的市场主体条件优势分析

（1）双边市场的微观企业主体密度高，企业竞争力强。数据显示，2018 年，上海累计企业数量达到 193.91 万家，相当于每 1000 人拥有 77 家企业，这一密度居中国首位，并超过伦敦、东京等国际大都市。一方面，上海一直是国企和央企集中的地区，龙头企业不断壮大。2020 年中国 500 强排行榜显示，上海上榜企业共计 55 家，营收共计 53413.87 亿元，利润共计 3733.25 亿元；14 家企业营收超 1000 亿元，7 家企业营收超 2000 亿元；另外还有 9 家企业跻身世界 500 强。2019 年度上海企业 100 强营业收入创纪录地达到 77329 亿元，同比增长 9.64%，其中，22 家企业（民营企业 4 家）营业收入超过 1000 亿元，是百强企业排行榜发布以来营业收入超1000亿元企业数量最多的一次，比上年的21家新增1家。从整体看，上海100强企业经营规模处于持续扩张阶段，经济效益持续提高。

另一方面，中小企业不断朝着"专精特新"方向发展。虽然"专精特新"企业在规模上无法与央企、国企比肩，但其小而精、小而专、小而活，已经成为上海经济发展中一支不可或缺的重要力量，在众多细分行业正逐渐成长为"隐形冠军"。据统计，2018年，上海"专精特新"企业数量达2103家，境内新上市企业中超过50%来自"专精特新"企业，《寻找中国制造隐形冠军》（上海卷）中超过50%企业来自"专精特新"企业，市级100强民营制造业企业中有1/3来自"专精特新"企业。"专精特新"企业户均销售收入超过1.9亿元，户均利润总额超过1500万元。近年来，又培育了复宏汉霖、优刻得、流利说、摩贝网、爱回收等独角兽企业。这些都为上海自贸区利用国内超大市场规模创造了非常好的微观企业主体条件。

(2) 外资企业在利用国内超大内需市场中发挥重要作用。2018年，上海外资企业约占上海全市企业数量的2%（在全国排名中居前列），但贡献全市27%的GDP、规模以上企业60%的工业总产值、65%的进出口额和33%的税收总额，吸纳20%的就业人数，较好地拉动了上下游产业的发展，为社会提供更多的就业岗位，有效增强了居民消费能力，为充分利用国内超大市场优势提供了消费侧的动力。同时，引进外资的技术外溢，有利于积累中国制造经验，生产高端优质产品，促进制造业转型升级，推动供给侧改革，更好地满足国内消费者对优质产品的需求，增强供给侧的能力。

(3) 国有企业发挥重要调控与安全保障作用。一方面，上海国有企业资本运作能力高超，互相交叉控股较多。这种在统一国资委监管下的交叉持股，使上海地区企业的抗风险能力明显高于其他地区，同时也诞生了专门为控股而以金融投资为主业的大型企业。另一方面，上海国有企业对外扩张能力很强，尤其是通过金融手段控股、参股相关企业，或者开展合资经营，很多企业除了自身主业之外，已经发展成为规模较大的企业集团。如上海实业集团除了拥有上海医药外，还涉及房地产、基建、消费品和金融等领域。这些都大大增强了国有企业的调控能力，使上海在对外开放的同时，经济安全也得到保障。

(4) 新兴战略产业发展迅速，在利用国内超大内需市场中发挥可持续作用。战略性新兴产业按照行业可划分为工业和服务业，由图2.18可以看出，

2013—2020年，上海战略性新兴产业产值由2977亿元增加到9327亿元，短短7年中增长了2倍多；服务业发展速度最快且占比最大，产值由2013年的1486亿元增长到4367亿元，增长了近2倍，高于制造业的增长速度（制造业由2013年的1511亿元增长到2020年的2959亿元）。这些产业数据变化表明，上海企业创新能力和潜力有产业发展的支撑，从而为长期利用国内超大内需市场发挥可持续作用。

3. 平台支点产业支持条件优势分析

（1）上海国际金融中心的功能定位有利于优化国内外资源配置。上海自贸区将国际金融中心作为一个重要的功能定位，致力于金融服务创新与投资便利化建设，有利于提高国内外资金使用效率，优化资源配置。一方面，上海在全球金融中心指数最新排名中首次跻身全球前三，超过中国香港、新加坡，仅次于纽约、伦敦。金融机构数量一直在逐步增加，2014年年末，上海自贸区内新设持牌类金融机构87家，类金融机构453家，金融信息服务公司296家，投资和资产管理公司2179家，共计3015家，占新设企业总数的25%，这些金融机构的集聚，一定程度上有利于上海金融市场中的资本市场、外汇市场和银保市场的发展。另一方面，资本通过从低效益部门流入高效益部门实现资源的最优配置。2020年，上海金融市场成交额超过2200万亿元，较上年增长17.6%；上海金融业增加值7166亿元，占上海GDP比重达18.52%，较上年增加1.22%；而全国金融业在2020年完成的行业GDP为84070亿元，实际增长7%，占全国GDP比重为8.27%。上海银保监局统计监测数据显示，截至2020年年末，上海银行业单户授信1000万元以下普惠型小微贷款余额5254.36亿元，同比增长47.26%，高于各项贷款增速40.74%；贷款户数37.62万户，较年初增长15.38万户，增幅为69.15%；全辖普惠型贷款平均利率为5.17%，较年初下降1.46%；不良率为0.73%，较年初下降0.26%，总体呈现量增、面扩、质优、价降的特点。

总之，较为发达开放的金融业通过融通聚集海内外资金为上海企业发展提供了强有力的资金支持，更好地解决了小微企业融资难问题。同时，金融业通过资源配置淘汰落后产业，发展新兴产业，促进供给侧结构改革，适应需求端转型升级，为利用国内大市场建设提供金融平台支持。

（2）服务业的充分发展有利于支点产业持续带动大市场建设。产业结构由劳动密集型向资本密集型、知识技术密集型逐步转移，标志着一个地区经济发展水平不断升级，尤其是第三产业占比越大，意味着产业结构越合理。由图2.19可以看出，2015年，上海第三产业占GDP比重为67.30%，第二产业占32.20%，但到2020年，上海第三产业占GDP比重上升到73.15%，远远高于全国第三产业占GDP比重的54.50%，而第二产业却下降到26.59%。图2.20为部分发达国家2014年三大产业占比，可以看出，上海第三产业占比基本达到发达国家水平。同时，上海金融业、信息服务业、批发零售业等占比较大，体现出产业内部结构的优化。这为国内大市场建设提供产业支持平台。

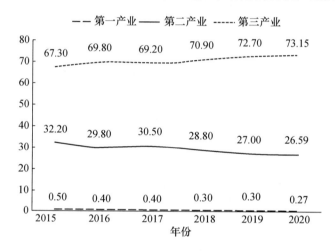

图2.19　2015年—2020年上海市三次产业增加值占GDP比重（%）
数据来源：根据上海市统计局历年数据整理。

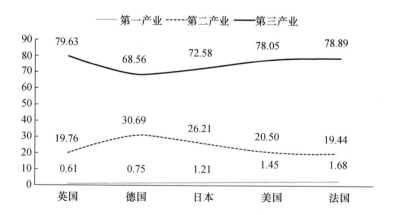

图2.20　部分发达国家2014年三大产业占比（%）
注：发达国家产业占比较稳定，2014年数据依然具有参考意义。
数据来源：根据国外官方统计网站数据整理。

(3) 持续优化营商环境有利于法制化、制度化、国际化的大市场建设。上海自贸区优化营商环境，提高法制化和国际化水平，特别是与国际自贸区建设标准对接，加大深化"放管服"改革，具体地说：一是2019年出台第六版负面清单，与2013年版相比，缩减比例达80.5%。其中限制类措施从2013年版的152项缩减到2019年版的17项，缩减比例达到88.8%；禁止类措施从2013年版的38项缩减到2019年版的20项，缩减比例达到47.4%。这一改革不仅最大限度激活市场活力，而且对"负面清单"以外的领域实施内外资一致的原则，将外商投资项目由"核准制"改为"备案制"，实现"进入公平"的市场原则，增强外商对中国投资的信心。如自实施负面清单管理模式以来，外资企业在所有新设企业中的占比已经从自贸区挂牌初期的5%上升到2019年的20%左右。二是实行企业准入"单一窗口"，将自贸区内企业办理审批事项由"多个部门多头受理"模式转变为企业"一表申报、一口受理、一照一码、并联审批"模式，大大提高了服务效率。三是通过实施"一线逐步彻底放开、二线安全高效管住、区内货物自由流动"政策，推动贸易便利化管理制度改革。四是转变政府职能，推进政府管理由注重事先审批转为注重事中事后监管，通过建立健全监管制度，维护市场安全、降低交易成本。五是健全法制保护，完善调整相关中外合资企业、外资企业经营企业法，加强对知识产权的保护，为上海自贸区提供公开、公正、公平的法治环境。六是放开金融市场，推动人民币国际化。这些措施的改革和实施，持续优化营商环境，为上海自贸区法制化、国际化和制度化提供平台支持。

综上所述，与内陆型自贸区相比，上海自贸区最大的优势与潜力在于拥有微观企业主体条件优势、供给和需求的双边市场优势和平台支撑者优势。

五、结论与政策建议

本章从开放大国的市场规模优势利用新视角，研究两种类型自贸区平台建设存在的短板与优势。首先通过构建自贸区平台经济理论框架，认为自贸区平台建设要利用国内超大规模的市场优势，要立足平台补短板，而供需双边市场条件、市场主体条件（平台企业及其支持产业条件）、平台支撑者条件是构成自贸区平台经济的三大要素，也是决定自贸区能否形成市场规模优势的重要条件。进一步，采用多案例嵌套比较分析方法，先以海南自贸区建设为例，分析内陆省份或相对封闭型自贸区平台建设短板问题；然后再以上海自贸区建设为例，分析沿海开放型自贸区平台建设的优势和经验。案例研究发现：

（1）与内陆型自贸区相比，上海等沿海开放型自贸区最大的优势与潜力在于拥有微观企业主体条件优势、供给和需求双边市场优势和平台支撑者优势，这些优势决定了沿海开放型自贸区能够较好地利用国内超大规模市场，更好地形成自贸区本身的市场规模优势。

（2）内陆省份或相对封闭型的自贸区，当前在利用国内超大市场规模优势方面，存在三大短板：一是在双边市场条件上，外需导向型市场发展受限，内需主导型市场准备不足，省内供给市场体量过小，增速缓慢，与上海等沿海自贸区相比存在较大差距；需求市场体量总体偏低，消费人群受限，增速较慢；缺少与内陆腹地一体化的大市场支撑。这些因素直接制约海南自贸区的市场规模优势。二是在市场主体条件上，中小企业为主体，规模小，实力不强；生产率水平低，企业基础薄弱，创新能力偏低；企业治理结构和治理机制不完善，限制企业做大做强。这些问题表明，推动自贸区发展的微观主体存在准备不足的短板，直接制约自贸区对国内超大规模市场的利用。三是在产业支撑条件上，旅游业、房地产业等是内陆省份的优势产业，但难以成为其自贸区的支点产业；海洋业、热带农业是海南的特色产业，但由于资源型产业特征及其局限性，使其难以成为海南自贸区的支点产业；另外，存在工业"短腿"，现代工业短缺。这些问题表明，内陆型自贸区平台建设目前在支点产业支撑条件上存在短板，也会制约自贸区对国内超大规模市场的利用。

上述理论与案例研究表明，开放大国的自贸区建设需要依托国内超大规模的市场资源和空间优势，但内陆省份或相对封闭型自贸区建设存在供需双边市场薄弱和市场主体条件准备不足等问题。本章从微观层面揭示自贸区建设取得的优势、存在的短板及其内在根源，为推进中国开放大国的自贸区平台建设提供新的理论依据。本章政策启示如下：

（1）按照本章构建的平台经济内涵及其要素构成条件，内陆省份或相对封闭型自贸区建设要提升其利用国内超大规模市场的能力，重点要从微观层面着手解决供需双边市场条件限制、市场主体条件准备不足、缺乏支点产业支持三大短板。

（2）在开放大国的自贸区平台经济框架中，双边市场的培育和发展是至关重要的，因为它是决定自贸区能否利用其大国市场规模优势的关键。通过外需条件和内需条件、供给市场和需求市场的比较，海南自贸区的双边市场平台目前还非常薄弱。如果以单边市场的方式，单纯提升一方或两方，都需要极大的努力，而且也很难去超越临近的广东自贸区和福建自贸区以及政策形势相同的上海自贸区。海南迫切需要根据自己的优势，充分运用政府给予的政策，以提升供需双边市场条件为基础，构建一个基于国内国际双循环的新型双边市场模式。

（3）针对市场主体条件准备不足问题，重点要为市场主体企业提供好的制度环境和营商环境，要以自贸区平台企业为核心，增强骨干企业国际竞争力。企业条件是实现内需主导开放型市场的微观基础，只有让平台企业成长和发展起来，才能稳内需、扩内需，真正实现国内市场国际化，促进自贸区稳步发展。因此，要改善营商环境，出台相应政策，针对性地扶持和发展先进企业，在理念上要引导企业做专做强，而不是盲目做大；鼓励知名企业在自贸区投资和扎根经营，带动和扶持中小企业发展壮大。

（4）结合本省资源禀赋和产业特点，打造支点产业。没有产业就没有贸易，更谈不上建设自贸区，平台产业支持是自贸区建设的核心和灵魂。以海南自贸区为例，海南传统制造业薄弱，而发展新型制造业对物流条件和历史基础的要求以及转型成本都较低，因此，海南自贸区应该走信息化、科技化、服务化的新兴产业之路，以信息工业和高科技工业为支点，大力引进互联网、IT公司、高端制造业等实体经济，建立科技网络交易平台补产业支撑短板。

（5）对于沿海开放型自贸区来说，要在实践层面充分利用其双边供需市场条件优势、微观企业主体条件和支点产业条件优势、平台支撑者条件优势，现阶段需要调整上海自贸区国际金融中心的功能定位，即长期目标可定位于国际金融中心，但短期应该致力于金融服务创新与投资便利化、国际货物贸易中心的定位，促进自贸区的金融改革与服务业的开放，科技创新要与实体经济特别是制造业紧密联系在一起。

第 3 章
依托粤港澳大湾区培育开放的领头雁

粤港澳大湾区是中国经济开放程度最高和经济最有活力的区域，拥有经济开放领先优势和良好的国内外合作基础。加快粤港澳大湾区建设，消除影响要素自由流动的瓶颈，以强大国内市场，集聚全球创新资源，以高水平产业进入国际大循环，从而使粤港澳大湾区成为中国经济开放的领头雁，带领中国经济深度开放和高质量发展。中共中央、国务院印发的《粤港澳大湾区发展规划纲要》明确提出粤港澳大湾区的战略地位，即"内地与港澳深度合作示范区"。具体地说，就是依托粤港澳良好的合作基础，探索协调协同发展新模式，既可以为粤港澳经济发展提供新动能，又可以为全国经济开放合作提供示范，从而带动新一轮经济开放。

一、建设内地与粤港澳深度合作的示范区

1. 粤港澳大湾区开放合作的优势和基础

大湾区是中国开放程度最高和经济活力最强的区域，拥有开放领先优势和良好的合作基础。首先，大湾区地处中国沿海开放前沿，是中国经济开放最早的地区，拥有国际化水平领先优势。自近代以来，粤港澳就是中国对外开放前沿。中国香港已成为国际金融、贸易和航运中心，连续 22 年获评全球最自由

的经济体。澳门是世界旅游休闲中心，正在建设中国与葡语系国家商贸合作服务平台。广州、深圳等珠三角城市是内地发展外向型经济的代表城市，广州已成为国际商贸中心，深圳已成为具有国际影响力的科技产业创新中心。改革开放以来，大湾区已成为中国对外贸易重要门户和全球投资最活跃区域。2016年，大湾区对外货物贸易额约占全国1/4，实际利用外商直接投资额约占全国1/5，对外直接投资额约占全国1/4。显然，大湾区在国家经济发展和对外开放中起着支撑和引领作用。

同时，粤港澳经济合作具有良好的基础。香港、澳门和珠三角城市山水相连、文化同源、人缘相亲、语言相通、民俗相近，经济和文化交流频繁。自20世纪70年代末开始，珠三角成为国家改革开放试验区，同香港、澳门形成"前店后厂"分工协作模式。港澳的资金、技术与广东的廉价劳动力结合，构成完整的加工贸易链条和跨界生产网络。进入21世纪以后，从2003年出台《内地与香港关于建立更紧密经贸关系的安排》《内地与澳门关于建立更紧密经贸关系的安排》及有关补充协议（CEPA），到2010年签订粤港、粤澳合作框架协议，再到2015年建立广东自由贸易试验区，经济合作不断扩大和深化。目前，粤港澳经济一体化进入以服务业为核心内容的阶段，广东不断向港澳扩大服务业开放门类，在商务服务、信息服务、技术研发、工业设计等现代服务业领域的合作取得新突破。可见，这种基于优势互补的经济合作，为大湾区产业融合发展奠定了坚实基础。

2. 粤港澳大湾区开放合作的目标和任务

粤港澳开放合作的总目标是建设"内地与港澳深度合作示范区"，通过加快构建开放型经济新体制，提升粤港澳市场互联互通水平，进而促进粤港澳产业融合发展。经济发展是以产业发展为支撑的，粤港澳经济合作应该以产业融合发展为支撑。首先，把粤港澳看成一个经济体，可以形成比较完善的现代产业体系。珠三角城市具有制造业优势，广州和深圳具有发展战略性新兴产业和海洋经济的基础和条件，香港、广州和深圳拥有发展现代服务业的优势，澳门具有承接中国与葡语系国家金融合作服务的有利条件。各城市发挥自身产业优势，就可以构建一个相对完善的现代产业体系。其次，产业集群是现代产业发展的重要载体，可以在大湾区内部发挥产业集聚效应，建设以深圳、东莞为核心的世界级先进制造业产业集群，以珠海、佛山为龙头的先进装备制造产业带，推动制造业智能化发展；依托香港、澳门、广州、深圳等城市科研资源优势，联合打造一批具有国际竞争力的战略性新兴产业集群，以互联网等虚拟空间为载体，通过生产要素虚拟集聚，促进产业融合发展。最后，现代产业深度融合往往表现为产业链和价值链的融合，可以根据区域和企业的优势，进行产业链合理分工，打造产业链条完善的重点产业；通过实行模块化管理，打造网络生产体系，实现价值链的融合。

粤港澳产业融合发展拥有广阔的空间，同时也存在一些制约因素，应该建立和完善区域一体化机制。具体地说，一是设施一体化，即在基础设施建设上实现互联互通，构建现代化的综合交通运输体系，优化信息基础设施，建设能源保障体系，形成布局合理、功能完善、衔接顺畅、运作高效的基础设施网络。二是市场一体化，即形成粤港澳统一大市场，在CEPA框架下推出扩大开放措施，提升投资便利化水平；加快国际贸易单一窗口建设，推进口岸监管部门信息互换、监管互认和执法互助，制定相关的标准化体系，推动贸易自由化。三是规则一体化，即在体制机制上融合，构建完善的法治体系和规范的市场机制，为大湾区建设创造制度环境，逐渐消除由体制差异所形成的制度障碍，以制度性的区域一体化促进粤港澳产业融合发展。

3. 粤港澳大湾区开放合作的引领性作用

中国是一个典型大国，大国经济优势表现为拥有广阔的市场范围，以大市场支撑大产业发展。然而，大国经济同样需要对内对外开放，通过对内开放形成国内统一大市场，通过对外开放更好地利用国际市场。可见，开放合作是发挥大国经济优势的必由之路。然而，大国幅员辽阔，具有区域经济发展不平衡的特点，因而往往需要培育经济增长极，通过区域间梯度推移带动全局经济发展。同时，大国经济增长极往往是经济开放的前沿，通过开放合作增强经济发展的活力，进而带动全国经济开放与发展，这是大国经济发展的战略选择。

改革开放以来，中国实行开放带动战略，广东成为经济开放前沿阵地，积极推动与香港、澳门的开放合作，以增强经济增长活力，提升经济竞争力和体制机制优势，进而发挥辐射效应，带动内地经济发展和体制改革。当前，中国经济发展需要实行新一轮开放带动战略。2018年12月召开的中央经济工作会议提出："要适应新形势，把握新特点，推动由商品和要素流动型开放向规则等制度型开放转变。"大湾区作为经济开放试验区，应该把重点放在制度型开放上，通过学习和借鉴先进国际规则，构建适宜性制度和规则体系，取得制度型开放成功经验，并发挥辐射效应，为中国经济深度开放提供示范。总之，加快粤港澳大湾区建设，就是要打造中国经济增长极，培育经济开放领头雁，进而带动新一轮经济深度开放和高质量发展。

二、集聚全球创新资源培育粤港澳创新优势

《粤港澳大湾区发展规划纲要》提出："实施创新驱动发展战略，完善区域协同创新体系，集聚国际创新资源，建设具有国际竞争力的创新发展区域。"那么，在大湾区建设过程中，怎样坚持"创新驱动"的原则，通过完善区域协同体制机制，打造高水平的科技创新平台，培育粤港澳创新优势，更好地集聚全球创新资源，建设具有全球影响力的国际科技创新中心？

1. 建设国际科技创新中心的战略定位

按照《粤港澳大湾区发展规划纲要》的精神，粤港澳大湾区建设的战略定位是"具有全球影响力的国际科技创新中心"，即充分发挥粤港澳科技研发和产业创新优势，集聚全球创新资源，建成全球科技创新高地和新兴产业重要来源地。那么，我们怎样理解这个战略定位？

新时代中国特色社会主义思想的一个重要内容，就是新发展理念，它要求实施"创新驱动"发展战略。《粤港澳大湾区发展规划纲要》在"基本原则""战略定位"和"发展目标"上都强调创新发展，特别是使粤港澳协同创新环境更加优化，创新要素加快集聚，新兴技术原创能力和科技成果转化能力显著提升，最终是要形成以创新为主要支撑的经济体系和发展模式。这种战略定位既符合新发展理念，也符合世界一流湾区建设的基本趋势和客观规律。从目前的世界著名湾区看，纽约湾区、旧金山湾区和东京湾区虽然各具特色，但共同特征就是重视科技创新和产业创新。笔者曾经三次到斯坦福大学访问，对旧金山湾区的情况比较熟悉，它的成功经验就是构建了一个开放式的创新网络，使科技人才在这个网络中能够充分发挥作用，这种创新环境能够有效地吸引美国乃至全球的优质创新资源，包括人才、技术和资金，从而形成创新集聚效应。粤港澳大湾区要建设成世界一流湾区，应该借鉴旧金山湾区的经验，建成吸引和集聚全球创新资源的科技创新高地。

党中央作出建设粤港澳大湾区的战略决策，总目标就是建成国际一流湾区和世界级城市群，进而带动全国经济的创新发展和高质量发展。之所以作出这

样的战略决策，首先是因为粤港澳拥有科技研发和产业创新的优势。目前，香港有 5 所进入世界 100 强的大学，广州有 5 所进入国家"双一流"建设计划的大学。广东拥有国家工程实验室 12 家，国家工程技术研究中心 23 家，国家认定的企业技术中心 80 余家，发明专利数量和国际专利受理量均居全国首位。特别是深圳的创新潜力大，每年投入的研发经费大约占 GDP 总值的 4%，约为国家年均水平的 2 倍，并培育了一批代表中国最高研发水平的科技企业。同时，粤港澳在经济合作和科技合作方面具有良好的基础。香港、澳门和珠三角城市山水相连、文化同源、经济文化交流频繁，科技合作不断加强。2016 年，大湾区城市内的发明专利合作量已达到 57.11%，在合作关系中占据主导地位。从广东来看，还有一个独特的优势，那就是拥有完整的制造业产业链，所有制造业的技术创新都可以在广州、深圳和东莞进行研发和实现转化。然而，这里的技术创新也有其弱势，那就是只有深圳的原始创新能力较强，其他地方仍然以模仿创新为主，虽然在努力追踪国际技术前沿，但在诸如汽车产业这种关系国民经济全局的重要支柱产业，仍未掌握关键核心技术。因此，通过建设粤港澳大湾区，增强湾区的内聚力，不仅使得大湾区内部的创新资源更加向内集聚，而且可以吸引全球的创新资源向粤港澳集聚，特别是通过优质创新资源的集聚，实现创新思维的嬗变和创新方式的升级，在自主创新、基础创新和原始创新方面取得新的突破，并以技术创新推动产业创新，使大湾区真正成为具有全球影响力的国际科技创新中心，成为经济高质量发展的示范区。在此基础上，充分发挥大湾区的引擎带动作用，带动全国的开放创新和产业升级，实现经济高质量发展的总目标。

建设具有全球影响力的国际科技创新中心，这是粤港澳大湾区建设的重要内容，也是国家实施创新驱动发展战略的具体行动。纵观全国，仅有三个区域被国家明确赋予建设科技创新中心的使命：北京市是"全国科技创新中心"，上海市是"具有全球影响力的科技创新中心"，粤港澳大湾区是"具有全球影响力的国际科技创新中心"，相对而言，大湾区的定位层次更高，国家要把它建设成为"国际科技创新中心"，因而应该是中国科技创新的领头雁。纽约湾区、旧金山湾区和东京湾区，都是世界 500 强企业、创新公司、研发资源和发明专利密集区域，粤港澳大湾区也应该集聚国际创新资源，集聚全球著名企业，集聚高新技术产业。目前，大湾区已经具备建设国际科技创新中心的基础和优势，最近召开的大湾区建设领导小组会议指出：要积极吸引和对接全球创新资源，建设"广州—深圳—香港—澳门"科技创新走廊，将在香港建立中国科学院所属研发机构，在澳门建立中医药科技产业发展平台，香港孵化＋广东产业化将是未来发展的重要趋势。但要看到，国际顶尖高校资源匮乏，这是广东的短板；香港的制造业生态链覆盖面比较狭窄，这是珠三角城市的强项。通过建设粤港澳大湾区，广东和香港可实现优势互补，形成协同创新共同体。总之，建成国际科技创新中心，这是国家赋予粤港澳大湾区的重要使命。

当前，新产业革命和新经济发展正在改变全球经济格局，主要工业化国家都通过制定"科技战略"或"创新计划"，以谋求在全球经济竞争重构中的新优势。建设粤港澳大湾区是习近平总书记亲自谋划、亲自部署和亲自推动的国家重大战略。推进粤港澳大湾区建设，建成具有全球影响力的国际科技创新中心，这个战略定位的具体含义：一是培育新经济发展的策源地，即发挥粤港澳经济的综合优势，推动实施创新驱动发展战略，汇聚全球科技创新资源，在新一代信息技术、人工智能、生物医药、新能源和新材料等领域形成自主创新能力，构建面向世界和面向未来的现代产业体系，代表国家参与全球经济竞争；二是助推珠三角制造业转型升级，即建设国际科技创新中心，从过去注重海关货物流量的竞争转变为吸引全球创新要素的竞争，增强产业技术创新能力，改善产业领域和价值环节的创新与增值模式，推动经济增长由数量规模型向质量效益型转变；三是促进港澳经济结构优化，即适应适度多元发展的需求，发挥香港和澳门自身优势，共建大湾区国际科技创新中心，并适度改善香港过度依赖金融业和房地产业、澳门博彩业一家独大的产业结构，开拓粤港澳经济合作新模式，增强港澳吸纳就业和抵御风险的能力，保持港澳经济长期繁荣和稳定。

粤港澳大湾区作为中国开放程度最高和经济活力最强的区域，从整体上看具有良好的创新生态优势。首先，创新要素集聚。香港有一批国际知名高校，吸引了一些国内外一流人才；而且在香港高校的科研成果中，约有一半的科研项目被国际专家评为达到世界领先水平或卓越水平。珠三角汇集了一批有全球竞争力的高科技企业，如华为、腾讯、比亚迪、华大基因等，具有良好的创新和转化基础；广东的国家高新技术企业总量约 4 万家，区域创新能力排全国首位。其次，区域创新机制不断完善，既有市场导向的合作机制，建立了完整而成熟的制造业产业链，拥有强大的产业基础和高效的科技成果转化机制，还先后成立了内地与香港科技合作委员会、内地与澳门科技合作委员会、港澳两地高新技术专责小组，健全了内地与港澳科技合作常态化机制。为此，在目前的体制情况下，可以发挥"一国两制"的优势，并依托现有科技资源，建设集聚全球创新资源的一流湾区。

实现粤港澳大湾区创新驱动发展，不仅是践行高质量发展观、创新驱动发展理念，而且在加快发展动能转换、深化供给侧结构性改革、构建经济高质量发展体制机制等方面走在全国前列，发挥示范引领作用，为全国在新时代实现高质量发展和提升产业国际竞争力提供可复制的经验。大湾区是中国制造业集聚区，有"世界工厂"之称，占全国制造业比重的10%左右，建设大湾区的重要任务之一，就是建设世界级先进制造业基地。这些年，珠三角制造业产业结构逐步升级，特别是技术密集型制造业和高新技术产业比重上升，如电子信息、装备制造、新材料、生物医药等先进制造业比重达到50%以上，高新技术产业比重超过30%，但是这并没有改变制造业处于全球价值链低端的状况。同时，珠三角经济以外向型为主，加工贸易发达，依托加工贸易发展起来的制造业处于全球价值链低端的问题更为突出，虽然珠三角已初步形成战略性新兴产业为先导、先进制造业为主体的工业结构，但并没有从根本上改变制造业在全球价值链中的低端地位。近年发生的中美贸易战，使我们进一步看清了珠三角制造业关键技术受制于人，在发达国家主导的全球价值链中处于被支配地位，在国际竞争特别是贸易争端中处于不利地位的现实。为此，只有通过创新驱动制造业发展，才能真正实现经济高质量发展。将大湾区建设成为国际科技创新中心，集聚全球创新资源，打造创新型经济体，这是产业全球价值链升级特别是制造业高质量发展的关键；通过大湾区建设推动传统产业、先进制造业、战略性新兴产业在全球产业链和价值链中由中低端向中高端攀升，可以为全面振兴制造业、推动制造大国迈向制造强国，提供示范和积累经验。

2. 消除影响创新要素自由流动的瓶颈

完善区域协同创新体系是粤港澳大湾区建设国际科技创新中心的重要前提条件，目前大湾区在科技创新方面还存在一些制约因素和问题，我们应该致力于消除影响创新要素自由流动的瓶颈和制约因素，构建优良的创新生态圈，从而有效地集聚全球创新资源。

建设具有全球影响力的国际科技创新中心，需要营造优良的创新环境，构建一个创新生态系统，从而形成一种"虹吸"效应，有效地吸引全球的优质创新资源进入粤港澳大湾区。在这方面，旧金山湾区堪称典范，那里不仅吸引了来自世界各地的高质量人才，带来技术和资金，而且形成了有效的创新网络系统，使得各种创新资源汇聚和结合，在那里进行研发和转化，以技术创新推动产业创新。因此，旧金山就像一块世界科技创新领域的"巨型磁石"，其科技引力呈现出强劲态势。有学者专门分析了旧金山湾区的全球关联度，发现关联度排前9位的国家或地区为欧洲、日本、加拿大、中国、印度、以色列、新加坡、俄罗斯和澳大利亚，其吸引力呈逐年上升趋势，正是这种"虹吸效应"和强劲引力，造就了举世瞩目的"硅谷"和世界一流湾区。

从粤港澳大湾区的情况看，已经初步具备了创新要素集聚的基础，吸引了一些国内外科技人才来这里研发和创业。特别是深圳和香港对创新资源的"虹吸"能力较为突出，在创新和创业方面已经形成国际影响力。但是，大湾区的创新环境仍然有改善的空间，具体地说，一是创新环境在广度上的拓展，即将深圳和香港的创新吸引力扩展到整个大湾区，可以扩大创新"虹吸区域"的规模，从而在更加广阔的范围里形成虹吸效应，吸引更多的国际优质创新资源，使得整个大湾区成为国际科技创新中心。二是创新环境在质量上的提升，即消除影响创新要素自由流动的瓶颈和制约因素，激发各类创新主体的活力，如积极实施促进大湾区出入境、工作、居民生活、物流更加便利化的政策措施，鼓励科技和学术人才的交往交流；积极支持香港、澳门的高等学校和科研机构申请内地科技项目，允许相关资金在大湾区跨境使用，并享受国家和广东的科技支持政策，鼓励香港、澳门在广东设立研发机构。同时，要强化知识产权的保护和运用，健全粤港、粤澳以及泛珠三角区域的知识产权合作机制，加强在知识产权创造、运用、保护和贸易方面的国际合作，建立和完善知识产权交易，促进知识产权的合理有效流通，建立大湾区知识产权信息交换机制和信息共享平台，促进高端知识产权服务与区域产业融合发展。这样，就可以构建一个地域广阔、活力强劲的创新生态圈，最大限度地激发创新主体的活力。

粤港澳大湾区实行"一国两制"下不同关税区、不同法律和不同货币的制度异质性区域合作，在科技创新方面也存在制约因素。目前，大湾区内的人、财、物、机构等创新要素还不能跨境顺畅流动，在科技人才跨境工作、科技设备和样本跨境流动、科技信息跨境传输、科技资金跨境使用等方面都面临一系列问题。此外，大湾区基础设施投入不足，落后于京津冀和长三角地区，从而导致科技创新支撑力不强。为此，必须致力于加强大湾区科技基础设施建设，发挥粤港澳三地科技创新的整体优势，构建开放型融合发展的区域协同创新共同体。

怎样推动粤港澳区域科技合作的体制机制创新？一是要促进创新要素便捷流动，鼓励港澳地区扩大内地科技人才入境，同时，以优惠政策支持进入珠三角的港澳科技人才，解决人才跨境居住生活的身份认证、便捷通关、养老医疗服务跨境提供等问题，便利国际人才在大湾区入境，改善科研物流通关模式，建立先进仪器设备、生物样本跨境流动的监管和通关机制；鼓励粤港澳三地科创资金的跨境投资，支持安全可控条件下的科创数据跨境流动。二是要基于粤港澳的要素禀赋和科技创新优势，构建大湾区科创要素分工格局，支持港澳把珠三角作为科技创新的后院，深圳将科创要素布局到东莞等邻近区域；通过发挥广东自贸区的制度创新优势，建设粤港澳三地的共同边界"飞地"，实现创新要素的便利流动。

同纽约湾区、旧金山湾区、东京湾区相比较，粤港澳大湾区内部存在社会制度、法律体系和发展阶段等方面的差异，在一定程度上制约大湾区创新主体之间的交流合作，这是目前面临的难点和重点问题，需要运用"中国智慧"加以解决，提出切实可行的方案。特别是要建设"广州—深圳—香港—澳门"科技创新走廊，积极吸引和集聚全球创新资源。如果从区域优势互补的角度看，香港孵化＋广东产业化将是未来发展的重要趋势。香港的科技人才数量有限，可以同广东进行更多的交流合作，并吸引更多的国际科技人才进驻；香港的制造业生态链覆盖面不够广，可以通过与珠三角城市的合作将科技成果更好地产业化；香港拥有5所世界一流高等学校，可以在大湾区范围内发挥好带动和辐射作用。同时，打造国际科技创新中心需要金融的支持，应该借鉴旧金山湾区的经验，充分利用港交所和深交所的功能，依靠风险投资和资本市场，打造具有特色的金融创新支持体系。

大湾区的创新资源需要通过整合和优化配置，形成一种合成优势。相对而言，香港和澳门的创新环境较好，如果将其放大到整个大湾区，将会带动整体环境的改善。内地可以借用港澳灵活的市场机制和高度国际化的环境，更好地吸引全球高端科技人才，带动大湾区科技创新进入全球创新网络。同时，要通过整合和优化配置粤港澳的创新资源，形成一种新的综合优势。如港澳有不少领域的基础研发和产业应用技术国际领先，但是缺乏产业基础和有效的市场需求，而广东一些城市拥有巨大的市场和完备的产业链，但基础研发能力不强和原创能力不足，从而出现制造业大而不强的问题。怎样实现创新资源的优化配置,实现大湾区人才、技术、资金、设备、信息等创新要素的充分流动,这是形成大湾区创新综合优势亟待解决的关键问题。

三、打造具有全球影响力的国际科技创新中心

加快建设粤港澳大湾区,建成具有全球影响力的国际科技创新中心,最终目的是要打造经济高质量发展的典范,我们应通过构建高水平科技创新平台,加快科技成果转化,推动科技创新和产业创新融合,进而促进经济高质量发展。

建设具有全球影响力的国际科技创新中心,不仅要吸引和集聚全球创新资源,而且要优化创新资源配置,打造高水平的科技创新载体和转化平台,从而以科技创新带动产业创新。一般说来,科学技术要转化为现实的生产力,推动产业发展,主要需要两种类型的平台:一是技术研发的平台,主要是大学和企业的实验室;二是成果孵化的平台,主要是开发区和企业的孵化器。从旧金山湾区的经验看,一方面,建成了以斯坦福大学、加州大学伯克利分校为领头雁的著名高校,以及高速离子国家实验室;另一方面,培育了惠普、苹果、谷歌、脸书、英特尔等著名的国际大企业,以及一批创新力极强的小企业。旧金山湾区通过这些创新载体和平台的建设,构建了一个创新生态系统,培育了一条创新产业链,将技术研发和转化紧密地结合在一起。

粤港澳大湾区有较多的创新载体和平台,应该加快已有平台的建设,并推动新型平台的培育。具体地说,一是要加强国家高新技术开发区的建设。深圳高新技术开发区是国家最早批准设立的科技创新试验区,广州高新技术开发区也是全国有影响力的开发区,已经在创新集聚和产业集聚方面取得明显成效,需要在提升质量水平的同时,在面积和规模上扩容,从而在更大的范围内发挥作用。二是要建立和培育一批新的载体和平台。积极支持港深创新及科技园、中新广州知识城、南沙庆盛科技创新产业基地、横琴粤澳合作中医药科技产业园等重大创新载体建设;支持香港物流及供应链管理技术、纺织及成衣、资讯及通信技术、汽车零部件、纳米及先进材料五大研发中心的建设,加快香港科技园、香港数码港和澳门中医药科技产业发展平台的建设,推进香港、澳门国家重点实验室伙伴实验室的建设。三是要加强高等学校和企业重点实验室的建

设。粤港澳的世界一流高校和国家"双一流"高校拥有一批设备精良的重点实验室，大型企业也拥有一批技术转化能力较强的国家重点实验室和研发中心，需要进一步集聚全球先进人才，增强基础研发和原始创新的能力。在创新载体和平台建设中，特别要重视自主创新和原始创新，努力掌握国家支柱产业的关键核心技术。同时，建设企业技术创新平台，不仅要重视已经成为价值链链主的大型企业，而且要重视可能成为隐性冠军的中小企业，从而在更加广阔的范围激发创新主体的活力。总之，要通过各类创新平台建设，增强科技研发能力和成果转化能力，将大湾区建设成为具有国际竞争力的技术创新高地、科技成果转化基地以及产业创新策源地。

当前，粤港澳创新平台已经形成多类型和体系化的发展态势，应该针对不同类型的创新主体和环节采取不同的推动策略。一是重点实验室、工程技术中心等创新平台，主要特点是寻求学科发展前沿的原始创新，为后续的应用研发和产业技术开发提供新方法、新路径，应着重提升基础配套和仪器设备水平，吸引国际领军人才，追踪世界科技前沿；二是制造业创新中心、产业技术研究院等创新平台，主要特点是以市场需求为导向，围绕未来具有较强预期的战略性需求开展技术研发，应着力加强资金、人才等要素配套，重点围绕产业共性技术和关键技术形成创新突破，带动区域产业升级；三是创新驿站、孵化器和众创空间等创新平台，主要特点是共享仪器设备，提供便捷的前沿科技信息，促进创新创业，应着力形成跨行业、跨区域的创新联动体系，促进创新供给方和需求方的有效对接。

同时，为了以技术创新推动产业创新，需要优化科技成果转化平台，构建开放共建、资源共享的技术交易市场体系。可以依托大湾区的金融创新机构和政策优势，着力打造立足大湾区、面向全国、辐射全球的国际性技术交易中心、供应链金融服务中心，推动产学研深度融合，提高科技成果转化效率，整合政府、高校和研发院所、市场机构的科技创业服务资源，构建线上和线下相结合的科技成果转移转化服务体系；利用大湾区产业链条完整的优势，依托珠三角的先进制造业优势，形成高效和顺畅的技术转化机制。

粤港澳大湾区建设要围绕打造经济高质量发展典范的战略目标，科学把握全球价值链形成的规律，构建高水平科技创新平台，提高配置全球资源和管理要素流动性的能力，并创新有利于区域价值链升级的制度安排，增强大湾区在全球竞争中的研发、设计、品牌和总部管理的能力。具体地说，一是要加强创新载体和平台的建设,重点是推进"广州—深圳—香港—澳门"科技创新走廊建设,为大湾区内外投资者在粤港澳设立研发机构和创新平台提供集聚空间;鼓励粤港澳企业和科研机构参与国际科技创新合作,支持它们到海外设立研发机构和创新孵化基地,促进人才、资本、信息、技术等创新要素跨境流动和区域融通。二是强化知识产权保护与合作,加快完善知识产权运营、交易、证券化融资平台建设,促进粤港澳三地在知识产权创造、运用、保护和贸易方面的合作,健全知识产权案件跨境协作机制;充分发挥香港在知识产权保护及专业服务方面的优势,支持香港成为区域知识产权贸易中心;建立大湾区知识产权信息交换机制和信息共享平台,促进知识产权的合理有效流通。三是创新科技金融服务体系,发挥香港、澳门、深圳和广州等资本市场和金融服务功能,共建多元化、国际化、跨区域的科技创新投融资体系。应该发挥广东自贸区"先行先试"的优势,利用现有金融资源,拓展直接融资渠道,建设区域性股权交易市场,探索香港私募基金参与大湾区创新型科技企业融资,允许符合条件的企业进入香港上市集资平台,将香港建设成为大湾区高新技术产业融资中心。

构建高水平的科技创新平台是解决重大科技攻关项目、关键技术和核心技术的重要途径。近些年来,国家和粤港澳政府在大湾区建立了各种重点实验室和工程中心,高等学校、研究机构和大型企业也在积极建设创新平台。但是,平台建设要关注以下问题:一是科技人才结构优化,应重点引进基础研发和产业创新的国际高端人才,不仅要集聚大湾区的创新人才资源,而且要更好地吸引全球的创新人才资源;二是科技创新平台结构优化,不仅要建立一批产业技术研发平台,而且要构建一定数量专注于基础研发的高水平科技平台,致力于原始创新能力的提升;三是提高科技创新平台的国际化水平,应该追踪国际科学技术前沿,努力从前沿技术的跟跑者变为领跑者,从而保障制造业获得全球价值链高端的竞争优势;四是加快融入全球创新链,从而更加有效地获得全球创新资源,在更高的站位提升创新的国际竞争力;五是分类完善科技创新平台运行机制,政府和财政资金应倾向于对基础研发平台的支持,不以短期盈利为目的,产业创新平台应以企业需求推动运行,由企业寻求高等学校和研究机构合作,从而有效地解决科技创新成果脱离市场或转化率低的难题,增强科技创新驱动产业创新和经济发展的能力,将粤港澳大湾区打造成经济高质量发展的典范。

第 4 章
"一带一路"的贸易投资便利化导向

截至 2020 年年底，共建"一带一路"倡议取得显著成绩，中国已经与 138 个国家、31 个国际组织，签署 201 份合作文件，税收协定合作网络延伸到 111 个国家或地区，积极推动政策沟通、设施联通、贸易畅通、资金融通、民心相通，沿线各国或地区的贸易投资便利化水平得到较大提升。然而，随着倡议实施的深入推进，"一带一路"建设出现"异化"现象：一是海上丝路占有太多政策及物质资源；二是在执行中过于强调基础设施联通，贸易投资便利化的软件建设滞后。特别是在当前复杂的国际环境和全球疫情冲击下，西方根深蒂固的反华价值观和主流意识形态以及迥异的思维方式和行为规范，会助推制度摩擦，增加贸易或投资壁垒，直接影响区域间贸易投资便利化进程和水平，这对继续推进"一带一路"建设带来巨大挑战。因此，探究贸易投资便利化与"一带一路"可持续发展的内在机理及其实现条件，重塑"一带一路"的发展导向，是新阶段推进"一带一路"建设尤其是陆上丝路高质量发展的重要课题。①

---

① 参见习近平 2019 年 4 月 26 日在第二届"一带一路"国际合作高峰论坛开幕式上的主旨演讲《齐心开创共建"一带一路"美好未来》。

第4章 "一带一路"的贸易投资便利化导向

一、研究文献概述

最早的传统区位理论和新地缘区位理论都高度重视边境地区，认为贸易投资便利化对边境地区会产生有利影响，如 Hoover 和 Giarratani（1984）认为，次区域合作之所以具有独有的区位特性，是因为距离成本的重要性、生产要素流通的不完全性，以及经济活动的不完全可分性，换言之，边境地区的贸易投资便利化是重要因素。以 Krugman（1999）为代表的新地缘区位理论认为，贸易成本的降低和生产要素的互动，尤其是资本、人力的跨界移动，能够改变区域的资源要素禀赋状况，使其经济活动的区位条件得到重新建构；Venables（1996）和 Hansen（2007）等认为，边境地区是集聚经济合力的靶区之一，应通过有效的地方支持和企业的活跃作用，激活跨境次区域合作的市场潜力，推动"边境区"发展为"中心区"。而 Fujita（2002）和 Felipe 等（2010a）认为，在开放区位经济活动中，随着贸易便利化水平的提升，边境区的经济功能地位也会提升，原有的国内核心城市区位对企业和人口的吸引作用相对下降，引发外资、人力、企业向边境转移，使整体区位的经济活力对比格局发生变化，跨境次区域合作得以实现。

近年来，部分学者认为跨境次区域合作产生的边界效应，也会影响各国贸易投资便利化的进程，体现为跨境次区域合作可促进边界双方、多方的信息交流、人员互动、生产要素的合理配置，降低跨越边境的交易费用。以珲春国际合作示范区和中蒙俄跨境次区域合作为例，在各个距离变量中，以实际陆路距离衡量的边界效应值最高，不同跨境次区域间边界效应表现出明显的差异，要将人文交流作为一个重点予以推进。（李天籽，2015）Yue 和 Nie（2017）、李向阳（2018）等认为，次区域合作机制化不应成为所有次区域合作追求的目标，因为机制初创成本高昂、共同意愿缺乏、关键性大国缺失、成员国数量少导致小国不敢"搭便车"等。李兵和颜晓晨（2018）、李波和杨先明（2018）等强调中国西部地区应通过提高贸易便利化水平和完善双向投资机制融入"一带一路"建设，加快对内对外开放速度，但"一带一路"沿线国家投资的准入成本较高、政策协调难度较大、不稳定因素较多，使得投资便利化的相关机制难以形成（Ramasamy et al.，2017）。

在实证研究中，贸易投资便利化作为测度跨境次区域合作的重要指标，学者们通常以世界经济论坛公布的《全球贸易促进报告》和世界银行公布的《营商环境报告》中的相关指标体系为基本评价框架，如 Wilson 等（2003）、Tosevska 和 Tevdovski（2016）等以基础设施、边境管理、电子商务和营商环境等指标来评估贸易便利化水平；张亚斌（2016）以市场准入、商业投资环境、信息技术、金融服务和制度环境等指标来评估投资便利化水平；崔日明、黄英婉（2016）等以市场准入、交通和基础设施、营商环境、规制环境和边境管理等指标来衡量贸易投资便利化水平；Chong 等（2019）以网络指数方法，测度贸易便利化对"一带一路"沿线国家贸易网络形成的影响。

这些文献一方面揭示贸易投资便利化与跨境次区域合作的相互关系，并认为贸易投资便利化是影响跨境次区域合作的重要因素；另一方面在贸易投资便利化水平的评判标准上，尽管选取的指标和评价方法各不相同，但大都集中在基础设施、边境管理、电子商务和营商环境四大方面，为本书指标体系的构建提供了参照基础。当前，中国西部地区深化开放融入"一带一路"区域经济合作的工作才刚刚起步，贸易投资便利化影响"一带一路"区域经济合作的内在机理是什么？其可持续发展的实现条件又是什么？不同阶段影响贸易投资便利化的关键因素又有什么不同？对于这些问题的回答，目前都缺乏深入系统的理论研究。此外，共建"一带一路"已经进入新阶段，对贸易投资便利化的关注重点也应该调整和转向，要由过于强调基础设施等硬件建设转向社会文化法律环境和营商环境等软件建设。

本章将从跨境次区域合作新视角，探究贸易投资便利化与"一带一路"可持续发展的内在机理、实现条件及关键因素。研究贡献如下：一是构建三个国家两个部门两种要素跨境次区域合作模型，考察贸易投资便利化与跨境次区域合作的经济效应，结果表明，小国因跨境次区域合作而获益，而大国要取得正经济效应是有约束条件的，由此厘清推进跨境次区域合作的内在机理及实现条件，为推进"一带一路"高质量发展提供新的理路。二是将社会文化法律环境因素引入贸易投资便利化评价指标体系，并充分考虑贸易便利化和投资便利化涉及的交叉内容以及各自独立部分，具体从市场准入、交通和基础设施、营商环境、边境管理和社会文化法律环境五大层次 26 个二级指标，构建一套评价中国与沿线国家贸易投资便利化水平的综合评价体系。三是采用中国与首批参与"一带一路"倡议并投资的 46 个国家 2008—2017 年的面板数据进行实证检验,揭示影响贸易投资便利化与跨境次区域合作高质量发展的关键因素及实现条件,并对新形势下中国重塑"一带一路"的发展导向提供一孔之见。

二、贸易投资便利化与"一带一路"可持续发展的机理

1. 内涵界定与理论基础

(1) 共建"一带一路"与互惠制度安排内涵

共建"一带一路"实质上是一种跨境次区域合作的互惠制度安排,虽然是制度化和集中化水平都较低的弱机制化合作,但合作议题广、灵活性强,并且以促进贸易投资便利化和增加经济效益为内涵,通过减免关税和降低非关税壁垒,减少海关通关手续和时间,扩大市场准入,降低交易成本,促进区域间国家的贸易投资合作。在"一带一路"建设初期,由于跨境次区域性公共产品缺乏,推进基础设施的互联互通可大大降低贸易投资便利化的交易成本,但在影响因素上,除了基础设施互联互通这一主要因素外,市场准入、边境管理、营商环境、社会文化法律环境等也是制约贸易投资便利化的因素。

(2) 跨境次区域合作中大国与小国的区分

按照在世界市场中的地位,跨境次区域合作中有大国与小国之分,其中大国是指市场规模或市场潜力较大以及市场机会较多的国家,表现为在国际市场上该国贸易投资的供求变化会影响跨境次区域市场价格。相应地,小国则是指市场规模或市场潜力相对较小的国家,表现为在国际市场上该国贸易投资的供求变化不会影响跨境次区域市场价格。

2. 基本模型的构建

本章借鉴 Chen 和 Joshi (2010) 构建的国家福利函数模型,考虑在一个 $3 \times 2 \times 2$[①] 模型构成的世界经济体系中,国家 i 和国家 j 是"一带一路"沿线国家,第三个国家 k 为非"一带一路"沿线国家,其中国家 i 为发展中大国,国家 j 为发展中小国。存在两个部门,分别为农业和制造业,农业部门是完全竞争的,生产单一的同质产品 Y,假设农产品在跨境次区域间自由贸易,无运输

---

① $3 \times 2 \times 2$ 即三个国家、两个部门、两种要素。

成本，并作为计价单位；制造业部门是寡头竞争型，生产差异化产品 X，假设差异化产品 X 为最终产品，由一系列连续中间投入品 $x(i)$ 组成。各国资源禀赋和技术水平存在差异，劳动力不能完全跨境自由流动，而资本可以自由流动。

(1) 消费者行为

对于制成品 X 和农产品 Y，假设三个国家所有消费者具有相同的偏好，国家 i 的消费者偏好由拟线性效用函数表示：

$$U_i(X_i, Y_i) = u_i(X_i) + Y_i \tag{4.1}$$

其中，X_i 和 Y_i 表示国家 i 的商品 X 和 Y 的消费量，如果以 $\alpha_i > 0$ 表示国家 i 的市场规模，则国家 i 的反需求函数为：

$$P_i(X_i) = \alpha_i - X_i \tag{4.2}$$

在国家 i 的收入 I 一定时，$p_i(X_i)$ 和 p^y 分别表示制成品 X 和农产品 Y 的价格，p^y 为计价单位，消费者效用最大化可用公式（4.3）于预算约束条件下求解：

$$p_i(X_i) X_i + p^y Y_i = I \tag{4.3}$$

(2) 生产者行为

假设制成品 X 的生产需要投入品的数量为 x_i，投入品 $x(i)$ 和农产品 Y 均为规模报酬不变，其中 Y 为相对劳动密集型，两者之间存在一条严格凹的转换曲线，$B = T(x_i)$，$T'(x_i) < 0$，$T''(x_i) < 0$。假设每种制成品的生产技术相同，x_i 之间对称。如果生产的投入品是高质量的，制成品的生产不需要进一步的成本，则有 $X_i = x_i$；反之，如果生产的投入品是废次品，则制成品 X_i 的产出为 0。x_i 需要固定投入 F 和可变投入 $f_i x_i$，f_i 为可变投入系数。

以 x_i，x_j，x_k 表示国家 i、国家 j、国家 k 的产出，市场需求 X_i 由三个国家的产出满足，即：

$$X_i = x_i + x_j + x_k \tag{4.4}$$

则国家 i 的总收益为：

$$TR = P_i(X_i) \cdot x_i = (\alpha_i - x_i - x_j - x_k) x_i \tag{4.5}$$

(3) 贸易投资便利化及其交易成本

国家 i 的商品进入不同的国家，由于不同的国家存在不同水平的贸易投资便利化环境，如运输费用、关税及非关税壁垒，以及社会文化法律环境、市场准入成本、贸易投资壁垒成本等方面的差异，都会产生不同水平的交易成本。

如果用 i 表示制成品的生产国，l 表示制成品的消费国，设 $x(i)$ 出口或投资 l 国生产的贸易投资便利化交易成本为 $T_{li} \geqslant 1$（本国生产 $T_{ii}=1$），则本国 i 厂商到另一国从事出口贸易或生产投资的便利化交易成本为：

$$T_{li} = T_l \quad if \quad l = i, j, k \tag{4.6}$$

显然，如果 i 和 j 两国参与"一带一路"倡议合作时，加大基础设施互联互通投资会大大提高贸易投资便利化水平，降低两国之间合作的交易成本，使得 T_{ij} 或 T_{ji} 小于两国不参与"一带一路"倡议合作情形下的交易成本。

（4）均衡分析

在国家 i 市场上，如果用 x_{ii} 代表国内厂商的产量，用 π_{ii} 代表国内厂商的利润，则有：

$$\pi_i = (a_i - x_i - x_j - x_k) x_i - f_i x_i - F \tag{4.7}$$

由利润最大化条件 $\dfrac{\partial \pi_i}{\partial x_i}=0$，可得三个国家 i, j, k 的产量分别为：$x_i = \dfrac{1}{2}[a_i - x_j - x_k - f_i]$；$x_j = \dfrac{1}{2}[a_i - x_i - x_k - f_j]$；$x_k = \dfrac{1}{2}[a_i - x_i - x_j - f_k]$。由此，国家 i 均衡产出标准形式为：

$$x_i = \frac{1}{4}\left[a_i - 3 f_i + \sum_{l \neq i} f_l\right] \tag{4.8}$$

按照古诺—纳什均衡，在国家 i 市场上的厂商产量为：

$$x_{ii} = \frac{1}{4}\left[a_i - 3 f_i + \sum_{l \neq i}(f_l + T_{li})\right] \tag{4.9}$$

相应地，在国家 i 市场上的厂商利润为：

$$\pi_{ii} = x_{ii}^2 = \frac{1}{16}\left[a_i - 3 f_i + \sum_{l \neq i}(f_l + T_{li})\right]^2 \tag{4.10}$$

国家 i 厂商在外国 j 市场上的产量为：

$$x_{ij} = \frac{1}{4}\left[a_j - 3(f_i + T_{il}) + \sum_{l \neq i}(f_l + T_{li})\right] \tag{4.11}$$

相应地，国家 i 厂商在外国 j 市场上的利润为：

$$\pi_{ij} = x_{ij}^2 = \frac{1}{16}\left[a_i - 3(f_i + T_{il}) + \sum_{l \neq i}(f_l + T_{li})\right]^2 \tag{4.12}$$

3. "一带一路"贸易投资便利化的国别效应比较

假设国家 i 积极倡导并推动跨境次区域合作，如参与"一带一路"建设，国家 j 作为沿线国家，也积极参与"一带一路"建设，但第三国 k 没有参与。

在"一带一路"互惠制度安排下,初期各成员国大力推进基础设施互联互通,快速提升贸易投资便利化水平。与初始状态相比,合作后大国 i 和小国 j 的贸易投资便利化交易成本存在 $T'_{ij}<T_{ik}$ 和 $T'_{ji}<T_{jk}$ 的情况,这就促进贸易投资流向发生转移,由第三国 k 转向国家 i 和国家 j,具体影响效应如下:

(1) 对大国 i 的影响效应

在本国市场,由于加大对"一带一路"沿线国家基础设施互联互通投资,与沿线国家的贸易投资便利化交易成本 T'_{ij} 降低,促进了与国家 j 之间的贸易投资合作,使得原本向第三国 k 进口的部分商品转移到小国 j 进口,产生进口转移效应。由于转入的是市场规模较大的国家 i,因而贸易的转入效应很明显。在"一带一路"互惠制度安排下,本国对国家 j 进口增长导致进口产品在本国市场参与竞争,但由于国家 j 是小国,加大对小国的进口并不会影响本国生产的供给市场价格,因此,进口转移效应使得本国市场上的产量 x'_{ii} 和利润 π'_{ii} 不变或者减少。

$$x'_{ii} = \frac{1}{4}\left[\alpha_i - 3f_i + \sum_{l \neq i}(f_l + T_{li})\right] \leqslant x_{ii} \quad (4.13)$$

$$\pi'_{ii} = x^2_{ii} = \frac{1}{16}\left[\alpha_i - 3f_i + \sum_{l \neq i}(f_l + T_{li})\right]^2 \leqslant \pi_{ii} \quad (4.14)$$

在外国市场上,从出口转移效应看,在"一带一路"互惠制度安排下,国家 i 加大对"一带一路"沿线合作国家基础设施互联互通投资,国家 i 厂商对国家 j 的出口增加,而对第三国 k 的出口减少,因而国家 i 的出口转移效应取决于贸易投资便利化水平的提升,当 $T'_{ij}<T_{ik}$ 时,国家 i 的出口转移效应大于原来的出口效应。从投资转移效应来看,由于加大对"一带一路"沿线各国基础设施互联互通投资,贸易投资便利化水平提升,使得 $T'_{ij}<T_{ij}$,加上国家 j 具有资源禀赋优势,生产成本较低,而 T'_{ij} 降低又会推动国家 i 将原来在国内生产的部分商品转移到国家 j 投资生产,因此,对国家 i 来说,产生对外投资转移效应,国家 i 厂商在外国市场上的产量和利润分别变为:

$$x'_{ij} = \frac{1}{4}[\alpha_j - 3(f_i + T'_{ij}) + \sum_{l \neq j}(f_l + T_{lj})] > x_{ij} \quad (4.15)$$

$$x'_{ik} = \frac{1}{4}[\alpha_k - 3(f_i + T'_{ik}) + \sum_{l \neq k}(f_l + T_{lk})] < x_{ik} \quad (4.16)$$

$$\pi'_{ii} = x^2_{ij} + x'^2_{ik} \quad (4.17)$$

综合公式(4.15)和(4.16)可以看出,参与跨境次区域合作后,国家 i

加大对"一带一路"沿线合作国家的基础设施互联互通投资,使得$T'_{ij}<T_{ij}$,但$T'_{ik}>T_{ik}$,因而存在$x'_{ij}>x_{ij}$,$x'_{ik}<x_{ik}$,即国家i厂商在国家j市场上的产量增加,而在第三国k市场上的产量减少,因此,国家i厂商在国家j市场上的利润π'_{ij}不确定。如果将可变投入系数f_l用产出价格比率表示,则国家i厂商在外国市场的产出价格比率的变化与贸易投资便利化水平成正比,也就是说,当贸易投资便利化交易成本降低到T'_{ij}门槛值时,国家i厂商可以获得对外投资的资本回报效应和大市场效应,在国家j市场上的利润$\pi'_{ij}>\pi_{ij}$,即产生正效应。

综合国内外市场分析,从公式(4.13)至(4.17)可以看出,当贸易投资便利化交易成本T_{li}和可变投入系数f_l一定时,市场规模α_l是至关重要的。由于市场规模$\alpha_i>\alpha_j$,国家i是一个净进口国和对外投资创造国,因此,可得出推论1:

推论1:在跨境次区域合作中,加大基础设施互联互通投资,会降低贸易投资便利化交易成本,但给大国带来的贸易投资静态效应是负的;只有获得对外投资的资本回报效应和大市场效应,大国才会获得国外市场的正效应。

(2)对小国j的影响效应

在国家j市场上,从进口转移效应看,T'_{ji}降低会促进与大国i之间的贸易投资合作,使得原本向第三国k进口的部分商品转移到国家i进口,进口增加会使国内生产产生竞争,国内市场的产出减少。从投资创造效应看,由于国家i加大对"一带一路"沿线合作国家的基础设施互联互通投资,贸易投资便利化水平得到提升,使得交易成本大大降低,即$T'_{ji}<T_{ji}$,加上国家j的资源禀赋价格较低,厂商生产成本大大降低,这样推动国家i将原来在其国内生产的部分商品转移到小国j投资生产,即产生投资创造效应,使得国家j厂商的国内产量增加,就业增加。综合这两大方面,由于国家j是小国,国内市场规模较小,而向大国出口规模不受限制,因此,国家i因进口导致的国内市场产出减少要小于所产生的投资创造效应,国家j的国内均衡产出和利润都会增加,变为:

$$x'_{jj}=\frac{1}{4}[\alpha_j-3f_j+\sum_{l\neq j}(f_l+T_{lj})]>x_{jj} \qquad (4.18)$$

$$\pi'_{jj}=x'^{2}_{jj}=\frac{1}{16}[\alpha_j-3f_j+\sum_{l\neq j}(f_l+T_{lj})]^2>\pi_{jj} \qquad (4.19)$$

在国外市场上，在"一带一路"互惠制度安排下，国家 j 主要产生两种效应，一是由于 $T'_{ji} < T_{jk}$，产生第三国 k 向国家 i 的出口转移效应；二是由于 $T'_{ji} < T_{ji}$，加上国家 i 的生产转移需要，产生向国家 i 的出口增加效应。由于国家 j 厂商在国家 i 的出口效应远大于第三国 k 向国家 i 的出口转移效应，因此国家 j 厂商外国市场上的产量和利润都增加，分别变为：

$$x'_{ji} = \frac{1}{4}[\alpha_i - 3(f_j + T'_{ji}) + \sum_{l \neq i}(f_l + T_{li})] > x_{ji} \quad (4.20)$$

$$x'_{jk} = \frac{1}{4}[\alpha_k - 3(f_j + T'_{jk}) + \sum_{l \neq k}(f_l + T_{lk})] < x_{jk} \quad (4.21)$$

$$\pi'_{jl} = \sum_{l \neq j} \pi_{jl} = \pi_{ji} + \pi_{jk} = x'^2_{ji} + x'^2_{jk} > \pi_{jl} \quad (4.22)$$

综合国内外市场，国家 j 加入"一带一路"倡议后，成为一个净出口国和转入投资创造国，因此，可得出推论2：

推论2：相比大国，贸易投资便利化交易成本的降低，给小国带来更多的出口机会和生产扩张，带来更多的经济效应，或者可以说小国因跨境次区域合作而获益。

(3) 对第三国 k 的影响效应

由于 k 国没有参与"一带一路"沿线国家跨境次区域合作，贸易投资便利化交易成本 T'_{kl} 不变，因而在其国内市场和国外市场，与国家 i 和国家 j 的交易都产生贸易转出效应和挤出效应，即影响效应是负向的。

推论1和推论2表明，小国因跨境次区域合作而获益，大国要取得正经济效应是有约束条件的。换言之，要使"一带一路"跨境次区域合作可持续发展，如何提升大国的区域大市场效应和对外投资的资本回报效应是至关重要的，这也是推进"一带一路"高质量发展的条件。

三、贸易投资便利化实证模型设定与变量说明

要素禀赋、距离和边界是影响跨境次区域经济合作的重要因素。根据要素禀赋理论，综合考虑相对自然资源禀赋、相对技术水平和相对劳动力成本对贸易和投资的影响。依据 McCallum（1995）、Huber 等（2011）、Coughlin 和 Novy（2013）等利用引力模型验证边界效应的影响，公式为：

$$T_{ij} = A \frac{Y_i Y_j}{D_{ij}} \tag{4.23}$$

式中，T_{ij} 表示国家 i 与国家 j 之间的双边贸易量，与国家 i 的经济规模 Y_i 和国家 j 的经济规模 Y_j 成正比，与两国间双边距离 D_{ij} 成反比，常数项 A 指包括影响双边贸易量的其他所有因素。目前，国际贸易和对外直接投资仍然是中国进行跨境次区域合作的主要方式，由此在模型（4.16）中引入贸易投资便利化水平、国内生产总值、市场潜力和要素禀赋等解释变量，研究贸易投资便利化对中国跨境次区域合作的影响。①

$$\begin{aligned}\ln\text{Trade}_{ijt} =& \alpha_0 + \beta_1 \ln\text{TFI}_{jt} + \beta_2 \ln\text{GDP}_{it} + \beta_3 \ln\text{OFDI}_{ijt} + \beta_4 \ln\text{MP}_{jt} \\ & + \beta_5 \ln\text{RE}_{ijt} + \beta_6 \ln\text{IT}_{ijt} + \beta_7 \ln\text{LC}_{ijt} + \zeta_{ijt}\end{aligned} \tag{4.24}$$

$$\begin{aligned}\ln\text{OFDI}_{ijt} =& \alpha_0 + \beta_1 \ln\text{TFI}_{jt} + \beta_2 \ln\text{GDP}_{it} + \beta_3 \ln\text{MP}_{jt} + \beta_4 \ln\text{RE}_{ijt} \\ & + \beta_5 \ln\text{IT}_{ijt} + \beta_6 \ln\text{LC}_{ijt} + \zeta_{ijt}\end{aligned} \tag{4.25}$$

其中，α 为常数项，β 为待估参数，i 表示中国，j 表示"一带一路"沿线国家，t 表示时期，Trade_{ijt} 表示中国对国家 j 在 t 时期的进出口额，OFDI_{ijt} 表示中国对国家 j 在 t 时期的直接投资流量，TFI_{jt} 表示 t 时期国家 j 的贸易投资便利化水平，GDP_{it} 表示中国国内生产总值，MP_{jt} 表示 t 时期国家 j 的市场潜力，RE_{ijt}、IT_{ijt} 和 LC_{ijt} 分别表示同国家 j 相比，中国 t 时期的相对自然资源禀赋、相对技术水平和相对劳动力成本，ζ 为复合扰动项。因此，贸易投资便利化水平对中国进口和出口的影响模型如下：

$$\begin{aligned}\ln\text{Imp}_{ijt} =& \alpha_0 + \beta_1 \ln\text{TFI}_{jt} + \beta_2 \ln\text{GDP}_{it} + \beta_3 \ln\text{OFDI}_{ijt} + \beta_4 \ln\text{MP}_{jt} \\ & + \beta_5 \ln\text{RE}_{ijt} + \beta_6 \ln\text{IT}_{ijt} + \beta_7 \ln\text{LC}_{ijt} + \zeta_{ijt}\end{aligned} \tag{4.26}$$

$$\begin{aligned}\ln\text{Exp}_{ijt} =& \alpha_0 + \beta_1 \ln\text{TFI}_{jt} + \beta_2 \ln\text{GDP}_{it} + \beta_3 \ln\text{OFDI}_{ijt} + \beta_4 \ln\text{MP}_{jt} \\ & + \beta_5 \ln\text{RE}_{ijt} + \beta_6 \ln\text{IT}_{ijt} + \beta_7 \ln\text{LC}_{ijt} + \zeta_{ijt}\end{aligned} \tag{4.27}$$

其中，Imp_{ijt} 表示 t 时期中国向国家 j 的进口额，Exp_{ijt} 表示 t 时期中国向国家 j 的出口额。

本书分别以中国进出口额和对外直接投资为被解释变量，贸易投资便利化水平为核心解释变量，中国国内生产总值、市场潜力、相对自然资源禀赋、相对技术水平和相对劳动力成本为控制变量，进口和出口数据来自联合国 Comtrade 数据库。关于变量选取和数据来源说明如下：

---

① 将对外直接投资引入模型（4.17），以分析中国西部地区与"一带一路"沿线国家贸易与投资间的关系，由于在计算市场潜力指标（MP）时考虑了中国对沿线国家的出口额，为避免多重共线性问题，不再将贸易指标引入模型（4.18）。

第一,贸易投资便利化水平(TFI)。这一指标的构建、测算和数据来源都已经在前文详细阐述,通常假设跨境次区域各国之间的贸易投资便利化水平越高,越有利于双边贸易与投资。

第二,对外直接投资(OFDI)。这一指标数据来源于《中国对外直接投资统计公报》。前文已述,中国对沿线国家的贸易和投资属于互补关系,对外直接投资将促进跨境次区域贸易。

第三,市场潜力(MP)。国家 j 的市场潜力越大,中国与其合作的市场机会越多。该指标构造借鉴 Kamal 等于 2015 年提出的方法,$MP_j = \sum \text{exportration}_j \times \text{parterGDP}_j / \text{Dis}_{ij}$,其中,$\text{exportration}_j$ 表示中国对 j 国的出口占总出口的比重,parterGDP_j 表示 j 国的国内生产总值,Dis_{ij} 表示中国到 j 国的地理距离,用北京到各国首都的距离来衡量经济体之间的物理距离。各国国内生产总值数据来源于世界银行和国际货币基金组织官网,为保证数据的可比性和降低通货膨胀对货币购买力的影响,以 2005 年美元不变价计算各国国内生产总值,地理距离数据来源于 CEPII 数据库。

第四,相对自然资源禀赋(RE)。本书选取国家 j 的所有自然资源租金占 GDP 比重来衡量该国自然资源丰裕程度,相对自然资源禀赋=中国自然资源租金占 GDP 比重/国家 j 自然资源租金占 GDP 比重,数据来源于国研网"一带一路"研究与决策支撑平台。

第五,相对技术水平(IT)。本书选取各国 R&D 支出来衡量该国技术水平,相对技术水平=中国 R&D 支出/国家 j 的 R&D 支出,数据来源于全球竞争力报告。

第六,相对劳动力成本(LC)。工资水平不能反映真实的劳动力成本,劳动生产率是影响劳动力成本的重要因素。本书用相对工资水平=各国月平均工资水平/劳动生产率来反映国家 j 的劳动力成本,为避免汇率对数据的影响,用每年汇率平均值(本币/美元)将各国月平均工资换算成美元,相对劳动力成本=中国相对月平均工资/国家 j 的相对月平均工资。国家月平均工资数据来源于国际劳工组织数据库,劳动生产率数据来源于国研网数据库。

四、贸易投资便利化的影响效应及其关键因素实证分析

根据上述模型对首批参与"一带一路"倡议并投资的 46 个国家[①]进行实证检验。首先对所有数据进行取自然对数处理；然后利用 F 统计量对固定效应和混合效应进行检验，利用 LM 检验混合效应和随机效应，利用 Hausman 检验固定效应和随机效应，利用 LR 检验异方差问题；最后根据检验结果，确定采用固定效应模型，选择 FGLS 回归进行估计。

1. 中国贸易转移效应与沿线国家贸易投资便利化的影响因素

第一，中国进口转移效应及沿线国家贸易投资便利化的影响因素。实证结果如表 4.1 所示，从综合指标来看：(1) 沿线国家贸易投资便利化水平（TFI）显著促进了中国同沿线国家的进口，TFI 每提高 1%，中国同沿线国家进口增长 1.43%；(2) 中国对外直接投资（OFDI）在 1% 的水平上显著为正，表明中国对沿线国家的投资将在一定程度上促进中国进口，解释了中国对跨境次区域的贸易与投资是互补关系，进一步表明中国进口转移效应不断增长的原因；(3) 中国国内生产总值（GDP）和沿线国家市场潜力（MP）也是影响中国进口转移效应的重要因素，中国国内生产总值和沿线国家市场潜力每增长 1%，中国进口分别增加 5.32% 和 0.3%，随着"一带一路"建设的深入实施，中国对沿线国家的进口转移效应也会快速增加；(4) 中国相对自然资源禀赋（RE）和相对技术水平（IT）分别在 1% 和 5% 的水平上显著为正，表明当中国自然资源禀赋和技术水平处于比较劣势地位时，会增加对沿线国家的进口；(5) 中国相对劳动力成本（LC）与进口转移效应呈负向变动，说明当中国劳动工资水平低于沿线国家时，会减少对沿线国家的进口。

---

① 46 个国家包括：东南亚（新加坡、马来西亚、泰国、印度尼西亚、菲律宾、柬埔寨、越南、文莱）；南亚（印度、巴基斯坦、孟加拉、斯里兰卡、尼泊尔）；西亚（伊朗、土耳其、约旦、黎巴嫩、以色列、沙特阿拉伯、阿曼、阿联酋、卡塔尔、科威特、巴林）；中亚（哈萨克斯坦、吉尔吉斯斯坦）；中东欧（波兰、立陶宛、爱沙尼亚、拉脱维亚、捷克、斯洛伐克、匈牙利、斯洛文尼亚、克罗地亚、波黑、黑山、塞尔维亚、阿尔巴尼亚、保加利亚、马其顿）；泛独联体（俄罗斯、乌克兰、格鲁吉亚、阿塞拜疆、亚美尼亚）。

表 4.1　沿线国家贸易投资便利化对中国的进口转移效应实证结果

解释变量及常数项	模型 (1) TFI	模型 (2) MFI	模型 (3) QFI	模型 (4) EFI	模型 (5) BFI	模型 (6) SFI
lnTFI	1.430***	0.360**	2.065***	0.297*	1.339***	−0.556**
	(3.17)	(2.37)	(5.27)	(1.68)	(3.57)	(−2.51)
lnOFDI	0.011***	0.003	0.016***	0.003	0.014***	0.001
	(3.86)	(1.26)	(5.43)	(1.41)	(3.2)	(0.25)
lnGDP	5.319***	2.675***	7.476***	2.456***	6.858***	5.332***
	(5.53)	(5.57)	(9.48)	(5.18)	(5.38)	(5.50)
lnMP	0.300***	0.494***	0.325***	0.502***	0.354***	0.383***
	(14.58)	(47.11)	(17.66)	(44.32)	(18.12)	(19.19)
lnRE	0.223***	0.130***	0.193***	0.146***	0.149***	0.105***
	(6.23)	(7.29)	(6.43)	(7.82)	(4.91)	(2.59)
lnIT	0.755**	0.525***	1.168***	0.614***	1.207***	1.290***
	(2.49)	(3.9)	(4.95)	(4.27)	(4.61)	(3.86)
lnLC	−0.067	−0.020	−0.247***	−0.033	−0.251**	−0.204**
	(−0.82)	(−0.81)	(−3.56)	(−1.41)	(−2.41)	(−2.51)
常数项	−137.384***	−61.747***	−202.056***	−55.810***	−184.163***	−142.793***
	(−4.79)	(−4.32)	(−8.59)	(−3.93)	(−4.82)	(−4.94)
观测值	460	460	460	460	460	460

注：***、**和*分别表示在1％、5％和10％的显著性水平下通过显著性检验，下同。

为系统考察沿线国家贸易投资便利化水平对中国进口转移效应影响的差异性，用沿线国家贸易投资便利化详细指标替代模型中的综合指标。从详细指标来看：其一，沿线国家市场准入（MFI）、交通和基础设施（QFI）、营商环境（EFI）和边境管理（BFI）四大指标正向影响中国进口转移效应。其中，交通和基础设施指标对中国进口转移效应影响最大，该指标每完善1％，中国进口转移效应增长2.07％；其次是边境管理指标，通过减轻海关程序负担，提高清关效率和物流速度，能够促进要素流动；然后是市场准入和营商环境指标，通过扩大贸易国的市场准入和降低贸易壁垒，能够有效促进中国进口转移效应。其二，沿线国家的社会文化法律环境指标（SFI）负向影响中国进口转移效应，表明沿线国家政策稳定性、实体环境安全和文化距离会增加贸易风险和成本，从而制约中国进口转移效应。

第二，中国出口转移效应及沿线国家贸易投资便利化水平的影响因素。结果如表4.2所示，从综合指标来看：（1）沿线国家贸易投资便利化水平显著促进了中国出口转移效应，贸易投资便利化水平每提高1%，中国出口转移效应增长0.32%；(2)中国OFDI在1%的水平上显著为负，表明中国对沿线国家的投资将在一定程度上抑制中国出口转移效应，中国同沿线国家间贸易与投资的关系表现为替代型；(3)中国国内生产总值和沿线国家市场潜力正向影响中国出口转移效应，中国国内生产总值每增长1%，中国出口转移效应将增长0.84%，而沿线国家市场潜力每扩大1%，中国出口转移效应将增长0.65%，这表明随着"一带一路"建设的深入推进，中国出口转移效应也会增加；(4)中国相对自然资源禀赋和相对技术水平在1%的水平上显著为负，表明当中国受自然资源禀赋和技术水平的约束时，会减少对沿线国家的出口；(5)中国相对劳动力成本与出口正相关，说明当中国劳动工资水平低于沿线国家时，会增加对沿线国家的出口。

表4.2 贸易投资便利化对中国的出口转移效应实证结果

解释变量及常数项	模型(1) TFI	模型(2) MFI	模型(3) QFI	模型(4) EFI	模型(5) BFI	模型(6) SFI
lnTFI	0.321** (2.20)	0.483*** (2.70)	0.207* (1.92)	0.470*** (2.87)	0.438*** (2.75)	−0.374*** (−2.62)
lnOFDI	−0.006*** (−3.73)	−0.009*** (−3.56)	−0.006*** (−3.50)	−0.006** (−2.32)	−0.004*** (−2.53)	−0.004** (2.00)
lnGDP	0.838*** (3.33)	−0.990 (−1.31)	0.889*** (3.32)	1.278** (2.27)	0.788*** (2.78)	−0.192 (−0.25)
lnMP	0.650*** (62.40)	0.783*** (58.63)	0.643*** (65.67)	0.851*** (59.41)	0.625*** (56.69)	0.767*** (65.05)
lnRE	−0.950*** (−9.8)	−0.134*** (−6.94)	−0.070*** (−6.14)	−0.001 (−0.02)	−0.039*** (−2.78)	−0.150*** (−9.84)
lnIT	−0.406*** (−3.74)	−1.148*** (−5.89)	−0.505*** (−4.77)	−0.156 (−0.72)	−0.485*** (−4.2)	0.794*** (−3.7)
lnLC	0.109*** (5.79)	0.185*** (4.07)	0.103*** (4.78)	0.252*** (3.48)	0.049** (2.02)	0.340*** (6.49)
常数项	−18.228** (−2.42)	35.979 (1.60)	−20.011** (−2.50)	−32.778* (−1.93)	−16.272* (−1.92)	10.013 (0.43)
观测值	460	460	460	460	460	460

进一步从详细指标来看，沿线国家的市场准入、交通和基础设施、营商环境和边境管理四大指标正向影响中国出口转移效应。其中，市场准入、营商环

境和边境管理指标对中国出口转移效应影响相对明显，交通和基础设施指标对中国出口转移效应的影响相对较弱。但另一方面，社会文化法律环境指标对中国出口转移效应仍然呈负向影响。

比较表4.1和表4.2，发现沿线各国贸易投资便利化水平每提升1%，中国同沿线国家的进口转移效应增长1.43%，出口转移效应增长0.32%，即贸易进口效应远大于贸易出口效应，表明沿线国家作为小国，同中国这样的具有较大市场潜力和市场规模的大国合作，获得的贸易收益显著，或者可以说小国因跨境次区域合作的构建而受益。从贸易转移的静态效应上看，中国是一个净进口国，为负值，但从动态效应上看，长期可能会产生正的大市场效应，这些结论支持推论1和推论2。另外，沿线国家在贸易投资便利化水平的各影响因素中，前述四大指标都是正向影响，但社会文化法律环境指标对中国的进出口转移效应呈明显的负向影响，这表明在当前全球保护主义态势下，沿线国家的社会文化法律环境是一个需要高度重视的因素。

2. 中国OFDI的投资创造效应与贸易投资便利化水平的影响因素

实证结果如表4.3所示，从综合指标来看：(1)沿线国家贸易投资便利化水平与中国OFDI显著正相关，该指标每提升1%，中国OFDI流量增长13.42%。这一数据与前面分析的贸易转移效应相比，说明中国OFDI的投资创造效应影响更大。(2)中国国内生产总值与OFDI的投资创造效应显著负相关。按理说，国内生产总值与OFDI的投资创造效应应保持正向变动，这里呈负相关关系，可能是由于边境地区部分产业结构和贸易结构相似，贸易与投资存在被替代效应，在"一带一路"建设初期，部分企业选择贸易转移合作而不是投资创造，导致初期对外直接投资相对减少。(3)沿线国家市场潜力与OFDI的投资创造效应成正比。结果显示，沿线国家市场潜力指标每扩大1%，中国OFDI的投资创造效应增长0.85%，这符合市场寻求型跨境次区域投资动机。(4)沿线国家的相对自然资源禀赋差异对投资创造效应的影响并不显著，表明与贸易投资便利化水平指标相比，这一因素对投资创造效应的影响是次要的。以上几个综合指标表明，贸易投资便利化水平和市场潜力是当前推进中国OFDI投资创造效应的主要因素。

表 4.3 贸易投资便利化对中国 OFDI 的投资创造效应实证结果

解释变量及常数项	模型（1）TFI	模型（2）MFI	模型（3）QFI	模型（4）EFI	模型（5）BFI	模型（6）SFI
lnTFI	13.418**	13.362***	8.669*	11.896***	1.802*	−1.842*
	(2.40)	(2.62)	(1.82)	(2.79)	(1.87)	(−1.91)
lnGDP	−83.653**	−71.658**	−83.283**	−85.806**	1.724	−0.29
	(−2.31)	(−1.99)	(−2.31)	(−2.34)	(0.41)	(−0.07)
lnMP	0.848***	0.530*	0.861***	0.728**	0.685***	0.803***
	(2.75)	(1.65)	(2.63)	(2.49)	(15.45)	(13.11)
lnRE	0.999	1.272	0.73	1.307*	0.680***	0.605***
	(1.24)	(1.52)	(0.91)	(1.66)	(6.49)	(4.2)
lnIT	−0.883	2.47	−0.363	0.814	0.16	1.961**
	(−0.18)	(0.53)	(−0.07)	(0.18)	(0.19)	(2.23)
lnLC	0.769	0.51	0.343	1.326	−0.539***	−0.331**
	(0.62)	(0.42)	(0.28)	(1.03)	(−4.02)	(−2.04)
常数项	2529.442**	2186.707**	2508.257**	2589.445**	−41.373	11.891
	(2.34)	(2.04)	(2.33)	(2.36)	(−0.33)	(0.1)
观测值	460	460	460	460	460	460

从详细指标来看，沿线国家的市场准入、交通和基础设施、营商环境与边境管理四大指标与中国 OFDI 的投资创造效应显著正相关，其中市场准入与营商环境指标对 OFDI 的影响最为显著，市场准入每扩大 1%，OFDI 的投资创造效应增长 13.36%；营商环境每优化 1%，OFDI 的投资创造效应增长 11.90%；交通和基础设施是影响 OFDI 的投资创造效应的基本因素；边境管理主要对贸易效应影响较大，对 OFDI 的投资创造效应影响较小。此外，沿线各国社会文化法律环境指标与中国 OFDI 的投资创造效应负相关，因为东道国的文化差异、法律规制、宗教信仰等直接影响中国企业的境外投资安全，尤其当政策不稳定性和实体环境安全性降低时，企业更愿意选择出口替代效应。

比较表 4.3 与表 4.1、表 4.2，沿线各国贸易投资便利化水平指标每提升 1%，中国 OFDI 的投资创造效应增长 13.42%，远大于进口转移效应 1.43% 和出口转移效应 0.32%，表明中国 OFDI 的投资创造效应远大于贸易转移效应，说明沿线国家作为小国，同中国这样的大国合作，获得的外资生产扩张收益显著,即小国因跨境次区域合作而获益;而对于中国这样的大国,在跨境次区域合作中,对外投资引致生产转移到境外,加上社会文化法律环境的负向因素考虑,中国短期静态效应是负的,但从长期看,如果能形成大市场效应和对外投资的资本效应,中国获得的福利效应可能是正的。目前迫切需要在市场准入、营商环境,特别是社会文化法律环境等方面着力,大幅提升沿线各国的贸易投资便利化水平。这一结论也支持推论1和推论2。

3. 进一步的稳健性分析

根据前面的理论分析,跨境次区域合作互惠制度安排能够为双边和多边贸易国家提供优惠环境,通过减免关税和降低非关税壁垒,减少海关通关手续和时间,降低贸易过程中的制约成本。同时,在贸易互惠制度安排下,大国2市场准入的扩大促进跨境次区域间生产要素自由流动,提升跨境次区域间贸易投资便利化水平,大国2会对小国1产生贸易转移效应。因此,在原有解释变量的基础上引入建立互惠贸易制度安排这一虚拟变量,① 通过实证结果检验初始解释变量的显著性和原有模型的稳健性。

如表4.4所示,在模型中加入互惠贸易制度安排这一虚拟变量后,沿线国家贸易投资便利化水平对跨境次区域间进口转移效应的影响仍然显著,且该指标每提升1%,进口转移效应增加1.44%,说明原有模型是稳健的。互惠贸易制度安排对跨境次区域间进口转移效应产生正向影响,通过跨境自贸区的设立,中国同沿线国家间的进口将增长0.14%,原因在于互惠贸易制度安排为贸易投资提供了优惠环境,通过减免关税、简化手续和扩大市场准入降低了贸易投资过程中的制约成本,增加了跨境次区域间的贸易转移效应。

---

① 互惠贸易制度安排数据来源:中国自由贸易区服务网"协定专题"。数据处理如下:当前中国已与"一带一路"沿线19个国家(地区)签署互惠制度安排,包括东盟10国、格鲁吉亚、巴基斯坦、马尔代夫、中国香港和中国澳门,以及《亚太贸易协定》下的孟加拉、斯里兰卡、印度和老挝;与海合会(阿联酋、阿曼、巴林、卡塔尔、科威特、沙特阿拉伯)、以色列、摩尔多瓦、巴勒斯坦以及中日韩协定谈判正在推进;与尼泊尔和蒙古的互惠制度安排正在推进。结合中国与沿线国家互惠制度安排进程,对互惠贸易制度安排这一虚拟变量赋值。处理方法如下:对于已签署互惠制度安排的国家赋值为3,正在谈判的赋值为2,进行可行性分析的赋值为1,三者之外的赋值为0,年度变化则根据正式签署年份、开始谈判年份和启动可行性分析年份进行调整。例如,中国与巴基斯坦于2006年签署协定,则2008—2017年赋值为3;中国与斯里兰卡2013年进行可行性研究,于2014年启动谈判,则2008—2012年赋值为0,2013年赋值为1,2014—2017年赋值为2;中国与尼泊尔于2016年启动可行性研究,则2008—2015年赋值为0,2016—2017年赋值为1,以此为规律机动变化。

表 4.4 互惠贸易制度安排对中国进口转移效应的稳健性分析结果

解释变量及常数项	模型（1）TFI	模型（2）MFI	模型（3）QFI	模型（4）EFI	模型（5）BFI	模型（6）SFI
lnTFI	1.442***	0.465***	1.082***	0.713**	1.662***	0.289***
	(3.35)	(3.18)	(3.50)	(1.96)	(3.72)	(3.46)
lnOFDI	0.01	0.002	0.011***	0.012*	0.01**	−0.003
	(1.17)	(0.82)	(2.59)	(1.86)	(2.11)	(−1.15)
lnGDP	5.196***	2.781***	4.92***	6.325***	6.29***	1.437***
	(6.88)	(5.84)	(6.55)	(8.79)	(4.86)	(15.76)
lnMP	0.273***	0.459***	0.299***	0.375***	0.334***	0.082***
	(13.79)	(51.82)	(15.31)	(20.42)	(18.27)	(5.14)
lnRE	0.215***	0.123***	0.272***	0.137***	0.161***	−0.576***
	(3.98)	(6.53)	(4.78)	(3.12)	(4.79)	(−2.92)
lnIT	0.603*	0.545***	0.895***	1.07***	1.555***	0.315**
	(1.81)	(3.82)	(2.89)	(3.85)	(5.10)	(2.42)
lnLC	(0.01)	0.012	−0.141***	−0.158	(−0.249)**	0.329***
	(−0.06)	(0.51)	(−2.64)	(−1.45)	(−2.26)	(5.31)
FTA	0.14***	0.097***	0.193***	−0.113*	0.111**	0.052*
	(2.80)	(4.45)	(2.85)	(−1.77)	(2.38)	(1.79)
常数项	−133.481***	−64.36***	−126.654***	−170.032***	−166.268***	−22.798***
	(−6.78)	(−4.54)	(−5.61)	(−6.09)	(−4.29)	(−8.6)
观测值	460.00	460.00	460.00	460.00	460.00	460.00

在综合指标和细分指标中，表 4.5 加入互惠贸易制度安排这一虚拟变量后，核心解释变量贸易投资便利化水平的符号和显著性并未发生改变，进一步印证了模型的稳健性。贸易投资便利化水平的提升对跨境次区域间产生显著的投资创造效应，该指标每提升 1%，中国同沿线国家的出口增长 0.36%。市场准入对出口转移的影响降低，表明互惠贸易制度安排的设立对扩大市场准入起着积极作用。同时，对外直接投资对出口转移的影响更为显著，对外直接投资转移效应会在一定程度上挤压出口转移效应。相比较而言，交通和基础设施对出口转移的挤出效果更为明显。大国经济效应最终取决于对外投资效应和出口转移效应间的差额。

表 4.5　互惠贸易制度安排对中国出口转移效应的稳健性分析结果

解释变量及常数项	模型（1）TFI	模型（2）MFI	模型（3）QFI	模型（4）EFI	模型（5）BFI	模型（6）SFI
lnTFI	0.355**	0.184*	0.347*	0.11	0.399***	0.349*
	(2.45)	(1.92)	(1.94)	(0.83)	(2.58)	(1.79)
lnOFDI	−0.006***	−0.007***	−0.011***	−0.002*	−0.004)**	−0.004*
	(−3.67)	(−3.64)	(−3.5)	(−1.7)	(−2.37)	(−1.61)
lnGDP	0.828***	0.870***	−0.563	0.666**	0.834***	1.485**
	(3.23)	(3.44)	(−0.86)	(2.35)	(3.24)	(2.29)
lnMP	0.642***	0.621***	0.788***	0.678***	0.637***	0.798***
	(57.65)	(66.57)	(77.31)	(54.45)	(54.18)	(48.30)
lnRE	−0.967***	−0.055***	−0.126***	−0.054***	−0.044***	−0.107***
	(−10.29)	(−5.06)	(−7.13)	(−3.28)	(−3.34)	(−4.27)
lnIT	−0.409***	−0.240**	−1.018***	−0.127	−0.379***	−0.494**
	(−3.71)	(−2.55)	(−6.49)	(−1.08)	(−3.45)	(−2.04)
lnLC	0.120***	0.08	0.04	0.037*	0.046**	0.155**
	(6.65)	(4.11)	(1.17)	(1.84)	(2.02)	(2.20)
FTA	−0.15	−0.017	−0.049*	−0.052***	−0.029*	−0.055
	(−0.89)	(−1.18)	(−1.83)	(−2.63)	(−1.64)	(−1.48)
常数项	−17.791**	−17.99**	22.21	−13.793*	−17.79**	−38.55**
	(−2.32)	(−2.51)	(1.13)	(−1.64)	(−2.31)	(−1.98)
观测值	460.00	460.00	460.00	460.00	460.00	460.00

进一步考虑到互惠贸易制度安排主要影响贸易转移效应，并不能直接显著影响投资创造效应，因此借鉴 Crinò 和 Ogliari（2015）等的方法，通过对对外直接投资的数据进行双边缩尾处理来检验贸易投资便利化水平对投资创造效应影响结果的稳健性。

表 4.6 的检验结果显示，通过分别对对外直接投资的数据进行 1%、2%、3% 和 4% 水平上的双边缩尾处理，发现与表 4.3 的回归结果一致，贸易投资便利化水平显著影响跨境次区域间的投资创造效应，该指标每提升 1%，投资创造效应将增加 13.42%，表明检验结果非常稳健。

表 4.6　贸易投资便利化水平对中国投资创造效应缩尾处理结果

解释变量及常数项	模型（1）lnOFDI 双边缩尾 1%	模型（2）lnOFDI 双边缩尾 2%	模型（3）lnOFDI 双边缩尾 3%	模型（4）lnOFDI 双边缩尾 4%
lnTFI	13.418**	13.418**	13.418**	13.418**
	(2.40)	(2.40)	(2.40)	(2.40)
lnGDP	−83.653**	−83.653**	−83.653**	−83.653**
	(−2.31)	(−2.31)	(−2.31)	(−2.31)
lnMP	0.848***	0.847***	0.847***	0.847***
	(2.75)	(2.75)	(2.75)	(2.75)
lnRE	0.999	0.999	0.999	0.999
	(1.24)	(1.24)	(1.24)	(1.24)
lnIT	−0.883***	−0.883***	−0.883***	−0.883***
	(−0.18)	(−0.18)	(−0.18)	(−0.18)
lnLC	0.769***	0.769***	0.769***	0.769***
	(0.62)	(0.62)	(0.62)	(0.62)
常数项	2529.442**	2529.442**	2529.442**	2529.442**
	(2.34)	(2.34)	(2.34)	(2.34)
观测值	460.00	460.00	460.00	460.00

五、重塑"一带一路"发展导向的政策建议

自"一带一路"倡议提出以来，在海外基础设施建设等方面取得成就的同时，其继续推进开始面临越来越大的阻力，特别是海上丝路占有太多政策及物质资源，以及在执行中过于强调基础设施联通等异化现象，直接影响"一带一路"高质量发展。本章以跨境次区域合作为视角，对贸易投资便利化与"一带一路"可持续发展的内在机理及其实现条件进行理论分析。结果发现：在跨境次区域合作中，贸易投资便利化制约成本的降低，给小国带来更多的出口机会和生产扩张；相比较，大国参与跨境次区域合作的经济效应在短期内表现为负效应，但大国产出价格比率的变化与贸易投资便利化的制约成本成正比，只有形成大市场效应和对外投资的资本效应，长期才会产生大国经济的正效应。换言之，如何形成大国的大市场效应和对外投资的资本效应，是推进"一带一

路"跨境次区域合作可持续发展的实现条件。

进一步,本书将社会文化法律环境因素引入并构建贸易投资便利化指标体系,对最初参与倡议并投资的沿线46个国家2008—2017年的贸易投资便利化影响效应及其关键因素进行实证检验,实证结果支持理论假设:(1)沿线各国贸易投资便利化水平每提升1%,中国同沿线国家的进口转移效应增长1.43%,出口转移效应增长0.32%,对外投资创造效应增长13.42%,即对外投资创造效应远大于贸易进口转移效应和出口转移效应,表明沿线国家作为小国,同中国这样的具有较大市场潜力和市场规模的大国合作,获得的贸易与投资收益显著;而中国作为大国,是一个贸易净进口国和对外投资来源国,短期的静态效应为负,表明只有形成大市场效应和对外投资的资本效应,最终才会导致大国整体实际收入的增加,从而增加福利效应。(2)在贸易投资便利化的各影响因素中,市场准入、交通和基础设施、营商环境与边境管理四大指标都是正效应,但社会文化法律环境指标呈现负向影响,这表明社会文化法律环境是当前需要高度重视的关键因素。

上述结论表明,新阶段中国需要重塑"一带一路"建设的发展导向,要重视发挥中国与沿线国家的边界效应,以跨境次区域合作推进陆上丝路发展,着力形成区域大市场效应和对外投资的资本效应;突破过去过于强调基础设施等硬件建设的大基建思维,重视贸易投资便利化中的社会文化差异和非正式制度作用,以此推动与沿线国家贸易投资过程中社会文化法律环境和营商软环境的改善。具体地说:

(1)顺利推进中国西部开发并融入"一带一路"建设新格局,建立起有效的区域性大市场。一是在逐步构建起联系中国同沿线国家之间的交通运输网络的同时,更要注重国家、地方政府和企业的有效配合,要坚持企业主体地位,积极推动构建完善的市场网络,引进竞争和创新机制,为企业创造公平的营商环境。二是运用边境地区的独特性与比较优势,通过政府支持、设施联通、企业集聚等带动跨境次区域间经济合作,为相邻国家间的民间交流、生产要素的自由流通和生产效率的提高提供有利条件,并将边境地区建设成为具有发展潜力的"核心区",为邻近国家经济发展提供新的动力机制。三是在"一带一路"重要节点和港口共建经贸合作园区,探索建设中亚自贸区、中国—中亚—西亚经济走廊,逐步构建跨境次区域间的自贸区网络;并通过吸引各国企业入园投资,把建设境外经济合作区、边境合作区和自贸区网络结合起来,形成沿边境线的跨国产业带和区域性大市场。

(2) 推进"一带一路"高质量发展,应该反思和调整"走出去"投资思路,突破以前大基建补贴思维。考虑各国的长期经济效应,特别是对投资规模大、建设周期长的基建项目,更要考虑其投资的资本回报效应。当前建设已经进入新阶段,需要做好以下工作:一是引导有为企业在沿线国家重点做好做强投资周期较短的技术产业和商贸服务业,踏踏实实发展实体经济,注重品牌和技术创新以及价值链的重构,培育企业内生增长动力,真正形成对外投资的生产力和资本效应。二是鼓励有为民营企业主动融入亚太经济体系,并推动有条件的边界省份建立对外开放合作试验区,设立丝路商贸文化、教育、农业、旅游交流平台,加强中国与沿线国家的跨境次区域合作与交流,发挥好"一带一路"的边界效应。三是促进中国西部地区通过承接沿海地区和中部地区的产业转移,加强地区内部的经济合作,促进地区间贸易和资金的流动,获得更多的技术模仿、学习机会,从而增强对外投资主体的国际竞争力。

(3) 高度重视社会文化法律环境因素对贸易投资便利化的影响。在"一带一路"实施初期阶段,注重"五通一平"① 基础设施硬件建设是合理的,但当建设进入深度推进阶段后,贸易投资便利化的内涵应该更多地体现在"软件"指标上,特别是当前沿线大多数国家市场制度不完善,加上民族文化的自我觉醒以及正式交易规制安排本身的缺陷,在全球经济下行和中美贸易摩擦加剧大背景下,势必会加剧中国与沿线国家合作中的摩擦和冲突,因此,沿线各国的社会安全、文化意识、宗教信仰、法律法规、政策环境等成为需要高度重视的因素。为此,一要重视贸易投资便利化中的社会文化差异和非正式制度作用,以此推动沿线国家社会文化法律环境的改善。由于与沿线国家跨境次区域合作尚处于起步阶段,各方面的横向衔接和沟通还不够通畅,因此应在投资保护、原产地规则、海关手续、贸易救济、检疫措施、技术壁垒、知识产权、政府采购、劳工与环境等不同领域作出合理合情的制度安排,将利益调节与文化观念的调适结合起来,注重以非正式约束补正式约束的不足,从而有助于推动贸易投资便利化。二要引导企业和个人熟悉和了解沿线国家文化传统,增强文化认同。通过尊重不同文化的特色与价值,加强商贸文化的交流与理解,区隔贸易投资活动与意识形态,培育人类共识与普世价值等举措,化解和超越贸易投资

---

① "五通一平"即通给水、通排水、通电、通路、通信和平整土地。

摩擦中风俗习惯、宗教信仰、道德与法律等方面的文化冲突，促进跨境次区域合作的良性发展。三要引导企业和个人合理选择交易规制，积极推动标准、规则、法规对接。具体而言，应合理选择交易规制，降低交易费用，减少交易不确定性；在对接现有贸易争端解决机制的同时，强调通过建立区域共同专家组，以仲裁的方式解决未能协商一致的贸易争端；同时，随着跨境次区域合作的日益密切，可考虑逐步建立区域化的司法体系以及相配套的执行体系，有效解决沿线各国的贸易与投资争端问题。

第5章
跨次区域西西合作的贸易投资便利化

在全球性新冠肺炎疫情冲击下,世界经济下行压力明显加大,如何积极推进新兴国家和发展中国家的对外开放与合作,是当前推动全球经济增长和发展的现实选择。IMF的统计数据显示,2017年,中国与"一带一路"沿线国家贸易总额达到1093601亿美元,同比增长13.7%,占中国与全球贸易总额的26.6%,且贸易增速不断加快。然而,世界银行2017年《营商环境报告》(*Doing Business*)指出,世界各国的贸易水平不尽相同,中国出口通关时间平均需要2—3天,而南亚地区出口通关时间平均为7天,皆远高于欧美国家平均水平。由于各国经济发展水平不同,社会背景复杂,文化传统各异,经贸水平差距显著,关税壁垒与非关税壁垒普遍较高,如何提升区域间贸易投资便利化的整体水平,成为当前推进跨境次区域经济合作的重要问题。

一、研究文献的梳理

联合国国际贸易中心将贸易便利化定义为"程序,相关信息的简化,标准化和统一将货物从卖方转移到买方并进行付款所需的流量"。(OECD,2011)Ravi等(2013)则认为,贸易便利化没有统一的定义,当初由于边境遵守法规的成本很高，制定 GATT 主要是为了统一和简化海关程序以及文档，但随着关税大幅降低，贸易交易成本最小化被认为是贸易便利化的主要目标。因此，降低交易的不确定性、促进私营部门的包容性、建立更加透明的制度规范是当前贸易便利化的主要内涵。关于贸易便利化的文献，主要从两个方面展开：

一是贸易便利化的衡量问题。Djankov 等（2006）、Hertel 和 Mirza（2009）等使用世界银行《营商环境报告》中的物流绩效指数 LPI 来衡量贸易便利化水平和质量。Moïsé 和 Sorescu（2013）进一步提出贸易便利化水平可由 16 个指标 97 个变量衡量，并考虑收入、地理和发展水平的差异，认为对贸易量影响最大的因素是信息可得性、文件的统一和简化、自动化流程和风险管理、边境程序的简化以及良好的治理和公正性。Tosevska 和 Tevdovski（2016）提出贸易便利化水平可由 12 个指标 78 个变量衡量，同时评估了东南欧 9 个国家的贸易便利化政策对各国贸易量的影响。Sakyi 等（2017）用贸易、进出口相关的成本等指标来测度贸易便利化水平，认为贸易便利化是贸易影响非洲经济增长的重要渠道。Chong 等（2019）使用网络指数方法，认为贸易便利化对"一带一路"国家贸易网络的形成有重大影响。

二是贸易便利化的影响效应问题。Wilson 等（2002）认为，从港口物流、标准化统一、电子商务采用、行政透明度和专业化等方面提高贸易便利化水平，会使亚太经济合作组织（APEC）国家内部贸易增长约 10%（约 2800 亿美元），东盟成员国会获得更多的收益。Wilson 等（2005）研究表明，改善 75 个国家或地区的贸易便利化措施可以使贸易增长约 10%（约 3770 亿美元）。Shepherd 和 Wilson（2009）强调，贸易便利化政策应该重点关注港口基础设施、航空运输基础设施、服务业发展和海关管理四个领域，并认为东盟地区通过贸易便利化改革，可以获得较好的经济收益，比如改善该地区的港口设施，可以使贸易增长约 7.5%（约 220 亿美元）。Moïsé 等（2011）建立了 12 个贸易便利化指标，认为对 APEC 国家贸易便利化影响最大的政策领域包括预先裁定、信息可得性、手续和程序以及机构间合作，如果加上所有的贸易融资机构，那么可降低的成本将达到贸易成本的近 10%。Felipe 和 Kumar（2010a；2010b）等认为，贸易便利化的改善给中亚国家带来贸易收益，如 2009 年，阿塞拜疆贸易收益率高达 28%，塔吉克斯坦贸易收益率高达 63%；而且基础设施的改善以及海关和其他边境机构物流效率的改善,会使中亚地区内的贸易增长约100%。Zaki（2014）研究表明,贸易便利化改革降低了交易成本,促进了出口的增加,例如,2013年,撒哈拉以南非洲、亚洲、拉丁美洲和中东国家或地区的出口分别增加了22.3%、16.2%、16.2%和13.8%,进口增加的幅度几乎相同。Duval等（2018）认为,在 WTO 的《贸易便利化协定》(TFA)下全面实施贸易便利化措施,亚太地区可平均降低15%的贸易成本;结合数字贸易便利化的实施,可将贸易成本降低约26%以上。

与贸易便利化研究文献相比,关于投资便利化问题的研究较少。APEC 从成本和效率方面对投资便利化进行了阐述,将投资便利化定义为"政府采取的旨在吸引外商投资并最大化投资周期管理过程中效率和效益的行为"。《中国—东盟自贸区投资协议》明确提出了要建立一个自由、便利、透明及竞争的投资体制,逐步实现投资体制自由化,促进投资便利化和提高投资相关法律法规的透明度,并为投资提供保护。OECD（2006;2011）认为,投资便利化是指国际直接投资活动中能够为投资者及企业提供的便捷化程序和优质的投资环境。投资便利化不仅帮助企业消除行政管理障碍,还可以吸引投资者的兴趣。Kejzar（2011）分析了投资自由化的福利和市场结构效应,认为外国直接投资可以改善东道国的福利水平。随着大湄公河次区域（GMS）经济走廊的发展以及东盟经济共同体等一体化举措的实施,投资自由化有了较大的改变,将贸易便利化与投资便利化结合日益重要。(Sourafel *et al*., 2015)贸易投资便利化不仅能够有效扩大贸易量,还能够促进经济可持续和包容性增长,加快区域合作和一体化的进程。Wang Yi（2018）,Zhen Xiaoying 和 Ma Jimin（2017）强调,中国西部地区不能简单地复制沿海地区的经验,应在深化贸易便利化、完善双向投资机制等方面融入"一带一路"建设。Wu Shuyu等（2019）认为,"一带一路"实质上就是跨越边境的次区域合作,中国西部地区应加快融入"一带一路"建设是缩小东西部地区差异的重要途径。中国西部地区加强省际合作,通过提高贸易投资便利化水平促进企业生产率提高,从而加快对外开放速度。(李波、杨先明,2018)

综上所述,现有文献对贸易便利化的内涵、评价指标和影响效应的研究较为深入,阐明贸易便利化对一国的经济发展具有积极的影响效应;在贸易便利化水平的评判标准上,大部分学者都集中在基础设施、边境管理、电子商务和营商环境四大方面，为本章指标体系的构建提供了参照基础。但是，目前将贸易便利化与投资便利化结合起来进行研究的文献较少，其评价体系存在部分重合指标和遗漏指标，而且社会文化法律环境指标的影响被忽略。事实上，"一带一路"沿线各国之间在资源禀赋、产业结构、贸易投资等方面都具有明显的互补性，能否重新设计一套指标评价体系将贸易便利化与投资便利化结合起来？不同国家的贸易投资便利化水平如何？贸易投资便利化水平的主要影响因素是什么？依托跨次区域西西合作能否提升沿线国家贸易投资便利化水平？回答这些问题有助于重新评价"一带一路"沿线国家的贸易投资便利化水平，深化跨境次区域经济合作与发展。

本章从跨次区域西西合作的内涵及贸易投资便利化的实现机制入手，结合被国际普遍接受的贸易便利化和投资便利化评价指标体系，从市场准入、交通和基础设施、营商环境、边境管理、社会文化法律环境五大方面构建26个二级指标，对2012—2016年"一带一路"沿线各国的贸易投资便利化水平进行测算，进一步厘清影响"一带一路"沿线各国跨境次区域合作的关键因素，促进沿线国家贸易投资便利化水平的提升。

本研究可能的创新之处在于，首先，尝试提出跨次区域西西合作的内涵，并认为充分利用中国西部地区独特的区位优势和互利共赢制度安排，实现大国省域和边界地区国际合作的联动效应，能够提升"一带一路"沿线国家贸易投资便利化的整体水平。其次，考虑跨次区域西西合作的社会文化法律环境等因素，从五大方面构建26个二级指标，尝试构建一套评价"一带一路"沿线国家贸易投资便利化水平的综合评价体系。最后，以"一带一路"沿线国家为研究对象，对沿线国家的贸易投资便利化水平进行测算，并通过评估与比较，厘清影响跨境次区域合作的关键因素，为积极推进新兴国家和发展中国家的对外开放与合作提供新的政策依据。

本章余下结构安排如下：第二部分提出跨次区域西西合作的内涵，并厘清其与贸易投资便利化的互促关系及实现机制；第三部分为指标体系构建以及数据来源说明；第四部分为中国西部地区与沿线国家贸易投资便利化水平评估比较，检验是否存在联动效应；最后为结论和政策建议。

二、跨次区域西西合作的贸易投资便利化实现机制

1. 跨次区域西西合作内涵

"西西合作"① 原指通过中国西部地区内部之间的合作和联动,开发出一条从自给自足,到局部分工,再到系统分工的区域合作发展模式。据此,跨次区域西西合作是对"西西合作"内涵在区域间合作关系上的拓展和延伸,特指中国西部地区同不发达的周边国家或"一带一路"沿线国家间的经贸合作,包含中国西部地区同东北亚、中亚、东南亚、南亚、西亚、中东欧等国家之间的经贸合作和联动。这一内涵强调在相似的自然环境、经济水平和政策环境下,中国西部各省区通过优化区内商贸环境,充分发掘各省区间的合作潜力,进而促进"一带一路"沿线国家经济的可持续增长。

当前,"一带一路"沿线国家的经济发展水平总体较低,都有各自独立的利益,建立起自己的经济中心,如首都、省会城市或重要工业城市等。跨次区域西西合作的推广和发展,要尊重这些国家已经形成的经济中心的地位,可以将这些经济中心作为跨次区域西西合作中的点。随着经贸合作的逐步发展,这些点的经济实力逐步增强,开始向四周扩散,这时在区域经济中心点与点之间,由于商品和要素流动的需要自然会形成交通线路、能源线路,这就成为跨次区域西西合作中的轴。以轴为纽带实现沿线各国边界地区之间的合作与发展,由于两个经济中心的辐射最容易在轴线上交汇,从而形成新的经济增长中心。

中国西部地区利用独特的区位优势,通过实现省域和边界地区国际合作的联动效应,能够逐步提升"一带一路"沿线各国的贸易投资便利化水平:一是中国西部地区与蒙古、俄罗斯、塔吉克斯坦、吉尔吉斯斯坦、老挝、缅甸、越南等 13 个国家接壤,可以凭借与边界地区地理位置临近、风俗相通和民族文

---

① 2007 年 9 月 24 日至 10 月 4 日,中央党校经济学部"青藏铁路促进区域经济合作研究"课题组对青藏两省区及铁路沿线进行了实地调研,提出了中国西部大开发中"西西合作"的思考,意指通过中国西部地区内部之间的合作和联动,开发出一条从自给自足,到局部分工,再到系统分工的区域合作发展模式。由于是建立在相似的地缘文化、观念意识和资源禀赋的基础上,相比东西合作模式,这种模式更容易实现有效的协作沟通机制,实现资源要素在区域范围内的优化配置。

化相似的先天优势发展边境贸易；二是中国西部地区拥有廉价的劳动力资源和农业自然资源，能够为出口加工贸易和农业合作创造条件；三是"一带一路"沿线国家大多是发展中国家和欠发达国家，基础设施建设有待完善，可以通过国际工程承包方式在基础设施建设方面开展合作；四是中国西部地区制造业发展目前在资源、技术、市场等方面面临挑战，但中亚、西亚国家和俄罗斯石油、天然气等能源丰富，欧洲国家拥有制造业领域更为先进的核心技术，可通过"一带一路"建设，提升贸易投资便利化水平，深化沿线国家跨境次区域合作。

2. 依托跨次区域西西合作促进贸易投资便利化的实现机制

一是区域差异与贸易互补性日趋增强。区域差异是跨境次区域合作的前提和基础，中国西部地区属于二元经济结构，并与"一带一路"沿线国家的经济贸易互补性日趋增强，目前有超过 3/4 的国家之间存在着贸易互补关系，其中有近一半的国家之间存在较强的贸易互补关系，近 1/4 的国家之间贸易互补关系相当密切。

以 2009 年与 2014 年的贸易互补指数（TCI）为例，表 5.1 表明，中国与"一带一路"沿线国家贸易互补指数排名前十的国家主要集中于中东欧、东南亚、东北亚、南亚、西亚、中亚。2009 年与中国贸易互补指数最高达 0.52，最低达 0.39，但到 2014 年，与中国贸易互补指数最高达 0.45，最低达 0.37。从数值上看，互补性下降，但从结构上看，中国与中东欧、东南亚、东北亚三大区域的互补性一直较强，产业结构配合度较高，同时这些地区与其他国家之间的配合度也较高，这为促进区域间各国贸易投资便利化提供了良好的基础条件。

表 5.1 中国与"一带一路"沿线国家（排名前十的国家）贸易互补指数变化趋势

排名	2009 年			2014 年		
	国家	TCI	区域	国家	TCI	区域
1	斯洛伐克	0.52	中东欧	捷克	0.45	中东欧
2	格鲁吉亚	0.49	中东欧	斯洛伐克	0.43	中东欧
3	罗马尼亚	0.48	中东欧	俄罗斯	0.42	东北亚
4	斯洛文尼亚	0.48	中东欧	罗马尼亚	0.40	中东欧
5	菲律宾	0.47	东南亚	匈牙利	0.39	中东欧
6	俄罗斯	0.44	东北亚	泰国	0.38	东南亚
7	斯里兰卡	0.41	南亚	克罗地亚	0.38	中东欧

(续表)

排名	2009年			2014年		
	国家	TCI	区域	国家	TCI	区域
8	克罗地亚	0.40	中东欧	科威特	0.37	西亚
9	伊朗	0.40	西亚	爱沙尼亚	0.37	中东欧
10	吉尔吉斯斯坦	0.39	中亚	哈萨克斯坦	0.37	中亚

数据来源：重庆社科院"一带一路"投资与贸易研究实验室发布的《"一带一路"65个相关国家系列贸易关系指数和研究报告》。

二是双边贸易成本不断下降。由于经济发展程度不同和对外政策差异的存在，中国和"一带一路"沿线各国的双边贸易成本也有所差别，如表5.2所示，在中亚地区，2016年，中国与土库曼斯坦、哈萨克斯坦之间的双边贸易成本较低，而与其他三国之间的贸易成本较高。近年来，贸易壁垒大幅减少，中国与"一带一路"沿线各国的双边贸易成本大体呈现逐年下降的趋势，1996—2016年年均下降幅度为31.8%。双边贸易成本的下降有效减少了中国与"一带一路"沿线国家之间经贸合作的障碍，有利于促进中国与"一带一路"沿线国家之间的贸易便利化。

表5.2 中国同"一带一路"部分国家双边贸易成本及各区域总的变化率（%）

所属地区	国家	贸易成本		变化率
		1996年	2016年	
中亚	土库曼斯坦	198	85	−57.0
	吉尔吉斯斯坦	97	113	17.0
	乌兹别克斯坦	151	113	−24.9
	塔吉克斯坦	167	137	−17.8
	哈萨克斯坦	125	85	−31.8
	均值	148	107	−22.9
西亚	伊朗	138	63	−54.0
	伊拉克	117	73	−37.1
	土耳其	150	104	−30.5
	格鲁吉亚	445	163	−63.3
	以色列	156	103	−34.2
	均值	225	117	−24.5

(续表)

所属地区	国家	贸易成本		变化率
		1996 年	2016 年	
南亚	印度	137	85	-38.5
	巴基斯坦	116	98	-14.9
	不丹	397	329	-17.0
	尼泊尔	261	187	-28.3
	均值	225	171	-24.5
中东欧	克罗地亚	258	168	-34.8
	捷克	159	57	-64.1
	爱沙尼亚	253	127	-49.5
	波兰	160	103	-36.0
	均值	176	105	-37.2

注：本表中的贸易成本数据经量纲化处理。

数据来源：根据联合国商品贸易统计数据库（https://comtrade.un.org/）整理，选取部分典型国家。

三是跨境次区域合作的互利共赢制度安排为贸易投资便利化提供了机制保障。中国西部地区同不发达的周边国家或其他区域间的合作是一种跨境次区域合作，本质上说，是以边境地区为中心，在边境地区区位优势的基础上，通过基础设施网络建设、政府政策支持、合作平台和机制建设，形成跨境次区域合作，将一个国家或地区的"边缘区"转变为具有发展潜力的"核心区"，以此增强该国或地区的经济辐射作用，实现双方互利共赢，这种制度安排为区域间贸易投资便利化的实现提供了机制保障。

三、跨次区域西西合作的贸易投资便利化指标体系构建

1. 贸易投资便利化指标体系设定

当前，在贸易投资便利化水平的评判标准上，国际主流评价体系大都集中在基础设施、边境管理、电子商务和营商环境四大方面，较少考虑投资便利化的影响因素。实际上，中国西部地区与"一带一路"沿线各国边界地区之间的发展水平相似，但在资源禀赋、产业结构等方面都具有明显的互补性，即区域

间边界地区会通过贸易带动投资或通过投资带动贸易,因而用贸易投资便利化指标比单一的贸易便利化指标更符合现实情形。此外,市场准入、营商环境,以及社会文化法律环境差异,不仅是刻画投资便利化的核心指标,也是推进贸易便利化的重要因素,而电子商务指标目前还不是"一带一路"沿线国家进行区域合作最重要的共同影响因素。基于此,本书从市场准入、交通和基础设施、营商环境、边境管理和社会文化法律环境五大方面,构建贸易投资便利化评价指标体系,具体指标细化为26个二级指标,这些二级指标涵盖贸易便利化和投资便利化涉及的交叉内容,以及各自独立部分。

(1)市场准入指标。市场准入指标下细分国内市场准入、金融市场限制和贸易壁垒程度3个二级指标,用来衡量目标国市场在国际贸易投资上的开放程度。国内市场准入和贸易壁垒程度为正指标,得分越高代表该国或地区的贸易投资便利化水平越高;金融市场限制为逆指标,得分越高代表进入该国或地区金融市场的难度越大。

(2)交通和基础设施指标。交通和基础设施指标下细分7个二级指标,用来衡量进行贸易投资时交通的便利程度和承受力,以及交通、信息服务质量。交通和基础设施是进行贸易投资时的先决条件,对国际贸易投资起着基础性作用,得分越高代表该国或地区交通和基础设施建设越完善,提供服务的能力和质量越高。

(3)营商环境指标。营商环境指标下细分7个二级指标,用来表示在东道国进行投资时获得金融服务支持、得到保护等方面的便利程度。其中,开办企业程序为逆指标,得分越高,代表在该国或地区进行直接投资时程序越复杂,开办企业所需承担的成本越高,投资便利化水平越低。其他指标均为正指标,得分越高,表明该国或地区的营商环境越具备吸引直接投资的优势。

(4)边境管理指标。边境管理指标下设海关程序负担、清关效率和边境管理透明度3个二级指标,用来衡量进行国际贸易时的通关便利程度。这3个指标得分越高,说明该国或地区海关工作效率越高,通关成本越低,国际贸易便利化程度越高。

(5)社会文化法律环境指标。社会文化法律环境指标下细分6个二级指标,用来衡量目标国政策稳定性和市场安全性。其中,政策不稳定程度和文化距离为逆指标，其余指标均为正指标。"一带一路"沿线国家社会文化背景复杂，社会文化法律环境是影响国际贸易投资不容忽视的因素，文化差异越大，贸易投资双方面临的阻力越大。一般而言，一国安全性越高，同该国或地区进行贸易投资时的风险不确定性越小，越有利于商贸往来。

2. 数据来源和权重确定

本书依据《全球贸易促进报告》（GETR）、《营商环境报告》（DBR）、《全球竞争力报告》（GCR）、霍夫斯泰德（Hofstede）文化维度理论中的相关指标及数据，结合对中国西部地区同"一带一路"沿线国家相关数据可得性和有效性的考虑，选取首批参与"一带一路"倡议并进行投资的46个样本国家进行分析。其中，测算文化距离指标的数据来源于Hofstede官方网站，其他25个二级指标的数据均来源于世界经济论坛发布的《全球贸易促进报告》（2012年、2014年和2016年）和《全球竞争力报告》（2012—2013年、2013—2014年、2014—2015年、2015—2016年、2016—2017年），各指标的取值范围均由报告给出。由于《全球贸易促进报告》为两年一期，因此，为保持数据时序的连续性，其2013年和2015年数据通过对邻近年份相应指标取均值获得。

3. 主成分分析

由于各指标的取值范围、统计口径和量纲并不完全一致，在提取主成分之前，为了避免各个二级指标自身变异、量纲以及取值范围的影响，我们借鉴Wilson等（2003）的方法，首先对所有原始数据进行标准化处理，然后采用2012—2016年的多维面板数据进行KMO检验和Bartlett检验。检验结果表明，数据结构较为合理，适合进行主成分分析。

在表5.3中，我们计算了每个主成分的初始特征值、方差贡献率、累计方差贡献率。相关系数矩阵特征根大于1的前五个成分对方差解释的累计百分比为73.831%，表明提出的主成分可以充分反映所选样本综合信息。因此，我们提取前五个成分分别作为第一主成分F1、第二主成分F2、第三主成分F3、第四主成分F4和第五主成分F5。进一步，将成分矩阵中的各指标对应值除以对应主成分特征值的平方根得到各指标系数，具体结果如表5.4所示。

表 5.3 解释的总方差

成份	初始特征值			提取平方和载入			旋转平方和载入		
	特征根	方差%	累计%	特征根	方差%	累计%	特征根	方差%	累计%
1	11.097	42.682	42.682	11.097	42.682	42.682	10.136	38.984	38.984
2	2.801	10.774	53.456	2.801	10.774	53.456	2.853	10.974	49.958
3	2.137	8.221	61.677	2.137	8.221	61.677	2.492	9.584	59.543
4	1.665	6.405	68.082	1.665	6.405	68.082	1.970	7.578	67.120
5	1.495	5.748	73.831	1.495	5.748	73.831	1.745	6.711	73.831

表 5.4 主成分各指标系数构成

	F1	F2	F3	F4	F5
国内市场准入	0.051	0.215	0.243	−0.125	−0.395
金融市场限制	0.028	0.278	−0.050	−0.441	0.375
贸易壁垒程度	0.250	0.018	0.091	−0.119	−0.208
公路运输基础设施	0.244	−0.084	−0.105	−0.100	0.023
铁路运输基础设施	0.030	0.142	0.143	0.567	0.213
航空运输基础设施	0.249	−0.078	−0.007	−0.040	0.129
港口运输基础设施	0.255	−0.067	−0.040	−0.053	0.012
电力基础设施	0.242	0.172	−0.181	0.043	0.060
交通服务的可用性及质量	0.256	0.047	−0.031	0.251	0.014
信息通信技术的可用性	0.223	0.238	−0.154	0.047	−0.030
开办企业程序	−0.057	−0.436	−0.201	0.109	0.042
获得贷款的便利性	0.208	−0.325	0.066	0.069	−0.080
金融服务的可负担性	0.229	−0.310	0.101	0.040	−0.122
FDI 政策对投资激励的影响	0.197	−0.132	0.334	0.042	−0.153
对投资者保护程度	0.062	0.174	0.438	0.086	0.196
外汇管制	−0.024	−0.175	0.260	0.053	0.516
知识产权保护	0.281	−0.067	−0.064	−0.025	0.026
海关程序负担	0.270	0.116	0.003	−0.035	−0.112
清关效率	0.250	−0.020	−0.041	0.250	−0.089
边境管理透明度	0.167	0.241	−0.160	0.219	0.190
政策制定透明度	0.250	−0.038	0.200	−0.140	0.180
政策不稳定程度	−0.122	0.093	−0.256	0.242	−0.304
司法独立性	0.246	−0.140	−0.096	−0.034	0.049
实体环境安全	0.212	0.212	−0.118	−0.278	−0.060
文化距离	−0.073	−0.175	0.349	−0.206	−0.159
法律权力指数	−0.007	0.309	0.364	0.178	−0.168

注：本表数据通过 SPSS 23.0 软件对原始数据进行主成分分析得到。

我们以各因子解释方差贡献率占累计方差贡献率的比重为权数计算各国的综合得分Y，据此构建"一带一路"沿线国家贸易投资便利化的综合评价模型，具体如下：

$$\begin{aligned} Y_1 =& 0.046A_1 + 0.042A_2 + 0.131A_3 + 0.110B_1 + 0.119B_2 + 0.138B_3 \\ & + 0.129B_4 + 0.153B_5 + 0.174B_6 + 0.148B_7 - 0.106C_1 + 0.080C_2 \\ & + 0.093C_3 + 0.124C_4 + 0.133C_5 + 0.035C_6 + 0.146C_7 + 0.161D_1 \\ & + 0.152D_2 + 0.148D_3 + 0.163E_1 - 0.088E_2 + 0.112E_3 + 0.111E_4 \\ & - 0.059E_5 + 0.084E_6 \end{aligned}$$

为了更好地计算贸易投资便利化的综合指标，将五个主成分的方差贡献率归一化，即用单个指标权重除以所有指标权重之和。处理后的表达式如下：

$$\begin{aligned} Y_{21} =& 0.018A_1 + 0.016A_2 + 0.051A_3 + 0.043B_1 + 0.047B_2 + 0.054B_3 \\ & + 0.051B_4 + 0.060B_5 + 0.068B_6 + 0.058B_7 - 0.042C_1 + 0.031C_2 \\ & + 0.036C_3 + 0.049C_4 + 0.052C_5 + 0.014C_6 + 0.057C_7 + 0.063D_1 \\ & + 0.059D_2 + 0.058D_3 + 0.064E_1 - 0.035E_2 + 0.044E_3 + 0.044E_4 \\ & - 0.023E_5 + 0.033E_6 \end{aligned}$$

以此为权重计算出的最终得分即为贸易投资便利化的值，具体结果如表5.5所示。

表5.5 中国西部地区同"一带一路"国家贸易投资便利化指标评价体系

一级指标	二级指标（权重）		数据来源	取值范围	指标属性
市场准入 A 0.085	国内市场准入 A_1	0.018	GETR	1—7	正指标
	金融市场限制 A_2	0.016	GCR	0—100	逆指标
	贸易壁垒程度 A_3	0.051	GCR	1—7	正指标
运输和基础设施 B 0.381	公路运输基础设施 B_1	0.043	GETR	1—7	正指标
	铁路运输基础设施 B_2	0.047	GETR	1—7	正指标
	航空运输基础设施 B_3	0.054	GETR	1—7	正指标
	港口运输基础设施 B_4	0.051	GETR	1—7	正指标
	电力基础设施 B_5	0.060	GCR	1—7	正指标
	交通服务的可用性及质量 B_6	0.068	GETR	1—7	正指标
	信息通信技术的可用性 B_7	0.058	GETR	1—7	正指标

（续表）

一级指标	二级指标（权重）		数据来源	取值范围	指标属性
营商环境 C 0.197	开办企业程序 C_1	—0.042	GCR	0—100	逆指标
	获得贷款的便利性 C_2	0.031	GCR	1—7	正指标
	金融服务的可负担性 C_3	0.036	GCR	1—7	正指标
	FDI 政策对投资激励的影响 C_4	0.049	GCR	1—7	正指标
	对投资者保护程度 C_5	0.052	GCR	1—7	正指标
	外汇管制 C_6	0.014	GCR	0—100	正指标
	知识产权保护 C_7	0.057	GCR	1—7	正指标
边境管理 D 0.180	海关程序负担 D_1	0.063	GCR	1—7	正指标
	清关效率 D_2	0.059	GETR	1—7	正指标
	边境管理透明度 D_3	0.058	GETR	0—1	正指标
社会文化法律环境 E 0.127	政策制定透明度 E_1	0.064	GCR	1—7	正指标
	政策不稳定程度 E_2	—0.035	GCR	0—100	逆指标
	司法独立性 E_3	0.044	GCR	1—7	正指标
	法律权力指数 E_4	0.044	GCR	1—10	正指标
	实体环境安全 E_5	—0.023	GETR	1—7	正指标
	文化距离 E_6[①]	0.033	笔者计算	0—100	逆指标

数据来源：部分数据源于世界经济论坛发布的《全球贸易促进报告》（GETR）和《全球竞争力报告》（GCR）；文化距离指标数据源于霍夫斯泰德官方网站（https://www.geert-hofstede.com），笔者自己计算得出。

四、中国西部地区与沿线国家贸易投资便利化水平评估

我们对二级指标处理后的标准值与对应的权重进行加权求和，得到 2012—2016 年中国西部与"一带一路"沿线国家的贸易投资便利化指数 TFI_s。按照通常分类标准，指数得分 0.8 以上，归类为非常便利；0.7—0.8，归类为比较便利；0.6—0.7，归类为一般便利；0.6 以下，归类为不便利。测算结果如下：

[①] 霍夫斯泰德提出了衡量文化差异的六个指标，包括：PDI（权力距离指数）、IDV（个人主义/集体主义）、MAS（男性主义/女性主义）、UAI（不确定性规避指数）、LTO（长期取向/短期取向）和 IND（放任/约束）。

一是从总体水平看,沿线46个样本国家的贸易投资便利化综合指数总体不高,且差异较大。东南亚、西亚、中东欧地区和中国的贸易投资便利化水平整体较高,而泛独联体、中亚和南亚地区的贸易投资便利化水平相对较低。如图5.1所示,有67.4%国家的贸易投资便利化综合指数位于0.6—0.8,21.7%的国家位于0.6以下,只有10.9%的国家高达0.8以上。也就是说,目前只有新加坡、阿联酋、马来西亚、卡塔尔和爱沙尼亚等国家贸易投资便利化水平较高,且在"一带一路"倡议实施前后,其贸易投资便利化水平一直稳居0.8以上,表明这些国家经济发展程度较高。但其他大多数国家由于总体发展水平不高,地域分布比较分散,铁路、港口、互联网、电信等基础设施建设受制于经济情况,发展较为落后,不利于贸易投资便利化水平的提升,如尼泊尔等南亚国家均为内陆国,交通闭塞,天然无法进行大宗商品所普遍需要的海运贸易,这会导致运输时间长且成本高;并且部分国家存在国内政治局势不稳定的问题,战乱和冲突事件时有发生,比如乌克兰等国。这些国家的贸易投资便利化水平亟待改善。

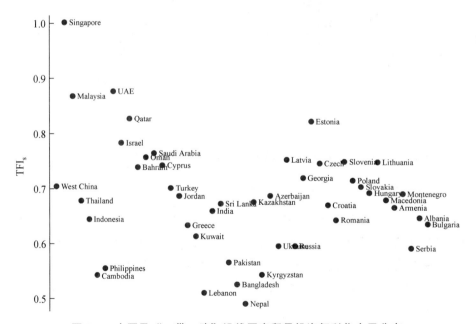

图5.1 中国及"一带一路"沿线国家贸易投资便利化水平分布

从区域差异看,中国西部地区的贸易投资便利化水平排名第17位,高于沿线区域63%的国家。东南亚国家间贸易投资便利化水平差异大,呈现两极分化态势。新加坡和马来西亚的贸易投资便利化水平都较高（分别排名 1 和 3）；但菲律宾（排名 41）与柬埔寨（排名 43）的贸易投资便利化水平较低，且远低于东南亚平均水平。西亚地区贸易投资便利化水平整体较高，阿联酋（排名 2）和卡塔尔（排名 4）在西亚地区优势显著，土耳其（排名 19）、约旦（排名 22）排名居中，而黎巴嫩（排名 45）贸易投资便利化水平最低。中东欧地区贸易投资便利化水平整体较高，60%以上国家位于样本前 50%的水平，其中，爱沙尼亚（排名 5）、拉脱维亚（排名 9）较高，但塞尔维亚（排名 39）处于较低水平。中亚国家的贸易投资便利化水平整体较低，吉尔吉斯斯坦（排名 42）、哈萨克斯坦（排名 26）排名均靠后。近年来，泛独联体地区经济一体化有所加强，对推进各国贸易投资便利化产生积极作用，但国家间差异较大，如格鲁吉亚（排名 15）排名最靠前，而乌克兰排名（排名 37）较为靠后。南亚地区贸易投资便利化水平整体最低，这与总体发展水平较为落后相关。

上述结果表明，对于首批参与倡议并投资的 46 个样本国家，其贸易投资便利化水平差异较大，但总体不及中国西部地区，中国西部地区相对沿线国家有优势，依托中国西部地区进行区域合作，可以提升部分沿线国家的贸易投资便利化水平。

二是从总体趋势看，自 2013 年中国提出 "一带一路" 倡议后，多数国家或地区的贸易投资便利化水平都有了一定幅度的提升。总体说来，贸易投资便利化基本保持在一个比较稳定的水平，这表明 "一带一路" 倡议的实施有利于打造良好的贸易投资环境，为双边贸易和外国直接投资提供了便利条件，但贸易投资便利化是一项长期工程，难以在短时间内见效。中国西部地区的 TFI_s 值从 2012 年的 0.676 上升到 2016 年的 0.717，且长期处于较高水平，显示出中国与中东欧、西亚地区贸易投资合作与发展的巨大潜力；同时，中国西部地区与南亚、中亚、泛独联体地区相比有优势，与这部分边界地区进行跨境次区域合作，可以带动沿线国家贸易投资便利化水平的提升。具体见表 5.6 和图 5.2。

表5.6 2012—2016年中国西部与"一带一路"沿线国家贸易投资便利化水平比较（综合指标）

Region	Country	2012 TFIs	2012 No.	2013 TFIs	2013 No.	2014 TFIs	2014 No.	2015 TFIs	2015 No.	2016 TFIs	2016 No.	Comprehensive TFIs	Comprehensive No.
East Asia	West China	0.676	19	0.707	17	0.711	19	0.711	18	0.717	16	0.704	17
	Singapore	1.026	1	1.021	1	0.960	1	1.004	1	1.000	1	1.002	1
Southeast Asia	Malaysia	0.856	3	0.870	3	0.888	2	0.877	3	0.851	3	0.868	3
	Thailand	0.662	22	0.688	22	0.689	25	0.682	27	0.670	29	0.678	25
	Indonesia	0.615	32	0.647	30	0.666	30	0.649	35	0.645	33	0.644	32
	Cambodia	0.569	37	0.554	42	0.531	44	0.526	43	0.536	43	0.543	42
	Philippines	0.518	43	0.562	41	0.583	40	0.573	40	0.536	44	0.555	41
	UAE	0.877	2	0.872	2	0.870	3	0.886	2	0.880	2	0.877	2
	Israel	0.785	7	0.779	8	0.770	7	0.774	7	0.807	5	0.783	6
	Qatar	0.844	4	0.846	4	0.828	5	0.828	5	0.788	6	0.827	4
	Bahrain	0.776	9	0.760	9	0.754	12	0.685	24	0.720	15	0.739	14
	Oman	0.789	6	0.805	6	0.767	8	0.717	16	0.707	18	0.757	8
	Saudi Arabia	0.823	5	0.790	7	0.766	9	0.737	12	0.701	20	0.764	7
West Asia	Cyprus	0.770	10	0.748	12	0.750	13	0.731	13	0.709	17	0.742	13
	Turkey	0.672	21	0.719	15	0.702	21	0.721	14	0.693	22	0.701	19
	Jordan	0.658	24	0.685	24	0.718	17	0.684	26	0.687	25	0.686	22
	Greece	0.584	35	0.627	33	0.656	32	0.656	32	0.641	35	0.633	35
	Kuwait	0.612	33	0.617	35	0.597	38	0.625	37	0.612	37	0.613	36
	Lebanon	0.523	42	0.524	45	0.533	43	0.512	45	0.459	46	0.510	45

第5章 跨次区域西西合作的贸易投资便利化

(续表)

Region	Country	2012 TFIs	2012 No.	2013 TFIs	2013 No.	2014 TFIs	2014 No.	2015 TFIs	2015 No.	2016 TFIs	2016 No.	Comprehensive TFIs	Comprehensive No.
South Asia	India	0.619	31	0.629	32	0.677	29	0.671	29	0.695	21	0.659	30
	Sri Lanka	0.661	23	0.670	28	0.690	24	0.679	28	0.658	32	0.672	27
	Pakistan	0.542	40	0.574	40	0.578	41	0.568	41	0.565	40	0.565	40
	Bangladesh	0.507	44	0.530	43	0.521	45	0.519	44	0.546	42	0.525	44
	Nepal	0.464	46	0.495	46	0.513	46	0.495	46	0.486	45	0.490	46
Central Asia	Kazakhstan	0.628	30	0.678	26	0.686	26	0.692	23	0.691	23	0.675	26
	Kyrgyzstan	0.497	45	0.525	44	0.561	42	0.567	42	0.564	41	0.543	43
	Azerbaijan	0.649	25	0.688	23	0.712	18	0.657	31	0.724	11	0.686	23
	Georgia	0.703	13	0.718	16	0.733	15	0.718	15	0.723	13	0.719	15
CIS①	Armenia	0.632	28	0.679	25	0.684	27	0.665	30	0.659	31	0.664	29
	Russia	0.532	41	0.581	39	0.608	37	0.626	36	0.628	36	0.595	38
	Ukraine	0.557	39	0.601	37	0.618	36	0.614	38	0.587	39	0.595	37
Central and Eastern Europe	Estonia	0.782	8	0.811	5	0.830	4	0.839	4	0.846	4	0.821	5
	Czech	0.703	12	0.736	13	0.749	14	0.762	9	0.776	7	0.745	12
	Lithuania	0.700	14	0.733	14	0.763	10	0.765	8	0.775	8	0.747	11
	Latvia	0.697	15	0.756	10	0.772	6	0.782	6	0.750	9	0.752	9
	Slovenia	0.743	11	0.754	11	0.755	11	0.743	10	0.743	10	0.748	10

① 泛独联体地区是指俄罗斯、白俄罗斯、以及在亚洲的前独联体国家,包括亚美尼亚、阿塞拜疆、格鲁吉亚等,其中已经退出独联体的国家有格鲁吉亚、土库曼斯坦和乌克兰。其中,"一带一路"沿线有7个国家,因数据获得存在限制,本书选择首批参与倡议的5个国家进行贸易投资便利化评估。

续表

Region	Country	2012 TFIs	2012 No.	2013 TFIs	2013 No.	2014 TFIs	2014 No.	2015 TFIs	2015 No.	2016 TFIs	2016 No.	Comprehensive TFIs	Comprehensive No.
Central and Eastern Europe	Poland	0.676	18	0.706	18	0.727	16	0.738	11	0.723	12	0.714	16
	Slovakia	0.673	20	0.694	20	0.703	20	0.717	17	0.720	14	0.702	18
	Hungary	0.682	16	0.690	21	0.700	23	0.701	20	0.679	26	0.691	20
	Croatia	0.645	27	0.666	29	0.662	31	0.684	25	0.687	24	0.669	28
	Macedonia	0.629	29	0.674	27	0.681	28	0.702	19	0.705	19	0.678	24
	Romania	0.579	36	0.610	36	0.652	33	0.693	22	0.673	27	0.642	33
	Montenegro	0.676	17	0.704	19	0.700	22	0.695	21	0.672	28	0.689	21
	Bulgaria	0.596	34	0.622	34	0.640	35	0.653	34	0.661	30	0.634	34
	Albania	0.649	26	0.642	31	0.641	34	0.654	33	0.641	34	0.645	31
	Serbia	0.567	38	0.597	38	0.585	39	0.597	39	0.602	38	0.590	39

数据来源：根据相关数据计算得出。

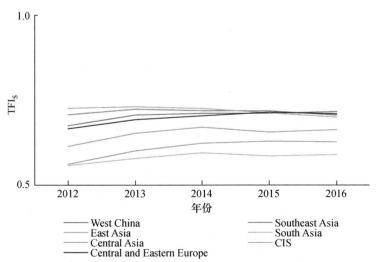

图 5.2　2012—2016 年中国西部与"一带一路"沿线主要区域贸易投资便利化水平比较

三是从细分指标看，交通和基础设施、营商环境、边境管理三大指数相对较高，为跨次区域西西合作提供了较好的基础条件，但市场准入和社会文化法律环境指数严重偏低，目前是影响跨次区域西西合作的重要因素。贸易投资便利化各个方面指数及其排名也呈现出显著差异，如表 5.7 所示，在市场准入（A）方面，新加坡、格鲁吉亚和塞浦路斯得分最高，表明上述三国市场开放程度最高，俄罗斯、印度和巴基斯坦得分最低，表明上述三国急需加大国际贸易投资开放程度；交通和基础设施（B）以及营商环境（C）得分前三位分别为新加坡、马来西亚和阿联酋，表明这些国家基础设施现状比较完备，吸引直接投资的优势较强；在边境管理（D）方面，新加坡、阿联酋和爱沙尼亚体现出了极高的效率和透明度，得分高达 0.155—0.176，而柬埔寨、黎巴嫩和孟加拉国则在这一方面得分最低，仅达 0.078—0.093；社会文化法律环境（E）方面，新加坡、爱沙尼亚和阿联酋仍旧表现优异，黎巴嫩、孟加拉国和希腊则处于最后三位，得分仅达 0.073—0.079。

相比较，当前中国西部地区在交通和基础设施（排名 12）、边境管理（排名 20）和社会文化法律环境（排名 22）三个方面存在优势，但需要扩大市场准入（排名 30），进一步优化营商环境（排名 35）。不过，随着中国积极参与"一带一路"建设和扩大中国市场开放政策，中国西部地区会进一步扩大市场准入和优化营商环境。这一结果和趋势表明：充分利用中国西部地区的相对优势和互利共赢制度安排，可以实现大国省域和边界地区国际合作的联动效应，从而提升沿线国家贸易投资便利化整体水平。

表 5.7　中国西部与"一带一路"沿线各国贸易投资便利化水平比较（细分指标）

Region	Country	A		B		C		D		E	
		Score	No.	Score	No.	Score	No.	Score	No.	Score	No.
East Asia	West China	0.057	30	0.282	12	0.122	35	0.132	20	0.111	22
Southeast Asia	Singapore	0.072	1	0.370	1	0.215	1	0.176	1	0.169	1
	Malaysia	0.064	10	0.326	2	0.193	2	0.144	8	0.141	5
	Thailand	0.054	39	0.266	18	0.151	10	0.124	24	0.084	42
	Indonesia	0.057	32	0.238	32	0.138	20	0.109	39	0.102	29
	Cambodia	0.057	31	0.197	42	0.114	39	0.078	46	0.097	31
	Philippines	0.056	34	0.205	40	0.101	46	0.101	41	0.090	39
West Asia	UAE	0.071	4	0.322	3	0.172	3	0.161	2	0.151	3
	Israel	0.060	19	0.291	9	0.165	5	0.139	11	0.128	11
	Qatar	0.067	6	0.294	7	0.167	4	0.150	4	0.149	4
	Bahrain	0.063	12	0.275	14	0.156	7	0.132	19	0.112	21
	Oman	0.059	23	0.274	15	0.153	9	0.141	10	0.130	9
	Saudi Arabia	0.061	17	0.298	5	0.148	11	0.124	23	0.131	8
	Cyprus	0.072	3	0.253	24	0.143	16	0.134	17	0.139	6
	Turkey	0.059	22	0.264	20	0.147	12	0.135	16	0.096	32
	Jordan	0.060	18	0.254	22	0.133	26	0.137	13	0.103	26
	Greece	0.068	5	0.266	19	0.103	45	0.117	31	0.079	44
	Kuwait	0.054	42	0.230	35	0.106	43	0.120	27	0.103	28
	Lebanon	0.055	38	0.174	44	0.116	37	0.093	44	0.073	46

第5章 跨次区域西西合作的贸易投资便利化

(续表)

Region	Country	A		B		C		D		E	
		Score	No.	Score	No.	Score	No.	Score	No.	Score	No.
South Asia	India	0.051	45	0.242	29	0.131	28	0.123	25	0.112	20
	Sri Lanka	0.054	41	0.253	25	0.144	13	0.119	28	0.101	30
	Pakistan	0.051	44	0.200	41	0.116	36	0.117	32	0.081	43
	Bangladesh	0.058	25	0.179	43	0.124	33	0.090	45	0.073	45
	Nepal	0.053	43	0.138	46	0.112	40	0.097	43	0.091	37
Central Asia	Kazakhstan	0.057	27	0.242	28	0.141	18	0.118	30	0.116	18
	Kyrgyzstan	0.054	40	0.167	45	0.123	34	0.111	37	0.087	41
	Azerbaijan	0.058	26	0.255	21	0.140	19	0.114	33	0.119	16
	Georgia	0.072	2	0.249	26	0.144	15	0.132	21	0.123	12
CIS	Armenia	0.062	13	0.225	37	0.144	14	0.113	35	0.119	15
	Russia	0.050	46	0.246	27	0.110	41	0.097	42	0.091	36
	Ukraine	0.057	29	0.233	34	0.105	44	0.111	36	0.089	40
Central and Eastern Europe	Estonia	0.064	9	0.293	8	0.158	6	0.155	3	0.152	2
	Czech	0.058	24	0.301	4	0.132	27	0.145	7	0.109	25
	Lithuania	0.056	36	0.296	6	0.134	25	0.139	12	0.122	13
	Latvia	0.062	15	0.283	11	0.142	17	0.136	15	0.129	10
	Slovenia	0.065	7	0.290	10	0.135	24	0.148	5	0.109	24
	Poland	0.057	28	0.254	23	0.137	21	0.146	6	0.120	14
	Slovakia	0.056	35	0.270	16	0.136	22	0.136	14	0.103	27
	Hungary	0.060	20	0.269	17	0.126	32	0.144	9	0.092	35
	Croatia	0.061	16	0.277	13	0.107	42	0.133	18	0.091	38

(续表)

Region	Country	A		B		C		D		E	
		Score	No.	Score	No.	Score	No.	Score	No.	Score	No.
Central and Eastern Europe	Macedonia	0.065	8	0.240	30	0.153	8	0.110	38	0.110	23
	Romania	0.059	21	0.218	38	0.127	31	0.121	26	0.117	17
	Montenegro	0.062	14	0.233	33	0.135	23	0.127	22	0.132	7
	Bulgaria	0.055	37	0.238	31	0.128	30	0.119	29	0.094	33
	Albania	0.064	11	0.226	36	0.128	29	0.113	34	0.113	19
	Serbia	0.057	33	0.215	39	0.115	38	0.108	40	0.093	34

数据来源：根据相关数据计算得出。

五、结论和政策建议

我们首先从理论上阐释跨次区域西西合作的内涵及贸易投资便利化的实现机制;然后通过市场准入、交通和基础设施、营商环境、边境管理、社会文化法律环境五大方面 26 个二级指标,对 2012—2016 年中国西部地区与"一带一路"沿线国家贸易投资便利化水平进行评估比较,结论如下:

(1) 从综合指数看,沿线 46 个样本国家的贸易投资便利化水平差异较大,总体不及中国西部地区,表明中国西部地区相对沿线国家有优势,依托中国西部地区进行跨境次区域合作,可以提升沿线各国的贸易投资便利化水平。

(2) 从总体趋势看,东南亚、西亚、中东欧地区和中国的贸易投资便利化水平整体较高,而泛独联体、中亚和南亚地区的贸易投资便利化水平相对较低。中国西部地区的 TFI_s 值从 2012 年的 0.676 上升到 2016 年的 0.717,长期处于较高水平,显示出中国与中东欧、西亚地区贸易投资合作与发展的巨大潜力;同时,中国西部地区与南亚、中亚、泛独联体地区相比有优势,与这部分边界地区进行跨境次区域合作,可以带动沿线国家贸易投资便利化水平的提升。

(3) 从细分指标看,沿线各国的交通和基础设施、营商环境、边境管理三大指数相对较高,为跨次区域西西合作提供了较好的基础条件;但市场准入和社会文化法律环境两个指数严重偏低,是目前影响跨次区域西西合作的重要因素;当前中国西部地区在交通和基础设施(排名 12)、边境管理(排名 20)和社会文化法律环境(排名 22)三个方面存在优势,而且随着中国加大市场开放,市场准入和营商环境指标也会得到改善,因而充分利用中国西部地区的相对优势和互利共赢制度安排,可以实现大国省域和边界地区国际合作的联动效应。

根据上述结论,本书提出如下政策建议:

(1) 针对沿线各国市场准入指数偏低,当前需要各国政府采取有效政策措施,积极为企业创造公平开放的营商环境,逐步扩大市场准入。中国作为发展中大国,要主动加快中国西部地区对外开放与发展,不断扩大市场准入,带动边界地区贸易投资便利化水平的提升。

（2）针对沿线各国社会文化法律环境指数偏低，当前需要各国政府和行业协会等机构引导商贸企业积极树立文化共融的理念，努力为区域间贸易投资合作搭建专业化、国际化的文化交流和合作服务平台，特别是要积极推动中国西部地区与沿线国家的商贸文化交流与合作，减少贸易投资摩擦的文化诱因。

（3）沿线各国要依托"一带一路"国际合作高峰论坛、欧亚经济论坛和中国西部国际博览会等合作平台，以及东盟、海合会、上海合作组织、APEC、ASEM、CAREC等多边合作机制，加强各国贸易投资发展战略对接，寻求构建多边、多元、多层次、多主体的互利共赢的便利化合作机制。

（4）以加强现代化信息网络交流合作为基础，中国西部地区应加快跨境次区域边界的综合运输大通道建设，稳步推进中哈经济走廊、孟中印缅经济走廊、"两廊一圈"和泛北部湾经济合作，打通中国西向开放的国际化大通道，为贸易投资提供交通便利。

第6章
全球价值链发展趋势及中国开放战略

在全球价值链朝着软化、先进化和绿色化并存方向发展的态势下，逆全球化浪潮对中国积极参与全球价值链分工的不利影响日益突显。为此，我们应该致力于推进更高水平的经济开放，支持企业参与全球价值链重构。根据世界经济多极化的特征，中国作为新兴大国，应该充分发挥动态比较优势，重构全球价值链，特别是通过构建多极雁行格局，使自己在某些产业或者某些区域成为国际产业格局的"头雁"，培育价值链的链主，从而实现产业链和价值链的升级。

一、全球价值链发展趋势的新特征

国际贸易和投资领域的重要特征之一，是国际分工深化所带来的全球价值链发展。全球价值链是推动全球化的重要动力，是人类社会科技进步和生产力发展的必然结果，是一个国家谋划发展时所必须面对的时代潮流。但是，近年来，"逆全球化"问题日益严重，对全球价值链供需两端和原有价值链分工造成较大的不利影响，国外部分势力也在大肆鼓吹所谓与中国"脱钩"等议题；不仅如此，发达国家的"再工业化"还可能会加速国内价值链对国际价值链的替代，导致"脱钩悖论"的出现。因此，"十四五"时期，中国应推进更高水平对外开放，稳妥因应"逆全球化"对中国参与全球价值链的不利影响。

1. 全球价值链发展趋势分析

国际分工深化所带来的全球价值链分工，是构成推动全球化发展的重要动力。发达国家处于全球价值链顶端，在"微笑曲线"中附加值最高的头部和尾部，全球价值链是发达国家获得巨大收益的重要途径。(Ye et al., 2015) 发展中国家对全球价值链的参与，由于采纳不同的贸易战略和投资战略，可能会导致发展方式和收益不同。但是，无论是发达国家还是发展中国家，其在全球价值链中的位置并不是固定不变的。一国要想在全球价值链中取得更具优势的地位，前提是要知悉全球价值链的可能走向。

我们认为，未来10年全球价值链将朝着"软化""先进化"和"绿色化"并存的方向发展。首先，全球价值链"软化"趋势。这一方面意味着服务业占比迅速扩张，"经济服务化"成为经济发展的趋势（江小娟等，2014）；另一方面则意味着在产业结构的升级调整中，知识、技术和信息之类的"软要素"发挥着更具主导性的作用。与之对应，各国经济发展将由"硬"产业结构向"软"产业结构演进，这里的"硬"产业结构指通过物质生产对国民经济加以关联，而"软"产业结构则是指以知识生产对国民经济加以关联。根据内生增长理论，一国经济发展的长期动力将由物质资本驱动向知识和技术进步驱动转变，因此我们判断，未来知识、技术密集型产业占国民经济的比重将迅速提高，产业结构将向高级化、高新技术产业化迈进。而传统产业将广泛运用以信息技术为代表的高新技术，促进不同技术之间的相互融合，增加不同技术之间的渗透程度，提升工业产品的信息化水平，促进生产工具向智能化、数字化方向发展，从而较大程度地提高生产率水平，促进生产方式的转型升级，并对新历史条件下全球产业结构的转型升级起到重要推动作用。另外，现代服务业，如信息产业、金融业、咨询服务业等，将成为推动国民经济发展的重要驱动力，成为新时期的主导产业。

其次，全球价值链"先进化"趋势。以往的国际分工尤其是垂直专业化分工，主要考虑资源禀赋和比较优势的差异，一国依靠比较优势吸引到适合生产的大量产业，而产业的集聚可以充分发挥规模经济效应，更加充分地利用比较优势。随着科技的发展，工业国家为寻求新的比较优势，开始制订发展计划，以促进制造业由传统产业向先进产业转化。但是，全球分工一方面意味着资源配置效率的提高，另一方面也带来了更大的风险。一个国家所面临的负面冲击,会通过全球价值链传递到其他国家,甚至影响整个世界(Kramarz et al.,2020),这不可避免会导致各国基于安全考虑尽可能实现各自价值链的完整性。为了克服价值链分散导致的效率损失,各国都会促进制造业向"先进化"方向发展,这就需要通过前沿的技术和生产设备、先进的管理手段等方式,提升制造业的科技含量。此外,在促进第二产业内部结构转型升级方面,制造业的"先进化"也发挥着无与伦比的重要作用。随着信息革命的扩展和经济全球化的发展,全球范围内的生产和分工也发生了革命性的转化。(高凌云,2015)

最后,全球价值链"绿色化"趋势。传统上,全球变暖、环境污染、资源短缺问题受到国内外较多关注,因此,碳排放对全球气候和生态系统所带来的损害成为国际分工与合作中的重要议题。(周亚敏,2019)而近年来,人们对人与动物的和谐共生有了新的更加深刻的认识,如果人类不断强占、挤压其他生物物种的生存空间,势必招致自然界和其他生物物种的回应,从而也将给人类自身的生存带来危机。如果说之前以"低能耗、低污染、低排放"为标志的"低碳革命"是全球价值链的发展趋势,那么今后,世界各国会重新思考发展的内涵,降低生产成本,更加合理高效地利用资源与能源,既是提升经济效益的需要,也是绿色发展、可持续发展的需要。因此,秉持人与自然和谐共生的理念,对人类生存和生产的环境加以绿化和美化,对自然环境加大保护力度,促进环保产业发展,推动绿色产业进步,追求现代产业体系的低碳化、绿色化和生态化,促进全球价值链向"绿色化"发展,也将成为全球价值链发展的重要趋势。

2."逆全球化"对中国参与全球价值链的影响

改革开放以来,我们抓住了全球化和国际产业转移的重要机遇,在开放的以规则为基础的多边经贸体系下,积极引进外资,充分发挥劳动力充裕等比较优势,深度融入全球价值链,取得了为世人瞩目的巨大发展成就。在这一历程的基础上,继续参与和顺应全球价值链的发展趋势,无疑是中国推动两个市场、两种要素的重点。但是,近年来,经济全球化进程受到较大阻碍,突出表现为进出口贸易增长率和贸易依存度出现下滑、以 WTO 为代表的多边贸易体系失灵、涌现出很多逆全球化的标志性事件,如英国"脱欧"、法国"黄背心运动"、美国挑起与其主要贸易伙伴的贸易摩擦等。

全球化面临阻碍,主要原因不在于其已经无法推动全球经济增长,而在于全球化虽然使得所有参与国都受益,但也带来一定的利益分配问题。(Antràs et al.，2017）一方面，全球化带来国际经贸格局改变，全球价值链分工使得以中国为代表的广大发展中国家迅速崛起，中国成为全球价值链的中心枢纽之一。原本处于价值链下游的新兴国家开始向中游和上游攀升，发达国家相对衰落，这导致发达国家与以中国为代表的新兴国家在价值链上的部分环节出现重叠，导致国际市场竞争加剧。（蔡昉，2016）另一方面，全球化导致国内利益冲突，而发达国家内部的利益分配问题没有得到解决。对于欧美国家，全球价值链虽然总体上促进了其利益的提升，但也使部分产能从国内转移到国外，使得国内部分工人的利益受损（Acemoglu et al.，2016）；而发达国家没有处理好国内利益分配问题，没有通过再分配弥补利益受损者的损失，造成国内"民粹主义"和"封闭主义"思潮泛滥，又反过来阻碍了全球化的发展（Pastor and Veronesi，2018；Rodrik，2018）。事实上，即使没有"逆全球化"问题，当前贸易和投资的开放程度以及国际分工的深化程度也都远远没有达到峰值，全球价值链分工尚有较大发展潜力。

但是，在"逆全球化"趋势的影响之下，中国陷入"被动脱钩"与"主动脱钩"并存的"脱钩悖论"。（张宇燕等，2020）主动脱钩体现在，随着中国与西方发达国家经济实力差距越来越小，以美国为首的西方大国对中国防范心理加重，各国均意识到国内完整价值链的重要性和国外价值链过度集中的风险。由于国际分工的细化，价值链中的某一个环节不到位，则整个链条都会土崩瓦解，为保证价值链的存续，需要所有环节的共同维护，如果对于部分关键环节本国无法控制，那么在遇到重大突发事件时，代价则是巨大的，美国等国家可能会使用经济、行政和法律手段，引导、鼓励和强迫那些对国家安全至关重要的产品，其全部生产或者部分生产环节转移到国内，或者转移到便于控制和值得信赖的产地，如价值观、制度、文化较为相似的地区。（高凌云，2020）被动脱钩体现在，随着中国对外开放的扩大，中国经济对外部技术、设备和资金等的依赖也在增强，中美博弈、价值链脱钩和科技"冷战"使这一依赖对中国国家安全的潜在威胁日益突显。为避免"卡脖子"，中国必须通过自主发展，对冲这一依赖对国家安全的潜在威胁。但摆脱外部对中国限制的结果很可能是，中国虽主观上不想与以美国为首的西方大国脱钩，但客观上却渐行渐远。

二、推进更高水平对外开放的战略选择

党的十九届四中全会通过了《中共中央关于坚持和完善中国特色社会主义制度，推进国家治理体系和治理能力现代化若干重大问题的决定》，针对对外开放，明确提出了三个方面的要求，分别是："建设更高水平开放型经济新体制""推进合作共赢的开放体系建设""积极参与全球治理体系改革和建设"，为新时期中国对外开放指明了方向。这是中国作为全球第二大经济体继续保持对全球市场权重比和对世界经济贡献率的必然要求，也是承担更多维护国际多边贸易体制和经济全球化大局的客观要求，更是确保经济高质量发展和维护自身合法权益的必然选择。在这一对外开放基本框架的基础上，我们认为，中国应对"逆全球化"的战略选择应包括两个要点：短期"稳""保"结合，长期则要着力推进形成更高水平对外开放格局。

短期而言，基础的工作是稳定国内经济基本盘。由于"逆全球化"对全球分工格局的破坏加剧，叠加上内部与外部需求萎缩等冲击，国内的当务之急是尽最大努力保持国内经济的稳定，切实保障民生，维持国民经济的正常流转运行和国内价值分工体系稳定。稳定国内经济的基本盘，关键在于深刻领会"国内大循环为主体、国内国际双循环相互促进"的发展格局，切实落实中央"六稳"的工作精神，以稳定经济基本盘，促进国内外经济稳定，并在此基础上实现更高水平的发展。这要求首先保证国内就业和价值链不经受太大破坏，保持并优化原有分工格局，同时逐渐和全球价值链对接，把握全球经济复苏的新机遇，以更加积极主动的姿态促进价值链升级。

长远来看，我们还需要充分考虑"逆全球化"下中国参与国际分工时的"脱钩"风险，以及全球价值链软化、先进化和绿色化的发展趋势。按照党的十九届四中全会的要求和部署，"十四五"时期，建设更高水平的大国开放格局，需要以高水平开放更好统筹国内、国际两个大局，推动从以制造业为主的开放转向以服务业为重点的开放，由此实现以服务贸易为重点的开放转型；推动从商品和要素流动型开放为主转向规则、规制、管理、标准等制度型开放为主，强化制度性、结构性安排，建设高标准市场经济，参与更高层次国际合作与竞争，更好服务国家发展大局。因此，更关键的是做好以下七个方面的长远

谋划：

1. 持续优化对外开放布局

（1）坚持世界贸易体制、规则，坚持双边、多边、区域、次区域开放合作，扩大同各国各地区利益汇合点。坚持通过磋商的方式，兼顾原则性与灵活性，妥善解决中美经贸合作中存在的突出问题；做好《区域全面经济伙伴关系协定》（RCEP）后续工作，推动中日韩自贸区等谈判早日达成和中欧投资协定早日生效，推进亚太自贸区建设。

（2）大力实施区域协调发展战略，形成全方位对外开放新格局。加速推进长三角更高质量一体化、"一带一路"建设、京津冀协同发展、长江经济带发展、粤港澳大湾区建设等，协同沿海、内陆、沿边的对外开放，形成东、中、西优势互补、分工协作以及均衡协调的全方位开放格局；切实打造沿海开放新高地，建设若干服务全国、面向世界的国际化大都市和城市群，建成具有更强国际影响力的沿海经济带；进一步完善内陆开放新机制，推动内陆贸易、投资、技术创新协调发展，创新加工贸易模式，形成有利于推动内陆产业集群发展的体制机制；积极培育沿边开放新支点，将沿边重点开发开放试验区、边境经济合作区建成中国与周边国家合作的重要平台，加快沿边开放步伐。

（3）进一步优化国际市场布局。引导支持企业开拓多元化出口市场，稳定欧美等传统发达国家市场，积极拓展"一带一路"沿线国家市场，稳步提高自贸伙伴、新兴国家和发展中国家在中国对外贸易中的占比，扩大与周边国家贸易规模，巩固和提升中国在全球市场中的份额与影响力。

2. 着力加快贸易强国建设

（1）夯实贸易强国的产业基础。顺应新一轮科技革命和产业变革趋势，加快传统劳动密集型产业的智能化、绿色化和精细化改造，并加快提升核心技术的自主研发能力与创新"智造"水平，不断提高产品的科技含量和增加值；抓住全球价值链重构和产业分工格局重塑的机遇，推动中国产业向价值链中高端攀升。

（2）积极扩大进口的规模和质量。高度重视出口与进口的合理平衡，以中国国际进口博览会为引领，利用多种正式或临时方式，持续降低中国进口关税整体水平，积极扩大国外优质商品和服务进口，进一步提升中国市场吸引力、影响力；优化进口结构，促进国内生产消费升级；加大对"一带一路"相关国家的进口力度,继续落实自最不发达国家进口货物及服务的优惠安排,同时妥善做好已去除最不发达国家身份的国家的排除工作。

(3) 积极创新贸易方式。做强一般贸易,提升加工贸易,大力发展边境贸易;适应"互联网+"和人工智能等新技术趋势,积极发展现代服务贸易;围绕高铁、核电等新的优势领域,建立和发展若干具有特色的品牌联盟并加强品牌的统一管理,加快培育一批有国际竞争力的中国品牌与跨国公司。

(4) 加快提升与外贸有关的国际标准制订能力。充分把握新产业、新技术和新产品的国际标准制订机遇,制定产品、技术、服务、标准配套走出去方案,牢固占据外贸发展和全球产业链的制高点。

(5) 以更高标准、更高质量推动自贸区建设。推动自贸区投资自由、贸易自由、资金自由、运输自由、人员从业自由和信息快捷联通政策加快落地,实施具有国际竞争力的税收制度和全面风险管理制度;充分释放自贸区的平台窗口、辐射带动和引领示范作用;鼓励各自贸区结合本地优势和特色,努力开展差别化探索,因地制宜,积极支持各自贸区走出具有特色的发展道路。

(6) 构建高标准自贸区网络。不断扩大自贸区网络覆盖范围,积极推进同更多国家商签高标准自贸协定和区域贸易协定;加快环境保护、投资保护、政府采购、电子商务等新议题谈判,加快与有关经济体商谈高水平的双边投资条约以及各种形式的优惠贸易安排。

3. 积极扩大服务业对外开放

(1) 夯实服务业对外开放的基础。统筹对外资和对民资的开放,对各类所有制企业一视同仁、平等对待;探索更精简的服务业开放负面清单;加速向全国推广自贸区和服务业开放综合试点的经验;实现服务业领域从补贴个别企业、行业的产业补贴政策,向为需要支持的产业提供更好的基础设施和市场环境等现代产业政策转变;对标国际先进规则,包括知识产权、法律、服务业的生产标准等,打造市场化、法治化、国际化的营商环境。

(2) 进一步推动服务贸易的自由化、便利化。进一步完善服务贸易管理体制和政策体系,创新发展模式与监管模式,提升服务贸易自由化与便利化水平;鼓励新兴服务出口和重点服务进口;推动重点服贸领域对外开放,逐步消除金融、运输、医疗、服务等领域的贸易壁垒,不断推动服务贸易领域开放的广度和深度。

(3) 尽快建立跨境服务贸易负面清单管理制度。完善跨境交付、境外消费、自然人移动等模式下服务贸易市场准入制度,推进在服务业领域全面实行外资准入前国民待遇和负面清单制度建设。

(4) 提升东部地区、自贸区在扩大服务贸易开放中的引领作用和先行先试作用,引进国际惯例和市场准入规则与经营管理方法,放宽准入门槛和经营范围限制,拓展开放领域等,不断对标高标准的国际服务业领域的经贸规则,推动全国服务业的进一步开放。

(5) 加快推进与更多国家建立服务贸易的合作机制。在多边、双边自贸谈判中进一步增加服务贸易内容,以扩大服务贸易开放为重点推进多边、双边自由贸易进程,建立以负面清单模式进行服务贸易谈判的机制;加强与"一带一路"沿线国家和地区以教育、健康、医疗、旅游等为重点的服务业项下自由贸易;通过中国国际进口博览会进一步扩大服务进口。

4. 不断提升利用外资质量

(1) 全面深入落实外资准入前国民待遇加负面清单管理制度。不断缩减全国和自贸区负面清单,允许更多领域实行独资经营;全面清理取消未纳入全国和自贸区外商投资准入负面清单的限制性措施,及时修订或者废止有关规章和规范性文件,及时完善有关办事程序。

(2) 加大对外资企业合法权益的保护力度。坚决贯彻外商投资法及其实施条例,强化监管政策执行规范性,提高行政规范性文件制定透明度,保护外商投资企业合法权益;加大对外资企业知识产权的保护力度,建立健全外资投诉机制,认真对待外资企业关切的各类问题,特别是加强对新制定法律法规和政策的公平竞争审查,敦促国内企业遵循"竞争中立"原则;积极打造市场化、法治化和国际化的国际一流营商环境,进一步提升吸收外资的国际竞争力。

(3) 进一步优化外商直接投资的结构。引导鼓励支持企业招商引资的重点领域转向生产性服务业、现代医药业、电子信息产业、高端制造、智能制造、绿色制造等领域和价值链高端环节;鼓励外商投资设立地区性总部、研发中心、采购中心、财务管理中心等功能性机构;鼓励外商投资投向中西部地区,实现中西部地区外资经济的快速发展,优化外资区域分布格局;进一步深化改革招商引资工作评价体系,转向以质量和效益为主,逐步形成招商引资的正向引导机制。

(4) 加快双边和多边投资协定谈判。完善中欧投资协定,积极开展与韩国、日本、新加坡、美国等发达国家的双边、多边投资协定谈判,推动构建新的多边投资框架范本，更好推动双边和多边投资体系的建立。

5．支持企业"走出去"参与全球产业链重构

（1）推进国家产业链安全建设。从国家战略角度，加强顶层设计，加快具有全球影响力关键引领型产业进口替代，加强高端制造产业创新投入，全面提升中国全球价值链水平；制定国家支持企业"走出去"参与全球产业链重构规划，支持更多企业更深更广地融入全球分工体系；依托中国经济规模和市场不断扩大的优势，通过建设世界级城市，打造吸收全球先进生产要素的平台，促进产业迈向中高端。

（2）培育一批参与全球竞争和主导全球产业链的新领先主体。支持具有产业链上下游整合能力的跨国企业发展，发挥组织、整合、生产和服务功能，带动技术、标准、产品和服务"走出去"，增强对全球产业链的整合能力；鼓励有条件的企业通过参与跨国并购、股权合作等方式，建立健全全球研发、生产和营销体系，提升产业国际化布局水平和运营能力，积极打造中国企业主导的全球供应链，提升中国产业在全球价值链中的地位；激发国有企业、现代科研院所和新型研发机构创新活力，建立适应重大技术攻关和产业链主导企业培育的考核评价体系；同时，加大对"专精特新"中小企业的支持力度，鼓励中小企业参与产业关键共性技术研究开发。

（3）通过国际合作实现产业链重构。围绕"一带一路"建设，加强沿线国家基础设施建设规划、技术标准体系对接，推动"一带一路"沿线国家和地区产业链融合，促使"一带一路"更多国家融入全球产业链网络体系，推动中国产业在全球的布局。

6．全面深化"一带一路"建设

（1）提高"一带一路"制度化水平。加强机制建设，为高质量共建"一带一路"提供坚实支撑；完善"一带一路"项目发展机制，做好项目的遴选、建设、评估等机制，促进项目的持续发展。构建贸易畅通机制，与沿线国家缔结双边或多边自由贸易协定，为贸易自由化、便利化提供机制保障；强化安全保障机制，完善共建"一带一路"安全保障体系。

（2）推动"一带一路"建设的绿色、可持续发展。开展"一带一路"绿色经济合作，推动构建绿色园区、绿色项目，共同推动基础设施、产品贸易等领域合作的绿色化；加快发展绿色金融，引导双边、多边开发资金参与绿色投融

资,推动绿色债券市场快速发展,探索建立绿色金融标准,为绿色"一带一路"建设提供金融支持;强化"一带一路"沿线国家和地区可持续发展目标与规划的协调,促进生态环保政策法规对接,共同推进可持续发展进程,为实现联合国可持续发展目标共同努力。

7. 提升中国在国际社会中的声誉和地位

中国应该坚决维护联合国在国际体系中的核心地位,以及世界贸易组织在国际多边贸易体系中的核心地位;代表发展中国家的利益,推动全球治理体系改革,促使全球治理体系更加关注发展中国家权益,更加公平合理,提高发展中国家在全球话语权中的地位和作用,以使得全球治理体系和全球经贸格局的变化相契合,从而提升中国推动全球治理的能力,将中国的理念传递给世界,推动人类命运共同体的建设。同时,中国应发挥人道主义精神和负责任大国的能力,充分发挥"世界工厂"的作用,积极向全世界输送优质的产品和物资,帮助各国应对各种经济社会问题;继续加大在国际援助、国际维和领域的投入,尤其注重对发展中国家的支持与帮助,成为稳定国际秩序的维护者和国际公共产品的提供者。

三、多极雁行格局与全球价值链重构

习近平主席精辟地分析了当前的国际经济形势,认为中国必须在一个更加不稳定、不确定的世界中谋求发展,培育新形势下参与国际合作和竞争的新优势。他指出:"放眼世界,我们面对的是百年未有之大变局。新世纪以来,一大批新兴市场国家和发展中国家快速发展,世界多极化加速发展,国际格局日趋均衡,国际潮流大势不可逆转。"在百年未有的世界大变局中,全球化的历史叙事正在被改变,"多极世界"正在取代"单极世界",从而呈现一幅复杂多变的图景,各主要经济体可以通过形成动态比较优势参与全球价值链重构。为此,我们提出"多极雁行"理论,用来概括这种多元化或多极化的世界经济格局,并为新兴大国依托动态比较优势重构全球价值链提供合理的思路和战略选择。

1. 从"二元"世界体系到"三元"世界体系

伴随着世界经济格局的变化,现代世界体系理论经历了渐进的演变过程。

20 世纪中期,发展经济学拉美学派提出"中心—外围"理论,成为结构主义理论的重要基石和拉美国家的政策依据。其主要代表人物普雷维什认为,世界经济可以划分为中心和外围两个部分,那些已经实现工业化的国家成为"中心部分",而从事农业和初级产品专业化生产的国家成为"外围部分",整个世界经济就是建立在"二元结构"基础上的。中心国家的角色是大规模生产资本品和工业消费品,在满足本国需求的同时出口到外围国家;外围国家的角色则是原材料的生产者、廉价劳动力的提供者以及大规模和标准化工业品的消费市场。在这种体系下,中心国家和外围国家通过商业贸易彼此联系在一起,但落后的外围国家对先进的中心国家的经济依赖性不断增强。二战以后,拉美国家意识到这种国际分工体系阻碍着它们获取技术进步的收益,于是开始选择工业化作为国内经济扩张的最重要的手段,迅速走上工业化道路,进而推动了世界经济体系的演变。

20 世纪中后期,随着世界经济格局的变化,一些老牌资本主义国家经济实力减退,新兴工业化国家经济兴起。美国学者沃勒斯坦提出了新的世界体系理论,他在"中心"和"外围"之间增加了"半边缘"的概念,并用"核心—半边缘—边缘"的结构来分析现代化世界体系,从而建立起三层次的解释框架:"在经济活动的复杂性、国家机器的力量、文化的完整性等一系列层面,在中心与边缘之间还有半边缘地区。这些地区中有一些是一个既定世界经济较早形态时的中心地区,一些是边缘地区,后来上升了,这可以说是一个扩展着的世界经济中的地理政治学的变化结果。"从"二元"结构理论到"三元"结构理论,反映着世界经济格局的变化,即一些老牌资本主义国家经济实力减退和新兴工业化国家经济兴起,构成两个角色交织的"半边缘"国家,从而增加了现代化世界体系的复杂性程度。

进入 21 世纪以后,世界出现百年未有的大变局。诺奖得主迈克尔·斯宾塞在给《全球价值链发展报告》撰写的序言中写道:"全球经济正以惊人的速度发展演变,呈现出一幅复杂多变的图景。"特别是经过近年的中美贸易战,世界经济格局将会进入大重构时期。以美国为主导的单中心权力体系面临解体,世界将会出现多个力量中心并存的"多极化"格局。这个时期的世界经济具有三个明显特征:一是世界经济体系的异质性增加,在"三元"结构的框架下出现多个经济中心,美国、欧盟、中国和日本等经济体共同主导全球经济;二是世界经济体系的变动性增加,各个经济中心的力量可能会此消彼长,在

"均衡—非均衡—均衡"的过程中演变;三是新兴大国崛起的可能性增加,在从"半边缘地区"向"核心地区"转变的过程中,中国经济通过转型升级将成为全球经济的领头雁之一。

2. 从雁行形态到多极雁行产业格局

《一桥大学学问史》详细地记载了赤松要教授提出的"雁行产业发展理论"以及小岛清教授对其进行的发展和完善。赤松要从纺织工业的兴衰过程中发现了经济发展与产业结构升级的内在联系,进而提出"雁行形态理论",即"以最发达国家为顶端,处于不同发展阶段的国家按顺序排列的国家系列"。他的学生小岛清不仅将雁行理论更加精细化和理论化,构建了适宜的国际分工理论;而且运用雁行理论分析对外直接投资,主张对外直接投资应该从本国(投资国)已经处于或即将陷于比较劣势的产业——可称为边际产业(这也是对方国家具有显在或潜在比较优势的产业)依次进行。(小岛清,1987)雁行理论为战后日本产业结构的优化升级提供了理论依据,同时也必然展现后进国家通过引进先进国家的产品和技术,建立自己的工厂进行生产以满足国内需求和出口创汇,进而后来者居上取代"领头雁"地位的过程。

"雁行模式"被人们用来描述东亚国家经济依次腾飞的图景,约瑟夫·斯蒂格利茨在《东亚奇迹的反思》一书中曾经用"雁行假说"解释东亚国家的工业化进程,即工业部门的重心从第一组工业化国家(地区)向第二组国家(地区),然后向第三组国家(地区)转移。如日本的对外直接投资带动技术和产业转移,为韩国和中国台湾地区等提供市场机会;后来,日本主要生产最复杂的高端产品,中端产品则由韩国、新加坡和中国台湾地区生产;现在,上述国家(地区)也都转向重工业和高科技产品部门,轻工业则由泰国、菲律宾和印尼承担。伊藤和森井具体分析了制造业各子部门在亚洲国家的演进,他们将制造业子部门划分为劳动密集型、资本密集型和技术密集型部门,进而描述三者之间表现出的周期性特点,认为工业化的后进者通常会重复领先者的产业构成的变化;亚洲国家和地区成功地将领先者在制造行业的比较优势向跟随者传递,而跟随者又将其逐渐向后来的跟随者传递,从而实现经济繁荣。

在世界经济多极化的背景下,随着雁行模式的延续和扩张,正在形成多极雁行产业格局。随着一些跟随者成长为领头雁,将逐步形成不同产业部门交织的、由不同国家和地区领头的多极雁行格局。从当前的世界经济格局看,美国是芯片产业和金融产业的头雁,欧盟是医药产业和化工产业的头雁,日本是家电产业和汽车产业的头雁,中国是高铁产业和电商产业的头雁。随着新兴大国经济崛起和守成大国经济衰退,世界进入大变革和大调整时期,多极化趋势愈益明显。新雁行格局的形成具有以下特点:第一,新兴国家已经和正在成为全球制造业的头雁。中国作为新兴大国的典型代表,已经成为与美国、德国并行的全球制造业中心,高铁行业、电商行业逐渐确立在全球经济中的引领者地位,电子产业、汽车产业、轨道交通和工程机械等行业在生产规模上已居世界前列,其他新兴国家在制造业中的地位也呈现上升势头。第二,多极雁行格局是新兴国家利用综合优势的结果。新兴大国在某些制造行业取得领先地位,主要是较好地利用了其综合优势,包括发展中国家要素禀赋的比较优势,后发国家技术模仿的后发优势,超大规模国家要素和市场的规模优势。第三,多极雁行格局将伴随着产业头雁之间的经济摩擦。在新兴国家和守成国家经济力量变动的过程中,伴随着利益格局的调整,不仅是新产业格局的构建,而且是价值链位置的调整,各国围绕着获得全球化红利的多寡以及怎样构建包容和均衡的全球价值链,可能产生利益矛盾和贸易摩擦。特别是近年来,美国为遏制中国经济崛起而发动贸易战,推行贸易保护主义政策,形成全球化进程中的逆流。

3. 从多极雁行格局到价值链重构

多元世界体系和多极雁行产业格局的形成,使世界迎来了百年未有的大变局,为中国经济的转型和中华民族的复兴提供了战略机遇。习近平主席指出:要胸怀两个大局,一个是中华民族伟大复兴的战略全局,一个是世界百年未有之大变局,这是我们谋划工作的基本出发点。怎样在大变局中谋求发展?从总体战略上说,就是要利用世界百年未有的大变局推进中华民族的伟大复兴。从经济发展上说,就是要利用多极雁行格局谋求全球价值链重构,通过创新驱动经济转型升级,使中国经济从产业规模上的"大雁"变成价值链条上的"头雁"。

第一,新兴大国的产业链地位为价值链升级提供了产业基础和主动权。新兴工业化国家实现经济赶超的重要经验,就是遵循要素比较优势进入国际分工体系,在经济起飞的基础上实现从产品到产业再到价值链条的梯度升级。改革开放以来,中国积极融入国际分工体系,已经在全球产业链中占据重要地位。具体地说,一是总量上迅速扩张,目前全球制造业出口的19%来自中国,已经形成明显的产业规模优势;二是配套上愈益完善,依托市场规模优势发展制造业,已经形成完备的产业配套能力;三是结构上逐步改善,产品技术含量增加,已经形成服务贸易和商品贸易并重的产业分工格局。中国依托新兴大国的综合优势,成为同美国、德国比肩的世界制造业中心,奠定了在全球产业链和供应链中的重要地位,同时也为实现全球价值链位置的攀升创造了极为有利的条件。所谓产业链,是指在经济布局和产业组织中的不同区域、产业或相关行业之间的具有链条绞合能力的产业组织关系;所谓价值链,是指经济体或企业在特定产业部门形成的反映其技术水平及经济效益的产业价值关系。产业链是价值链的基础,而且产业链的形成需要经历要素耦合的长期过程,因此,我们可以凭借产业规模和配套能力强的优势,利用中国在全球产业链中处于前向和后向参与度都比较高的枢纽位置,积极推动产业和产品结构升级,进而改善在全球价值链中的地位,尽快从价值链中低端向中高端攀升,并在一些优势产业中成长为全球价值链的头雁。

第二,新兴大国产业链和价值链转换是跨越"中等收入陷阱"的必要条件。从宏观层面看,全球价值链的测度要在国家投入产出表的基础上构建全球投入产出表,进而测度贸易增加值的全球价值链长度及各国的价格联系;全球价值链涉及附加值分配和贸易利益问题,价值链位置的攀升可以促进国民收入水平的提高。遵循全球价值链位置与国民收入内在联系的规律,处于价值链低端的国家往往是低收入水平的国家,处于价值链中端的国家往往是中等收入水平的国家,处于价值链高端的国家往往是高收入水平的国家。中国通过经济开放融入全球经济和全球价值链,促进了贸易利益的显著增加,然而,目前在总体上仍然处于全球价值链的中低端,如果长期陷于中低端锁定的困境,必将难以跨越"中等收入陷阱"。2018年,中国人均国民总收入为9732美元,高于中等收入国家的平均水平,进入中高收入国家行列,这同中国在全球价值链中的位置是一致的。世界银行发布的《2020年世界发展报告》指出,中国在1990年至2015年间,从一个初级制造业的提供者升级为先进制造业和服务业的提供者,这同中国国民收入变动状况是相适应的。为此,我们必须发挥新兴大国经济发展的综合优势,突破全球价值链位置的中低端锁定,在更多的产业成为全球价值链的"头雁",从而跨越"中等收入陷阱",跻身高收入水平国家的行列。

第三,新兴大国创新驱动是实现产业链和价值链升级的必由之路。价值链升级的基本路径:第一步是由初级产品生产转向初级制造业;第二步是由初级制造业转向先进制造业和服务业;第三步是由先进制造业和服务业转向创新活动。创新发展是全球经济发展的趋势，全球经济中产业链和价值链攀升主要依赖于技术进步和创新活动。在全球制造业体系中，价值链低端是从事装备的劳动密集型产业，价值链中端是从事制造的劳动和技术融合型产业，价值链高端是从事研发、设计和营销的"链主"或"头雁"。中国目前仍然处在从价值链中端走向高端的起步时期，自 2000 年以来，中国现代服务业的前向参与度不断提高，由于现代服务业主要属于知识密集型产业，这就表明中国出口产品隐含的研发要素逐渐增加，从而使制造业部门在全球价值链中的位置得到改善。目前，中国正在致力于建设创新型国家，创新活动成为引领经济发展的第一动力，应该重点在两个领域加速培育全球价值链的链主，尽快形成多极雁行结构中的稳定极：一是在已经成为国际上技术并行者或领跑者的产业，如高铁产业和通信技术产业，依托先进的产业技术和强大的配套能力，利用庞大的市场规模和产业规模优势，有效聚集全球创新资源，研发出达到国际前沿水平的关键技术，牢牢占据价值链的两端；二是抓住新技术革命的机遇，同发达国家站在同一起跑线上发展数字经济，利用消费规模和市场规模优势，快速发展大数据、物联网和电商产业，打造最佳的数字经济生态系统，培育全球产业链和价值链的头雁。

根据前面对于世界经济体系、产业发展形态及同全球价值链关系的分析，可以简单地总结多极雁行理论的框架：（1）新兴大国经济崛起、守成大国经济衰退，使世界经济出现多极化趋势；（2）新兴大国利用动态比较优势，在某些产业成为全球性或区域性的头雁，形成多极雁行产业格局；（3）新兴大国凭借产业规模和市场规模优势，集聚全球创新资源，研发关键核心技术，实现全球产业链和价值链位置攀升。多极雁行理论是对世界经济格局和产业格局的理论概括，不仅从经济学上诠释了百年未有的世界大变局，有利于构建中国经济学话语体系，而且可以为新兴大国跨越"中等收入陷阱"提供合理的战略思路。当前，世界经济出现百年未有的大变局，新兴大国的经济地位和力量明显上升，在某些产业已经占据重要地位。中国是新兴大国的典型代表，应该敏锐地抓住经济发展的战略机遇，重构全球价值链；通过创新驱动实现产业链和价值链位置的攀升，培育产业链和价值链的链主或头雁，尽快迈向发达国家行列，从而实现中华民族的伟大复兴。

第 7 章
全球价值链的重构与区域经济一体化

随着世界经济的结构性发展,贸易形式和国际分工发生了巨大的变化,各种生产要素的跨国优化配置增强,产品的各个生产环节分布到各个不同国家。学者们普遍达成的共识是,嵌入全球价值链(global value chain,GVC),积极参与国际分工,有助于各国实现经济增长。然而,各个国家并不能简单地通过嵌入全球价值链而自动获益,因为其在全球价值链中的位置不同,获利差别也很大。价值链从上游到下游依次主要是研发设计、制造生产、营销服务活动。在全球价值链流程中,获利程度呈现为"两端高、中间低"的"U"形结构,即两端的研发和营销环节附加值较高,能获得较大的利益,而中间的加工装备环节位于底部,附加值较低。制造业在全球价值链分工模式中是具有代表性的行业。大多数发展中国家、欠发达国家的制造业长期被锁定在全球价值链低端,加上贸易保护主义抬头使得发展中国家制造业出口遭遇的环境保护、技术标准等贸易壁垒增加,制造业的价值链低端劣势更加明显。

在全球化背景下,区域经济一体化表现为同一区域内的不同国家逐步让渡部分甚至全部经济主权,采取共同的经济政策并形成排他性的经济集团的过程。(李晓和张显吉,1994)东南亚国家联盟[①](简称"东盟")便是东南亚地

---

① 东盟于 1967 年 8 月 8 日成立于泰国曼谷,现有 10 个成员:文莱、柬埔寨、印度尼西亚、老挝、马来西亚、缅甸、菲律宾、新加坡、泰国、越南。

区以经济合作为基础的典型的发展中国家区域经济一体化合作组织。2013年是东盟推进区域经济一体化迈入新阶段的重要时间点。本章将以东亚地区的东盟成员国为实验组,以2013年以后为实验期,结合控制组变量,分析东盟区域经济一体化对全球价值链地位提升的影响效应。进入21世纪以来,东盟国家不断深入参与国际分工,并逐步成为"世界工厂"。东盟国家制造业在嵌入价值链之后,利用其自然资源和劳动力等要素禀赋带来的规模和成本优势,承接了大量劳动密集型产业的转移。虽然东盟国家经济因此得到了飞速发展,但其在全球价值链分工中集中于低端的加工装配环节,而在上游的研发设计和下游的品牌营销环节参与较少,获利能力较弱。如何提升东盟等发展中国家制造业在全球价值链中的地位成为亟待解决的难题,也是学术界普遍关注的研究热点。了解东盟国家制造业的发展现状,探寻区域经济一体化对全球价值链地位提升的途径,研究区域经济一体化对价值链升级的影响效应,判断以东盟为代表的发展中国家之间形成的南南型区域经济一体化是否为提升全球价值链地位的一个有效途径,对包括中国在内的广大发展中国家、同在东亚生产网络中的其他国家而言具有重要的借鉴意义。特别是,在当前贸易保护主义升温的"逆全球化"浪潮下,研究区域经济一体化及其伴随的贸易自由化的作用也有一定的现实意义。为此,本书试图通过双重差分方法检验区域经济一体化给东盟国家全球价值链地位提升带来的影响效应,从而为东盟进一步的区域一体化政策决策提供参考。

一、全球价值链地位提升研究进展:区域经济一体化视角

1. 区域经济一体化视角下全球价值链地位提升

联合国工业发展组织在2002年对全球价值链的概念作出了最终的定义:这是一种在全球范围内的生产活动,该生产链涵盖商品生产与服务环节,这种连接区域生产、加工、销售、回收等环节的跨国性生产网络,可被解读为一种全球性的价值链。(吕冠珠,2017)在全球价值链分工条件下,分工参与国承担的是产品价值链某些工序或环节而不是整个产品的生产,在很大程度上,各国生产并出口的是产品的价值链环节,根据其承担环节对产品价值增值的贡献

分享贸易收益。(徐明君和黎峰，2015) 那么，有效提升全球价值链地位对于国家经济发展而言具有重要的理论与现实意义。

如何才能驱动全球价值链地位的提升？全球价值链的运行可分为生产者驱动和购买者驱动两种模式，即全球价值链的驱动力基本来自生产者和购买者两方面。(陈景辉和邱国栋，2008) 然而在既有研究中，要素结构是学者们进行价值链地位研究关注较多的一个驱动因素。周琢和祝坤福 (2020) 认为，在生产全球化的时代背景下，外资企业积极参与一国的生产和出口，并从所在国的出口中获取收益。外资企业的出口增加值中既包括本国要素所产生的增加值，也包括外国要素所产生的增加值，形成了外资企业出口增加值中的要素属权结构。在此逻辑下，区域经济一体化也会通过调整要素属权结构，进而影响各国价值链地位的变化。当然，创新投入是提高生产率的重要途径，而不同类型的创新投入对一国生产率改善的作用存在差异。在创新价值链视角下，试验发展活动对当期全要素生产率增长具有显著的正效应。从全要素生产率分解来看，基础研究和应用研究分别对技术效率和规模效率的偏效应最大，试验发展活动对规模效率、技术效率、技术进步都有显著的正效应。(余泳泽等，2017) 基于这一逻辑，技术溢出效应在区域经济一体化的价值链效应中显得非常重要。在经济全球化背景下，要素流动深化了国际分工，开放型新兴经济体快速发展，世界经济出现了以贸易不平衡为主要特征的全球经济失衡。要素流动的国家结构、产业结构和分工结构揭示了全球经济失衡的成因，三种结构引起全球生产布局的变化和贸易的流向效应。在世界经济新一轮全球化的时代趋势下，从根本上实现全球经济的再平衡需要通过区域经济一体化改变生产要素的不对称流动，调整要素流动的结构。(张幼文和薛安伟，2013)

事实上，既有基于区域经济一体化视角的相关研究，侧重点在于国际贸易的自由化与便利化。盛斌和毛其淋 (2017) 发现进口贸易自由化对全球价值链地位提升有推动作用。前者从行业和企业两个层面进行考察，发现进口自由化在制造业总体和企业层面对出口技术复杂度有显著促进作用。后者则是从贸易增加值角度得出这一结论，尤其是中间品和原材料关税对出口国内附加值率 (DVAR) 的提升有显著影响，这一影响对中低层全球价值链地位提升的效果比对高层全球价值链地位提升的效果更显著。

目前，中国学者单独以东盟为对象进行的价值链研究较少，多数是将东盟的全球价值链地位与中国相比较，或在中国—东盟自由贸易区 (CAFTA) 框架下，研究探讨中国与东盟合作中全球价值链提升的影响因素、效果、发展路径，抑或东亚、亚太区域生产网络中各国的相互依赖和价值链整合。杜声浩（2018）通过理论分析和实证检验对东盟参与全球生产网络的情况及其全球价值链地位进行了考察。结果表明，东盟虽有着较高的价值链参与度，但其价值链地位较低。同时，比较各国的数据发现，东盟参与度越高的国家全球价值链地位反而较低。

2. 全球价值链地位评价测度的相关研究

关于全球价值链地位的测度，国内外有很多不同的方法。（Koopman et al., 2010）较早的有 Hummels 等（2001）提出的"垂直专业化指数"，该指标通过计算一国进口中间品在出口产品中的比例来测算垂直专业化率，以考察全球价值链的地位。Hummels 等（2001）还提出另一种与之相对应的衡量垂直专业化程度的 VSI 指数，通过计算外国出口中的本国附加值得出。随后，Hausmann 等（2007）提出了出口复杂度这一测度方法，这个指标可用来衡量出口国总出口、产业或出口产品的技术含量。出口复杂度指标数值越大，说明该国家、产业或产品的出口技术水平越高，其相应的全球价值链地位也越高。邱斌等（2012）利用 102 个主要国家的数据计算了中国 2001—2009 年 24 个制造业行业的出口复杂度，以衡量各行业在全球价值链中的地位。

Koopman 等（2010）在整合之前学者提出的垂直专业化测度与增加值贸易统计方法的基础上，提出了全球价值链地位指数。这一方法可以反映一国在全球价值链中的参与程度和地位，且测度结果较为准确，是这一领域较为成熟和权威的测度方法。中国学者利用增加值作了较多价值链地位及其升级方面的研究。（王直等，2015）通过运用投入产出表，可以将各行业与最终产品之间的距离量化为价值链位置，Antràs 等（2012a）将这一距离命名为上游度，进一步提出了两种计算行业上游度的方法。上游度数值越大，行业离最终消费越远，与价值链的起点越近，即价值链地位越低。（倪红福，2019）Antràs 等（2017）概述了一些上游度和下游度的测度方法并利用 WIOD 数据库中的数据实证分析了 1995—2011 年各国各行业的全球价值链地位演变趋势，发现离最终需求端较远的国家产业部门往往离生产端的初始投入较远，即上游度数值较大的，往往下游度数值也大。

虽然上游度等指数无法衡量各国各行业的价值增值能力以及分工地位，但很好地弥补了其他指标未能直接测出价值链长度的缺陷。国内研究者对行业上游度的测算作了许多实证研究，鞠建东等（2014）使用海关贸易数据和中国的行业上游度指标定量分析了中国在全球价值链中的角色，首次考察了中国的进出口单位价值差异与行业上游度间的关系。马风涛（2015）计算了中国制造业部门的全球价值链长度，发现 1995—2009 年大多数制造业部门的上游度数值有所下降，全球价值链地位有所改善，而 2009—2011 年许多部门的上游度数值有所上升。

二、东盟国家价值链地位的测度与评价：制造业视角

参考 Antràs 等（2012b）的研究，考虑一个国家产业部门产品被全球消费者最终消费，向最终消费者销售相对较多的行业似乎更应处于全球价值链的下游，而向最终消费者销售相对较少的行业似乎更应处于全球价值链的上游。那么，可以将行业在全球价值链中的位置量化为与最终消费或最终产品之间的距离，而上游度描述的是某行业到最终消费的加权平均距离。（鞠建东和余心玎，2014）

上游度指数可表示为：

$$U_i = 1 \times \frac{F_i}{Y_i} + 2 \times \frac{\sum_{j=1}^{N} d_{ij} F_j}{Y_i} + 3 \times \frac{\sum_{j=1}^{N}\sum_{k=1}^{N} d_{ik} d_{kj} F_j}{Y_i}$$

$$+ 4 \times \frac{\sum_{j=1}^{N}\sum_{k=1}^{N}\sum_{l=1}^{N} d_{il} d_{lk} d_{kj} F_j}{Y_i} + \cdots \tag{7.1}$$

其中，Y_i 表示 i 行业的总产出，F_j 表示 j 行业产出中被用到最终产品的部分，d_{ij} 表示生产 1 单位价值的 j 所需要的 i 行业的产出。等号右侧的每一项都与距最终消费距离不同的生产环节相对应。其中，系数 1、2、3、4……代表着"距离"（为消除 0 值造成第一项数据无效的情况，对系数做了加 1 处理），而每一项乘号后的部分则表示行业 i 的产出中用于对应位置的比例，以此为权重来计算到最终消费的平均距离。这样我们就可以得到 i 行业的上游度指数 U_i。上游度指数越大，距最终消费越远，与全球价值链的起点越近，则全球价值链地位越低。

本研究利用对外经贸大学 UIBE-GVC Index 数据库中基于亚洲开发银行 ADB-MRIO 数据库 2018 年的原始投入产出数据测算出的东南亚各国 2010—2017 年的上游度指数。ADB-MRIO 数据库将制造业划分为 c3—c16 共 14 个类别，如表 7.1 所示。

表 7.1 亚洲开发银行制造业分类

c3	食品、饮料和烟草	c10	橡胶和塑料制品
c4	纺织原料及纺织制品	c11	其他非金属矿产品
c5	皮革、皮革制品和鞋类	c12	基本金属和金属制品
c6	木材、木材产品和软木	c13	机械产品
c7	纸浆、纸张、印刷和出版	c14	电气和光学设备
c8	炼焦、精炼石油及核燃料	c15	运输设备
c9	化学品和化工产品	c16	其他制造业和回收业

将 UIBE-GVC Index 数据库中 9 个东盟国家（其中缅甸数据缺失，未计算）制造业 14 个类别的上游度指数按国家取平均值后得到东盟制造业各类别的上游度指数，如图 7.1 所示。

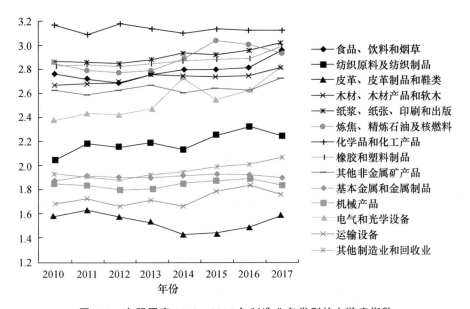

图 7.1 东盟国家 2010—2017 年制造业各类别的上游度指数

由图7.1可知，东盟国家在其具有传统优势的皮革、皮革制品和鞋类等劳动密集型产业上游度指数都较低，位于2.0以下，即拥有较高的全球价值链地位。但这些产业原本存在着生产环节较少、价值链较短的问题，向下游升级所需跨越的生产阶段相对较少，升级相对较易。而化学品和化工产品、其他非金属矿产品这些资本密集型产业上游度指数较高，全球价值链地位较低。机械产品、运输设备等对技术有一定要求的部门也具有相对较高的全球价值链地位。

据东盟数据库显示，与东盟国家贸易总额排前三的非东盟国家是中国（CHN）、美国（USA）、日本（JPN）。故此，我们选取这三个国家及东盟周边的印度（IND）、孟加拉（BAN）、斯里兰卡（SRI）三个国家，进行制造业上游度指数的比较分析。

由图7.2可知，从纵向比较来看，东盟的价值链地位处于中等位置；从横向时间维度来看，东盟整体的上游度指数有小幅上升趋势，全球价值链地位有所下降。美国、日本这些发达国家上游度指数变化较平稳，除印度上游度指数有所下降外，其他国家均出现上升趋势。杜声浩（2018）比较东盟各国数据发现，参与度越高的国家全球价值链地位反而越低，这与图7.2中的趋势基本保持一致。

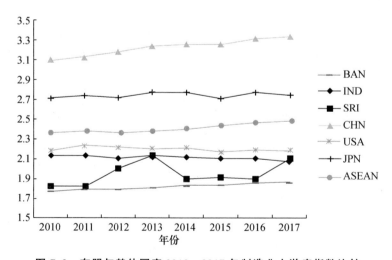

图7.2 东盟与其他国家2010—2017年制造业上游度指数比较

三、模型设计与实证分析

1. 模型设计

双重差分模型（difference-in-difference，DID）是基于自然实验得到的，通过建模对研究对象干预前后的变量差异进行有效控制，进而得出政策影响的真正效果。此方法简单明了，可操作性强，在政策效果研究上得到了广泛的运用。使用面板数据时，还能通过差分排除随时间变化的不可观测总体因素的影响，从而得到对政策效果的无偏估计。

DID 的核心是把政策的实施看作一个自然实验，也就是说所有实验对象的选择都是外生的，根据是否受政策影响将所有样本分为实验组和控制组。首先，分别计算出实验组相应指标在政策实施前后的差值和控制组相应指标在政策实施前后的差值，再将两个差值相减，得到的倍差即为实验组受到政策影响的净效应。具体形式如下：

$$Y_{it} = \beta_0 + \beta_1 \text{Treat}_i + \beta_2 \text{Time}_t + \beta_3 \text{Treat}_i \times \text{Time}_t + e_{it} \tag{7.2}$$

其中，Y_{it} 为被解释变量，代表个体 i 在 t 时期的观测值；Treat_i 是分组虚拟变量，若样本属于实验组，取值为 1，若属于对照组，则为 0；Time_t 是时间虚拟变量，在政策开始实施前为 0，反之则为 1。此时交叉相乘项 $\text{Treat}_i \times \text{Time}_t$ 前面的系数 β_3 就是倍差估计量，即为政策的净效应，β_3 可由两次差分得到。

东盟是东亚最早开始一体化的次区域组织，也是亚洲最成功的区域一体化组织之一，于 1967 年 8 月 8 日正式成立，创始成员为印尼、马来西亚、菲律宾、新加坡和泰国。在此之后，另外 5 个国家先后加入东盟，东盟发展到现在的 10 个成员（各国加入时间详见表 7.2）。20 世纪 80 年代之后，东盟国家之间的主要合作集中于经济方面，东盟一体化的主题开始向促进地区的经济发展与合作转变。为加快推进一体化进程，东盟在 2012 年发起 RCEP，试图建立一个以东盟为中心的现代、全面、高质量、互惠的区域贸易协定，2013 年 5 月，东盟就 RCEP 开始了首轮谈判。截至 2019 年 11 月，RCEP 已举办了 3 次领导人会议、19 次部长级会议，进行了 28 轮正式谈判，包括东盟 10 国和中国、日本、韩国、澳大利亚和新西兰在内的 15 个成员完成了所有文本谈判和实质上的所有市场准入谈判，后续将开始法律文本审核工作，以完成 RCEP 的签署。2013 年是东盟推进区域经济一体化迈入新阶段的重要时间点。

表 7.2 东南亚各国加入东盟时间一览表

国家	马来西亚、菲律宾、印尼、新加坡、泰国	文莱	越南	老挝	缅甸	柬埔寨	东帝汶
加入时间	1967	1984	1995	1997	1997	1999	未加入

由于东盟成立时间、各国加入东盟时间以及成立自贸区时间比较早，都在 2000 年以前，早期数据难以获取，故本次实证分析选择东盟 2013 年发起 RCEP 后开始首轮谈判这一时间、事件为实验冲击。以发起、主导的东盟国家（除数据缺失的缅甸以外的东盟 9 国）为实验组，以未加入东盟的周边国家孟加拉、斯里兰卡、印度为控制组（唯一未加入东盟的东南亚国家东帝汶数据缺失，故排除）。

考虑数据的可获得性，设计估计模型如下：

$$Up_{it} = \beta_0 + \beta_1 Treat_i + \beta_2 Time_t + \beta_3 Treat_i \times Time_t + \beta_4 Control_{it} + e_{it}$$

(7.3)

其中，Up_{it} 是 i 国 t 年的上游度指数，上游度指数越小，价值链地位就越高。$Treat_i$ 是分组虚拟变量，样本中的 9 个东盟国家为 1，3 个非东盟国家为 0。$Time_t$ 是时间虚拟变量，在 2013 年政策开始前为 0，2013 年及之后为 1。$Treat_i \times Time_t$ 是分组虚拟变量和时间虚拟变量的交互项，只在东盟国家 2013 年开始 RCEP 谈判以后取 1。$Control_{it}$ 是 5 个控制变量的集合。由于众多东盟国家反映人力资本、研发强度的一系列指标数据存在大量缺失，故基于数据的可获得性，选择反映基础设施状况的每 100 人拥有固定电话数（tel）、反映研发技术投入情况的非居民专利申请量（pat）、获得外商投资额（fdi）以及人均 GDP（pgdp）、人口规模（pop）5 个变量来控制不同国家之间的异质性。

tel 指标旨在刻画基础设施变量的控制作用。通常，一个国家或地区的技术水平越高，越可能在其生产的产品上具有竞争优势，越可能在国际分工中占据有利的地位，获得更多的附加值，位于全球价值链的更高端。（张雨和戴翔，2015；戴翔和郑岚，2015）pat 指标旨在刻画技术因素变量的控制作用。已有较多研究发现，技术因素对全球价值链提升有显著影响。fdi 指标旨在刻画外商直接投资变量的控制作用。外商直接投资会产生技术溢出效应，对本国企业技术水平和生产效率可能产生影响。pgdp 和 pop 这两个变量用于控制国家经济与规模层面的因素。各主要变量的描述性统计结果如表 7.3 所示。

表 7.3 描述性统计结果

Variable	Obs	Mean	Std. Dev.	Min	Max
u	96	2.295886	0.3492	1.714997	2.889825
tel	96	11.08916	9.945616	.4431012	38.90144
pat	96	7485.375	11822.54	26	46582
pop	96	1.69e+08	3.47e+08	388646	1.34e+09
fdi	96	1.34e+10	1.94e+10	1.51e+08	9.48e+10
pgdp	96	10573.73	17012.41	781.1536	60297.79

被解释变量数据主要来源于对外经贸大学 UIBE-GVC Index 数据库，而控制变量数据来自世界银行 WBI 数据库。

2. 基准估计结果

基于 12 个国家 2010—2017 年的面板数据，得到 DID 检验结果，如表 7.4 所示。

表 7.4 基准估计结果

	(1)	(2)	(3)	(4)	(5)
Treat×Time	−0.0075	−0.0437	−0.0604	−0.0640	−0.0326
	(−0.07)	(−0.55)	(−0.86)	(−0.92)	(−0.48)
Treat	0.2924***	0.3513***	0.3028***	0.3073***	0.3392***
	(2.81)	(5.14)	(4.59)	(4.70)	(4.96)
Time	0.0858	0.0811	0.0647	0.0674	0.0440
	(0.99)	(1.50)	(1.48)	(1.49)	(1.04)
ln(tel)	0.1340***	0.1150***	0.0418	0.0418	0.0370
	(6.09)	(6.82)	(1.52)	(1.49)	(1.32)
ln(pat)		0.0660***	0.1145***	0.1191***	0.0801**
		(7.12)	(6.50)	(4.20)	(2.06)
ln(pop)			−0.0783***	−0.0787***	−0.0027
			(−3.00)	(−2.97)	(−0.05)

(续表)

	(1)	(2)	(3)	(4)	(5)
ln(fdi)				−0.0075	−0.0223
				(−0.26)	(−0.83)
ln(pgdp)					0.0935*
					(1.75)
C	1.7727***	1.3228***	2.5383***	2.6767***	1.1646
	(25.03)	(16.10)	(6.14)	(3.62)	(0.91)
N	96	96	96	96	96
F	48.9609***	53.7510***	53.2067***	46.5271***	47.1807***
R^2	0.4762	0.6691	0.7024	0.7027	0.7165

注：括号内是该项数值的标准误。

为避免控制变量之间多重共线性问题的影响，同时检验估计结果的稳健性，表7.4中列（1）至列（5）依次对控制变量进行剔除。随着控制变量的逐步引入，拟合优度不断得到改善。同时，各控制变量的估计系数与显著性基本稳定，说明多重共线性问题的影响可以排除，且估计结果具有较好的稳健性。双重差分法的一个重要前提就是实验组和控制组在统计意义上是同质的个体，两者除了因受到实验项冲击而产生差异外，其他各方面都应达到近乎相等或完全相似的程度，因此需加入控制变量控制其他因素带来的影响。

在表7.4列（1）至列（5）中引入控制变量后，交互项 Treat×Time 为负值，且拟合度有了很大的提升。这一结果表明，东盟区域经济一体化进程中开始 RCEP 首轮谈判使得东盟各国的上游度指数有所下降，全球价值链地位有所提升。区域经济一体化对全球价值链地位的正向促进作用主要基于以下三方面路径机制：

第一，跨国市场整合机制。区域经济一体化使得参与国市场规模扩大，生产成本降低，有助于获得规模经济效益，帮助提高资源配置和资本积累效率，为企业开展跨国生产经营活动、进行研发设计和营销服务等提供资金支持。同时，国外产品进入国内市场会对国内产品形成竞争效应。国外产品进入国内市场使得国内市场企业间竞争加剧，企业必须优化产品、提高生产效率以占据并扩大市场，这就需要企业不断提高产品在质量、技术含量等方面的优势，也对研发资金投入和研发人员培养提出了更高的要求；同时，政府也要激励国内企业提高技术研发、人力资本等方面的水平，这样，整个市场的生产效率、企业和国家的技术创新水平便会得到提升。所以，区域经济一体化的竞争效应将有助于国内企业提高生产效率和技术水平，使其在国际市场上更具竞争力。另外，区域经济一体化带来的市场扩大、政策风险降低可以刺激投资。来自其他国家的投资带来了更加先进的技术，本国企业在不断消化与吸收的基础上进行模仿创新，带动国家、区域整体技术水平的提升，加速产业升级，提高行业价值链地位。还有学者指出，区域经济一体化对参与全球价值链经济体的企业具有正向外部性，特别是对发展中国家来说，可以通过提高需求弹性增加企业在全球价值链生产环节增值分配中的份额，即全球价值链的增值能力，进而提升发展中国家全球价值链地位。（吕冠珠，2017）

第二，贸易壁垒弱化机制。区域经济一体化的目标在于减少区域内的贸易壁垒，其政策的实施往往会带来贸易便利化水平的改善。贸易壁垒的减少、交易成本的降低促进了要素的流动。良好的营商环境、基础设施吸引更多的生产要素流入。对发展中国家来说，生产要素可以通过国际分工的各个环节从发达国家转移到发展中国家，与发展中国家的自然资源、劳动力、产业政策和营商环境等要素相结合，形成产品的价值生产体系。发展中国家可以借助要素的跨国流动聚集高级生产要素、优化要素结构，从而提高核心竞争力，获得更高的贸易利益。

第三，跨国产业转移机制。为了聚集高级生产要素、创造价值链攀升空间，有学者提出主导区域价值链（RVC）实现产业升级的方式。可通过以下方式构建 RVC：通过与周边产业互补性强的国家或地区开展合作，形成涵盖生产、销售、回收处理等环节的跨企业区域性网络，以此实现商品和服务价值，达到产业升级的目的。（魏龙和王磊，2016）通过产业发展的统筹规划管理，一方面，较发达国家能够将不适宜本国市场的诸如劳动密集型、资本密集型的中低端产业和产能过剩型产业向周边欠发达区域转移，为技术密集型产业发展创造空间，推动全球价值链地位提升。另一方面，欠发达国家可以科学地承接产业转移，结合本国的需求和特点，扩大产业规模，吸收先进技术和经验，打造有知名度的特色品牌，由全球价值链低端向中高端攀升。

3. 反事实检验

为检验表 7.4 估计结果的稳健性，需对东盟国家经济一体化进程中开始 RCEP 谈判对全球价值链地位提升的影响进行反事实检验。检验结果如表 7.5 所示。

表7.5　反事实检验结果

	(6)	(7)	(8)	(9)
Treat×Time	0.0326	0.0640	0.0326	0.0640
	(0.48)	(0.92)	(0.48)	(0.92)
Treat	0.3067***	0.2433***	−0.3392***	−0.3073***
	(4.48)	(4.51)	(−4.96)	(−4.70)
Time	−0.0440	−0.0674	0.0115	0.0034
	(−1.04)	(−1.49)	(0.22)	(0.06)
ln (tel)	0.0370	0.0418	0.0370	0.0418
	(1.32)	(1.49)	(1.32)	(1.49)
ln (pat)	0.0801**	0.1191***	0.0801**	0.1191***
	(2.06)	(4.20)	(2.06)	(4.20)
ln (pop)	−0.0027	−0.0787***	−0.0027	−0.0787***
	(−0.05)	(−2.97)	(−0.05)	(−2.97)
ln (fdi)	−0.0223	−0.0075	−0.0223	−0.0075
	(−0.83)	(−0.26)	(−0.83)	(−0.26)
ln (pgdp)	0.0935*		0.0935*	
	(1.75)		(1.75)	
C	1.2086	2.7441***	1.5039	2.9840***
	(0.93)	(3.69)	(1.20)	(4.09)
N	96	96	96	96
F	47.1807***	46.5271***	47.1807***	46.5271***
R^2	0.7165	0.7027	0.7165	0.7027

注：括号内是该项数值的标准误。

在表7.5中，列（6）和列（7）将实验期设置为2013年以前，列（8）和列（9）将实验对象设置为非东盟国家，东盟国家移至控制组。列（7）和列（9）未对人均GDP进行控制，以考察多重共线性问题的影响以及估计结果的稳健性。列（6）至列（9）中，交互项Treat×Time的系数均为正值，表明根据表7.4的估计结果得出的结论是较稳健的。

四、提升全球价值链地位的政策启示

随着全球化的不断深入发展，产品的各个生产环节分布到不同国家进行，

第 7 章　全球价值链的重构与区域经济一体化

嵌入全球价值链已经成为发展中国家经济发展过程中的普遍现象，然而，大多数发展中国家长期被锁定在全球价值链低端，再加上贸易保护主义有所回温，发展中国家制造业的发展面临较为严峻的局面。本书在对国内外相关研究进行系统梳理的基础上，利用东盟国家2010—2017年的面板数据，采用双重差分法实证分析了区域经济一体化对东盟国家制造业全球价值链地位提升的影响效应。研究结果表明：区域经济一体化对东盟国家制造业全球价值链地位提升有较显著的正向作用，内在蕴含着跨国市场整合、贸易壁垒弱化、跨国产业转移三重机制，且通过反事实检验证实了本研究回归结果的稳健性。

本研究结论对包括东盟国家在内的发展中国家具有重要的启示意义，包括：

（1）加大贸易开放促进区域经济一体化。随着经济全球化进程的不断推进，各国经济发展和国际贸易之间形成了非常紧密的关系。贸易开放会促进经济发展水平的提高、产业结构的优化和就业水平的提升，最终促进价值链地位的提升。然而，随着贸易开放度的提高，发展中国家的经济对外依赖程度也会不断增强，这意味着其在国际贸易市场上面临的竞争压力越来越大，经济运行面临的风险也越来越大。在"逆全球化"浪潮的国际经济背景下，发展中国家应当发挥自身比较优势，深刻认识国际贸易环境的转变，抓住机遇，扩大贸易开放，积极参与国际贸易。

（2）增强自主研发和技术创新能力。价值链地位的提升与科技研发实力息息相关。发展中国家想要提升本国价值链的地位，必须加大科技研发投入，提高研发投入效率。特别是，政府要加强科技研发投入力度，引导高校、企业和研究院所等相关科研机构和教育机构加大研发力度，促进高新技术的创新和发展。另外，发展中国家在世界领域是一个学习者，想要提升价值链地位，必须完成由技术模仿者向技术创新者的转变，着力关注相关产业前沿技术的创新和发展。

（3）选择性引导外国直接投资。目前，一些发达国家为了追求更高的利益，更愿意与劳动密集型国家合作，发展中国家自然是被选择的首位。然而，这种合作方式并不是长久之计，甚至可能对发展中国家全球价值链地位的提升起到反作用。因此，在大力引进外资的同时，发展中国家也应选择性地引导。具体而言，应当多选择与一些技术密集型国家或者企业合作，合作过程中要更加重视外商的技术共享程度，着重于合作能给本国或者本企业带来多少技术上的支持，能有多少技术被本国或者本企业运用。发展中国家企业在与外资进行合作时，要多学习其先进的管理技术，重点建立和发展自身品牌，从而慢慢摆脱发展中国家在全球价值链中生产者的角色定位。

（4）积极倡导制造业与服务业协同发展。发展中国家的制造业出口在商品总出口中所占的比重非常大，但其服务业的发展却比较缓慢。然而，随着全球经济的发展和技术的进步，目前发展性服务业已经成为世界发展的潮流。物流服务、信息服务、技术服务、金融保险服务和管理与咨询服务等生产性服务的发展不仅有利于全球产业的国际分工，更有利于企业专注发展自身的优势。发展中国家制造业企业通过外包服务化的方式将自己的部分业务外包出去，不但有助于提升制造业企业生产效率，解决产品和能源过剩问题，而且有利于制造业企业专注研发或售后服务，延伸制造业自身价值链的长度，促使制造业在全球价值链中地位的提升。

第8章
实现大国经济双循环格局的战略转型

习近平总书记提出：在当前世界经济低迷的环境下,"我们必须集中力量办好自己的事,充分发挥国内超大规模市场优势,加快形成以国内大循环为主体、国内国际双循环相互促进的新发展格局"。充分发挥国内市场规模优势,构建大国经济双循环发展格局,这是我们党和国家在科学分析当前国内国际经济形势的基础上,遵循大国经济发展规律所作出的战略决策。进入新发展阶段,贯彻新发展理念,构建新发展格局,这是由中国经济社会发展的理论逻辑、历史逻辑、现实逻辑决定的。大国经济发展的特征是资源规模和市场规模庞大,可以达到国内要素的供需均衡,实现国民经济的内循环,并提供巨大的国内市场和供给能力,带动经济外循环,形成内外循环相互支持的发展格局。中国拥有14亿人口,中等收入群体人数达4亿多人,这是全球最大、最有潜力的市场,随着向高收入国家行列的迈进,国内市场规模仍在不断扩张。同时,中国拥有全球最完整、规模最大的工业生产体系,最完备的产业配套能力;拥有庞大的高素质劳动力资源,受过高等教育或掌握各种专业技能的人才达到1.7亿多人。所有这些为中国发挥超大规模经济体优势,形成以国内大循环为主体、国内国际双循环相互促进的新发展格局提供了可能性和现实性。

一、构建大国经济双循环发展格局的基本内涵

1. 大国经济的市场规模优势

中国是典型的新兴大国,拥有大国经济的基本特征和发展优势。大国经济的基本特征是规模特征,即经济规模庞大,具体表现为要素规模、市场规模和产业规模极为庞大。所谓市场规模即市场容量,实际上就是市场需求总量。市场规模主要取决于两个因素:一是人口数量;二是国民收入或者购买能力。人口数量是市场规模的基础,在国民收入或购买能力相同的条件下,人口数量就是市场规模的决定因素。从这种意义上说,国家规模对市场规模有着重要的影响。遵循经济学的规律,在技术水平不变的条件下,规模经济主要受市场容量约束,市场容量影响企业的数量和规模,进而影响规模经济的实现程度。因此,国内市场规模庞大就成为大国经济发展的重要优势。

中国是发展中大国,也是世界上人口最多的国家,早在中华人民共和国成立的 1949 年,总人口数量就达到 5.4167 亿人;而在改革开放之初的 1978 年,总人口数量达到 9.6259 亿人。中国虽然人口总量很大,但人均收入水平特别低,1978 年城镇居民家庭人均可支配收入为 343.4 元,农村居民家庭人均纯收入为 133.6 元,全体居民人均消费仅为 184 元。这种低水平的国民收入和购买能力,难以支撑中国经济的发展,与此相应的是就业不充分,从业人员占总人口的比重在 40% 左右,人力资源蕴含着巨大的潜力。针对国内市场容量较小的特点,我们选择了外向型经济发展战略,通过实行经济开放,利用国外的市场、资金以及国内的人力资源低成本优势,迅速推动了制造业的发展,使中国成为世界瞩目的制造业大国。在中国经济起飞的过程中,国外的需求和市场成为重要拉动力量,净出口对经济增长的贡献率呈波动性攀升趋势,1978 年为 −0.5%,1980 年为 1.89%,1990 年为 50.4%,2005 年为 23.19%。

进入 21 世纪以后,随着中国经济的高速持续发展,逐步形成了超大规模的国内市场。具体表现为:第一,在人口基数扩大的同时,国民收入不断增长,从而形成庞大的国内需求。从 2000 年到 2019 年,中国总人口由 12.6743 亿人增加到 14.0005 亿人,国内生产总值由 99214 亿元增加到 986515 亿元,国民总收入由 40326 亿元增加到 988458 亿元,居民人均消费支出由 9968 元增

加到 21559 元。第二，基础设施建设成绩斐然，交通运输设施不断完善，为形成统一市场提供了便利。2000 年到 2019 年，全国铁路营运总里程由 9.12 万公里增加到 13.9 万公里，全国公路总里程由 400.82 万公里增加到 501.25 万公里。新型基础设施迅速发展，目前的高速铁路营运总里程超过 3.5 万公里，高速公路营运总里程超过 14 万公里，移动互联网用户达到 10.8 亿户。第三，在商品市场扩张的同时，生产要素市场迅速发展，现代市场体系逐步完善。社会消费品零售总额由 2010 年的 156998 亿元增加到 2019 年的 411649 亿元；劳动力市场、资本市场、土地市场和技术市场迅速发展，促进了生产要素市场的完善。显然，这种总量和内涵扩张的超大规模国内市场，已经成为培养大企业和支撑大产业的重要条件，为新时代中国经济转型发展提供了内生动力。

2. 强化国内需求的主体地位

经济学家库兹涅茨通过实证研究发现，国家规模同外贸依存度呈反比，即国家规模越大，外贸依存度越小，反之亦然。钱纳里提出经济发展的"大国型式"和"小国型式"，认为"正如大国的发展型式反映了它们对国内市场的关注，小国则受到国外市场和资本流动的较大影响"。古代中国曾经被斯密描述为依靠广阔的市场范围支撑制造业发展的典范，近现代美国经济的崛起也遵循了内向型工业化发展的逻辑。中国自改革开放以来，国内需求对经济增长的贡献率经过了一个"U"形变化过程；从总体上说，国内需求长期居于主体地位，但是有时会出现波动现象。从近几年的外贸依存度来看，中国由 2006 年的 64.2% 下降到 2019 年的 31.8%，美国则由 2006 年的 27.34% 下降到 2019 年的 19.3%。在当前保护主义加剧、全球经济萎缩的情况下，我们应该充分发挥国内超大规模市场优势，强化国内需求的主体地位，进而确立国内经济大循环的主体地位。

坚持以国内大循环为主体，就是要把满足国内需求作为经济发展的出发点和落脚点，使之成为推进经济增长的主体力量；同时要建设统一和高效的国内大市场，从而保证国内大循环的顺利实现。具体地说，一是要积极扩大国内需求，增加市场规模和容量。根据中国的现实情况，可以通过新型基建、增加就业、扩大中等收入群体、减少低收入群体以及加快推进城市化和社会保障制度改革，增加居民实际收入和购买能力，培育更大的国内市场和消费需求。二是要推进区域融合，形成国内统一大市场。以京津冀协同发展以及长三角经济带、珠三角经济带和粤港澳经济圈建设为重点，带动全国经济区域融合和市场融合，通过法治手段治理地方封锁和保护主义，促进商品和要素在全国范围内有序流动。三是要畅通经济环节，形成国内高效大循环。国家经济循环是复杂的系统工程，如果遇到某个环节的堵塞就会阻碍大循环的实现，因此，应该打通生产、分配、交换和消费等环节的堵点，健全环环相扣、路路相通的机制，从而保障国内经济大循环的高效运行。

完善的国内需求体系应该是需求和供给相配套的体系。近年来，中国的某些产能过剩和产品过剩，主要是由结构性问题所致，同供给侧有着紧密的关系。因此，建设国内需求和经济循环体系，应该通过供给侧的结构性改革，实施质量至上和产品差异化战略，生产更多人民需要的高品质产品，满足人民对美好生活的需求；打通需求侧和供给侧的交流循环，可以拉动需求的扩大，使得潜在的需求变为现实的需求，进而增加市场的容量，推动国内经济高效循环。

3. 构建国内国际双循环相互促进的发展格局

大国经济发展的优势在于拥有超大规模的国内市场，小国只有依托国际市场才能实现经济增长，而大国则可以在国内市场和国际市场之间进行相机抉择：在国际经济环境差的时候，主要依托国内市场实现经济增长；在国际市场环境好的时候，合理地选择国内市场或国际市场实现经济增长。根据大国经济学原理，大国经济增长的基本形式就是以国内市场为主体、国内国际市场协同配合的机制，或者称为国内需求和国外需求双牵引模式，实际上就是国内国际双循环的格局。

在当前世界经济低迷的形势下，提出"形成国内大循环为主体、国内国际双循环相互促进的新发展格局"蕴含着特殊的现实意义，标志着中国经济的转型发展。第一，这是大国经济模式的回归。改革开放以后，我们根据国民收入低和国内需求规模不足的事实，选择了发展外向型经济的小国发展型式，利用国际市场和资源实现了经济的高速发展，但是在经济增长进入新阶段的时候，这种发展型式的局限性突显出来，很难满足经济高质量发展的需求，因而应该回归大国发展型式。第二，这是应对当前国际经济低迷的科学选择。近些年来，中国积极参与经济全球化，从中获得了全球化红利，而美国为首的西方国家出于所谓的"国家利益"，掀起了一场逆全球化浪潮，这种情况下的相机抉择就是以国内大循环为主体的国内国际双循环的发展型式。

中国逐步形成以国内大循环为主体的国内国际双循环格局，这既是经济循环系统的转变，也是经济发展方式的转变。在具体实践中应该协同配套，做好相关环节的有效衔接,使之促进内生能力的增强和经济的高质量发展。具体地说,一是要坚持基于国内需求的开放战略。以国内经济大循环为主体,并不是说国内市场可以容纳中国企业的所有产能,更不是放弃海外市场,而是通过增强国家内生发展能力,更好地适应国际环境的变化。同时,我们的经济开放是立足于大国市场规模优势的,将以强大的国内需求集聚全球的优质资源,从而增强中国经济的国际竞争力。二是要发挥国内大循环的主体作用。为了实现以国内大循环为主体,需要转变思维方式,首先利用好国内大市场,更多地为国内消费者生产高品质的产品,形成需求侧和供给侧的良性循环。同时,要协调好国际市场与国内市场的转换,利用国内完善的产业配套能力,适时地将一些在国外完成的生产环节转移到国内完成。三是要积极重构国际价值链地位。从总体上看,目前中国经济普遍处于全球价值链的中低端位置,这与近些年我们倾向于扩大规模而忽视关键核心技术创新有关。构建新的经济循环体系以后,应该坚持以高质量发展为导向,改变过去那种薄利多销的方式,努力实现创新驱动,既要有效地利用世界通用技术,又要在关乎国民经济发展的战略性产业上推进关键核心技术创新,凭借世界前沿技术实现在全球产业链和价值链上的攀升,在更多的产业成为全球价值链的链主。

二、建设强大国内市场的大国战略

逐步形成以国内大循环为主体的新格局,需要以形成强大国内市场为基础。市场规模优势是大国经济优势的基础,国内市场规模是大国市场规模的主体。2018年12月召开的中央政治局会议提出:"促进形成强大国内市场,提升国民经济整体性水平。"2019年3月,李克强总理在全国两会所作的《政府工作报告》中强调:"促进形成强大国内市场,持续释放内需潜力。"可见,促进形成强大国内市场是中央为推动经济持续稳定发展和提升国民经济整体性水平所作出的一项重大战略决策,同时也是基于中国国情充分发挥市场规模优势的大国战略。

1. 依托国内市场规模的大国战略

斯密在《国富论》中提出了"市场范围"假说,认为"制造业的完善,全然依赖分工,而制造业所能实行的分工程度,又必然受市场范围的支配"。同时,他以古代中国经济发展的典型化事实,阐述了"国内广阔市场支持大国产业发展"的命题:"中国幅员是那么广大,居民是那么多,气候是各种各样,因此各地方有各种各样的产物,各省间的水运交通,大部分又是极其便利,所以单单这个广大国内市场,就够支持很大的制造业,并且容许很可观的分工程度。"在这里,实际上是描述了依赖国内市场规模支持制造业发展的大国经济图画。在后来的经济学理论发展进程中,斯密先后研究过市场规模、企业规模、经济规模的相关问题,也涉及国家规模的经济影响,直到约两百年以后,哈佛大学教授霍利斯·钱纳里从"规模效应"推演出"大国型式"。他认为,大国的发展型式反映了它们对国内市场的关注,小国则受到国外市场和资本流动的较大影响。超大规模市场优势的最明显效应反映在生产型式上。与较封闭、专业化程度较低的贸易格局相对应的,是较平衡、变动较小的国内生产型式。可见,大国模式的主要特征,就是更加重视国内市场,这种庞大的市场规模导致大国经济发展较少地受到国外市场的影响,从而比较平衡和稳定。

以大国的市场规模为基础,可以走出以国内需求为主的大国发展道路。国内市场规模是影响产业竞争力的关键因素,它主要通过引致生产规模扩大促进分工深化,通过引领企业规模扩张促进报酬递增,通过引致技术研发创新促进生产率提升。首先,庞大的国内市场规模可以容纳大规模的生产。根据克鲁格曼的经济地理模型,可以推导出本国市场需求规模的生产效应。假定对制造业的劳动供给是完全有弹性的,那么对制造业需求的变动将引起就业的变动,从而造成制造业生产规模的变动。市场范围广阔可以容纳更大规模的生产,生产规模往往随着需求规模的扩大而扩张,同样也随着需求规模的减少而缩小。生产规模的扩大将引致分工的深化,促进生产的专业化,进而提高劳动熟练程度和生产效率。其次,庞大的国内市场规模可以培育大企业的成长。总体而言,国内市场规模扩大,要求企业规模扩张,市场容量越大,企业规模也就越大;同时,企业规模扩张又是建立在分工和专业化基础上的,专业化分工程度越深,最佳生产规模就越大,生产的集中程度就越强。假定企业规模的扩大是建立在规模报酬递增基础上的,在企业报酬递增阶段,边际成本就会随着企业规模的扩大而逐渐降低。可见,大规模企业可以较好地利用规模经济,进而节约成本和提高效率,增强企业竞争力。最后,庞大的国内市场规模可以形成技术研发和创新优势。在由成本价格决定的竞赛模式中,技术创新是降低成本价格的主要手段;假如没有国际贸易的影响,国内市场竞争将诱导企业的技术竞赛；同时，庞大的国内市场容纳了众多的企业，导致技术需求规模巨大，可以使技术研发成本获得分摊，从而减少技术研发风险和激励创新。这种产业技术的进步，不仅能够帮助企业提高生产效益，而且可以促进产业结构升级。因此，拥有庞大市场规模的国家，仅仅依靠国内市场，就可以涵养大企业和大产业的成长；在封闭的经济系统中，可以实现要素供需均衡和经济内部循环。依托市场规模优势，大国可以走出一条以内需为主的经济发展道路。然而，在开放的世界里，如果大国封闭起来发展，就会丧失全球化红利，所以，大国应该主要依靠国内需求和国内市场推动经济增长，同时适度利用国际市场，形成内外均衡的经济发展格局。这样的发展型式，有利于在国际经济循环中更好地掌握主动权，避免受到不利的国际经济环境的冲击，从而保障经济的持续稳定发展。

实现从经济大国到经济强国的跨越，不仅需要形成统一的国内市场，而且需要促进形成强大国内市场。如果说英国经济的崛起是依靠殖民主义政策，建造"日不落帝国"，从而形成了庞大的世界市场，那么，美国经济的崛起则是奉行"孤立主义"政策，它拥有比英国更大的国内市场。正如罗默（Romer, 1996）所说："统一而庞大的国内市场是美国 19 世纪经济增长的独特要素，庞大的市场规模通过规模效应和技术收敛促进了美国的发明创新，并同另一独特要素资源交互作用而创造技术领先优势，从而奠定了美国崛起的基础。"19 世纪末期，美国建成了四通八达的铁路网络，并且通过司法的中央集权破解了地方保护主义难题，使得产品、资本和劳动力可以在全国范围内自由流动；后来，庞大的人口规模和较高的人均收入促进了国内市场的扩张，推动了"大规模定制"生产和巨型企业的成长。从那个时候起，美国的消费市场一直是全球最强劲的市场。2018 年，美国家庭共购买了近 13 万亿美元的商品和服务，占据全球家庭消费的 1/3 左右。这种强大的消费能力和消费市场，有效促进了美国实体经济的发展。中国是典型的发展中大国，拥有人口众多和市场潜力大的优势。然而，改革开放以来，中国却选择了"出口导向"的经济发展型式，究其原因主要是当时人均收入水平较低，消费者购买力较低，国内需求规模不大；同时，缺乏完善的市场机制，没有形成统一和畅通的国内市场。在这种条件下，中国选择了外向型经济发展战略，充分利用国际市场、资金和技术，并发挥劳动力资源优势，推动了制造业的快速发展。但是，在经过长期的经济高速增长以后，中国经济已经到了转型发展的时期。具体地说：第一，随着经济的繁荣和人均收入水平的提高，中国的消费市场已经成长起来。2018年，中国的消费市场占世界消费市场的26.35%，距离占世界消费市场28.9%的美国仅一步之遥，已经具备了走内需为主发展道路的客观条件。国内市场规模的扩大，为中国经济的战略转型奠定了基础。第二，随着以人工智能为重要标志的新一轮技术革命的到来，机器人将在很大范围内替代劳动力的功能，这样一来，中国的劳动力优势将逐步减弱或者丧失。新的优势在哪里？就在于市场规模优势，中国拥有庞大的消费需求和市场规模，可以形成推动经济增长的巨大力量。第三，自美国次贷危机引发国际金融危机以后，世界经济增速放缓，有的发达国家出现市场疲软的问题。世界经济发展的不均衡及其波动，引发了"逆全球化"现象和"中美贸易战"，这种形势倒逼中国经济向内向型发展转变。同时，近些年来，内需对经济增长的贡献率不断攀升，2014年和2015年分别为50.4%和66.4%，2018年消费对经济增长的贡献率达到76.2%，基本形成了以内需为主的发展格局。然而，目前，国内市场扩张潜力很大，消费和投资的扩张仍有空间，同时，也存在质量不高和本土供给能力不强的问题。我们越来越清醒地认识到，只有充分利用国内市场，才能在世界经济竞争中掌握主动权，从而不会受制于人。为此，怎样促进形成强大国内市场，发挥其拉动经济增长的作用，也就成为摆在我们面前重大而紧迫的现实课题。

2. "强大国内市场"的概念及特征

所谓"强大国内市场"，是一个综合性概念，简言之，就是规模庞大、结构合理、畅通融合和拉动力强的国内市场。中央提出"促进形成强大国内市场"的命题，主要是针对中国国内市场拥有发展潜力和存在某些缺陷，不仅需要促进规模扩张和质量升级，而且需要解决供给侧不适应、环境不够畅通和拉动力不强劲的问题。一般地说，"强大国内市场"有以下几个特征：

第一，市场容量巨大。所谓市场容量，就是指在不考虑产品价格或供应商的前提下，市场在一定时期内能够吸纳某些产品或劳务的数量，主要是由消费者数量和购买力所决定的。市场容量是由使用价值需求总量和可支配货币总量两大因素构成的，我们往往将仅有使用价值需求而缺乏可支配货币的消费群体称为"贫困群体"，将仅有可支配货币而没有使用价值需求的消费群体称为"富裕群体"，这两种现象都是因消费条件不足而不能实现的市场容量。"市场容量"是比"购买力"更加科学的经济学概念，可以准确地反映使用价值的需求层次与可支配货币之间的关系。一个完善的经济驱动系统，应该是由市场容量和企业效率共同构成的。扩张市场容量的主要路径：一是根据国民需求的增长状况扩大消费，增加"贫困群体"的可支配货币收入；二是通过生产新产品吸引消费，降低"富裕群体"可支配货币的消费支出。一个经济体的市场容量巨大，说明它能够吸纳巨额数量的产品或劳务，从而形成巨大的经济驱动力，这是形成"强大国内市场"的基础条件。

第二，市场供给充分。市场供给是指生产者愿意并且可能为市场提供商品或服务的数量，它包括国内供给量和国外供给量，与此相应的是国内供给能力和国外供给能力。我们讲的市场供给充分，主要是指国内供给充分和本土企业供给能力强。本土企业对国内需求的供给能力是强大国内市场的基本条件，这就是说，国内企业具有较强的供给能力，生产的产品能够充分地供给国内市场，这样经济才能稳定持续增长。假设国内市场容量很大，但是本土企业及其产品却不能充分地供给国内市场，那么，国内市场和国内需求对本国经济增长的贡献率就小，无法实现国内需求和国内企业的供需有效对接，而且可能导致经济内外不平衡。同时，由于本土企业以国外市场和国外需求为目标，巨大的国内市场容量不能在培育本土企业竞争力上发挥作用，也无法推动国内产业结构和产品结构的优化升级，这种国内大市场的积极效应就变得非常有限。另外，在国内市场供给不充分的情况下，国内消费者会转向购买国外生产的同类产品，这就等于将商机让给了国外企业。强大国内市场，应该能够充分消化国内的生产供给，使供给和需求更好地匹配，促进国内生产和消费的良性循环。显然，只有建设本土供给充分的国内市场，才能依托市场容量巨大的优势，推动本土企业的技术创新，促进本国产业结构和产品结构升级，从而实现从庞大国内市场向强大国内市场的转变，进而实现从经济大国向经济强国的转变。

第三，市场质量优良。市场质量亦称为"市场绩效"，它是特定市场环境下的市场绩效表征，可以从交易成本、流动性、有效性、稳定性、透明度、公平性和可靠性等方面进行评价，其核心指标是交易成本、流动性、有效性和透明度。交易成本是制度经济学概念，即在经济交易过程中所发生的费用，通常包括供需双方在市场中搜集有关信息的费用，为实现交易而进行谈判、签约、监督合约履行、仲裁等的费用，它同资源配置和市场运行的效率成反比关系，交易成本越低说明市场效率越高。流动性是影响市场质量的关键指标，是市场交易者能够及时进行交易而价格不出现剧烈波动的表征，如果交易者只付出较少的交易成本便能迅速成交，那就说明市场的流动性较好。透明度就是信息披露程度，主要指交易者在交易过程中获取相关信息的能力，它倾向于考察市场中的政策变化或制度设计给市场质量带来的影响。有效性就是指市场运行的效率，它的前提条件是价格能够准确、充分和及时地反映市场信息，最好是能够对未来市场价格形成预期。简而言之，只有那种交易成本低，而且具有流动性、有效性和透明度的市场，才可能是质量优良的市场。

第四，市场环境完善。所谓市场环境，就是指影响产品生产和销售的外部因素，它同企业的市场营销活动密切相关，既可以给企业发展带来机遇，也可能形成某种掣肘。市场环境的外延比较宽泛，主要包括政治环境、法律环境、经济环境、技术环境、文化环境和自然环境。政治环境是指国家和政府通过行政手段以及舆论手段影响市场的因素；法律环境是指国家和政府用法律手段影响市场秩序以及保护消费者的因素；经济环境是指经济发展趋势、运行机制和竞争状况；技术环境是指新兴技术、新兴产业的出现给企业带来的影响；文化环境是指社会的价值观念、生活习惯和行为方式对市场的影响；自然环境是指国家和地区的自然地理和资源条件对市场的影响。其中，稳定发展的政治环境、积极向上的文化环境、有序竞争的法治环境和完善的市场机制，都将对市场成长和运行造成重要影响。总之，市场环境是影响市场成长和运行的外部条件，同时也是国内市场这个系统的重要组成要素。

第五，市场内聚力强。物理学上有一种"虹吸效应"，是指由于液态分子间存在引力和位能的差异，导致液体从压力大的一边流向压力小的一边的现象。经济学借用这个概念，用于表征由于国内市场的引力作用，使各种优质要素聚集在国内，进而吸引国外的优质要素向国内聚集的效应。因此，强大的国内市场应该是要素聚集能力强劲的市场，它不仅可以吸引国内的技术、人才和资金在国内办企业，而且可以吸引国外的各种优质资源向国内集聚，到国内进行研发和生产。通过吸引各种要素和资源的聚集，可以培育优势企业和优势产业，形成推动技术进步和产业升级的能力。美国近代以来之所以表现出强劲的创新能力，经济获得持续增长，最重要的原因就是培育了强大国内市场，它拥有强劲的内聚力量，从而吸引了世界各国的优质资源。从总体上看，不仅美国的技术、人才和资金较少流向国外，而且吸引着世界各国的优质资源源源不断地流向美国，从而支撑起强大的美国经济。

3. 促进形成强大国内市场的路径

从目前的情况看，中国的国内市场容量很大，但是存在"大而不强"的问题，主要表现为本土企业和产品供给能力比较弱，市场质量和环境不够理想，对国内外优质资源和生产要素的虹吸效应不够强劲。为此，应该努力增加消费和投资需求，推进供给侧改革和市场经济体制建设，并构建虹吸效应强劲的经济开放系统，从而促进形成强大国内市场。

第一，构建消费和投资协同驱动格局。李克强总理提出："充分发挥消费的基础作用，投资的关键作用，稳定国内有效需求，为经济平稳运行提供有力支撑。"国内消费需求是国内市场成长的基础，大国具有规模庞大的消费和投资市场，只有促进形成强大国内市场，才能持续释放内需潜力。一般来说，国内需求是由消费和投资两个部分构成，特别是后发大国的消费和投资成长性都很强，两者都是驱动经济增长的重要动力。2018年1—9月，中国最终消费支出对国内生产总值增长的贡献率为78%，全国固定资产投资对经济增长的贡献率达到31.8%，消费的平稳和投资的回升，对国民经济稳定持续发展起到了重要的支撑作用。为此，我们仍需继续发挥消费的基础作用和投资的关键作用，构建消费和投资协同驱动经济增长的格局。一方面，消费需求特别是最终消费需求是国内市场的基础，应该采取措施推动消费稳定增长，通过促进城乡居民增收，落实新修订的《个人所得税法》的减税政策，切实提高居民购买力和消费能力；加快发展社区养老服务业、婴幼儿照护服务业以及家政服务业，切实扩大居民消费领域；健全农村流通网络，支持电商和快递业发展，充分发挥县级融媒体在促进商品流通中的作用，切实增加农村和农民消费；积极发展消费新业态和新模式，促进线上和线下消费融合发展，努力培育新的消费增长点。另一方面，要合理扩大有效投资，紧密围绕国家发展战略，加快实施一批重点建设项目，进一步加强基础设施建设，加快5G商用步伐，加强人工智能、工业互联网、物联网等新一代信息基础设施建设；积极推进制造业技术改造和设备更新，加快智能制造的步伐，实现从传统制造业向现代制造业的转变。总之，要将消费和投资作为国内需求的两个重要支撑，使之协同驱动经济增长。

第二，推进和深化市场供给侧改革。需求和供给是国内市场的两端，需求侧和供给侧同时发力，才能促进形成强大国内市场。改革开放以来，随着经济的快速发展，消费品由供给短缺转向供给充裕，社会基本矛盾已经从人民日益增长的物质文化需要同落后的社会生产力之间的矛盾，转变为人民日益增长的美好生活需要同发展不充分不平衡之间的矛盾。目前，国内市场的高质量产品和服务同正在逐步升级的消费需求并不匹配，产能过剩和高质量产品匮乏的现实共存。存在的问题主要有：一是品牌产品匮乏，中高层消费群体开始追求"炫耀性"消费，期望购买名牌消费品；二是优质产品匮乏，中高层消费群体已经从追求使用价值转向追求优良品质，期望购买优质消费品；三是绿色产品匮乏，广大消费者开始珍惜生命和拒绝污染，期望购买绿色消费品。因此，有的消费者不惜舍近求远、弃贱求贵，到国外购买他们认为的高品质和无污染的生活用品。这种本土企业供给能力不足的国内市场状况，不利于形成强大国内市场。为此，应该从生产端和供给侧发力，特别是推进供给侧改革，通过提高国内产品和服务的质量，打造中高端品牌商品，提高消费品美誉度和消费者忠诚度，促进形成供给充裕的强大国内市场。具体地说，要增强企业的质量意识和品牌意识，提高产品和服务的供给质量，填补"质量缺口"，满足中等收入群体规模扩大后对高品质产品的需求；要通过增加产品的多样性和差异性，填补"个性缺口"，满足消费群体和阶层的多元化趋势对个性化产品的需求；通过发展新技术、新产业和新消费，开拓新增长点，适应新工业革命的趋势，以及网络时代和人工智能时代消费者对新产品和新服务的需求。总之，要通过深化供给侧改革，推动经济结构、产业结构和产品结构的优化升级，满足个性化、多样化和高端化的消费需求，以充足的本土产品供给促进形成强大国内市场。

第三，健全和完善市场经济体制机制。在经济转型和体制转型的进程中，要通过推进相关领域改革的深化，健全同高质量发展相适应的体制机制，将市场活力充分释放出来。强大国内市场应该拥有优良的市场环境、市场质量和市场绩效，从而具有市场生机和活力，促进经济繁荣和高质量发展。具体地说，一是要培育市场秩序，合理规范市场管理主体的管理行为、市场经营主体的交易行为和市场消费主体的购买行为，致力于构建亲清新型政商关系，健全政府企业沟通联系机制，激发企业家精神，打造良好的营商环境，制定市场主体进入和退出的规则，规范市场行为，避免和制止不正当竞争行为；积极发展市场中介组织，充分发挥行业协会的作用，做好服务沟通、公证和监督等工作。二是要健全社会信用体系，将政府信用、企业信用和个人信用有机融合，增强全社会的信用观念，推动社会信用体系的商业化运作，完善信用监管和失信惩罚制度，形成有效的失信惩戒机制；加强标准化管理，推进产品和服务的标准体系建设，制定统一、规范、严格的质量标准，促进形成市场供给方和需求方的信任关系；利用互联网技术优化消费领域信用信息采集，建立跨地区、跨部门、跨行业的信用信息共享机制，构建全国性信用信息共享平台。三是加强市场法治建设，遵循公开、公平、正义的原则，制定完善的市场法规体系，真正树立法律权威，以法律手段维护市场秩序，维护市场主体的权利和消费者的权利；通过司法中央集权为建设国内统一市场提供制度保障，消除国内统一市场的障碍，克服地方保护主义，促进各种产品和生产要素的跨区域自由流动，提升国内市场的整体效率。总之，市场化和法治化是中国改革和发展的方向，也是在最大程度上提升市场质量和绩效，进而形成强大国内市场的必由之路。

第四，建设基于内需的经济开放系统。大国可以凭借庞大的国内市场建立独立的经济循环，这是大国市场的规模效应和规模优势，市场范围狭窄和市场规模偏小的国家则不具有这种优势。然而，在经济全球化条件下，小国也可以通过经济开放利用世界市场，从而形成支撑重点产业发展的市场规模；倘若大国实行封闭的经济政策，就不可能获得全球化红利，而且有可能减弱市场规模优势。为此，我们应该继续实行开放的经济政策，既充分利用庞大的国内市场，又适时利用国际市场，进而扩大市场范围和市场规模。当前，面对出现"逆全球化"现象的世界经济形势，我们应该坚定不移地扩大开放，推动建设开放型世界经济，并继续获得全球化红利。同时，大国的开放和小国的开放具有不同的意义，我们在经济开放中，应该致力于依靠大国庞大的国内市场规模，建设基于内需的经济开放系统，使国内市场变得更加强大，更加具有生机和活力，特别是更加具有内聚的力量，或者叫做"虹吸效应"，这样不仅可以充分集聚国内的人才、技术和资金，而且可以较好地吸引全世界的优质资源和生产要素，从而进行技术研发和创新，培育大企业和大产业，增强国内企业和产业的国际竞争力，实现从经济大国向经济强国的跨越。

三、要素市场分割影响行业价值链参与度分析

建设强大国内市场和构建大国经济的国内大循环,需要在某些产业和领域实现价值链环节从国外到国内的转移,特别是要提升企业的国内价值链参与度,尤其是影响国家战略布局和正在向价值链高端攀升的行业,因而有必要明晰国内要素市场分割程度,并实证其影响行业价值链的参与程度,找准国内大循环的堵点,为建设强大国内市场和实现国内大循环的畅通无阻创造有利条件。

2020年4月9日,《中共中央 国务院关于构建更加完善的要素市场化配置体制机制的意见》正式对外发布。该意见针对中国目前发育相对滞后的土地、劳动力、资本、技术、数据等要素领域提出了改革的方向,明确了完善要素市场化配置的具体举措;意在深化要素市场化配置改革,促进要素自主有序流动,提高要素配置效率,进一步激发全社会创造力和市场活力,推动经济发展质量变革、效率变革、动力变革。从价值链角度看,提升中国制造业的国际分工地位,完成从产业链低端向高端的升级,最后跻身于工业发达国家队伍,是中国经济发展的必由之路。所以,要分析中国在价值链分工中始终处于低端的缘由,利用要素市场选择和政策的激励导向作用,为实现中国产业价值链升级打下扎实的基础。另外,中国巨大且多层次的要素市场由于政策和制度等因素存在不同程度的分割,阻碍了要素的自由流动,通过研究整体评价中国在地域层次的要素市场分配状况,进一步从地域异质性的角度分析不同地域要素配置效率所存在的巨大差距,为减少要素市场区域分配不协调及加速要素流动,实现产业价值链升级的政策制定提供一定的现实基础。我们将以此为出发点,研究阻碍要素跨区域自由流动的市场分割因素对不均质大国中各行业价值链参与度的影响。本研究的主要贡献有:一是基于国内区域投入产出表计算了国内不同区域各行业的国内价值链参与度,从而在此基础上得到各区域平均参与度;二是在空间计量模型的估计框架下对区域要素市场分割影响各区域行业价值链参与度进行了经验研究。

1. 市场分割与价值链研究回顾

国内外学术界关于商品市场分割的研究已日趋丰富,其中陆铭等(2009)分别针对商品市场分割形成的原因、评价方法及外延影响展开研究。市场分割指数通常用以刻画地方政府为保证充分就业、财税收入和经济短期增长等目标,通过设置市场准入条件等形式对市场进行零散分割的水平,学术界通常用该指标衡量地方保护程度。主流研究多采用"生产法""贸易法""产品价格法"等构建市场分割指数(陈钊、陆铭,2008;李坤望等,2014;陈敏等,2008),这三类方法优劣并存:生产法相对简单便捷,但其测算所依据的生产结构变化可能说明区域正逐步摆脱计划经济下区域分工的不合理性,未必是受地域保护和市场分割影响所致;贸易法通过贸易流量度量市场经济条件下的贸易壁垒,但如果区域之间的贸易产品替代弹性很高,则较小的价格波动也会导致贸易流量大幅增加,从而使市场分割指数丧失准确性;产品价格法基于地理邻近省份之间的产品相对价格来衡量产品市场分割水平,但并未将资本、劳动等要素价格变动纳入研究范围。要素市场扭曲深远影响着中国经济社会发展,特别是在转型阶段。国内学术界的研究主要有以下内容:张杰等(2011)使用中国工业企业数据从研发投入角度探究要素市场分割的影响,指出中国不同区域有着不同的要素市场分割水平,而其对各类所有制企业的研发投入产生的作用同样存在差异,值得注意的是私有企业特别是外资企业的研发投入会更为显著地被要素市场分割所限制。金培振等(2015)通过空间杜宾模型对要素市场的区域扭曲与市场配置效率之间的关系进行了实证研究,认为要素市场扭曲程度在中国西部地区较高,中部次之,东部最低;市场配置效率会伴随着要素市场扭曲而发生,并且这种扭曲的空间溢出效应明显,但政府可以通过财政分权缓解扭曲情形;能够提升地区资源配置效率的措施有提高国有经济的比重、使产业结构优化升级、加强基础设施建设以及增加FDI,而开放程度并不能提升地区资源配置效率。此外,该文还发现消除地域保护、鼓励自由贸易才能从根本上提高市场配置效率。王宁(2016)指出,在中国经济转型时期市场分割与经济结构升级是相互依存的,一方面,要素市场扭曲促使经济结构发生改变;另一方面,经济结构的调整也在促使经济不断增长。

另外,伴随着经济学的研究对象从产品本身延伸到附着在产品中的价值,学术界从产品价值链及其驱动力方面获得了较丰富的成果,Kogut(1985)从价值链的垂直分离和空间再配置之间的关系方面来描述价值链视角下的产业升级。Krugman等（1995）研究了企业将内部各个价值环节在不同地理空间进行配置的问题，使得价值链中治理模式与产业空间转移之间的关系成为价值链理论中的一个重要研究领域。Porter（2001）从宏观层面提出，产业升级就是当资本（人力和物力）相对于劳动力和其他资源禀赋更加充裕时，企业、国家在资本和技术密集型产业中发挥比较优势。他认为，不同产业的价值创造过程是不一样的，在企业众多价值创造和增值活动中，并非每个环节都创造价值，只有那些价值创造量大的"战略性环节"，才对资源优化配置、企业创造价值最大化及获得竞争优势具有意义。Jones（2005）则认为，产品内分工背景下的产业转移，与其说是各国要素禀赋差异的结果，倒不如说是跨国公司根据各国体现于不同工序上的要素禀赋差异为寻求全球竞争优势而进行国际一体化生产布局的体现。上述研究大都从理论上进行阐述，如果说价值链是与不同生产环节融合在一起的有机整体，那么如何定量地界定两者的关系变得尤为重要，Antràs等（2012a；2012b）给出了细致的解决方法，从理论上证明如将某行业产品距离最终需求所需要的生产环节作为该行业在产业链中的上游度水平的话，那么该上游度等价于该行业单位增加值的变化对整个产业链产出的拉动效应，从而将增加值与生产环节结合起来，上游度水平越高的行业在价值链中的拉动作用就越显著。本书在此基础上将区域因素包括进来，试图进一步刻画某行业增加值对本区域产业链上的相关行业的拉动作用。总体而言，现有的有关要素与价值链的研究文献主要存在以下几个方面的不足：第一，绝大部分学者只是从国家层面研究价值链升级，但是对国内各区域各行业在价值链中定位的研究还比较模糊，尤其是在当前国内贸易数据普遍缺乏的情况下，如何准确定位中国这样一个不均质大国各区域间的特征行业彼此在价值链中的位置，这是一国价值链从低端向高端升级的前提；第二，大多数学者对行业价值链影响因素的研究集中在需求层面和政策制度等宏观层面，缺乏区域层面和要素层面的研究，作为一个贸易大国，要想更好地发挥需求的规模优势，完成产业结构升级，就必须以国内各区域间要素的自由流动为前提，而现有文献未能刻画要素流动对价值链参与度的影响。

2. 中国国内市场分割程度分析

（1）中国国内市场的发展

1949年中华人民共和国成立至1978年实施改革开放，中国经济以内向型发展为特征，对外交往处于封闭状态，国家政治孤立，而对外敌入侵又担忧，这使中国对本国与资本主义世界国家之间的经济联系实行限制。在这段时期，冷战爆发，世界经济格局发生变化，形成了以美国为核心的资本主义阵营和以苏联为核心的社会主义阵营。中国与苏联联系相对密切，因此，当时中国极少的对外经济合作大都是同苏联进行的。国家在对与外国的经济联系实行限制的同时，在国内也实施地区性自给自足战略。各省主要依靠各自所拥有的资源维持自身的发展，因此，省份之间的地区性贸易往来较少。在高度集中的计划管理体制下，绝大部分生产资料和生活资料的生产和销售都由中央各部委在全国统一调拨。虽然产品在全国范围流动，但不存在全国统一市场。由于物质缺乏，全国以省（市、自治区）为单位实行配给制，为地区居民发放地方性的粮票、布票、油票等，这些票据不能够跨省流通。在这种背景下，全国实际上出现了30个相对独立的市场。各省份之间不能通过自由贸易互通有无。然而，由于各省份在资源禀赋、区位条件、经济发展基础等方面都存在差异，因此不可避免地出现有的省份产品有剩余，而有的省份产品不足的情况。这就需要通过中央进行统一调拨。这种在高度集中的计划管理体制下的内向型经济使得各地区的生产完全忽略本地比较优势、规模经济和专业化原则，导致经济的低效率和资源的浪费。

改革开放以来，中国逐步实现了由计划经济体制向市场经济体制的转变。各地区可以根据自身的发展条件安排商品的生产和销售。在传统的计划经济体制下，地区经济的发展必须服从中央的安排，因此地方利益减弱。而在市场经济条件下，由于各地区拥有经济发展自主权，能够利用当地资源优势、地理位置条件，根据市场规模和市场结构，结合当地实际情况发展经济，在这种情况下，中国经济得到了快速发展。然而，中国在改革开放过程中实行中央放权、地方扩权的区域管理体制，所以随着改革开放的深化，地方政府成为地区经济发展的主体。为了尽快发展地区经济，各地区之间展开了激烈的竞争，加剧了地区之间的利益冲突。各地方政府为了维护当地经济利益，扩展地区经济总量，纷纷采取行政手段管理地方经济。它们利用手中的财力及可能得到的机会（贷款或吸引外部投资）大量建设工业项目。当这些项目发展起来以后，与外地同类产业进行市场竞争。当地政府为了保护本地企业的发展，开始进行各种形式的市场保护限制。一方面，限制本地区初级产品外流，保证本地加工工业的原材料来源；另一方面，限制其他地区制成品流入，提高本地产品在本地市场的占有率，从而保证企业的发展。这种政府利用非经济手段管理地区经济的方式阻碍了国内市场一体化的发展,也不利于经济的进一步可持续发展。

随着经济的快速发展,需要发挥市场的基础性作用,打破国内市场分割状况,通过市场竞争机制实现优胜劣汰,在各地区形成一批各具特点的优势产业,最终形成合理的专业化和地区分工格局,以此促进国内各地区统一市场的形成与发展,为全国经济的持续高速发展提供支持。以此为目的,国家相继出台了一系列促进国内市场一体化的措施。计划在经济中的作用逐渐减弱,市场成为配置资源的主要手段。随着中国市场经济的不断发展,各地区经济发展竞争力增强,经济交流往来日益密切,技术溢出效应使各地区相互促进,各地区依据自身比较优势决定生产也带来许多利益。1994年,中国实行经济体制改革,使市场经济得到了进一步的发展。改革开放初期,东部沿海城市凭借得天独厚的地理区位优势,以及国家的优惠政策,大量吸引外资,发展外向型经济,经济发展迅速。进入20世纪90年代以后,在进一步深化和扩大东部沿海地区对外开放的基础上,中国的对外开放开始向中西部地区逐步推进。在世纪之交,党中央又提出了西部大开发战略、中部崛起战略和振兴东北老工业基地战略。这一系列举措旨在通过加快中西部和东北地区的发展,提高中西部和东北地区民众的收入,实现各地经济的快速协调发展。总之,从中华人民共和国成立初期到现在,国内市场是不断趋于整合的。

(2) 中国区域市场分割程度测算

目前,测度国内市场分割水平的方法总体上可以分为三种,即区际贸易流法、边界效应法以及价格指数法。本部分拟采用价格指数法测度中国1997—2013年全国及各个省份(西藏除外)的市场分割程度。(陆铭、陈钊,2009)为尽可能多地涵盖各类别商品,最终选择食品、饮料烟酒、服装鞋帽、纺织品、中西药品、化妆品、报纸杂志、文化体育用品、日用品、家用电器、首饰、燃料、建筑材料及五金电料共13类商品进行分析。先根据1997—2013年中国30个省份的各类商品价格指数计算65对相邻省份(比如福建与广东、江西和浙江)之间"对数差分"形式的价格差异,并取绝对值:$|\Delta Q_{ijt}^k| = |Q_{ijt}^k - Q_{ijt-1}^k| = |\ln(P_{it}^k/P_{jt}^k) - \ln(P_{it-1}^k/P_{jt-1}^k)|$。其中,$k$代表商品种类,$i$和$j$代表两个相邻省份,$t$代表年份,$Q$代表商品价格,$P$代表商品价格指数。共得到$17 \times 30 \times 65 = 33150$个数值。在此基础上,减去特定年份$t$中$k$商品在各省份间价格差异的平均值$|\overline{\Delta Q_t^k}|$,最终得到用以计算方差的相对价

波动部分 $q_{ijt}^{k}=\varepsilon_{ijt}^{k}-\overline{\varepsilon_{ijt}^{k}}=|\Delta Q_{ijt}^{k}|-|\overline{\Delta Q_{t}^{k}}|$，然后计算每两个地区 K 类商品的相对价格波动 q_{ijt}^{k}（$k=1$，2，…，K）方差 Var（q_{ijt}^{k}），共有 $65\times17=1105$ 个，并将所有地区组合的相对价格方差按照省份合并，从而计算各省份与相邻省份的市场分割指数 $\mathrm{seg}_{it}=\left(\sum_{j\neq i}\mathrm{var}(q_{ijt}^{k})\right)\big/M$，其中，$M$ 表示相邻省份个数。为了使解释变量系数的估计值不至于太小，我们将被解释变量乘以 10000。原始数据来源于历年《中国统计年鉴》中 28 个省份的环比价格指数，分为东部地区：北京、天津、河北、上海、江苏、广东、浙江、福建、山东、辽宁；中部地区：吉林、黑龙江、山西、河南、湖北、湖南、安徽、江西；西部地区：内蒙古、广西、陕西、甘肃、宁夏、青海、新疆、四川、贵州、云南；重庆、海南、西藏三地区因数据缺失严重被剔除。利用这些地区的居民消费价格分类指数测算该地区消费品市场的相对价格方差，从而度量国内市场分割指数。在对中国区域市场分割程度分时间段分地区进行分析比较的基础上，重点分析单个市场分割指数的变化趋势。

(3) 中国区域市场分割程度的分析

① 中国市场分割程度的时间趋势分析。为得到三大市场分割程度的趋势图，对三大市场分割指数分别逐年求每个区域内各省份的均值，并按照地区合并处理，可分别得到全国、东部、中部和西部地区分类市场的 1997—2013 年时间序列数据。

图 8.1 揭示了中国当前转型时期市场分割的两个特征：第一，在时间维度上，1997—2013 年，中国地区间市场处于不断整合的过程中，但在 1997—

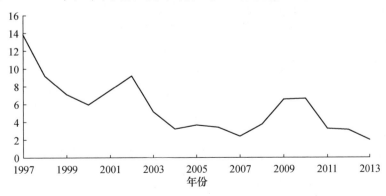

图 8.1　市场分割指数的总体变化趋势图

2000年，市场分割指数明显下降，而后波动变化至2007年。2007年，受金融危机冲击，市场分割程度短暂加剧。总体来看，1997—2013年，国内市场分割程度呈现下降趋势，这与白重恩等（2004）等的研究结果基本一致。据此，我们可以判断，1997—2013年，国内市场总体呈现出日渐整合的趋势，市场一体化水平不断提高。第二，一个非常有趣的现象是，2007—2009年，国内市场分割指数明显上升，这表明宏观经济形势对全国市场的影响不容小觑。但无论如何，中国的地区市场分割程度依然比较严重。

② 分地区国内市场分割程度的趋势分析。从区域层面看，东部、中部、西部地区国内市场分割指数的整体走势与全国市场走势相似，总体呈现降低的趋势，如图8.2所示。但是，地区间国内市场分割程度呈现出差异性，中部地区的国内市场分割程度一直保持最低。我们的解释是，东部地区大部分省市正处于工业化后期，个别省市甚至处于后工业化时期，在这一发展阶段，理应构建起更加完善的技术创新服务体系，破除对低附加值制造业的路径依赖。然而，近年来，东部地区经济进入中高速增长阶段，为了本地利益，东部地区政府采取地方保护主义行为，增强行政壁垒，形成产业转移粘性等，这将不利于国内市场分割程度的降低。同时，东部地区国际市场开放程度最高。一般而言，国际市场开放程度越高的地方，其政府往往更重视与国外经济的联系，选

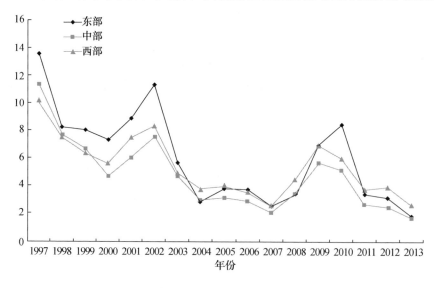

图 8.2　市场分割指数的总体变化趋势图

择性忽视国内市场整合。中部地区正处于工业化中后期，工业化处于快速上升期，在承接东部地区制造业转移时，地方政府为了维持这种上升势头，推进东部地区产业"落户"发展，往往会较少考虑地区的比较优势，这就导致国内市场分割程度加深。但是，与东部地区相比，中部地区国际市场开放程度较低，地方政府往往更重视与国内其他地区的经济联系，一定程度上缓解了国内市场分割。西部地区产业基础较为薄弱，为了扶持本地企业的发展，政府往往会采取保护主义行为，同时由于在承接东部地区产业转移过程中，与中部地区存在竞争关系等，更倾向于采用分割市场的行为，故而国内市场分割程度较高。

③ 省际国内市场分割的趋势分析。为进一步分析省际层面的国内市场分割程度及其演变趋势，我们绘制了中国除西藏之外的 30 个省份 1997—2013 年的市场分割指数走势图（见图 8.3）以及各省份平均市场分割指数图（见图 8.4）。从图中可知，各省份平均相对价格方差在 1997—2013 年的走势与全国平均相对价格方差的走势基本一致，总体呈现降低的趋势。其中，北京、天津、辽宁、上海、湖南 5 个省份平均相对价格方差的走势波动较为剧烈，其他省份走势波动相对较小。

进一步，我们计算 1997—2013 年平均价格方差的均值，并对 1997 年平均价格方差、2013 年平均价格方差和 1997—2013 年中间年份即 2005 年平均价格方差予以排序。从表 8.1 可以看出，北京、天津、重庆、海南等地市场分割程度较高，这意味着其平均市场分割指数较大，而山东、河北、江西等地的平均市场整合程度最高。进一步观察发现，1997—2013 年，黑龙江、福建、河南、四川、贵州、云南、陕西、甘肃、青海、宁夏等地市场分割程度增加较快，排名上升较大；而北京、河北、山西、内蒙古、上海、江苏、安徽、山东、湖北、湖南等地市场分割程度减缓较快，排名下降较大；辽宁、吉林、浙江、江西、广东、广西、海南、重庆、新疆等地的排名并未出现明显变动。

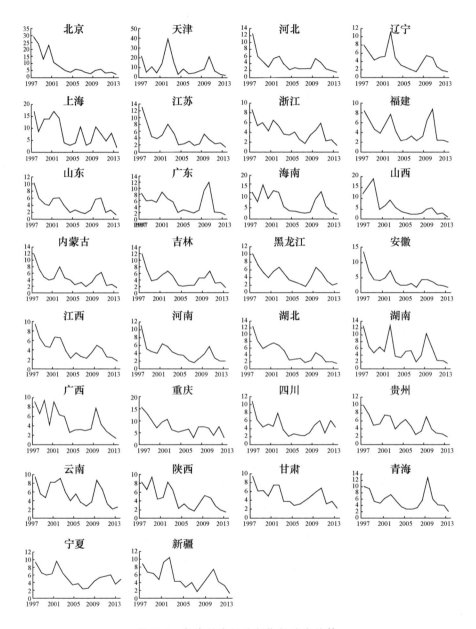

图 8.3 各省份市场分割指数演变趋势

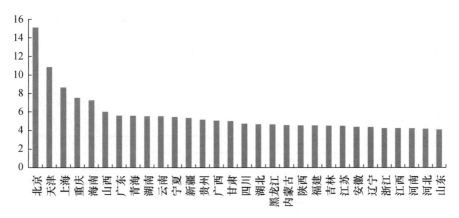

图 8.4　各省份平均市场分割指数

表 8.1　各省份市场分割指数均值情况

省份	1997 年		2005 年		2013 年	
	排名	指数	排名	指数	排名	指数
北京	1	28.85	3	5.90	7	2.23
天津	2	21.74	1	9.24	5	2.48
河北	8	12.48	18	2.91	19	1.48
山西	10	11.92	15	3.01	24	1.40
内蒙古	13	11.80	28	2.52	29	1.30
辽宁	30	8.09	27	2.53	26	1.39
吉林	12	11.90	30	2.13	17	1.61
黑龙江	17	10.25	17	2.97	4	2.51
上海	3	17.17	8	3.93	15	1.73
江苏	6	13.11	29	2.34	27	1.36
浙江	26	8.66	7	4.06	30	1.27
安徽	5	13.38	26	2.56	14	1.84
福建	27	8.49	25	2.58	11	2.05
江西	21	9.37	12	3.42	16	1.68
山东	16	10.25	23	2.73	28	1.30
河南	15	11.02	11	3.45	9	2.13
湖北	9	12.46	21	2.80	22	1.46
湖南	7	12.60	6	5.14	18	1.58
广东	28	8.44	16	3.00	25	1.40
广西	24	9.11	14	3.17	20	1.47

（续表）

省份	1997年		2005年		2013年	
	排名	指数	排名	指数	排名	指数
海南	11	11.92	10	3.46	8	2.13
重庆	4	15.54	4	5.81	3	2.66
四川	14	11.03	22	2.74	2	4.40
贵州	19	9.90	2	6.24	13	1.97
云南	22	9.33	5	5.57	6	2.44
陕西	29	8.15	13	3.26	23	1.42
甘肃	23	9.32	19	2.86	10	2.10
青海	18	10.14	24	2.71	12	2.03
宁夏	20	9.45	9	3.79	1	4.90
新疆	25	8.90	20	2.85	21	1.47

经过40余年的改革开放，中国市场分割状况依然是各界关注的焦点。本章系统梳理了中国市场分割的历史演变进程，即依次经历了放权改革阶段、鼓励竞争阶段和结构调整阶段。尽管中国国内市场趋于分割还是整合仍是一个有争议的话题，但是其成因不外乎自然性市场分割、技术性市场分割和制度性市场分割三个方面。本章从微观层面对中国国内市场一体化水平的发展变化进行描述和定量分析，采用价格指数法构造衡量市场一体化程度的市场分割指数。我们不难发现：中国市场分割指数总体呈现下降的趋势，个别年份小幅上升；从区域层面看，东部、中部、西部地区国内市场分割指数的整体走势与全国市场走势相似，中部地区国内市场分割程度最低；从省际层面看，各省份的平均相对价格方差在1997—2013年的走势与全国平均相对价格方差的走势基本一致，总体呈现降低的趋势，且变动较为平稳。

3. 价值链参与度关键指标算法与分析

（1）区域—行业的国内价值链参与度指标测算与分析

本书借鉴Koopman等（2010）中的KPWW方法，用全球价值链参与度指标测算国内各地区不同产业参与国内产业链的情况，但Koopman等（2010）认为该方法仍存在缺陷：一是未考虑返回国内的增加值（RDV），虽然这部分增加值作为重复计算部分不构成该产业的增加值出口，但是在考虑价值链参与度时，这部分增加值实际上跨越国境两次，也参与了全球价值链的生产。因此，本书在Koopman等（2014）总出口分解的基础上作出改进，将复进口所包含的国内增加值部分纳入指标，对应的国内价值链参与度指标为：

$$\text{DVC\_Participation}_{ir} = \frac{\text{IV}_{ir} + \text{RDV}_{ir}}{E_{ir}} + \frac{\text{FV}_{ir}}{E_{ir}} \tag{8.1}$$

其中，IV_{ir} 表示 r 国（区域）i 产品的国内增值，FV_{ir} 表示 r 国（区域）i 产品的国外增值，E_{ir} 表示出口商品总额。

如式（8.1）所示，将某区域某部门中间品出口用于其他区域的情况，与该区域同一部门使用的进口中间品的情况联合起来，能够反映该区域该部门在某一特定价值链中的参与度。然而，将式（8.1）直接用于计算国内各区域在国内价值链上的参与度仍然存在缺陷：该式立足于某特定区域特定行业，如果站在全价值链的视角，其结果不具备可比性。对价值链影响微乎其微的特定区域的特定部门可能具有极高的参与度，使得这一指标的经济学解释力大打折扣。基于此，我们对式（8.1）进行改进，改进的原则是使其能够体现某特定区域特定行业本身参与国内产业链的情况的同时也能衡量在全价值链视角下的相对参与度优势。因此，我们引入显性比较优势指数，根据 Balassa（1965），一国某行业的显性比较优势被定义为：

$$\text{TRCA}_{ir} = \frac{e_{ir}}{\sum_i e_{ir}} \Bigg/ \frac{\sum_r e_{ir}}{\sum_i \sum_r e_{ir}}$$

TRCA_{ir} 表示一国所有行业的出口中某行业出口所占份额相对该行业所有国家的出口占全球总出口的份额，该比例大于1，表示该国该行业具有比较优势，否则意味着该国该行业具有比较劣势。e_{ir} 表示 r 国（区域）的 i 产品的出口，$\sum_i e_{ir}$ 表示 r 国（区域）所有产品的出口，$\sum_r e_{ir}$ 表示全球 i 产品的出口，$\sum_i \sum_r e_{ir}$ 表示全球总出口。

为了体现价值链参与度的比较优势，进一步参照式（8.1）将上式改为：

$$\text{PTRCA}_{ir} = \frac{\text{IV}_{ir} + \text{RDV}_{ir} + \text{FV}_{ir}}{\sum_i \text{IV}_{ir} + \text{RDV}_{ir} + \text{FV}_{ir}} \Bigg/ \frac{\sum_r \text{IV}_{ir} + \text{RDV}_{ir} + \text{FV}_{ir}}{\sum_i \sum_r \text{IV}_{ir} + \text{RDV}_{ir} + \text{FV}_{ir}} \tag{8.2}$$

（8.1）×（8.2）得到：

$$\overline{\text{DVC\_Participation}_{ir}} = \left[\frac{\text{IV}_{ir} + \text{RDV}_{ir} + \text{FV}_{ir}}{E_{ir}} \right]$$

$$\times \left[\frac{\text{IV}_{ir} + \text{RDV}_{ir} + \text{FV}_{ir}}{\sum_i \text{IV}_{ir} + \text{RDV}_{ir} + \text{FV}_{ir}} \Bigg/ \frac{\sum_r \text{IV}_{ir} + \text{RDV}_{ir} + \text{FV}_{ir}}{\sum_i \sum_r \text{IV}_{ir} + \text{RDV}_{ir} + \text{FV}_{ir}} \right] \tag{8.3}$$

基于区域—行业国内价值链参与度指标，容易得到区域价值链参与度指标，对于任意区域 A，其参与度指标可以表示为：

$$R_r = \sum_i \frac{\overline{DVC\_Participation_{ir}} P_{ir}}{\sum_i P_{ir}} \quad (8.4)$$

其中 P_{ir} 表示区域 r 行业 i 的产出。

为衡量中国各个地区不同行业在国内价值链中的参与度，本书利用 2010 年以及 2012 年中国除西藏之外的 30 个省份 30 个部门（见表 8.2）的区域间投入产出表，计算得到不同区域不同部门在国内价值链中的参与度。（Mi *et al.*，2017）

表 8.2　30 个细分产业表

	部门（英文）	部门（中文）		部门（英文）	部门（中文）
1	Agriculture	农业	16	General and specialist machinery	通用和专用设备
2	Coal mining	煤炭开采	17	Transport equipment	运输设备
3	Petroleum and gas	石油和天然气	18	Electrical equipment	电气设备
4	Metal mining	金属矿业	19	Electronic equipment	电子设备
5	Nonmetal mining	非金属矿业	20	Instrument and meter	仪器仪表
6	Food processing and tobaccos	食品烟草	21	Other manufacturing	其他制造业
7	Textile	纺织品	22	Electricity and hot water production and supply	电力和热水的生产和供应
8	Clothing, leather, fur, etc.	服装皮革	23	Gas and water production and supply	天然气和水的生产和供应
9	Wood processing and furnishing	木材加工	24	Construction	建设
10	Paper making, printing, stationery, etc.	造纸、印刷	25	Transport and storage	运输和存储
11	Petroleum refining, coking, etc.	石油、炼焦	26	Wholesale and retailing	批发和零售业
12	Chemical industry	化学工业	27	Hotel and restaurant	酒店和餐厅
13	Nonmetal products	非金属产品	28	Leasing and commercial services	租赁及商业服务
14	Metallurgy	冶金	29	Scientific research	科学研究
15	Metal products	金属制品	30	Other services	其他服务

先根据式（8.1）计算国内不同区域的国内价值链参与度，以 2012 年投入产出数据为例得到图 8.5。

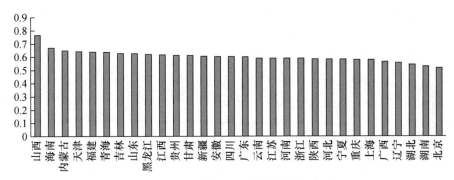

图 8.5　国内各区域价值链参与度

考虑不同于跨国贸易的情况，国内贸易由于具有明显更低的冰山成本等因素，使得不同省份没有发展全产业链的必要，因此某些以上游原材料为主要输出品的省份表现出显著的价值链参与度。剔除这些上游原材料生产部门，根据式（8.4）计算国内不同区域的国内价值链参与度，以 2010 年、2012 年投入产出数据为例得到图 8.6。

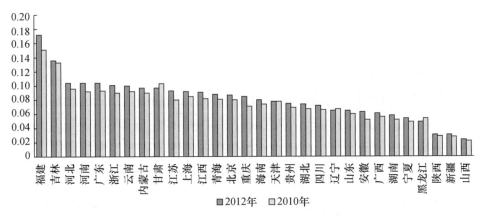

图 8.6　调整后的国内各区域价值链参与度

通过比较图 8.5 和图 8.6，可以发现剔除上游原材料生产部门并采用修正的参与度指标计算后，不同区域国内价值链参与度的排序发生了显著变化。例如，山西、新疆等以原材料输出为主要产业特征的地区在图 8.5 中排名靠前，而在图 8.6 中排名倒数。就图 8.6 而言，总体上，国内各省份的价值链参与度是提高的，但也有少数省份呈现出参与度下降的迹象，如甘肃、辽宁以及黑龙江等。30个省份价值链参与度平均增幅为5.69%，其中增幅超过平均水平的地区主要有福建、河南、广东、浙江、江苏、江西、重庆、安徽以及湖南等。进一步，分别考察产业链较长且地域分布较广的两个代表性行业：交通运输设备行业和电子设备行业，如图8.7和图8.8所示。

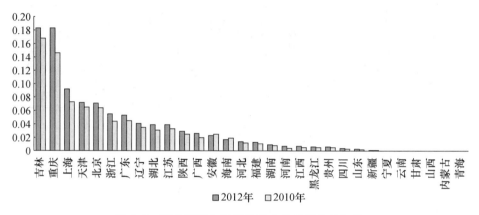

图8.7 不同区域交通运输行业的价值链参与度

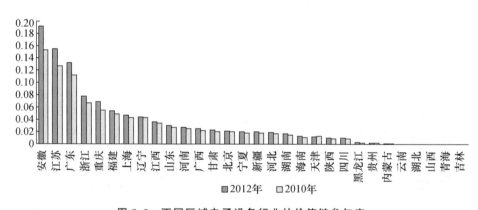

图8.8 不同区域电子设备行业的价值链参与度

从图8.7中可以发现，总体而言，2010—2012年，除安徽与海南以外，其余28个省份交通运输行业的国内价值链参与度均持续上升，平均增幅为16.21%，其中增幅超过平均水平的地区主要有重庆、上海、浙江、湖北、广西和湖南等。

从图8.8中可以发现，总体而言，2010—2012年，除天津、贵州、湖北以外，其余27个省份电子设备行业的国内价值链参与度均持续上升，平均增幅为12.98%，其中增幅超过平均水平的地区主要有安徽、江苏、广东、浙江以及重庆等。

(2) 基于价格法的区域要素市场分割指数测算与分析

利用"冰川成本"思想整合产品市场，并根据区域各要素之间形成的相对价格建立要素市场分割指数这一指标。因为生产要素在流动过程中会发生交易成本，因此转移劳动力过程中其价格也随之上下起伏。同样地，资本要素的流动也将带来交易成本。所以，各个地区之间的套利空间会使地区间的要素价格显著不同。以 A 地和 B 地为例，如果 A 地某个要素的价格是 P_A，B 地该要素的价格是 P_B，因为要素流动会产生成本 $P_A C$（假定它的单位成本同单位价格之比为 C），那么，当且仅当 $P_A - P_A C > P_B$ 时，两个地区之间由于套利空间的存在会使得要素在区域间发生转移。如果上述条件不满足，那么要素间的相对价格会波动于无套利空间 $[1-C, 1/(1-C)]$ 这一范围内。但是因为市场分割和地方保护主义的存在，会导致制度方面的阻碍，市场一体化程度低的要素的相对价格波动幅度将相应变大。根据三个维度的数据（要素类型 k、地区 m、时间 t）进行评价，考虑到西藏、海南等地存在大量缺失数据，研究区域范围仅限于 29 个省份。在劳动力要素选择上，用 30 个细分产业[①]中在职员工每年平均薪资数据代表异质性产业劳动力生产要素的价格；再看资本这一生产要素，尽管习惯上使用利率来度量其价格，然而因为中国金融市场受国家调控，各区域商业银行的借贷和存款利率接受严格监管，民间借贷中的利率更难正确计算与收集，在利用利率水平测度领域内所使用资本要素的价格时可能会导致估计结果产生误差。因此，使用建筑安装工程、设备工具购置、固定资产投资和其他费用四项资本要素的价格指数来度量价格变化程度。

根据 1998—2012 年 29 个省份统计年鉴提供的数据，以 15 个行业城镇在职员工的平均年薪算出其工资的环比指数，以此对异质性产业劳动力生产要素价格的变化进行测算。根据上述价格指数，可计算出 15 年来 406 个省份配对组的相对价格方差 VAR (P_{it}/P_{jt})，数据达 6090 个。其相对价格的绝对数为 $|\Delta Q_{ijt}^k|$，且 $|\Delta Q_{ijt}^k| = \ln(P_{it}^k/P_{jt}^k) - \ln\left[\dfrac{P_{it}^k - 1}{P_{jt}^k - 1}\right]$。借鉴陆铭等（2009）的处理方式，除去由于要素异质性导致的与某些特殊要素类别有关的固定效应所造成的系统性偏差，具体过程为：假设 $|\Delta Q_{ijt}^k|$ 由 a^k 和 ε_{ijt}^k 两部分构成，前半

---

① 30 个细分产业见表 8.2。

部分表明仅与生产要素 k 相联系,后半部分表明同 i 和 j 两个地区的特定市场具有关联。更进一步,运用去均值方法计算在某一年份 406 个省份的配对组中,生产要素 k 的均值 $\overline{\Delta Q_t^k}$,得到 $|\Delta Q_{ijt}^k|-|\overline{\Delta Q_t^k}|=(a^k-\overline{a^k})+(\varepsilon_{ijt}^k-\overline{\varepsilon_{ijt}^k})$,令 $q_{ijt}^k=\varepsilon_{ijt}^k-\overline{\varepsilon_{ijt}^k}=|\Delta Q_{ijt}^k|-|\Delta Q_t^k|$。用 q_{ijt}^k 算出与价格变动部分相对应的方差 VAR (q_{ijt}^k),它只与地方保护主义和市场分割有关,反映了年度省级要素的市场整合,同时体现了市场分割主导造成的要素套利范围的大小。将每个年份中 406 个省份的配对组的要素市场整合这一指数进行合并后取平均值,得到每个年份各省份与国内其他地区相对应的要素市场分割指数。求取各省劳动力要素市场和资本要素市场分割指数的平均值,作为各省综合市场分割指数。应注意的是,不同类型的市场细分指标简单加起来或平均很难得到正确的综合市场分割指数。当且仅当三种类型的市场分割趋势相似时,才能获得相对正确的总体趋势线。考虑计算结果的稳健性,根据相邻省份要素的相对价格信息,计算各个省份要素市场分割指数。

我们利用 ArcGIS 9.3 软件,基于全局参比价格法计算出要素市场分割指数(以等间隔分类方式为依据),并以此研究在时空维度上 2010 年和 2012 年每个省份要素市场分割水平的变动情况(见图 8.9 与图 8.10)。在 2010 年和 2012 年,省级要素市场分割程度存在显著的地区差别,如鲁、冀、苏、浙等

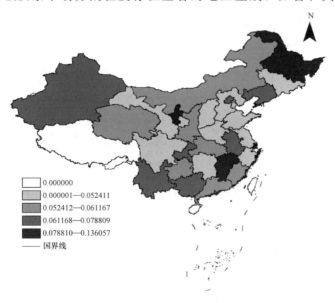

图 8.9　2010 年各省份要素市场分割水平的空间分布四分位图

省份具有最低的市场分割程度。粤、闽、辽三省份要素市场分割程度也由相对低位向更低位转变，表明东部各种要素的跨地区流动限制比较少。中部大部分省份的要素市场分割程度不断加强，如晋、豫、湘、徽四省呈现出由低到高的变化趋势，而鄂、吉、赣三省呈倒"U"形或"U"形演变态势。除四川外，西部其他省份要素市场分割程度均较高，并且大部分具有维持不变或持续加强的趋势。不过，个别经济发展水平高的地区如京、津、沪，其要素市场分割程度较高，因为直辖市的特殊性使得其政府在制定政策时与其他省份有所不同；同时，经济相对发达的地区面积相对较小，这使得国家更加方便实行价格的直接干预，导致其要素市场分割程度相对较高。

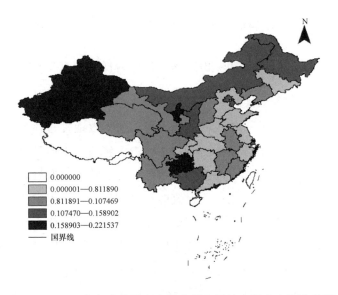

图 8.10　2012 年各省份要素市场分割水平的空间分布四分位图

从整体上看，1998—2012 年，中国三个经济区域的要素市场分割程度呈现出较强的波动特征，且大多数年份的波动趋势相对一致。从区域上看，西部地区要素市场分割程度往往高于东部和中部地区，可能的原因是各省份之间的经济竞争关系会影响区域之间的博弈决策，如果一个省份提升要素的流动门槛，从而保护区域经济发展，那么该省份的次优战略同样是提高门槛，最终使得在各个省际领域每个要素市场的分割水平呈现相对一致的变动趋势。（见图 8.11）

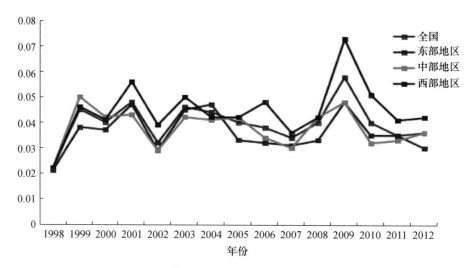

图8.11　1998—2012年中国东部、中部、西部三大经济区域要素市场分割水平变化趋势

4. 区域要素市场分割影响行业价值链定位的经验分析

价值链分工模式跨越了传统的地理边界，使得以地理边界为特征的平行贸易行为衍生至以生产环节彼此接续的网络行为。然而，生产网络之所以能够跨越地理界线衔接，其背后隐含着生产要素跨界流动的关键假设，因此要素是否能跨界自由流动将对不同区域行业价值链参与度的变化产生重要影响。加快要素流动可以提高资源配置效率，发挥规模经济优势，从而优化区域的价值链分工模式，这一分析框架同时囊括了行业特征与地域的空间因素。所以，在实证检验时把经济和地理因素一同加入模型，运用面板数据采用空间计量方法研究要素市场分割对不同区域行业价值链定位的影响。

（1）指标选取说明

我们结合要素市场分割与不同区域各行业价值链参与度的关系进行探究，同时把以下指标作为控制变量：一是区域要素禀赋。某区域要素市场的流动与该区域要素禀赋是密切相关的，一区域往往倾向于输出相对丰裕的要素而吸引相对稀缺的要素。再者，区域的要素禀赋也是影响该区域内各行业在垂直分工体系中位置的关键因素，例如，劳动力资源丰裕的区域往往倾向于发展劳动密集型的加工类行业。因此，这里分别用区域总人口与区域内城镇面积之比来衡量区域的劳动力禀赋，用区域固定资产投资总额与区域内城镇面积之比来刻画区域的资本禀赋。二是行业要素结构。行业要素结构的高低是影响行业价值链参与度的关键因素,同时行业要素结构也会受到要素流动的影响,要素流动更自由的环境下行业要素结构会与区域经济发展状况相协调。这里分别用行业固定资产投资占总固定资产的比重来衡量行业资本结构,用行业的劳动力投入占总投入的比重来衡量行业劳动力结构。三是财政分权。通常,地方政府可以将财政投入基础设施建设当中,进一步吸引产品与要素流入,从而改善区域的经济外部性,促进区域内行业优化升级;但也有可能由于参与经济竞争加剧了区域要素市场分割,从而导致区域内行业逐渐孤立于一体化的垂直分工体系之外。财政分权变量用区域内各省级行政单位政府总支出占区域总 GDP 的比重来表示。四是所有制结构。自改革开放以来,中国逐渐从计划经济向市场经济转轨,计划经济时代不同行业的不同企业不能自主选择其在价值链中的参与度,虽然目前中国市场经济体制已经建立并逐步完善,但各行业的经济主体在垂直分工体系中的位置仍受到转轨路径的影响,国有经济往往更容易占据价值链上的垄断位置。与此同时,缓解本地区劳动力就业压力往往是国有企业需要承担的经济任务,国有企业比重越高,表明地方政府越倾向于保护本地区的劳动力就业市场,因此所有制结构又与要素市场分割密切相关,故需要加以控制。本书使用地区内国有企业员工数量和地区内所有员工数量的比例描绘区域所有制结构情况。五是区域的对外贸易依存度。经济开放能够促进本国要素与产品市场的整合,从而促进要素在国际市场上的流动;同时,本国生产要素与产品市场分割所获经济效益会被世界市场上具有的规模经济所替代。这里选择各个地区的对外贸易依存度这一指数来衡量区域经济的开放度。六是外国直接投资(FDI)。FDI 可以促进东道国生产要素集聚的形成,调整当前的要素配置组合。FDI 导致的技术溢出可提高各要素的产出水平,从而影响区域配置效率。这里采用 FDI 在地区 GDP 中的占比来描述外国直接投资的程度。

(2)模型构建与数据来源

依据前文的分析,本书建立如下计量经济模型:

$$\ln U_{it}^s = \theta_0 + \theta_1 \ln INTRA\_D_{it} + \theta_2 \ln INTER\_D_{it} + \theta_3 \ln REND_{it} + \theta_4 \ln ISTR_{it} + \theta_6 \ln FINA_{it} + \theta_7 \ln OWN_{it} + \theta_8 \ln OPEN_{it} + \varepsilon_{it}$$

在进行参数估计时需要根据数据特征选择适当的估计方法,本章的数据带有强烈的区域空间特征,空间依赖性是不可忽视的因素,因此拟采用空间计量模型。将上式改写为:

$$\ln U_{it}^s = \rho \sum_{i=1}^{N} W_{it} \ln U_{it}^s + \theta_1 \ln \text{INTRA\_D}_{it} + \theta_2 \ln \text{INTER\_D}_{it} + \theta_3 \ln \text{REND}_{it}$$
$$+ \theta_4 \ln \text{ISTR}_{it} + \theta_6 \ln \text{FINA}_{it} + \theta_7 \ln \text{OWN}_{it} + \theta_8 \ln \text{OPEN}_{it}$$
$$+ \alpha_t + \beta_s + \gamma_i + \omega_{it}$$

$$\omega_{it} = \tau \sum_{i=1}^{N} W_{ij} \omega_{jt} + \mu_{it}$$

其中，U_{it}^s 表示 t 年区域 i 行业 s 的价值链参与度，INTRA_D_{it} 表示区域内要素市场分割度（包括劳动力市场和资本市场的分割度），INTER_D_{it} 表示区域间要素市场分割度（包括劳动力市场和资本市场的分割度），REND_{it} 表示区域要素禀赋（包括区域的劳动力禀赋和资本禀赋），ISTR_{it} 表示行业要素结构（包括行业的劳动力结构和资本结构），FINA_{it} 表示区域财政分权，OWN_{it} 表示区域所有制结构，OPEN_{it} 表示区域的开放度，α_t、β_s、γ_i 分别表示时间、行业和区域的固定效应，ω_{it} 是随机扰动项，ρ 为空间滞后系数，τ 为空间误差系数，W_{ij} 表示空间权重矩阵。地理邻近矩阵 W_{ij} 定义如下：

$$W_{ij} = \begin{cases} 1, & \text{当区域 } i \text{ 与 } j \text{ 相邻} \\ 0, & \text{其他} \end{cases}$$

为了配合可得的投入产出数据，相应选取 2002 年、2007 年和 2012 年中国 29 个省份的面板数据。研究所用数据资料来源于《中国统计年鉴》《中国固定资产投资统计年鉴》《中国劳动统计年鉴》《中国城市统计年鉴》《中国财政年鉴》《中国能源统计年鉴》和各省份分年度统计年鉴。将 2002 年视作基期，利用消费者价格指数、GDP 平减指数以及固定资产投资价格指数对各项指数进行平减，以避免价格因素对研究结果的影响。

(3) 计量结果及分析

在进行回归分析之前，进行 Moran's I 指数空间相关性检验，经过计算发现 2002 年区域的行业上游度的 Moran's I 指数为 0.209（相应的 Z 值为 2.699，P 值为 0.000），2007 年区域的行业上游度的 Moran's I 指数为 0.224（相应的 Z 值为 2.846，P 值为 0.000），均能在 1% 的置信区间通过检验。Moran's I 指数均大于 0，这说明中国各区域的行业价值链参与度确实存在着空间相关性。关于空间滞后（SAR）和空间误差（SEM）模型的选择，本书基于拉格朗日乘数检验（LM 检验，Lagrange multiplier test）来判别，结果表明应该选择空间滞后模型。似然比检验（likelihood ratio test，LRT）结果表明存在地区效

应；Hausman检验结果表明应该使用固定效应模型。从稳健性因素考虑，本书同时报告了两种模型的估计结果。（见表8.3）

表 8.3 要素市场分割对价值链参与度影响的回归结果

解释变量	固定效应模型			空间滞后模型		
$\ln INTRA\_D_{it}\_L$	−0.023 (−0.78)		0.010 (0.42)	−0.025 (−0.93)		0.016 (0.59)
$\ln INTRA\_D_{it}\_K$	−0.068*** (−3.66)		−0.026 (−0.56)	−0.038** (−2.16)		0.008 (0.50)
$\ln INTER\_D_{it}\_L$		−0.044* (−1.80)	−0.093 (−0.68)		−0.043*** (−2.80)	−0.039* (−1.87)
$\ln INTER\_D_{it}\_K$		−0.066 (−0.17)	−0.060 (−0.99)		−0.044** (−2.04)	−0.071** (−2.42)
$\ln REND_{it}\_L$	0.190*** (13.10)	0.099*** (3.10)	0.115*** (3.79)	0.267*** (2.53)	0.150*** (3.46)	0.114*** (5.09)
$\ln REND_{it}\_K$	0.119** (2.05)	0.286*** (2.65)	0.123** (2.96)	0.150*** (3.46)	0.339*** (2.74)	0.160** (2.40)
$\ln ISTR_{st}\_L$	−0.151*** (−4.93)	−0.111*** (−3.44)	−0.032** (−1.98)	−0.071* (−1.75)	−0.111*** (−3.44)	−0.043 (−0.35)
$\ln ISTR_{st}\_K$	0.115* (1.73)	0.046* (1.96)	0.037 (0.74)	0.083 (1.50)	0.039** (2.57)	0.017 (0.59)
$\ln FINA_{it}$	0.111** (2.21)	0.070** (2.29)	0.040 (0.74)	0.037 (1.45)	0.083** (2.45)	0.037 (1.45)
$\ln OWN_{it}$	0.036 (1.24)	0.038 (1.70)	0.023 (0.78)	0.131** (2.17)	0.160** (2.45)	0.115* (1.73)
$\ln OPEN_{it}$	0.115*** (3.79)	0.099** (1.98)	0.026 (0.56)	0.203** (2.50)	0.175*** (2.56)	0.073*** (2.56)
$W_{ij} \times \ln U^s_{ij}$				0.251*** (2.44)	0.301*** (2.91)	0.267*** (2.53)
R^2	0.7239	0.7465	0.8052	0.8221	0.8365	0.8668
Log likehood				44.174	55.690	73.924

注：括号内为 t 值。

从表8.3中的估计结果来看，首先，纳入空间相互作用后，拟合度大幅提高，如加入所有控制变量的情况下，拟合优度指标由0.8052提高到0.8668。同时，不论是经典的面板固定效应模型还是空间滞后模型，各变量系数的估计值在方向上都基本一致,表明模型设定的稳健性和合理性。其次,要素市场分割对不同区域各行业价值链参与度的影响是本章分析的重点。单独考虑区域内要素市场分割和区域间要素市场分割的情况时,劳动力市场分割和资本市场分割系数都为负,这说明从独立的视角来看,要素市场分割融入价值链。而当同时考虑区域内要素市场分割和区域间要素市场分割两种因素时,则出现了不同的情况,区域内要素市场分割的系数普遍为正,而区域间要素市场分割的系数依旧为负,这一现象值得关注。一般而言,区域内各省份地理上存在邻近性,要素禀赋上存在相似性,产业结构上存在趋同性,彼此之间经济交流的获利空间相对有限,而区域间不同省份的经济互补性更强,合作获利的空间相对更广,因此对要素市场实施分区域的适当干预对于本地行业在整个产业链中的嵌入深度和垂直分工精细化是有好处的。当然,从前文不同区域要素市场分割水平来看,区域内要素市场分割度总体上都低于区域间要素市场分割度,并且估计结果中虽然区域内要素市场分割的系数大都为正,但数值较小且并不显著,因此,当一定程度的地方保护主义的着力点难以区分时,总体上应该弱化政府对要素市场流动性的干预,降低要素市场分割。

其他控制变量基本符合预期,$lnREND_{it}\_L$、$lnREND_{it}\_K$ 的系数为正说明区域要素禀赋的累计与该区域各行业价值链参与度正相关,这意味着从数量上看,劳动力和资本禀赋更丰裕的区域将集聚更多价值链参与度高的行业。$lnISTR_{st}\_L$ 的系数为负,说明劳动力投入占比大的行业相对而言是价值链参与度低的行业;而 $lnISTR_{st}\_K$ 的系数为正,则刚好相反,说明资本投入占比大的行业相对而言是价值链参与度高的行业。$lnFINA_{it}$ 的系数为正,说明政府通过财政支出在一定程度上能提升当地行业在价值链中的参与度。相关研究表明,财政支出水平衡量的财政自主权反映了政府对当地经济的投入热情和提供公共服务的质量。从前文分析可知,越是参与度高的行业,其对本地其他行业增加值的拉动效应就越明显,因此以 GDP 增长为重要考核目标的政府动用一定的财政支出促进本地相关行业提升参与度的动机是充分的。$lnOWN_{it}$ 的系数为正,说明国有企业占比大的所有制结构与各区域行业的参与度正相关,这意味着国有经济大都占据着国民经济的核心环节,最具经济拉动作用。$lnOPEN_{it}$ 的系数为正,说明区域的开放程度越高,当地行业在价值链中的参与度也越高。大量研究表明,贸易对于企业而言具有强烈的干中学效应和外溢效应,同时加剧了企业之间的竞争,有效促进了当地行业的优化升级。

5. 要素市场分割影响行业价值链参与度的研究启示

本章采用的是国内区域间的投入产出表，运用空间计量模型，研究阻碍要素跨区域自由流动的市场分割因素对不均质大国中各行业价值链参与度的影响。研究发现：

（1）近年来，中国各大区域的国内价值链参与度都有所增加，区域间的联系更加紧密，更有利于发挥国内市场一体化的优势，同时也使得生产的产品具有更高的深加工层级以及更多的经济附加值，其中处于领先地位的仍然是东部沿海经济发达地区，而处于落后位置的依然是西部地区。但值得注意的是，西部地区与东部沿海地区的差距相比样本初期有所缩小。从行业水平来看，根据行业特征的差异，有些行业天然具有本地性或者开放性特征。除此以外，西部地区融入价值链一体化程度较高的行业主要集中在采选业、化学工业和金属冶炼及制品业等行业，而东部沿海地区则集中在交通运输设备制造业、电气机械及电子通信设备制造业以及其他制造业等行业。

（2）区域维度上，省级要素市场分割程度存在显著的地区差别，例如，鲁、冀、苏、浙等省份具有最低的市场分割程度。粤、闽、辽三省份要素市场分割程度也由相对低位向更低位转变。中部大部分省份的要素市场分割程度不断加强，如晋、豫、湘、徽四省呈现出由低到高的变化趋势，而鄂、吉、赣三省呈倒"U"形或"U"形演变态势。时间维度上，1998—2012 年，中国三个经济区域的要素市场分割程度呈现出较强的波动特征，且大多数年份的波动趋势相对一致；西部要素市场分割程度往往高于东部和中部地区。

（3）单独考虑区域内要素市场分割和区域间要素市场分割的情况，劳动力市场分割和资本市场分割都会阻碍区域各行业在价值链上的参与度。而当同时考虑区域内要素市场分割和区域间要素市场分割两种因素时，则表现为区域内要素市场分割促进了区域各行业融入国内价值链，而区域间要素市场分割依旧是区域各行业融入国内价值链的阻碍因素。

要素市场分割和价值链参与度的研究，为促进综合改革提出了实质性的政策建议。加快本国要素市场一体化步伐，促进各要素在不同区域间的自由流动，是当前改革需要关注的重点内容。首先，建立价值链上各区域经济联动机制，在区域性市场化的基础上促进全国性市场的整合，实现国内统一大市场。西部大开发和产业转移战略有助于中西部地区市场与全国市场的对接与融合，进一步加强中部与东部沿海省份以及西部与中部、东部沿海省份的产业耦合和价值链关联,利用各省份区域优势,深化东部沿海、中部和西部省份的专业化分工协作,打造国内生产价值链,共享生产成果,是促进区域间整合的一种重要经济途径。其次,站在区域经济发展的角度讨论,清除要素市场阻碍从而促进要素自由流动势在必行,通过市场价格体系引导形成合理的要素结构。最后,各区域还应提高对市场的适应能力,结合但不拘泥于既有的资源禀赋优势,通过促进要素流动优化要素结构,进而培育优质要素,为本地行业长期可持续发展提供内生动力。

第 9 章
中国在国际货币金字塔中位置提升战略

国际金融治理的核心在于国际货币治理，而国际货币治理的关键取决于国际货币体系。我们根据2000—2019年货币国际化三大指标测度，归纳出国际货币体系具有呈现多层次的金字塔形状、单一货币国际化程度变动缓慢以及整个国际货币体系结构稳定的特征。进一步分析金字塔成员国权利义务及成本收益关系，发现金字塔两端具有极端非对称性：中心国主导全球货币政策，享受"超级特权"收益，能够避免发生货币或债务危机且有能力转嫁危机并选择性履行国际最后贷款人功能，而边缘外围国则被动承受中心国货币政策的外溢效应，承担"原罪"成本，不时爆发货币或债务危机并产生救助需求。中国处于第三层次的货币地位，使之具有"超越原罪"的中间外围国货币性质。据此，提出适应国内大循环为主体的战略转型，守住不发生系统性金融风险底线，实现贸易与金融双轮联合驱动战略以积极推动人民币国际化进程，稳定中国现有外汇储备规模并提升人民币在全球外汇储备中的比重等行动策略。

一、国际货币金字塔的结构特征

人们通常从宏观视角、制度层面来考察国际货币体系，认为它是关于国际本位货币的确定、统一的汇率安排以及有效约束各国相关行为的制度或机制，诸如国际金本位制、布雷顿森林体系和牙买加体系等。实际上，还有一种微观视角，即从单个国家的货币国际化角度考察自下而上形成的国际货币体系。国际货币体系的主要特征是缺乏一个拥有发行世界货币权力的世界中央银行，而黄金从20世纪70年代起便已非货币化，IMF的普通提款权由各国自行缴纳且危机时无须政策条件即可直接动用，仍由黄金和可兑换主权货币构成，特别提款权本质上是借款权而非货币，且仅用于官方和国际组织，因此，现实世界中最强的一个或多个国家的主权货币便自然成为世界货币的基础性力量。之前是英镑主导，后来是美元主导，再后来国际货币成员中出现日元、欧元等，新近又涌现出人民币等更多新兴国家货币。

明斯基曾说，每个人都可以创造货币，但问题在于它是否会被接纳。（兰德尔·雷，2019）这个道理适用于国内货币，亦适用于国际货币。对国际货币的需求即对货币的国际记账单位、交易媒介和价值储藏三大功能的需求，故一国货币国际化程度可用这三大功能的代理指标来衡量。价值储藏功能的代理指标为外汇储备占比，即各国央行持有某种货币资产作为外汇储备的金额占全球外汇储备总额的比重；记账单位功能的代理指标为国际债券与票据份额，即以某种货币作为计价单位发行的国际债券或票据存量占全球国际债券与票据总存量的比重；交易媒介功能的代理指标为外汇交易份额，即一国货币与其他货币交易量占外汇市场交易总量的比重。以此测度各国货币国际化程度并按大小排序，如表9.1所示。

表9.1 各国货币国际化程度排序

货币	外汇储备占比	货币	国际债券份额	货币	外汇交易份额
美元	60.89%	美元	46.58%	美元	88.30%
欧元	20.54%	欧元	37.96%	欧元	32.28%
日元	5.70%	英镑	8.30%	日元	16.81%
英镑	4.62%	日元	1.79%	英镑	12.79%
人民币	1.96%	澳元	1.03%	澳元	6.77%
加元	1.88%	瑞士法郎	0.75%	加元	5.03%
澳元	1.69%	加元	0.56%	瑞士法郎	4.96%
瑞士法郎	0.15%	瑞典克朗	0.46%	人民币	4.32%
		港币	0.45%	港币	3.53%
		人民币	0.38%	新西兰元	2.07%

(续表)

货币	外汇储备占比	货币	国际债券份额	货币	外汇交易份额
		挪威克朗	0.29%	瑞典克朗	2.03%
		新加坡元	0.16%	韩元	2.00%
		墨西哥比索	0.15%	新加坡元	1.81%
		新西兰元	0.13%	挪威克朗	1.80%
		土耳其里拉	0.10%	墨西哥元	1.72%
		巴西雷亚尔	0.08%	印度卢比	1.72%
		印度卢比	0.07%	俄罗斯卢布	1.09%
		俄罗斯卢布	0.06%	南非兰特	1.09%
		印尼盾	0.06%	土耳其里拉	1.08%
		波兰元	0.05%	巴西雷亚尔	1.07%
	价值储藏		记账单位		交易媒介

数据来源：以上各数据截至2019年年底，来源于IMF、BIS、SWIFT官方网站。

综合分析货币国际化程度的测度结果，发现具有以下特征：

（1）呈现多层次的金字塔形状

考察国际货币体系，不仅要考察"平静"时期的运行状况，还须考察"危机"时期的运行状况，而危机时期运行的关键在于是否覆盖C6①构筑的全球金融安全网。本章将国际货币体系划分为四个层次：第一层次是美元，不论是充当价值储藏、记账单位还是交易媒介功能，均远超其他货币，其发行国为中心国美国。第二层次是C6覆盖下除美元之外的其他五种货币，即欧元、英镑、日元、加元、瑞士法郎，该层次中欧元居于领先地位，它们不但货币国际化程度较高，更为重要的是即便遭遇美元等国际货币短缺，也能通过C6覆盖的央行进行货币互换得到所需的国际货币，从而能够避免货币或债务危机的发生。本书称发行这五种货币的国家或地区为"核心外围国"。第三层次包括人民币、澳元、瑞典克朗、港币、新西兰元、韩元、挪威克朗、新加坡元八种货币，它们均为外汇储备占比0.15%以上，或国际债券与票据份额排前12名，或外汇交易份额2%以上，这些货币发行国称为"中间外围国"。其余为第四层次货币，其发行国为"边缘外围国"。（详见图9.1）总体而言，第一层次仅

---

① C6是指次贷危机中美联储与加拿大央行、英国央行、日本央行、欧洲央行和瑞士央行六大央行之间建立的货币互换安排，2013年成为一种常备机制，旨在减轻全球美元融资市场的压力。

一个国家一种货币，国际化程度最高；层次愈低，涉及国家和币种愈多，衡量货币国际化程度的三大指标数值愈小（因三大指标之间具有协同效应，往往一个指标数值小，其他指标数值亦小）；最底层货币国际化程度为零，可见国际货币体系呈现典型的金字塔形状。

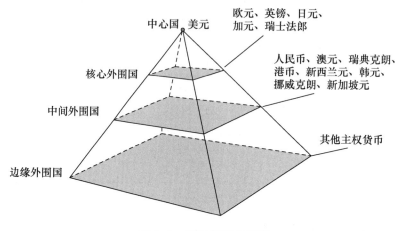

图 9.1　国际货币金字塔

（2）单一货币国际化程度变动缓慢

单一货币国际化程度总体变动缓慢，美元始终居于金字塔顶端。① 从货币储藏功能看，2000—2019 年美元在全球外汇储备中的占比从 71.13% 逐渐小幅降至 60.89%。欧元围绕 20% 上下波动，最后基本稳定在 20%。其他货币变动均未超过 5%，如日元从 2000 年外汇储备占比 6.06% 逐步降至 2009 年的 2.9%，再逐步升至 2019 年的 5.7%；英镑从 2000 年的 2.75% 升至 2007 年的 4.82%，再降至 2014 年的 3.7%，最后升至 2019 年的 4.62%；加元、澳元及人民币近年则呈现出轻微增长态势。详情见图 9.2。② 从货币记账单位功能看，美元计价债券及票据占比从 1990 年的 45.34% 降至 1995 年的 39.66%，再增至 2001 年的 48.23%，随后受到欧元冲击降至 2009 年的 29.83%，最后升至 2019 年的 46.58%，与 1990 年的占比持平；英镑则从 1990 年的 5.33% 升至 2009 年的 10.42%，而后降至 2019 年的 8.3%。详情见图 9.3。③ 从货币的交易媒介功能看，美元在外汇交易中的占比基本稳定在 85% 左右。欧元、英镑占比略微下降，欧元从 2010 年的 39% 降至 2019 年的 32%；英镑从 2004 年的 16% 降至 2019 年的 13%。澳元、加元、人民币则呈现小幅上升趋势。详情见图 9.4。

第 9 章 中国在国际货币金字塔中位置提升战略

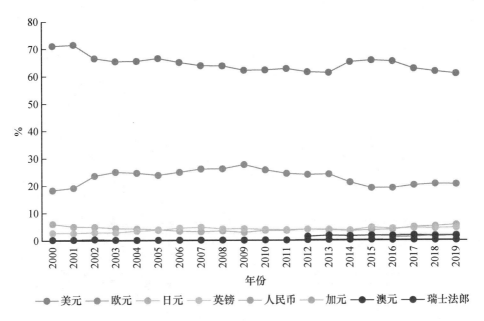

图 9.2 外汇储备占比变化趋势

数据来源：IMF 官网。

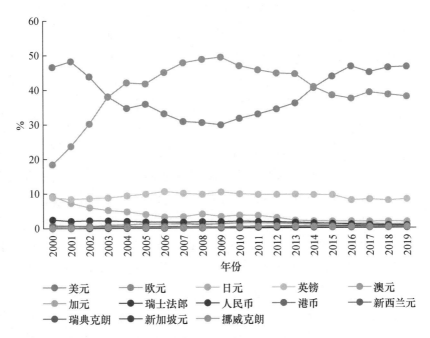

图 9.3 国际债券及票据占比变化趋势

数据来源：BIS 官网。

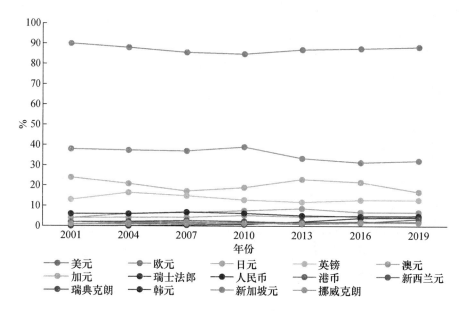

图 9.4 外汇交易占比变化趋势

数据来源：BIS 官网。

单一货币国际化程度变动缓慢的原因在于其决定性因素变动缓慢。国际储备理论认为，影响央行决定持有特定国家货币作为国际储备的几个因素如下：一是包括基础研究、科技实力在内的一国经济实力越强大，如在全世界产出和贸易中占比越高，其货币越可能被其他国家选定为锚货币；二是一国宏观管理能力越强，宏观经济、政治以及币值越稳定，其货币越适合充当国际价值储藏手段；三是一国拥有高度发达的金融市场，资本自由流动程度高，市场规模巨大且货币性金融资产具有高度流动性；四是一国货币的使用具有网络外部性。由于充当交易媒介和计价货币是成为国际储备的基础，因此，这些因素也成为国际计价货币和交易货币的影响因素。这些影响因素变动非常缓慢，因而导致单一货币国际化程度变动缓慢，这也是美国虽历经布雷顿森林体系崩溃、次贷危机、本轮新冠疫情等数次巨大冲击，其对外贸易和投资的国际占比显著下降，美元却仍然雄居金字塔顶端的根本原因，即货币国际化是以上因素综合作用的结果，而非单因素结果。

在此，需要澄清两种错误观点：一种观点认为，美国对外贸易和投资的国际占比显著下降，美元国际地位也会相应下降。实际上，货币国际化是众多因素综合作用的结果，而非仅与对外贸易和投资存在简单的线性关系。另一种观点认为，危机会使得美元很快被取代。实际上，由于美元的"避风港"作用，它在危机中国际地位不降反升，美元指数呈上升趋势；危机期间美联储资产负债表虽然膨胀数倍，但现阶段美元通胀率仍然较低，即使面对通胀率上升，美联储建立在预期管理基础上的货币管理能力也很强，美联储货币政策工具箱中有许多工具可以应对；此外，美元虽然有各种各样的缺点，但全球找不到更好的货币来替代它。

(3) 整个国际货币体系结构稳定

蒙代尔的国际货币体系理论认为，布雷顿森林体系下中心国美国将美元与黄金挂钩，美国便成为黄金余额买卖者，由于美国不能制造黄金，因此，黄金储备构成美国约束条件。外围国将其货币与美元汇率固定，成为美元余额买卖者，由于外围国不能创造美元，故储备资产（美元与黄金）构成外围国约束条件。美国根据其黄金储备余额是否过度来决定货币扩张或收紧；而外围国则根据美国货币政策是否造成其通胀或通缩来决定对美国的黄金买卖，此时，外围国储备资产总量不变，但世界储备资产总量却在变动，这将迫使美国改变货币政策。然而，由于外围国和中心国被捆绑在同一体系上，外围国控制美国国际收支构成的能力将大打折扣；同理，美国货币政策也不能过分损害外围国利益，双方须仔细协调各自的货币财政政策，以维持内外部均衡。

因此，蒙代尔（2003）认为，布雷顿森林体系的稳定与否取决于各国央行对货币政策的小心调控和相互协调。特里芬（Triffen，1960）进一步预言，该体系必然崩溃，因为外围国必须依靠美国国际收支持续逆差来提高其国际清偿能力，这将动摇美元最主要国际储备资产的地位；若美国要维持国际收支平衡以稳定美元，则外围国会因国际清偿能力不足而影响国际贸易与经济增长，而国际清偿能力的需求不可能长期依赖国际货币的逆差输出来得到满足。实际上，黄金供给一定的情况下正是美元与黄金挂钩的制度安排束缚着美元满足不断增长的世界贸易和投资的能力，引起美元在以固定比价兑换黄金与稳定世界物价水平上的两难，从而导致该体系具有内在不稳定性。

20世纪70年代布雷顿森林体系崩溃，取而代之的是牙买加体系，其中关键性制度变化是美国取消了美元兑换黄金的承诺。这意味着外围国失去改变美国货币政策的机制或能力，但该体系由此也因拆掉了引爆体系的炸弹而变得稳定起来。也有学者提出"新特里芬难题"，即海外流动美元负债总量与外国投资者对美元价值信心之间的矛盾。但总体而言，只要美国相对于其他国家具有经济实力、宏观管理能力、金融市场、网络外部性等综合性优势,外国政府和国际银行及投资者对美元需求大且弹性小,美元便居于金字塔顶端,该体系便得以维持运转。

二、非对称性分析:霸权与原罪

下面进一步分析各主权国货币在金字塔中的权利义务或成本收益,重点分析两端:一端是美元。二战以来,由于所具有的强大政治、经济、军事和科技实力,美国已成为世界上最大的经济体、最主要的贸易国以及拥有流动性最强的深度金融市场,因此,美元是国际化程度最高的货币。另一端是国际化程度最低的边缘外围国货币。1970年以来,随着各国逐步放开金融规制和资本账户管制,一些发展中国家积极参与金融全球化进程,其货币构成国际货币金字塔的底层。其余层次货币的权利与义务或成本与收益介于两者之间。

(1)美元享有超级特权,居于经常账户与财政双赤字可持续的霸主地位

国际政治经济学的霸权稳定论将霸权国的领导权和世界经济体系的稳定联系起来,认为一个开放和自由的世界经济需要一个居霸主地位的强国。霸权兴衰决定着世界经济的稳定性。霸权国之所以愿意建立和维持国际体系,是出于霸权国的国家目标和利益,如领土征服,扩大它对其他国家行为的影响及实现对世界经济的控制或影响等超级特权。而国际体系中的许多其他国家之所以愿意接受霸权统治,则是因为霸权国能够提供自由开放的贸易制度、稳定的国际货币以及国际安全等公共产品。这种公共产品的供给行为既有利于霸权国,也有利于其他国家。美元的塔顶地位或属性,使得美国政府、企业和家庭在作出消费和投资决策时无须将美元兑换成他国货币,故其资产负债或收支不会产生货币错配,因而能够避免汇率风险的困扰。由此,美国享有两大"超级特权":

一是它并非依靠借债而仅凭发行美元便能支付过度进口,换取别国的实际资源或产品。国际金融理论认为,一国经常账户出现赤字,则汇率往往出现贬值趋势,贬值严重到一定程度,则会引发货币危机。而美国自1976年以来几乎每年都会出现贸易逆差,2015年至今,贸易逆差占GDP的比重达到3%,但美元并未出现持续贬值和货币危机现象。美元的这种特殊性在于美联储理论上可以无限发行美元,这一性质使得美国经常账户赤字可持续。只要别国对美

元资产有需求，同时美国对别国出口品有需求，这一赤字便可持续下去。而由于美元具有居于塔顶的"在位优势"，成为全球资金的"避风港"，别国对美元资产需求旺盛，这一旺盛的需求在危机时期表现得尤为显著。如此一来，只要美国对别国出口的廉价商品和资源有需求，则美国经常账户赤字便可持续化。20世纪60—70年代，美国曾经采取一系列旨在降低经常账户赤字的措施，比如要求国防部"购买美国货"、将对外援助与购买美国商品进行捆绑、对国外利息收入课税、对美国公司施压以使其尽量减少海外投资等，但结果是这些措施不但无助于缓解美国经常账户赤字，反而扰乱国际市场，妨碍其他国家企图获取外汇储备的行动，最终不利于国际贸易发展和世界经济增长。如前所述，经常账户赤字往往会导致汇率贬值。而对美元的强大信心和旺盛需求将阻止美元贬值，即便贬值也是短暂、轻微的贬值，"因为市场完全相信它"（克鲁格曼，1999），而轻微贬值对经济造成的往往是正面影响，不仅能够促进出口，还能收获美国庞大对外投资的美元价值增值。①

二是美国财政赤字由于以美元支付债务利息而变得可持续。现实中，我们看到日本、东南亚国家、中国等顺差国一个一个争相借钱给美国。现代货币理论认为，无限发行美元的能力使美国政府债务无违约之虞。跨期约束理论的债务可持续性动态测度模型显示，债务可持续性关键在于利率低于经济增长率。尽管美国是全球最大债务国，但利率是一个政策变量，美联储通过货币政策工具的组合运用能使之一直朝着压低利率的方向变动，低利率能有效降低负债率，当利率低至小于经济增长率时，债务的不断累积反而能够逐渐削减债务负担，使得政府财政赤字具有可持续性，从而避免债务危机的爆发。

（2）边缘外围国负有原罪，处于债务与货币危机不时爆发的脆弱地位

与美元超级特权相对应的是边缘外围国（一般也是发展中国家）肩负着"原罪"。"原罪"一词源于《圣经》，原意指从祖先那里承继下来的、无法洗脱的罪。原罪论者借用原罪概念意指本国公司或政府不能以本国货币从国外借款的现象。从国际收支平衡角度分析，假设一个边缘外围国的外汇储备为零，当其进口大于出口时，它不得不借入外债以完成支付。一方面，由于经常账户赤字将导致汇率产生贬值趋势，而且赤字规模越大，汇率贬值势能越强。汇率超

---

① 例如，2007年，美元在外汇市场贬值约8%，这一贬值使得美国的对外头寸增加了近4500亿美元。（艾肯格林，2019）

调理论和危机自我实现理论显示，汇率在投机者羊群效应下通常出现超调，危机呈现出一种自我实现的过程或性质，"市场上有一种同样起作用的双重标准……对发展中国家来说，没有小幅贬值"，因发展中国家的通胀历史、金融经济脆弱性以及危机处置工具和手段的局限性而产生的"原罪"使其汇率一旦下跌便"跌跌不休"，直至爆发货币危机，如东南亚金融危机、阿根廷金融危机、巴西金融危机等。此时，心理因素重要到哪怕是投资者对发展中国家身份的偏见便可引爆危机。(克鲁格曼，1999) 同时，本币贬值也将加剧外债负担。另一方面，随着边缘外围国政府（也包括银行或企业）借入外债规模增大，还本付息压力加重，市场风险增大，投资者对其偿债能力的忧虑与日俱增，而这将直接促使利率上升，进一步加重债务负担。此外，利率飙升也往往被当作捍卫汇率的主要措施之一，而利率上升将引起经济衰退和失业，促使本币进一步贬值，利率与汇率交互作用，引发债务危机和货币危机，最终与银行危机、股市危机一道引致边缘外围国金融经济危机的全景式爆发。

(3) 美元与边缘外围国货币在金字塔中的非对称性地位

如前所述，美元霸权与边缘外围国原罪构成金字塔的非对称性两极，在国际收支调整中具有不平等的权利和义务。这种非对称性主要体现在以下几个方面：

第一，美国主导全球货币政策，而边缘外围国则被动承受其外溢效应。严格意义上，全球唯有美国的货币政策尤其是宽松的货币政策能够仅根据本国通货膨胀、失业等宏观经济状况而无须考虑他国经济状况进行自主制定，美联储决定着利率水平及其变动幅度，进而决定国际资本流动的方向和力度，由此构成外围国的外部金融环境，使之要么如欧盟、英国、日本等选择跟从，要么如中国般保持相对独立性，其中薄弱者将不时地陷入金融危机险境。布雷顿森林体系濒临崩溃时，美国单方面撕毁美元兑换黄金的义务，至此，外围国很难对美联储货币政策形成有效制约，只能被动地适应美国货币政策和这一非对称的国际货币体系。正是在这个意义上，蒙代尔（2003）称该体系是"一个霸权体系，一个罗马帝国式的方案"。

第二，美国享受超级特权所产生的收益，而边缘外围国则承担原罪所带来的成本。如前所述，美国通过发行美元源源不断地获取其他国家的优质资源，包括产品或服务以及人力资源等，这种印制美元与外国人获得美元之间的成本差异即构成美国的铸币税收益。此外,与"廉价美元"相类似,美国还享有"廉价债券"。美国庞大的债券市场和充裕的流动性,满足了外国央行和投资者对美元安全金融资产的巨大需求,而外国对美国债券的巨大需求是造成格林斯潘之"谜"的主要或全部原因。(艾肯格林,2019)例如,Warnock 等(2006)研究表明,外国人增持美国国库券的行为导致其收益率下跌 90 个基点。而美国国债利率的降低进一步压低抵押贷款等其他利率,使美国享受低融资成本的收益。相反,为防范因负有原罪、借外债而导致的金融危机,东亚新兴经济体等外围国纷纷采取保持充足外汇储备、维持竞争性汇率水平和经常账户顺差的政策组合。(Coulibaly & Millar,2008)这一新组合在增强外围国金融稳定性的同时,也产生两类不容忽视的成本:一是因放弃国内高收益投资转而持有国外低收益资产所造成的外汇储备成本,以两者收益差额来衡量;二是危机成本,包括危机本身造成的损失以及为预防危机和处置危机而花费的相应成本。随着金融日益国际化,国际资本流动规模远远超过国际贸易规模,这导致汇率的决定性力量从经常账户因素转向资本与金融账户因素,因此,经常账户盈余已不足以保障汇率不贬值,而由美国货币政策松紧引起的国际资本大幅涌入和流入骤停造成汇率急剧波动,导致危机损失概率增大,即新组合仍然不能使外围国避免发生危机损失,改变的仅是危机形成的原因。

第三,美国可能爆发内源性危机并有能力向外转嫁危机,而边缘外围国一旦爆发内源性危机则必然引爆货币或债务危机。如前所述,美国实行自主的货币政策,既无须考虑外围国的货币经济状况,也不为其汇率政策所绑架,对美元汇率变化选择"善意"忽视而从不直接干预外汇市场,能够使汇率、利率朝着有利于美国的方向变化,从而使美国经常账户赤字和财政赤字可持续增长。因此,该体系不能确保美国不会由于过度投机和宏观经济政策失误而爆发内源性危机,但是,它有能力向外转嫁危机而不同时发生货币或债务危机,原因在于它的塔顶地位和"避风港"作用。相反,由于市场的双重标准,外围国尤其是边缘外围国的汇率可能超调,这既会对经常账户赤字形成严格的制约,也会对资本大量流出进而对政府财政赤字、利率下行构成强约束,从而使其经常账户赤字、财政赤字不可持续,不时爆发货币或债务危机,而且具有内在脆弱性的外围国一旦发生内源性危机,则必然伴随货币或债务危机的爆发。

第四,美国选择性履行国际最后贷款人功能,而边缘外围国则产生巨大的救助需求。外围国一旦出现危机,目前救助的主要来源是美联储以及美国拥有一票否决权的 IMF。其中,IMF 资源有限、贷款条件苛刻烦琐以及行动迟缓制约着救助的有效性。也有观点认为,被救助的往往是债权人而非危机国。(汤凌霄,2018)而美联储则往往救助与之金融系统联系密切、能够影响其金融稳定的国家。(Morelli et al., 2015) 这种选择性救助是它在国家私利与救助公益之间进行平衡的结果,也是美国国家霸权的一种顺延和体现。外围国在得到中心国救助的同时,其经济发展与国家主权某种程度上必然会受到中心国的制约而成为其经济与货币附庸。

总之,金字塔中越是底层越缺乏货币政策独立性,付出成本越高,货币或债务危机发生概率越大,从而对危机救助的需求也越大;反之,越往金字塔的顶端攀升,货币政策独立性越强,所获收益越大,货币或债务危机发生的概率越小,向外转嫁危机的能力越强,从而对危机救助需求越少,而危机救助供给越多。

三、中国的"超越原罪"中间外围国货币性质

如前所述,中国介于中心国、核心外围国与边缘外围国之间,处于金字塔第三层次的位置。这一地位决定着中国货币具有独特的"超越原罪"的中间外围国货币性质。

(1) 中国货币政策受到美国的影响,但随着货币国际化的推进,将保持更大独立性并产生外溢效应

改革开放以来,中国长期实行出口导向发展战略,而有利于进出口贸易成本及利润核算的汇率稳定就成为保障这一战略实施的重要举措,因此,此阶段尤其是东南亚金融危机期间中国货币政策实际上被汇率政策所绑架,从而被美国货币政策所左右。随着时间的推移,这一制度安排的副作用日益显现。如 21 世纪初,为防止国际收支双顺差对人民币造成的升值压力,中国不断干预外汇市场,从而快速累积外汇储备;同时为抵消这对货币供给造成的扩张性影响,又采取冲销措施,从而导致冲销成本不断上升,最终引起通货膨胀。2020年,新冠疫情冲击下,美联储推出零利率无限量化宽松货币政策,而作为全球率先复苏、被 IMF 当时预测很可能成为 2020 年唯一一个经济正增长的 G20 国

家，中国没有必要跟从美国货币政策，而是实行正常的货币政策，保留充足的利率下调空间和政策工具，以应对极端不确定的经济前景，是少数实施正常货币政策的主要经济体之一。基于两国动态随机一般均衡模型（DSGE 模型）的实证结果表明，美国货币政策调整对中国经济和金融变量产生显著、强大的溢出效应，其影响程度甚至大于它对美国自身经济变量的影响，但中国已不再仅是美国货币政策外溢效应的简单接受者，也对美国经济金融变量产生一定的溢出效应，尽管中美货币政策双向溢出效应存在明显的非对称性。（杨子荣等，2018）

（2）中国在现行国际货币体系运行中付出的成本较高，而收益较少

不同于发展中国家因后发优势和比较优势获得巨大全球化红利，也不同于国际化程度最高的美国享受"廉价美元""廉价债券"所产生的巨大铸币税和低融资成本优势，中国得自国际货币体系的收益较少。究其原因，主要是人民币国际化处于起步阶段，尽管增速快，但发展程度总体偏低。国际化程度偏低可能归因于以下因素：一是单边主义、保护主义抬头，贸易摩擦加剧，全球贸易增速低于经济增速，直接投资连续多年萎缩，导致中国对外贸易和投资增速放缓；二是美国财政部宣布中国为汇率操纵国，对中国政府甚至企业频繁打压，这些对人民币国际化造成较大干扰；三是美元、欧元等主要货币已具有强大的网络外部性，挤压人民币生存空间；四是跨境人民币结算等基础设施尚不完善，离岸人民币市场发展欠深入，境外人民币缺乏保值增值渠道，人民币回流渠道不够顺畅，尚缺乏与金融开放相匹配的风险评估与处置等金融监管能力等。这些国内外因素导致外国央行及国际投资者对人民币及其相关资产需求仍然较小，从而阻碍了人民币国际化进程，进而减少了源自货币国际化的铸币税收益和低融资成本优势。此外，起步阶段往往需要通过让利来引导对人民币及相关资产的需求，进一步降低人民币国际化收益。

另外，中国自 2006 年以来连续 15 年外汇储备稳居全球第一，由此导致因放弃国内高收益投资转而持有国外低收益资产造成的外汇储备成本最高。截至 2019 年年末，中国外汇储备余额为 31079.24 亿美元，约占全球外汇储备总量的 26.2%，远超全球第二、规模约为 1.3 万亿美元、全球占比达 11% 的日本。中国外汇储备 2006—2015 年 10 年平均收益率为 3.55%，尽管在全球外汇储备管理机构中业绩良好（中国外汇管理局，2019），但远低于同期中国国内平均投资收益率。张斌、王勋（2012）进一步区分外汇储备的真实收益率和名义

收益率,指出美联储宽松货币政策会提高中国外汇储备名义收益率,降低真实收益率。这些均表明,中国长期以来付出了比其他国家高得多的外汇储备成本。

总体而言,中国因持有巨额外汇储备而导致缴纳的国际铸币税多,相反,因人民币国际化程度低而得到的国际铸币税少。有研究显示,美国每年通过美元获得的国际铸币税收益高达 3—5 万亿美元;中国每年因人民币国际化而获得的铸币税收益稳定在 25 亿美元左右,截至 2015 年该收益总额约 224.6 亿美元,截至 2020 年约为 300.2 亿美元。

(3) 中国当前已"超越原罪",爆发债务或货币危机的概率小,但尚不具备向外转嫁危机的能力

首先,分析债务危机发生概率。从外债币种结构看,截至 2019 年年末,中国本币外债余额为 7279 亿美元,占外债总额 20573 亿美元的 35%,表明某种程度上中国已摆脱发展中国家通常不能以本币借债的原罪;外币外债余额 13294 亿美元,占比 65%,其中美元、欧元、港元债务占比分别为 83%、8%、5%。从外债期限结构看,中长期外债余额为 8520 亿美元,占比 41%;短期外债余额为 12053 亿美元,占比 59%。从外债机构部门看,政府外债余额为 3072 亿美元,占比 15%;① 银行外债余额为 9180 亿美元,占比 45%;其他部门外债②余额为 8321 亿美元,占比 40%。尤为重要的是,债务风险指标——外债负债率、债务率、偿债率、短期外债占外汇储备的比重分别为 14.3%、77.8%、6.7%、38.8%(中国外汇管理局,2019),低于甚至远低于国际公认的安全线 20%、100%、20%、100%,表明中国现阶段债务危机发生的概率小。

其次,分析货币危机发生概率。一是中国长期拥有全球第一的外汇储备,人民币已加入特别提款权(SDR)而成为合法的官方储备货币,为防止对人民币的投机、保持对人民币的信心提供了坚实基础和屏障。二是从汇率实际运行角度看,国际清算银行(BIS)数据显示,2019 年人民币对"一篮子"货币基本稳定,名义有效汇率累计贬值 1.5%,扣除通货膨胀因素的实际有效汇率累计升值 1.1%。尤其在新冠疫情冲击下,人民币波动性甚至远低于美元、欧元

---

① 其中,广义政府外债余额为 2709 亿美元,占比 13%;央行外债余额为 363 亿美元,占比 2%。
② 其他部门外债包含直接投资、公司间贷款。

等主要货币。三是从汇率决定因素看,根据购买力平价理论、资产市场和货币供求等汇率决定理论,汇率决定因素主要包括经济基本面、货币政策、国民收入等。中国新冠疫情快速得以控制,居民消费与产业结构转型升级,2019年对外贸易逆势增长3.4%,GDP增长6.1%,这一良好经济基本面彰显出中国经济具有较强韧性;中国央行实行相对稳健的正常货币政策,与欧美等40余家央行实行的"低利率+量化宽松"政策形成鲜明对比,这使得人民币金融资产具有避险性能,利差优势明显;金融业细化领域开放提速、资本市场加速与国际接轨也打消了境外投资者对资本跨境兑换受限的忧虑;便利人民币交易的跨境基础设施也逐渐完善等,这些因素使得国际投资者对人民币及相关资产的需求稳定增长(尽管比对主要国际货币的需求偏低),从而导致人民币汇率波动相对平稳,这也意味着现阶段中国发生货币危机的概率较低。但我们仍然要清醒地认识到,对未来汇率相对稳定的判断是建立在宏观经济稳定、经济持续增长等良好经济基本面上,对人民币及相关资产的需求是建立在人民币稳定甚至小幅升值以及人民币债券资产高收益上,一旦发生内部危机,这些基础将不复存在,必然导致人民币信心危机、资本外逃和汇率暴跌,将迫使央行大幅提高利率或大量流失外汇储备以保卫人民币,可能进一步引发债务危机、银行危机和股市危机。中国尚不具备像美国那样的货币地位,美国即便是全球危机的发源地或肇事者,也仍然成为全球资金的避风港,这种货币地位保障美国具有对外转嫁危机的能力。中国现有的货币地位决定了一旦发生内源性危机,货币或债务危机便如影随形。

(4) 中国现阶段尚未覆盖于C6货币互换网络而主要覆盖于自身构筑的金融安全网中

欧洲央行救助能力主要囿于该地区,而全球性救助主要源于美联储和IMF。其中,不同于一般意义上的贷款,美联储是否救助并不取决于建立在一国未来经济持续发展前景基础上的救助资金的可偿还性,而取决于美国国家利益最大化的全面成本与收益权衡。倘若中国需要美国救助,国家间的金融传染因素和霸权国风险因素可能是美国是否救助的决定性因素。尽管中国与美国存在一定的金融联系,但随着中美贸易摩擦的加剧,美国视中国为战略竞争对手,美国可能宁愿承担危机传染造成的额外损失,也不愿提供救助以损害其长远战略利益。而IMF资源具有有限性,可能难以满足中国庞大经济规模引起的对救助资金的巨额需求,IMF贷款条件苛刻、行动迟缓以及美国的一票否决权也将影响中国对IMF救助资金的可得性。因此，现阶段中国主要依靠自身所拥有的巨额外汇储备来维护金融开放大背景下的国家金融安全与稳定。

四、提升中国在金字塔中地位的行动策略

如前所述，中国位列不平等、非对称国际货币金字塔的第三层次，人民币具有"超越原罪"的中间外围国货币性质。在美元等主要货币具有"在位优势"或网络效应并不断阻碍中国货币国际化进程的前提下，如何实现人民币国际货币地位的攀升，使其获得与中国经济和贸易规模或地位相匹配的货币地位？

（1）适应国内大循环为主体的战略转型，守住不发生系统性金融风险底线

如前所述，当前中国仅仅发生外部危机的概率小，但一旦发生内源性危机，必将引起货币或债务危机。因此，需要重点关注国内系统性风险因素：一是战略转移突显社会经济风险。当前，全球经济低迷，"逆全球化"卷土重来，面对如此"国际政治经济形势百年未有之巨变"，中国政府主动选择将出口导向战略转向"以国内大循环为主体、国内国际双循环相互促进"的内需主导与开放型贸易平衡发展战略。这一战略转型需要降低外贸依存度、提高消费率以扩大内需，将降低经济增速甚至牺牲一定的经济效率，也会突显或激化产能与供给相对过剩、上游核心技术受制于人、收入分配不公等经济社会矛盾。二是为遏制经济衰退采取扩展性经济政策，增加了金融风险。百年不遇的特大疫情直接造成2020年一季度经济增长深度下跌，尽管二季度恢复正增长，但仍然面临许多不确定性因素。为遏制实体经济活动急剧收缩，中国采取扩张性财政货币政策。原定调控目标是广义货币与社会融资规模增速略高于名义GDP增速，但2020年上半年却已超过10多个百分点。在资金面宽松的背景下，企业、居民、政府都可能增加债务，预计部门杠杆率和总体杠杆率都将上升，信用较差的企业和居民可能借优惠政策恶意逃废债务，金融机构坏账可能大幅增加，结构复杂的高风险影子银行也可能卷土重来。此外，利率下行预期强化后，可能助长杠杆交易和投机行为，从而催生金融资产泡沫；一些地方房地产价格开始反弹，也可能滋生新一轮房地产金融泡沫。三是欧美等国贸易保护主义和无限量化宽松政策对中国造成贸易萎缩、输入型通胀、汇率波动等冲击。

美国对外转嫁矛盾,导致民粹主义、贸易保护主义盛行,"退群""脱钩""断链"增多,并对中国采取公开打压和遏制战略,这些做法不但使中国产业升级以及贸易和投资秩序受到很大冲击,也干扰了全球经济复苏和金融稳定。同时,美国等少数发达国家实行无限量化宽松政策,对包括中国在内的新兴国家可能造成输入性通胀、外币资产缩水、汇率和资本市场震荡等负面影响,侵蚀着全球金融稳定的基础,使世界经济再次徘徊在危机边缘。

鉴于此,我们应该采取以下措施:一是秉承金融服务于实体经济的宗旨,着眼于疫情冲击下断裂的产业链、资金链的修复,尤其重视为中小微企业提供融资服务和风险管理服务,促进形成"以国内大循环为主体、国内国际双循环相互促进"的良性发展格局。二是采取更审慎的金融监管措施,一方面,针对不同类型机构风险精准施策,完善财务会计制度,增加拨备计提和资本补充,加大不良资产处置力度,建立高效问题机构风险处置机制,健全存款保险制度;另一方面,重点防范影子银行风险,持续收缩委托贷款、信托贷款和各类交叉金融投资产品等存量规模,并规范交叉金融产品,使公募与私募产品、表内与表外业务、委托与自营业务、储蓄与投资产品界限清晰、风险隔离,从源头上控制影子银行风险。三是采取综合性政策工具应对美联储货币政策的外溢效应,实行"资本流动的宏观审慎监管与危机时期使用资本管制+汇率适度弹性+货币政策相对独立性与国际协调"政策,使之成为缓解和吸收外部冲击的有效屏障。

(2) 积极推动人民币国际化进程,实现贸易与金融双轮联合驱动战略

当前,人民币国际化面临的主要问题是人民币跨境使用中经常项目使用占比较低,人民币国际支付占比较低,人民币在海外市场可获得性不高,境外机构持有人民币股票和债券占比较低。究其原因,主要是贸易结算推动力量减弱。在国际交易活动中,贸易结算规模远远低于金融交易规模,因此,增强人民币的金融交易功能,实现贸易与金融双轮联合驱动战略,对于提升人民币在金字塔中的地位具有重要战略意义。具体措施如下:一是在对外贸易和投资中倡导本币优先原则,精简经常项目和直接投资项下人民币使用管理制度,消除人民币贸易和投资使用便利化的制度性障碍,构建自贸区建设与人民币国际化相互促进机制,积极开展人民币跨境贸易融资和再融资、跨境双向人民币资金池等业务,推进人民币在"一带一路"建设等对外投资中的使用,为人民币国际化做好产业链铺垫。二是以发展金融市场、扩大金融开放助推人民币国际

化。需要培育一批大券商、大银行、大资产管理公司等享誉全球的金融机构，增强它们全球配置人民币资产的能力；同时，由资本市场遴选出一批新兴本土金融科技公司，让它们享受更高估值溢价和便利融资手段，不断丰富人民币资产品种；加速金融业双向开放，取消人民币合格境外投资者（RQFII）额度限制，优化准入条件，重视吸引银行及包括理财公司、养老基金、期货公司在内的非银行外资金融机构，挖掘资本金融项下人民币使用潜力，带动外资积极开展人民币业务，增强人民币金融资产计价和金融资产交易功能。此外，还需大力发展离岸人民币市场，为贸易和直接投资项下流出的人民币提供投融资平台或保值增值渠道，以避免人民币被大量兑换成美元使用。三是在人民币国际化中注入数字货币元素。数字货币"去中心化""去媒介"的特点，尤其是底层区块链技术和分布式记账特征使其能够摆脱国家信用束缚而建立在技术可信基础上，从而天然具有国际化属性。因此，数字货币与主权货币共生发展是未来国际货币体系的方向。中国法定数字货币的发行，不仅能够重塑国际贸易清算体系、降低货币发行成本、提升货币流通和交易效率，更重要的是有利于打破美元或欧元的网络效应。但是，货币数字化和其他领域的数字化不同，稍有不慎便可能引发金融经济动荡。因此，可考虑在上海设立数字货币运营机构进行试点，识别其中的风险因素，在安全、可控的前提下再在全国稳步推进，以形成对人民币国际化的强力支持。

（3）稳定中国现有外汇储备规模，提升人民币外汇储备的全球占比

为实现加速对外开放背景下的金融稳定，应维持中国现有外汇储备规模。理由如下：一是中国不宜像欧美国家那样持有极少的外汇储备。如前所述，取消美元兑换黄金的承诺后，美国具有转嫁危机的能力，基本不会发生外部危机；而核心外围国覆盖在C6货币互换构筑的金融安全网络中，即便发生外部危机，也可随时获得外汇储备，从而无须持有外汇储备。而中国不同于前两个层次的国家，既未完全摆脱外部危机的困扰，也未覆盖在C6金融安全网下，同时考虑到中国加速对外开放条件下所具有的巨大的经济规模，还需保有巨额外汇储备。二是崛起大国的身份使中国必将遭受长期遏制。这既增加中国金融经济的不确定性，从而增加危机发生的概率，也表明不能依赖于守成国的救助。国家崛起与衰落原本是国际政治中的一种常态现象，也必然是一个充满挑战与冲突的过程。国际政治学家华尔兹（Waltz，2010）认为，大国崛起往往会打破既有国际关系中的权力分配状况，必然遭到现存国际体系中主导大国及

其盟友的遏制。罗伯特·吉尔平（Gilpin，1981）进一步指出，守成大国往往有三种选择，即削弱或摧毁可能的挑战者以消除增加统治成本之因，扩大耗费较少的安全防卫圈，减少国际义务。而新兴大国也有两条路径选择，即要么拒绝承认现有国际体系结构的合理性而致力于推动现有体系变革；要么承认现有国际体系并在积极参与中不断提升自己的国际势能。中国选择第二条和平崛起路径，因而，在此过程中不可能不遭遇遏制，也不可能不付出代价。在均衡的多极或两极体系下，新兴大国发展环境相对宽松，而在"一超多元"的单极体系下，发展压力更大。因此，未来很长一段时间，中国都需要立足于自身外汇储备所构筑的金融安全网，以实现加速对外开放条件下的金融稳定。

另一方面，中国也应积极开展央行货币互换以助推人民币外汇储备全球占比的提升。目前，人民币已成为合法的官方储备货币，它本身即具有国际清偿能力，享有相应的制度性权利，可直接用于 IMF 的份额认缴、出资和还款，也可用于向所有其他国际组织出资以及国家或地区之间的贷款和赠款；其他国家货币当局通过央行货币互换等渠道得到的人民币资产会被 IMF 确认为储备资产。但由于人民币获得储备货币地位的时间很短，在全球外汇储备中所占份额不到2%，因此，深化与其他国家金融市场合作，提高人民币对其他货币直接交易价格形成机制，促进双边本币结算，将人民币清算安排覆盖至更广泛的国家和地区，在此基础上，与境外货币当局签署双边本币互换协议，将直接提升人民币外汇储备的全球占比，从而有助于提升人民币在国际货币金字塔中的地位。

第10章
美联储货币互换选择及中国应对策略

美联储货币互换有效性问题因次贷危机、新冠疫情肆虐下美联储多次重启货币互换、美联储成为事实上的国际最后贷款人(international lender of last resort, ILOLR)而引起广泛关注,它不仅关乎国际金融安全网建设,也将对中国金融安全产生外溢效应,因而具有重要理论价值和现实意义。既有文献主要从货币互换对危机国外汇市场以及银行运营的影响等实际效果角度予以考察,而我们依据ILOLR理论,认为须从美联储对货币互换对象选择是否秉承"基本面"策略来衡量货币互换有效性。根据霸权稳定论以及美联储货币互换实践,我们进一步认为,美联储基于霸权国私利而非全球公共利益、采取"战略竞争"策略而非"基本面"常规策略来选择货币互换对象。我们通过构建霸权国ILOLR预估目标损失函数模型和实证检验支持了该观点,由此得出美联储并不能有效履行ILOLR功能的结论,并提出以下政策建议:在日益开放条件下中国应当深度融入国际市场、动态调整外汇储备规模、推进人民币国际化进程,以实现中美两国平等的货币互换。

一、文献概述及问题提出

美联储在2007—2010年次贷危机期间累计向国际市场注入超过2万亿美

元的资金，其中超过 5000 万美元是通过货币互换流向外国央行。本轮新冠疫情引起"美元荒"，美国、加拿大、巴西、韩国、印度等多国股市多次熔断，美元指数在 2020 年 3 月 9 日至 20 日短短数日便高涨 8.9%，为防止全球经济崩溃，美联储只能重启货币互换机制，再次成为事实上的 ILOLR。在此背景下，美联储货币互换这一不同于 IMF 的新型 ILOLR 的有效性问题引起广泛关注。该问题不仅关乎当今国际金融体系脆弱性增强形势下国际金融安全网建设成败，也将对全球金融结构演变、货币基金组织作用、货币政策国际协调等产生重要影响（Bahaj and Reis，2019），最终将影响世界经济稳定增长和全球民众的福利水平。同时，中国被美国视为战略竞争对手，[①] 美联储货币互换有效性无疑也将对中国人民币国际化、金融安全、外汇储备等政策产生不容忽视的影响。因此，研究美联储通过货币互换能否有效履行 ILOLR 功能具有重要意义。

美联储通过货币互换履行 ILOLR 功能的实践起源于 20 世纪 60 年代，但直到次贷危机爆发才开始引起学术界关注。既有文献主要是对其有效性进行实证检验，部分文献从货币互换对外汇市场影响的角度予以检验，如威廉·艾伦等（Allen et al.，2010）的研究显示，美联储货币互换已通过市场检验，在缓解美元流动性和外汇市场压力方面非常有效，已超越外汇管理传统角色成为新型危机管理工具；琳达·戈德堡等（Goldbery et al.，2011）指出，次贷危机中欧洲美元储备极低，而货币互换能迅速扭转该状况进而稳定欧洲金融市场；约书亚·艾森曼（Aizenman，2010）研究表明，美韩签署的货币互换协议起到重要信号作用，成功地阻止了对韩元的挤兑；安德鲁·罗丝和马克·施皮格尔（Rose and Spiegel，2012）的实证研究表明，货币互换使得那些与美国经贸联系紧密或持有巨额美元资产的国家获益匪浅。另一部分文献则主要从货币互换对银行利率与违约概率影响的角度予以检验，如约书亚·艾森曼等（Aizenman et al.，2010）发现，美联储与四个新兴国家进行货币互换后，不仅它们本身，甚至其他新兴国家的信用违约互换（CDS）息差也随之下降；姆巴和弗兰克·帕克（Baba and Packer，2009）研究表明，美元互换机制既降低了伦敦同业拆借利率和隔夜指数掉期息差水平与波动性，也因避免金融机构对美元资

[①] 美国白宫 2017 年年底发布的《国家安全战略报告》中，中国被定义为战略竞争对手和修正主义势力。

产的恐慌性抛售而降低了银行间利率的波动性；皮耶鲁吉·莫雷利等（Morelli et al.，2015）采用 GARCH 模型估算欧元区 42 家银行 CDS 价格，并根据 CDS 与主权债 CDS 之间的差异，发现美联储货币互换有助于降低受益银行系统的信用风险；萨利姆·巴哈伊和里卡多·赖斯（Bahaj and Reis，2019）研究表明，货币互换能够有效降低抛补利率平价偏差，降低受援国银行融资成本，使其增加利润并防止倒闭。

以上文献主要从货币互换对危机国外汇市场以及银行运营的影响等实际效果角度予以考察，得出美联储能够成功履行 ILOLR 功能的结论。其缺陷在于缺乏一个逻辑自洽的理论分析框架；仅看到浅表层次的效果，未对货币互换有效性的衡量标准进行深层次探讨；得出美联储能够成功履行 ILOLR 功能的结论与危机中发展中国家通常得不到货币互换的经验事实有出入。

研究美联储货币互换有效性问题，首先应该研究其有效性的衡量标准，除上述研究角度，还应从美联储对互换对象选择策略角度进行深层次考察。根据 ILOLR 理论，我们提出应以是否秉承"基本面"常规策略来衡量其有效性。

ILOLR 本质上是一种提供国际危机处置机制的国际公共产品，是最后贷款人在国际上的拓展或延伸。《新帕尔格雷夫货币金融大辞典》中指出，最后贷款人是危急时刻中央银行应尽的融通责任，即满足对高能货币的需求以防止因恐慌引起货币存量收缩。（Humphrey，2000）相应地，ILOLR 是对危机国或银行的国际流动性的紧急注入。该思想萌芽可追溯至 1867 年舍瓦利耶提出的"受危机打击的国家"因"不同国家的大银行之间良好的关系和互相援助"而"产生更满意的结果"的观点。尽管在历史长河中有反对它的声音，如自由竞争银行学派认为，只有非集中的多货币自由竞争的系统方能稳定币值，因此反对世界储备或货币创造的垄断和 ILOLR 的创设，认为只要 ILOLR 为系统性风险提供集体保险，道德风险便如影随形（White，2000）；公共选择学派认为，履行 ILOLR 功能的超政府机构在创设国际储备时将滥用权力而导致产生世界性通货膨胀和货币不稳定；货币主义学派则因相信既有的非集中的国内最后贷款人已足够防范国际储备或货币总量的紧缩而认为不必创设 ILOLR（Humphrey and Keleher，1984）。但是，随着经济全球化趋势的日益增强，学术界逐步认识到 ILOLR 具有不可替代的危机处置功能。

ILOLR 理论基于成本与收益分析框架主要研究 ILOLR 存在价值以及如何履行 ILOLR 功能两大问题，认为 ILOLR 的最大收益是金融稳定收益，而成本则包括道德风险、通货膨胀、央行资产受损和声誉受损等项内容。第一，对于ILOLR存在价值问题，通常是从收益大于成本角度予以论证。即肇端于一国的金融危机往往通过资本、产业和贸易等渠道导致跨国传染和全球性经济衰退，ILOLR避免这一负面影响而产生的金融稳定收益可能远远高于它所引发的道德风险、通货膨胀等成本，因而认为ILOLR具有不可替代的危机处置功能。实践中，不仅发展中国家由于债务危机、货币危机发生概率增大而需要ILOLR，发达国家因为大量国际性银行的资产负债错配和货币错配也对IL-OLR产生需求。

第二，对于如何履行ILOLR功能问题，首先，若普遍提供互换而导致互换滥用则必定加剧"特里芬难题"，损害其有效性，因此，除了与其他国际货币发行国分摊ILOLR功能外，"选择性"提供货币互换便成为重要举措。那么，采取何种选择策略？ILOLR理论认为，为提高ILOLR这一公共产品的有效性，基于全球公益、公正的ILOLR应遵循"基本面"① 常规策略，即选择仅陷入流动性危机而非清偿力危机的基本面良好的国家。尽管有学者质疑实践中短时间内很难判断一国究竟是处于流动性危机还是清偿力危机，但这并不能掩盖其思想内核的合理性。"基本面"常规策略有两层含义：一是若一国基本面良好，则美联储应该提供货币互换，因为如果让仅处于流动性危机的国家因得不到救助而演变为清偿力危机或全面经济危机，则一定不是一个好的制度安排。凯恩斯在布雷顿森林会议上提呈的方案某种程度上就是为了避免英国陷入该类困境。二是若一国基本面恶化，如存在严重的结构性或制度性问题，则不应提供货币互换。这是因为该种情形下短期注入资金不仅不能缓解危机，反而徒增以上道德风险、通货膨胀等成本。相反，偏离甚至背离"基本面"策略，救了不该救的，而没救该救的，导致资源以货币互换形式错配，则不可避免地将降低ILOLR的有效性。据此，我们认为应以是否秉承"基本面"常规策略作为衡量货币互换有效性的标准或试金石。其次，应该研究美联储究竟采取何种策略来选择性提供货币互换。我们认为，美联储并非采取"基本面"常规策略，而是采取"战略竞争"策略。

与国内最后贷款人往往由央行承担不同，ILOLR由谁承担是个有争议的

---

① 这里指宏观经济基本面，包括政府收支、经常账户、GDP、通胀率、失业率以及制度性的投资者保护状况。

问题。根据主体的不同，可将 ILOLR 分为三种类型：一是全球型，如斯坦利·菲舍尔（Fischer，1999）、奥斯特菲尔德（Obstefeld，2009）主张由 IMF 充当 ILOLR；豪森等（Howson and Winch，1978）、查尔斯·金德尔伯格（2007）建议由 BIS 履行 ILOLR 功能。二是区域型，如杜利、兰道、加伯（Dooley, Landau and Garber, 2014）认为，区域应急储备安排应成为 ILOLR 的主体之一，具体包括欧洲稳定机制（ESM）、拉美储备基金（FLAR）、清迈倡议多边机制（CMIM）等。三是国家型，即美联储通过货币互换充当 ILOLR 的情形。尽管从实际效果初步判断，因为资源充分和行动迅速是影响有效性的关键因素，而国家型 ILOLR 则由于拥有货币无限发行权以及无须与其他国家协调，可能导致行动迅速，其有效性似乎更高，但我们需要从选择策略角度进一步分析其有效性。

我们根据美联储这一霸权国主体的独特性予以分析。霸权稳定论认为，霸权国的霸权对稳定国际货币金融体系尤为重要。（Kindleberger，1973）霸权国之所以愿意建立和维持国际体系，是出于霸权国国家目标和利益；而其他国家之所以愿意服从霸权统治，是因为霸权国能够提供公共产品。在此过程中，霸权国需要面对国际体系失衡、自身霸权国地位下降以及新兴国家崛起的挑战。随着维护国际体系成本上升，为维护自身利益，霸权国一方面需要削弱或摧毁可能的挑战者以消除增加统治成本之因；另一方面需要收缩国际义务。（Gilpin，1981）具体到美联储货币互换，美联储一方面考虑自身金融危机传染风险，将选择与美国金融联系密切的国家或地区进行互换；另一方面支持盟友并歧视战略竞争对手，若一国被霸权国视为战略竞争对手，即便它与霸权国存在某种程度的金融联系，霸权国也可能宁愿承担危机传染所造成的额外损失而不愿提供互换。我们将这种考虑金融联系和战略竞争对手两大因素的选择策略称为"战略竞争"策略。其中，"金融联系"因素主要源于皮耶鲁吉·莫雷利等人（Morelli *et al.*，2015）的思想，他们提出为了平衡霸权国私利与 ILOLR 公益性，霸权国往往救助那些与本国金融联系密切从而影响本国金融稳定的国家。罗伯特·阿特（Robert J. Art，2008）、刘玮和邱晨曦（2015）也认为，当 ILOLR 公共产品的供给条件恶化时，霸权国将从授权国际组织的委托代理形式向货币互换形式转换，以便将有限资源集中到美国金融利益和战略价值所覆盖的国家。"战略竞争对手"因素则是受到萨哈斯拉布德赫（Sahasrabuddhe，2019）、文正仁等（Chung-In Moon *et al.*，2010）从政治角度思考的启发。萨哈斯拉布德赫认为，政治因素可能是影响互换的主要因素；文正仁等则指出，美韩政治联盟是决定货币互换的重要因素。结合近年来中美紧张关系的事实，尤其是美国 2017 年年底所发布的《国家安全战略报告》中明确将中国定义为战略竞争对手和修正主义势力，我们认为有必要在金融联系因素基础上进一步引入战略竞争对手因素，以综合考虑霸权国是否提供货币互换。

综上，本章主要思路和贡献在于提出以是否秉承"基本面"常规策略作为衡量美联储货币互换有效性的标准，进一步指出美联储采取的是"战略竞争"策略，并从理论和实证两方面予以论证，然后对照有效性标准得出美联储不能有效履行 ILOLR 功能的结论，最后引申出对中国的政策启示。

二、霸权国 ILOLR 模型及对危机国行为的影响

为了佐证美联储采取"战略竞争"策略的观点，我们在皮耶鲁吉·莫雷利等（Morelli et al., 2015）的开放经济体三期模型（简称"MPS 模型"）基础上，构建了霸权国 ILOLR 预估目标损失函数模型。它与 MPS 模型的主要区别和联系在于：MPS 模型着重分析危机国所持外汇储备规模的变化以及危机时霸权国违约情况，ILOLR 模型则侧重分析霸权国 ILOLR 行为以及提供互换概率的变化情况，并进一步研究霸权国行为对危机国行为的影响；MPS 模型仅重点关注由两国金融联系产生的金融稳定收益与救助成本之间的关系，而 ILOLR 模型在此基础上引入战略竞争对手因素，并重点分析该因素通过影响互换概率对预估目标损失函数造成何种影响。为便于分析，我们假设：只存在两个国家，一是国际货币发行国或霸权国 F 国，可充当 ILOLR；二是 H 国，即危机国，持有一定规模的外汇储备，危机时需要 F 国提供货币互换。两国均为由央行和银行体系构成的金融开放体。

1. 霸权国 ILOLR 预估目标损失函数模型

我们将 F 国的预估目标损失函数设定为：

$$L = f \cdot \alpha + (1-f) \cdot \beta \tag{10.1}$$

其中，f 为霸权国提供互换概率的函数，α 为提供互换时的成本，β 为不提供互换时的成本。如前所述，我们将影响 F 国提供互换概率的因素归纳为两类，即金融联系因素（ξ）、战略竞争对手因素（ω），表达式如下：

$$f = f(\xi,\omega) \tag{10.2}$$

第一，考虑金融联系因素的霸权国 ILOLR 预估目标损失函数。假定 H 国银行发生流动性危机，它需要偿还的债务为 D，其偿债资金来源于危机国初始外汇储备规模 R_0、银行体系的现金流 u^H 以及从 F 国获得的货币互换 l^H 三部分，若

$$R_0 + u^H + l^H > D \tag{10.3}$$

则 H 国要避免债务危机，至少需要从 F 国获得的资源为 $D - R_0 - u^H$。

那么，F 国是否愿意给 H 国提供互换呢？如前所述，两国金融联系会成为影响金融稳定收益从而决定 F 国是否提供互换的重要因素。假设两国之间的金融联系度为 ξ，如果 F 国没有给 H 国提供互换，那么导致 F 国被传染从而也发生流动性危机的概率与 ξ 相关，我们将其设定为 $g(\xi)(0 < g(\xi) < 1)$，在只存在两个开放经济体的假设条件下，可以得到 $\dfrac{\mathrm{d}g(\xi)}{\mathrm{d}\xi} > 0$。相反，如果 F 国向 H 国提供足够的资源以使其避免发生危机，此时 F 国是否发生流动性危机与 ξ 无关，我们将该情况下 F 国发生流动性危机的概率设为 P（$0 < P < 1$）。显然，F 国被 H 国传染而导致发生危机的概率 $g(\xi)$ 势必大于它未受传染时的概率 P。

假设 F 国充当国内最后贷款人的预估资源量为 d。若 F 国给 H 国提供互换，则 F 国充当国内最后贷款人的预估资源量为 $P \cdot d$，其中 P 仅与 F 国国内银行体系的现金流有关；同时，充当 ILOLR 的资源量为 $D - R_0 - u^H$。若 F 国未向 H 国提供互换，则 F 国只需充当国内最后贷款人，但受到 H 国的传染，所需资源量为 $d \cdot g(\xi)$，此时 F 国提供互换概率的函数形式可以写为 $f(\xi)$，且 F 国的预估目标损失函数可表示为：

$$L(\xi) = f(\xi) \cdot (D - R_0 - u^H + P \cdot d) + [1 - f(\xi)] \cdot [d \cdot g(\xi)] \tag{10.4}$$

由于两国存在金融联系，若 F 国提供货币互换并避免受到 H 国传染，则 F 国充当 ILOLR 的损失将小于不向 H 国提供互换而仅充当国内最后贷款人的损失，在这种情况下，可以得到：

$$D - R_0 - u^H + P \cdot d - d \cdot g(\xi) < 0 \tag{10.5}$$

式（10.5）表明 F 国充当 ILOLR 是有利的，为了进一步推导 F 国提供互换的概率与金融联系因素的关系，对（10.4）式求导可得：

$$\frac{\mathrm{d}L(\xi)}{\mathrm{d}\xi} = \frac{\mathrm{d}f(\xi)}{\mathrm{d}\xi}[D - R_0 - u^H + P \cdot d] + [1 - f(\xi)] \cdot \frac{\mathrm{d}g(\xi)}{\mathrm{d}\xi} \cdot d \tag{10.6}$$

当（10.5）式成立时，损失函数会先递减后递增，F 国预估目标损失函数（10.4）式达到最小值，令 $\dfrac{\mathrm{d}L(\xi)}{\mathrm{d}\xi}=0$，可以进一步得到：

$$\frac{\mathrm{d}f(\xi)}{\mathrm{d}\xi} = \frac{[1-f(\xi)] \cdot \dfrac{\mathrm{d}g(\xi)}{\mathrm{d}\xi} \cdot d}{g(\xi) \cdot d - (D - R_0 - u^H + P \cdot d)} \tag{10.7}$$

即由（10.7）式可知，由于 $0<f(\xi)<1$，随着金融联系度 ξ 的增大，则 F 国受到传染从而发生流动性危机的概率 $g(\xi)$ 提高，因此初步可以由 $\dfrac{\mathrm{d}g(\xi)}{\mathrm{d}\xi}>0$ 推出 $\dfrac{\mathrm{d}f(\xi)}{\mathrm{d}\xi}>0$，这说明危机国 H 国与霸权国 F 国之间的金融联系越强，则 H 国发生流动性危机时，F 国受到传染的概率越高，那么 F 国愿意提供互换的概率也越高。也可以对（10.7）式进行等式转换：令 $(D-R_0-u^H+P \cdot d)/d$ 为 c_1，且由（10.5）式可知 $g(\xi)>c_1$。等式两边同时积分则为：

$$-\int \frac{d(1-f(\xi))}{1-f(\xi)} = \int \frac{d(g(\xi)-c_1)}{g(\xi)-c_1} \tag{10.8}$$

最终得到 F 国提供互换的概率 $f(\xi)$ 和 F 国发生流动性危机概率 $g(\xi)$ 之间的具体关系式为：

$$f(\xi) = 1 - \frac{1}{k[g(\xi)-c_1]} \quad (k \text{ 为常数且大于 } 0) \tag{10.9}$$

在只存在两个开放经济体的假设条件下，容易推出传染概率 $g(\xi)$ 随金融联系度 ξ 的增大而提高，同时在（10.5）式成立的条件下，即当霸权国充当 ILOLR 时的损失小于受冲击而只充当国内最后贷款人的损失时，基于（10.9）式可以得到 F 国提供互换的概率和金融联系之间的关系：提供互换的概率 $f(\xi)$ 随金融联系度 ξ 的增大而提高，即霸权国提供互换的概率与金融联系度成正比。此外，（10.9）式证明了提供互换的概率 $f(\xi)$ 和传染概率 $g(\xi)$ 之间存在正相关关系，即霸权国提供互换的概率与金融传染概率成正比，而在只存在两个开放经济体的假设条件下，金融联系越强，霸权国受到危机国传染的可能性越高，从而佐证了以上结论。

综上所述，这一节所得到的结论可以表述为：在不考虑其他影响因素的前提下，危机国与霸权国金融联系越强，则霸权国提供互换的概率越高。

第二，考虑战略竞争对手因素的霸权国 ILOLR 预估目标损失函数。与前面重点探讨霸权国互换概率不同，本部分主要分析战略竞争对手因素对霸权国 ILOLR 预估目标损失函数的影响。但需要指出的是，一方面，ILOLR 在获得

"霸权国私利"时主要基于金融联系因素和战略竞争对手因素来权衡是否提供互换,所以单独考虑战略竞争对手因素毫无意义(在不考虑其他因素的前提下,若不存在金融联系且危机国被视为战略竞争对手,霸权国提供互换的概率自然为0);另一方面,战略竞争对手因素来源于ILOLR对于维持"霸权地位"的考虑,在危机中虽然不会存在确切的成本和收益,却直接影响ILOLR提供互换意愿的强弱。

基于以上分析,需要作出两点说明:

说明一:在考虑金融联系因素的基础上分析战略竞争对手因素才符合实际情况,因此可以设 F 国与 H 国的金融联系度为 ξ_0(为常数),且使得(10.10)式成立。

$$D - R_0 - u^H + P \cdot d - d \cdot g(\xi_0) < 0 \qquad (10.10)$$

说明二:战略竞争对手因素在危机时难以衡量确切的成本和收益,从技术上分析战略竞争对手因素对互换概率的影响具有难度,但可以认为 F 国提供互换的概率与其效用函数有关,且基于金融联系因素能给 F 国带来正效用,而基于战略竞争对手因素则带来负效用。借鉴效用函数方法能够更好地说明这个问题,并将(10.2)式写为(10.11)式,得到 $\frac{\partial f}{\partial \xi} > 0$,$\frac{\partial f}{\partial \omega} < 0$。

$$f = f(\xi_U, \omega_U) \qquad (10.11)$$

F 国是否提供危机时的货币互换,主要取决于金融联系因素和战略竞争对手因素,此时 F 国救助概率的数学形式可表示为 $f(\xi_0, \omega)$,与之前的思路相同,此时的预估目标损失函数可写为:

$$L(\xi_0, \omega) = f(\xi_0, \omega) \cdot (D - R_0 - u^H + P \cdot d) + [1 - f(\xi_0, \omega)] \cdot [d \cdot g(\xi_0)] \qquad (10.12)$$

再对(10.12)式中的 ω 进行求导可得:

$$\frac{\partial L(\xi_0, \omega)}{\partial \omega} = \frac{\partial f(\xi_0, \omega)}{\partial \omega}[D - R_0 - u^H + P \cdot d - d \cdot g(\xi_0)] \qquad (10.13)$$

由说明二可知 $\frac{\partial f}{\partial \omega} < 0$,由于金融联系度在这里已经设定为常数且(10.10)式成立,因此进一步可由 $\frac{\partial f(\xi_0, \omega)}{\partial \omega} < 0$ 推出 $\frac{\partial L(\xi_0, \omega)}{\partial \omega} > 0$。

以上推论表明:当霸权国和危机国已存在一定程度的金融联系,霸权国基于战略竞争对手因素而不愿给危机国提供互换时,战略竞争对手因素对霸权国

提供互换的意愿影响程度越大，则霸权国在危机时所受损失越大。特别地，如果基于战略竞争对手因素而选择不提供互换的效用值大于基于其他因素而选择提供互换的正效用值之和，其效用函数可以表示为 $|\Delta U_\omega| > |\Delta U_\xi| + |\Delta U_\varepsilon|$，这种情况下，霸权国将战略竞争对手因素视为是否给危机国提供互换的决定性因素，那么霸权国可能宁愿遭受危机损失也不愿提供互换。

霸权国是否提供互换（或充当 ILOLR）情况如图 10.1 所示。

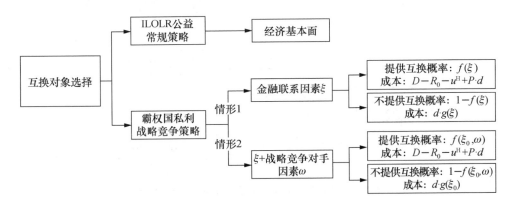

图 10.1 霸权国互换对象选择情况

2. 霸权国 ILOLR 行为对危机国行为影响

进一步考虑霸权国行为对危机国行为的影响。如前所述，若霸权国向危机国提供互换，需要付出的资源是 $D-R_0-u^H+P\cdot d$，而不提供互换，则付出的资源仅需 $d\cdot g(\xi)$，因此根据（10.7）式可以得出：

$$D-R_0-u^H < d\cdot[g(\xi)-P] \tag{10.14}$$

由于 $l^H=D-R_0-u^H$，故霸权国最多给危机国提供 $d\cdot[g(\xi)-P]$ 的资源量。

若发生危机时，霸权国提供互换，则危机国权衡机会成本与危机概率之后只需保持的外汇储备量为：

$$R^Y = D-u^H-d\cdot[g(\xi)-P] \tag{10.15}$$

由（10.15）式可知，得到霸权国互换的危机国央行可以减持初始外汇储备规模。

若发生危机时，霸权国未提供互换，则危机国之后至少需要保持的外汇储备量为：

$$R^N = D - u^H \tag{10.16}$$

由（10.16）式可知，由于 $u^H=0$，故面临债务冲击时，危机国仅能依靠外汇储备和银行体系的现金流。同时，根据之前的分析，$g(\xi) > P$，因此有：

$$R^Y < R^N \tag{10.17}$$

这意味着，即使危机国央行保持较多的外汇储备将带来较大的机会成本，但是由于霸权国可能视危机国为战略竞争对手，从而降低对危机国提供互换的概率，因此，危机国央行不得不保持较多的外汇储备以预防流动性危机。详情见图10.2。

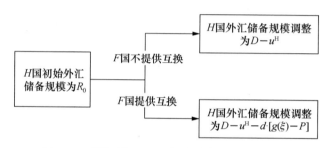

图 10.2 霸权国 ILOLR 行为对危机国行为影响

基于以上 ILOLR 模型，我们得出以下结论：第一，金融联系因素的影响。当发生流动性冲击时，金融联系越强，霸权国发生流动性危机的概率越高，即危机传染概率越高，则霸权国选择提供互换的概率越大，这验证了金融联系度与互换概率的正相关关系。第二，战略竞争对手因素的影响。在考虑了金融联系因素的前提下，若战略竞争对手因素与霸权国提供互换的概率呈负相关关系，那么战略竞争对手因素对互换的影响越大，则霸权国在危机中所遭受到的损失越大。第三，霸权国 ILOLR 行为对危机国行为的影响。危机国会根据霸权国是否选择给予互换相应调整外汇储备规模，若霸权国提供互换，则危机国之后会降低外汇储备规模，反之则增加。总之，霸权国主要基于金融联系和战略竞争对手两大因素来决定是否提供互换，而这一行为将影响危机国持有外汇储备的行为。

三、美联储选择货币互换对象策略的实证检验

我们进一步通过逻辑回归法检验美联储选择货币互换对象究竟是采用基本面常规策略还是霸权国战略竞争策略。美联储与他国央行签约，无非有已签

(取值为1）和未签（取值为0）两种结果，是一个典型的二元选择问题，可以采用 Logistic 或 Probit 模型。由于前者对变量设置的前提假设少、准确性和稳定性高、解释力和实用性强，故本部分采用 Logistic 回归即逻辑回归进行建模分析。逻辑回归的一般形式为：

$$p = \frac{e^{f(x)}}{1+e^{f(x)}} = \frac{1}{1+e^{-f(x)}} \tag{10.18}$$

其中，p 表示事件成功的概率，本部分指美联储与某国央行签约成功的概率，该值受 $f(x)$ 的影响。相应地，美联储不会与该国签约的概率为：

$$1-p = \frac{1}{1+e^{f(x)}} \tag{10.19}$$

将（10.18）式与（10.19）式的比值 $p/(1-p)$ 取自然对数，即对 p 做 Logistic 变换，建立线性回归方程如下：

$$\text{Logit}(p) = \ln\frac{p}{1-p} = f(x) = \alpha + \beta_1 x_1 + \beta_2 x_2 + \cdots + \beta_n x_n \tag{10.20}$$

从（10.20）式可知，逻辑回归模型实际上是广义的多元线性回归模型。由于其误差项服从二项分布，因此，在拟合时采用最大似然估计法进行参数估计。式中 α 为截距项，无实际意义；β_i（$i=1,\cdots,n$）为逻辑回归系数，不同于一般线性回归系数，本部分意指在其他条件不变的情况下，当自变量 x_i（$i=1,\cdots,n$）上升一个单位时，签约成功这一事件发生的"相对比"① 会变为原来的 e^{β_i} 倍。理论上只要估算出 β_i 的取值，便可根据某国具体情况通过（10.19）式算出签约概率。

（1）样本和解释变量的说明

我们将美联储互换签约对象限定为发达国家和新兴国家。其中，发达国家样本来自联合国开发计划署发布的 2019 年《人类发展报告》中人类发展指数（HDI）高于 0.8，同时被世界银行依据人均国民总收入（GNI）划分为高收入群体的国家（刘玮、邱晨曦，2015）②；新兴国家样本借鉴李政（2014）③ 遴选结果。在此基础上进行适当删减：一是由于欧元区国家统一使用欧元，而美联

---

① 即美联储签约与未签约之比 $p/(1-p)$。
② 该文总结了发达国家的两类划分依据：世界银行将人均 GNI 按可比价格高于 1987 年的 6000 美元的国家定义为发达或高收入国家；联合国则将人类发展指数 0.8 作为发达国家与发展中国家的分界。
③ 该文首先比较 10 个权威国际机构确定的新兴国家范围，然后从中遴选出已经得到至少 6 个国际机构认可的新兴国家，最后归纳新兴国家 5 项标准并评选出 21 个新兴国家。

储签约对象是欧洲央行而非欧元区各国，因此，需要剔除欧元区国家；二是考虑到自变量中衡量政治联系度的投票问题，样本中仅留下中国内地而将中国香港略去；三是由于列支敦士登、安道尔两国相关数据大量缺失，故予以剔除，因两国规模极小，剔除后并不影响研究结论。最终选出 46 个样本国[①]。美联储选择互换对象以签约时相关数据为依据，由于统计时滞，决策时考虑的往往是前一年数据，故本部分采用签约前一年即 2019 年的数据（除 X3 外）。

如前所述，美联储选择互换对象若是基于霸权国战略竞争策略，将主要考虑金融联系和战略竞争对手两大因素来决定是否作为 ILOLR 救助其他国家，因此，选取一国与美国的金融联系度、与美国的贸易联系度、与美国的政治联系度 3 个指标，作为核心解释变量；若美联储采取 ILOLR 常规策略，将主要考虑经济基本面因素以决定是否签约货币互换，因此，我们将反映经济基本面的经常账户余额与 GDP 之比、中央政府净借款额与 GDP 之比、GDP、通胀率、失业率以及制度性的投资者保护指数 6 个指标作为控制变量纳入模型。各解释变量数据来源如表 10.1 所示。

表 10.1 解释变量和数据来源说明

符号	变量名称	数据来源
X1	与美国的金融联系度	国际清算银行发布的 BIS Quarterly Review
X2	与美国的贸易联系度	联合国贸易数据统计（UN Comtrade Statistics）
X3	与美国的政治联系度	联合国官网和联合国书目信息系统（UNBISnet）
X4	投资者保护指数	世界银行营商环境报告数据库（Doing Business Data）
X5	经常账户余额与 GDP 之比	国际货币基金组织的国际收支统计数据库（BOPS）
X6	中央政府净借款额与 GDP 之比	国际货币基金组织的数据映射库（IMF DataMapper）
X7	GDP	国际货币基金组织的数据映射库（IMF DataMapper）
X8	通胀率	国际货币基金组织的数据映射库（IMF DataMapper）
X9	失业率	国际货币基金组织的数据映射库（IMF DataMapper）

X1 用某国对美国银行外债所占份额来衡量，计算公式为 $s=c/m$，其中 c 指一国对美国银行的外债，m 指所有样本国对美国银行的外债。

---

① 除美国外，实际样本为 46 个，即阿根廷、澳大利亚、巴哈马、巴林、巴巴多斯、巴西、文莱、加拿大、智利、中国、哥伦比亚、克罗地亚、捷克、丹麦、埃及、匈牙利、冰岛、印度、印度尼西亚、以色列、日本、科威特、马来西亚、墨西哥、摩洛哥、新西兰、挪威、阿曼、帕劳、秘鲁、菲律宾、波兰、卡塔尔、韩国、俄罗斯、沙特阿拉伯、塞舌尔、新加坡、南非、瑞典、瑞士、泰国、土耳其、阿联酋、英国、乌拉圭。

X2 用某国对美国进出口总额所占份额来衡量，计算公式为 $q=(i+e)/(I+E)$，其中 i 和 e 分别为该国对美国的进口额和出口额，I 和 E 分别指所有样本国对美国的进口额和出口额。

如何衡量与美国的政治联系度 X3?[①] 我们认为，阿伦德·利普哈特 (Arend Lijphart, 1963) 构造的投票一致性指数 IVC[②] 并不能准确衡量两国政治联系度。比如，两国投票完全一致，但一国成为美国战略竞争对手或被美国视为战略竞争对手，那么，仅考虑投票一致性而认为两者具有很高的政治联系度的观点无疑是错误的，还需要综合考虑是否为美国盟友或战略竞争对手情况。鉴于此，我们在 IVC 指数基础上构造加权 IVC 指数（Weighted IVC，简称"WIVC"），Weighted_IVC=IVC×Q，创新性地将战略竞争对手因素作为权重引入，构建以美国盟友体系为权重的加权投票一致性指数以衡量美国与签约国的政治联系度，其中，美国盟友权重 Q 取值为 1，美国战略竞争对手权重取值为 0，其他国家取值为 0.5。[③] 该指标是所有指标中唯一一个取值范围为 2002—2019 年的时段指标，这是因为一年内联合国大会决议数较少，若取时点数据将严重影响指标的可靠性。

（2）逻辑回归模型的建立

由于本部分解释变量相对于样本数据较多，建模时可能存在多重共线性问题，而逻辑回归模型本身对多重共线性较敏感，因此，解释变量的筛选就变得尤为重要。建模前，为筛选出能反映签约国与未签约国之间具有显著性差异的解释变量，我们利用 SPSS 统计软件对样本数据进行双样本 t 检验，为避免遗漏重要的影响因素，先取置信度为 90%，即当 t 双尾显著性水平小于 0.1 时，认为该解释变量在签约国与未签约国之间存在显著性差异。检验结果见表 10.2。

---

① 目前，学界用 τb 系数、相似度分值、联合国大会投票一致性指数衡量各国外交政策相似度，由于前两者存在较大适用性局限，因此联合国大会投票一致性指数应用更广。(刘倩，2018)

② 以 IVC 衡量联合国中各国与美国投票一致性指数，$IVC=(f+0.5×g+0×a)/t$，其中 f 指某国与美国投票相同的决议数（两国都投赞成、反对或弃权票），g 指两国中一个投赞成或反对票而另一个投弃权票，a 指两国一个投赞成票而另一个投反对票，t 指两国都参与的投票决议总数。

③ 布雷特·阿什利·利兹等（Bret Ashley Leeds et al., 2005）认为，联盟是指国家之间为了应对军事威胁而签订协议并展开军事合作。据此，并参考王玮（2013）、周亦奇（2016）的梳理回顾，美国参加且至今仍有效的联盟条约主要包括《北大西洋公约》《美以防务协议》《日美安全保障条约》《美韩共同防御条约》等，我们将其中的缔约国均视为美国盟友。此外，从 1996 年至今，美国各任总统通过国会分别指定新西兰、阿根廷、科威特、巴西等国为非北约主要盟友，作为对它们加强与美国防务合作的认可，因此，将这些国家补充进美国盟友国。

表 10.2 样本数据的差异显著性检验

		莱文方差等同性检验		平均值等同性 t 检验					差值95%置信区间	
	是否为假定等方差	F	显著性	t	自由度	显著性	平均值差值	标准误差值	下限	上限
X1	是	23.805	0.000	−4.252	44.000	0.000	−5.427	1.276	−8.000	−2.855
	否			−2.675	12.173	0.020**	−5.427	2.029	−9.841	−1.014
X2	是	10.320	0.002	−2.612	44.000	0.012	−3.825	1.465	−6.777	−0.874
	否			−1.940	14.085	0.073*	−3.825	1.972	−8.052	0.401
X3	是	0.378	0.542	−2.873	44.000	0.006***	−17.706	6.162	−30.125	−5.286
	否			−2.892	22.331	0.008	−17.706	6.122	−30.392	−5.109
X4	是	1.851	0.181	−1.668	44.000	0.102	−9.030	5.413	−19.940	1.880
	否			−2.037	35.333	0.049	−9.030	4.433	−18.026	−0.035
X5	是	0.009	0.924	−1.818	44.000	0.076*	−3.910	2.151	−8.244	0.222
	否			−1.947	25.585	0.063	−3.910	2.009	−8.042	0.222
X6	是	0.649	0.425	−1.579	44.000	0.121	−2.071	1.311	−4.713	0.572
	否			−1.686	25.421	0.104	−2.071	1.228	−4.598	0.456
X7	是	0.012	0.913	−0.814	44.000	0.420	−5.898	7.247	−20.504	8.708
	否			−1.035	38.930	0.307	−2.648	1.706	−0.820	6.116
X8	是	2.471	0.123	0.980	44.000	0.332	2.648	2.702	−2.797	8.093
	否			1.552	33.930	0.130	2.648	1.706	−0.820	6.116
X9	是	3.970	0.053	1.055	44.000	0.297	1.622	1.537	−1.477	4.720
	否			1.408	42.350	0.166	1.622	1.152	−0.702	3.945

由表 10.2 中平均值等同性 t 检验结果可知，X1、X3 两个解释变量显著性均小于 0.05，在 5%、1% 水平上通过了样本差异显著性检验；X2、X5 显著性均小于 0.1，在 10% 水平上通过了样本差异显著性检验，表明它们在签约国与未签约国之间具有显著性差异，因而可能是美联储签约的影响因素。若解释变量之间具有相关性，则可能会引发多重共线性问题，从而影响 Logistic 模型拟合结果的准确性，因此，先采用皮尔逊相关系数判断解释变量之间是否相关。结果见表 10.3。

表 10.3 各解释变量的皮尔逊相关系数表

		X1	X2	X3	X5
X1	皮尔逊相关性	1	0.428**	0.295*	0.080
	显著性（双尾）		0.003	0.047	0.596
X2	皮尔逊相关性	0.428**	1	0.053	0.034
	显著性（双尾）	0.003		0.726	0.821
X3	皮尔逊相关性	0.295*	0.053	1	−0.016
	显著性（双尾）	0.047	0.726		0.914
X5	皮尔逊相关性	0.080	0.034	−0.016	1
	显著性（双尾）	0.596	0.821	0.914	

由表 10.3 可知，各个解释变量之间的皮尔逊相关系数的绝对值不是很大，最大为 0.428。进一步采用特征值（eigenvalue）以及条件指标（condition index）进行多重共线性诊断。诊断结果见表 10.4。

表 10.4 各解释变量的多重共线性诊断结果

维数	特征值	条件指标	方差比例				
			（常量）	X1	X2	X3	X5
1	2.548	1.000	0.04	0.05	0.05	0.04	0.00
2	1.018	1.582	0.01	0.01	0.01	0.01	0.90
3	0.787	1.799	0.08	0.12	0.34	0.07	0.09
4	0.471	2.325	0.04	0.71	0.53	0.00	0.01
5	0.175	3.814	0.84	0.10	0.07	0.88	0.00

由表 10.4 可知，5 维的特征值为 0.175，大于 0，且 5 维的条件指标小于 10，据此判断这几个变量之间并不存在显著的多重共线性。我们进一步采用逐

步回归法对样本数据进行拟合，对5个解释变量依次进行单因素回归。回归结果如表10.5所示。

表10.5　各解释变量的单因素回归结果

	B	标准误差	瓦尔德	自由度	显著性	Exp（B）
X1	0.846	0.259	10.663	1	0.001**	2.329
常量	−2.439	0.604	16.327	1	0.000***	0.087
X2	0.173	0.092	3.521	1	0.061*	1.189
常量	−1.332	0.391	11.626	1	0.001***	0.264
X3	0.045	0.018	6.101	1	0.014**	1.046
常量	−2.306	0.693	11.063	1	0.001***	0.100
X5	0.113	0.065	3.049	1	0.081*	1.119
常量	−1.032	0.356	8.394	1	0.004***	0.356

由表10.5可知，只有X1、X3的拟合系数通过了显著性水平为5%下的瓦尔德显著性检验，即拟合系数显著不为0。在单因素回归结果中，X1、X3对签约具有正向影响，表明一国与美国的金融、政治联系越紧密，签约可能性越大。这与前文分析一致，美国与签约国的金融联系越紧密，则美国银行在该国的风险暴露越高，为维护美国银行利益和稳定美国金融体系，美联储往往会选择与之签约；倾向于与政治联系紧密的国家签约意味着投票一致性水平高且作为美国盟友的国家更有机会签约，相反，美国的战略竞争对手则很难获得签约机会。其中，X1对签约概率绝对值影响最大，即它每增加1%，美联储签约的"相对比"会提高1.33倍；而X3每增加1%时，签约概率的"相对比"将上升5%。

从表10.6可得，霍斯默—莱梅肖拟合优度检验（HL检验）[①] 中，X1和X3对应的单变量回归模型的HL检验的显著性均大于0.05，说明它们对应的回归模型的拟合方程和真实方程没有很大偏差，即拟合效果较好。相对来说，分别以X1和X3为解释变量的回归模型，其考克斯—斯奈尔R方（Cox & Snell R Square）和内戈尔科R方（Nagelkerke R Square）较大。若以内戈尔科R方衡量，X1和X3单独对因变量分别作出53.5%和20.6%的解释，说明二者的解释能力较强，而X1对应的单变量回归模型的综合分类准确率高达

[①] HL检验中，若显著性大于0.05，则该模型拟合通过检验。

87%，居所有变量之首。综上可知，X1是最重要的解释变量。因此，逐步回归时，我们将X1最先引入模型，然后根据重要性递减依次引入其他变量进行逐步分析，得到结果如表10.7所示。

表10.6 各解释变量单因素回归的拟合优度检验

变量	模型系数Omnibus检验			模型摘要			霍斯默—莱梅肖检验			
	卡方	自由度	显著性	对数似然值	考克斯—斯奈尔R方	内戈尔科R方	卡方	自由度	显著性	分类准确率
X1	21.431	1	0.000	33.346	0.372	0.535	3.966	7	0.784	87.0%
X2	5.626	1	0.018	49.151	0.115	0.165	8.695	7	0.275	73.9%
X3	7.112	1	0.008	47.665	0.143	0.206	7.609	7	0.368	69.6%
X5	3.726	1	0.054	51.051	0.078	0.112	8.355	7	0.302	76.1%

表10.7 逐步回归拟合结果

模型	常数	X1系数	X3系数	-2对数似然值	内戈尔科R方	HL检验显著性	分类准确率
$Y=f(X1)$	-2.439	0.846		33.346	0.535	0.784	87.0%
显著性	0.000***	0.001***					
$Y=f(X1, X3)$	-4.491	1.080	0.059	27.482	0.643	0.447	84.8%
显著性	0.001***	0.002***	0.033**				

如表10.7所示，当模型中只包含X1变量时，其拟合结果总体较好；加入X3变量后，此时系数均通过5%显著性水平下的瓦尔德检验，虽然综合分类准确率有极小的下降，但-2对数似然值从33.346下降到27.482，且内戈尔科R方从0.535升至0.643，说明X3变量的引入大大增强了模型的解释能力，模型中的X1和X3变量对被解释变量已作出绝大部分解释。同时，HL拟合优度检验的显著性达到0.447，远大于0.05，说明拟合方程和真实方程之间偏差小，拟合结果较为理想。最终得到的最优模型中包含X1和X3这两个核心解释变量。同时，拟合系数符号也具有经济学意义，即与美国的金融、政治联系越紧密的国家，美联储越可能签约，这与我们的霸权国ILOLR模型的预测相一致。贸易紧密度以及经济基本面因素的系数则并不显著，意味着它们对美联储选择货币互换签约对象没有显著影响。中国与美国的金融联系度在样本国中排名第6，而根据本部分的实证结果，中美签约货币互换的概率为45.81%，在样本国中排名第10，可见战略竞争对手因素的确降低了美国对中国的签约意向。

四、基本结论与中国应对策略

美联储提供货币互换，本质上是一种霸权国 ILOLR，它所具有的无限资源和行动迅速特征使其能够对缓解危机国外汇市场压力、提高银行利润并防止银行倒闭、促进 GDP 复苏起到一定作用，但全面评估美联储的 ILOLR 功能有效性，还需进一步从对签约对象的选择策略角度予以分析。根据前文分析，我们得出以下结论：

（1）美联储是否提供货币互换并非基于危机国"基本面"常规策略，而是基于维护美国霸权国利益的战略竞争策略。我们构建的霸权国 ILOLR 预估目标损失函数模型表明，ILOLR 基于霸权国利益最大化的成本与收益权衡决定是否提供互换，而金融联系和战略竞争对手是影响决策的关键因素。一国与美国金融联系越强，则美联储提供互换越能降低传染概率和损失，因而美联储签约可能性越大；一国尽管与美国存在一定的金融联系，但一旦成为或被美国视为威胁其货币霸权国地位的"战略竞争对手"，它就成为改变霸权国救助意愿的最重要的成本因素，并且超越金融稳定收益而成为影响货币互换的"一票否决式"压倒性因素，即美联储可能宁愿承担危机传染造成的额外损失，也不会提供互换。我们依据联合国人类发展指数、人均 GNI 等标准选定 46 个涵盖发达国家和新兴国家的样本国，用 Logistic 回归进行检验，结果表明：经济基本面对美联储签约影响并不显著；而一国与美国金融和政治联系越紧密，即与美国的投票一致性程度越高且为美国盟友，与美联储签约概率越高，反之则相反。这一结论与我们构建的预估目标损失函数模型预期相一致。

（2）由于美联储秉持霸权国战略竞争策略，它并不能成为新兴国家和发展中国家的有效 ILOLR。尽管美联储货币互换具有缓解危机国外汇市场压力、提高银行利润并防止银行倒闭、促进 GDP 复苏等客观效果，但我们构建的霸权国 ILOLR 模型和实证检验均表明美联储选择货币互换对象时基于霸权国私利而秉持战略竞争策略，这一点与 ILOLR 作为公共产品而须坚持的"基本面"常规策略相背离。这一背离将不可避免地导致救助资源错配。而救助资源错配将进一步导致产生道德风险或资产受损等成本，更严重的是导致救助资源分配低效和不公平。从这个角度看，美联储并不能有效履行 ILOLR 功能，尤其对于广大新兴国家和发展中国家而言。正如马丁·费尔德斯坦（Martin Feldstein，1999）在亚洲金融危机后所告诫的那样：发展中国家不能依靠 IMF 或"国际金融体系"改革来保护自己免受危机伤害，而应通过增加流动性来实现自我保护。增加流动性主要有三种策略：减少短期债务、建立抵押信贷工具以及增加中央银行的外汇储备。主权国家应该考虑如何以最合理的成本实现政策组合。

那么，以上结论对中国有何启示或借鉴意义？对中国而言，在当前美元本位制下，签约能够显著降低中国累积外汇储备高昂的成本，无疑具有巨大经济价值。如前所述，美联储基于霸权国私利而非全球公共利益，采取战略竞争策略而非常规策略选择互换对象。故中国能否与之签约，不在于中国是否拥有能够保障互换资金安全偿还的未来良好经济基本面和持续的经济增长，而取决于与美国的金融与政治联系度。鉴于此，中国可采取以下应对措施：

第一，深度融入国际金融市场，增强与欧美国家的金融联系。根据 ILOLR 模型，两国金融联系度越高，霸权国受危机国传染而引发国内流动性危机的概率越高，则霸权国救助危机国的概率越高，救助意愿越强。当前，中国与美国金融联系度为 4.78，远落后于美日 21.99 的水平，也远未达到若霸权国不救助则会因危机国传染而引爆自身危机的金融联系度。因此，在经济全球化时代，中国需要进一步开放国内金融市场并深度融入国际市场，一方面，培育一批大券商、大银行、大资产管理公司等享誉全球的金融机构，增强它们全球配置本外币金融资产的能力；另一方面，加速金融业双向开放，取消 RQFII 额度限制，优化准入条件，重视吸引国际银行及包括理财公司、养老基金、期货公司在内的非银行外资金融机构来华经营业务。通过加强与欧美国家的金融联系，一方面享受全球配置资金产生的效率提升，另一方面增加美联储不救助的成本，从而提高中国危机时的获救概率。

第二，依据与霸权国的金融联系度和战略竞争程度动态调整外汇储备规模。霸权国选择是否给予救助和危机国调整外汇储备的行为始终是一个"博弈"过程。金融联系和战略竞争对手因素不仅会影响霸权国的救助概率，也将影响危机国调整外汇储备规模的行为。当前，美国霸权逐渐衰落而中国逐步崛起，这本是国际政治中的一种常态现象，但大国崛起往往会打破既有国际关系中的权力分配状况，必然遭到现存国际体系中主导大国及其同盟的遏制。（Waltz，2010）随着中美贸易摩擦的持续，美国在全球贸易、投资、货币领域对中国形成全方位排挤的态势，2017年年底美国发布的《国家安全战略报告》更是直接将中国、俄罗斯定义为战略竞争对手和修正主义势力。2020年6月，美国又发布《美国对中华人民共和国的战略方针》，明确对华接触政策的失败，提出应对中国这一大国竞争对手的战略方针，表明对华竞争战略基本成型。根据未来中美经济等实力差距缩小趋势判断，中国短期内很难摆脱被美国贴上战略竞争对手标签的窘境。鉴于此，考虑到美国已明确视中国为战略竞争对手、中美两国金融联系度低、中美签约货币互换概率低于50％等情况，中国需要忍受持有高额外汇储备带来的机会成本，维持现有外汇储备规模，以维护中国加速开放条件下的金融稳定。而随着中美战略竞争激烈程度的下降以及金融联系度的上升，可以适当降低外汇储备规模。此外，还可与C6中美联储之外的其他央行建立货币互换，从而间接与美联储签约；密切关注美联储货币互换网络的扩展以及制度化、政治化动态，动态把握签约机会；维护与IMF的良好关系并致力于区域性的清迈协议、金砖国家应急储备安排建设。

第三，面对激烈的货币竞争，稳步推进人民币国际化进程。经济全球化背景下，国家之间日益激烈的竞争很大程度体现在货币竞争加剧上。国际政治经济学国际货币金融关系领域的领军人物本杰明·科恩（Benjamin J. Cohen，2006）认为，"谁控制了货币，谁就可以获得各种实际资源、商品和服务，而这些又是获得经济和政治优势的关键。……货币的未来影响着我们所有人，货币的未来就是我们的未来"。通过货币国际化，不仅可以获得国际铸币税，还能提高宏观经济政策的灵活性和国际声誉，同时获得降低货币危机、债务危机发生概率等隐性收益。中国2009年正式开启的人民币国际化进程，由于贸易结算推动力量减弱，现仍处于初级阶段。因此，一方面通过对健全宏观经济管理的公开承诺来维护人民币币值稳定，以增加对人民币的需求；另一方面运用中国规模经济优势，增强人民币的经济交易尤其是金融交易功能，实现贸易与金融双轮联合驱动战略，使人民币成为国际货币中重要的一员，最终实现中美两国平等的货币互换。

第 11 章
全球治理中的新兴国家制度性话语权

近年,全球化遭遇强大逆袭,单边主义盛行使全球经济治理陷入僵化、扭曲、低效和赤字增多的境地。这固然与全球性经济问题急剧增多和尖锐化有关,也与全球经济治理体系权力结构扭曲、调适滞后,多边治理组织内部分化、对立严重,新兴国家制度性话语权偏低、治理潜能得不到正常发挥有关。面对全球经济稳健持续发展对改善经济治理提出的更高要求以及新兴国家通过全球经济治理为自身营造更佳外部制度环境的强烈需求,需要着力围绕调整权力结构,增加新兴国家赋权,增强治理正当性、协调性和有效性,推进全球经济治理变革。本章在回顾总结相关研究基础上分析主要新兴国家在推动全球经济治理变革过程中争取更多制度性话语权的可能性、困境及突破方向,以期丰富相关理论研究并提供决策建议。

一、全球经济治理变革动因分析

近年,经济全球化以及网络化等引发的全球性经济问题日益增多和尖锐化,如全球化过程中国家内部以及国家间发展和收益不平等问题引发一些国家错误理解,以美国为代表的全球化主导力量对经济全球化的态度和政策发生逆转,不仅使经济全球化受到威胁,而且使全球经济治理陷入紊乱和失灵。

这反过来进一步威胁到全球经济的稳健持续发展,强化了加强多边治理的需求和迫切性。

1. 全球经济风险与政策冲突加剧

随着全球化、区域化程度的提高,一国或者区域发生的金融危机、债务风险、汇率波动、碳排放增加、生态危机、粮食危机、能源危机以及贫困、难民问题等更加容易演变成跨境问题及全球性矛盾。经济全球化带来的新问题如全球产业链或价值链管理,政府间、企业与政府间的争端,跨界金融监管,全球气候变化,以及政府采购管理、产业政策制定、劳工权利维护、知识产权保护等问题日益超越原一国管理范畴,从"边境壁垒"扩展为"边境后壁垒"。此外,突发性全球经济与金融问题、地缘政治冲突、全球新冠疫情大流行等导致各行为体经济政策冲突加剧,采取产业、贸易及投资保护和技术封锁政策,特别是发达国家采取宽松货币政策带来全球流动性泛滥、大宗商品价格高位波动、加征关税等,增加了全球经济不确定性、风险性,这些都对全球经济治理提出了更强烈的要求。全球化、全球问题的发生发展和全球治理之间有着必然的内在逻辑关系。(卢静,2008)全球化和全球问题是全球治理出现的根本性依据。(庞中英,2006)可见,全球化条件下由单个主权国家无法独自解决的全球性问题的日益增多和尖锐化,使国家行为体和非国家行为体建立国际规则和制度,以协调应对并解决这些问题。(张宇燕,2016b)全球经济治理便是全球治理在经济领域的延伸,在一定程度上也是其他治理的基础。

2. 全球经济发展对规则、机制的要求不断提高

人类社会是通过集体行动诠释社会生活的内容的,集体行动要具有秩序就需要获得行动的一致性。在如何获得集体行动的一致性方面,人们聚焦价值、规则和规范三个无法完全割裂开来并存在着相互转化和相互包含关系的要素,即依靠价值、规则和规范去整合集体行动。(张康之,2014)随着全球化、网络化、智能化和民主化的深入发展,国际产业分工更加细化、垂直化、水平化,对行业间、国家间、区域间以及全球的政策协作要求也更高。规则和机制在协调国际关系、治理全球问题方面的作用变得更加重要。高度复杂的经济分工协作网络对组织规则、机制的依赖加深。规模越大、融合越深的集体行动对规则、机制的要求越高。各国围绕规则制定权的争夺越来越激烈,如发达国家

希望通过维护原有三大正式多边治理机制[①]等旧规则和制定新规则继续维护、巩固和加强对自己更有利的新治理体系，而新兴国家与发展中国家则谋求通过改造旧规则以及倡建新规则建立有利于增加自身话语权的更加公平合理的治理体系，由此引发国际规则的新一轮变革潮。新的规则和机制不断涌现，包括G20、全球气候治理机制、APEC、金砖国家合作机制、亚投行等国际协调机制以及TPP、TTIP、RCEP等国际贸易投资领域新规则的谈判。（徐秀军，2015）新兴国家和非政府组织等非国家行为体群体性崛起，在国际体系中日益发挥着重要作用，这些都使传统国家行为体受到新的挑战，无法完全控制所有国内外事务，进而使全球治理成为一种新的选择。（刘亚男、王跃，2019）

3. 全球经济治理软弱和缺位

面对层出不穷的各种黑天鹅事件以及挑战和风险，面对不断增加和复杂化的全球性问题，作为公共产品的全球经济治理供给严重不足，新规则更是明显"缺位"。

自二战后期就开始运行的三大正式多边治理机制以及后来出现的G20、《巴黎协定》及相关机制、APEC及诸多其他区域组织等共同构成的多边治理体系在应对全球性问题时表现出乏力、效能不足等弊端。从历史和现实来看，导致全球经济治理陷入困境的因素很多。例如，多边治理机制本身存在内在缺陷且积重难返。金融危机以来的种种现象表明，自由主义话语既无法诠释西方国家内部的问题，又在信息时代资本的新一轮全球扩张中造成了他国治理危机，成为国际冲突的幕后推手。（于水、徐亚清，2018）"当前的治理不符合我们的现实"（皮埃尔·卡蓝默，2004），首先，个体自利选择削弱了集体组织的凝聚力。这种个体自利本质导致几乎所有集体合作组织面临离心倾向以及集体规则、决策与行动执行难度大、约束力弱等挑战和威胁。在曼瑟尔·奥尔森（1995）看来，除非群体规模很小，或者通过强力以及其他特殊机制，否则理性的自利个体不会为公共或群体的利益付诸努力。只有当共同受益（jointly benefitted）的机会出现时，集体组织这一群体才会形成并采取集体行动。即使在合作有利于实现共同的利益的特定环境中，理性参与人也不会选择合作，

[①] 二战后，根据布雷顿森林协议精神，构建了IMF、世界银行以及关贸总协定（1995年后改为世界贸易组织）为三大支柱的国际经济新体系，即布雷顿森林体系。这三大机构一直是迄今为止全球经济治理体系的核心组织。

不合作思想在 N 人囚徒困境中也同样体现了出来。这一论断被称作"零贡献命题"（zero contribution thesis）。集体组织中的个体消极避险和搭便车行为削弱和瓦解了集体组织的有效运行。这一理论能较好地解释全球经济治理组织面临的治理离心困境。近年，特朗普当选美国总统之后试图以美国退群和削减自身对多边治理的贡献的"美国第一"的单边主义方式实现美国逆袭和再次伟大，加剧了全球多边治理的分崩离析、失血和失灵。

其次，多边治理机制规则设计存在诸多缺陷。依托二战后期三大主要正式机构建立起来的全球金融贸易多边治理体系在此后近 70 年间因成员增多、利益诉求多元化、问题复杂化和规制调整本身滞后等，表现出实力不足等弊端，如 IMF、世界银行等资本金偏小、基本票不断被稀释，不能满足应对挑战和危机的资金需求，同时调节对象及机制也存在诸多缺陷，包括 IMF 份额与世界银行投票权分配不合理等。

再次，多边治理机制存在诸多短板和软肋，难以适应新问题和新挑战。其一，治理权力结构失衡扭曲，畸轻畸重，难以凝聚合力。发达国家在 IMF、世界银行等主要多边治理组织中拥有绝对话语权，新兴国家与发展中国家权力与利益分配格局与其经济实力的迅速崛起不相匹配，使其治理愿景和潜能无法充分发挥，也使多边经济治理正当性、适应性、协调性和效能性受到质疑。其二，机制僵化，难以适应新问题，如对美元霸权管束软弱是 IMF 和世界银行体系最大的缺陷之一。金本位之后的美元本位制体系允许美国将本国债务出口并让世界各国处理由美国政策引致的各种意外。由于在汇率公平决策和其他决策中缺乏民主和权力制衡，美国能够将"过度特权"分配到 IMF 和世界银行的决策过程中。IMF 缺乏对美国及美元霸权滥用的有效监督和制衡，对美国开展跨境投机活动往往采取自由放任的政策，甚而默认更多美元冲击国际金融市场。美国利用单一主权货币充当国际货币的角色随意操控美元汇率和维护"预算＋贸易"双赤字体系。而 IMF 对有毒资本进入国际市场缺乏足够的监管和惩罚措施。另外，IMF 和世界银行对发展中国家缺乏足够合理的专业建议和金融支持；对信贷发放的专业评估性较弱，而政治标准偏强，存在干涉受贷国主权或者政治经济政策自主性以及主要针对短期债务平衡而非长期增长目标的嫌疑。

最后，IMF 缺乏对全球性金融风险和危机的预警防范能力，如对 1997 年亚洲金融危机、2008 年全球金融危机等缺乏预警及预防举措。

另外，WTO无法调解几大贸易伙伴关于WTO改革议题的立场冲突，包括美国等发达国家取消发展中国家优惠待遇问题；欧盟等认为现行WTO规则已经不能充分约束某些新兴国家特别是中国的贸易政策；美国等则主张用更高级的双边或区域自贸协定替代低水平的WTO规则。由美、欧、日、加四个发达成员构成的WTO"四极体制"长期操纵WTO决策，其他成员的态度基本无关大局。"绿屋谈判"（green house negotiation）模式盛行，使WTO重要决策由少数发达成员先行磋商决定，再强迫其他成员接受，广大发展中国家成员权益得不到充分体现。一致同意原则使WTO无法有效谈判、决策，美国一票否决法官遴选程序致使WTO最重要的裁决机制失效。渔业纠纷以及电子器材、电子商务或数字贸易等领域的一些新问题未能及时纳入WTO治理与监管范畴。此外，在全球气候治理方面，2015年12月通过的《巴黎协定》受到逆全球化冲击尤其是美国退出削弱了大国率先垂范的力量和影响，动摇了气候治理国际合作的信心，使气候治理资金缺口扩大，伤害了《巴黎协定》的普遍性与合法性。

可见，在全球性问题与日俱增的情况下，原有国家行为体治理能力却相对滞后，由此带来了新的矛盾，构成了公共治理领域新的挑战，产生了全球治理。（王乐夫、刘亚平，2003）

4. 多边治理组织权力结构扭曲抑制行为体和谐合作

多边治理组织本来是依据内部合理的权力配置共同决策和行动的，而失衡扭曲的权力结构必然导致组织内部产生离心倾向和冲突，进而抑制组织规则与决策的制定和执行。

（1）全球经济治理格局严重扭曲

目前，IMF份额与世界银行投票权的分配、执行董事会组成、决策机制，与各国对世界经济的影响很不相符且差距继续拉大，债权国对世界银行运行成本的贡献率由原先的约70%下降到2004年的23%，而债务国贡献率则相应上升。IMF和世界银行权力架构严重失衡。IMF份额及世界银行投票权分配不当，美国一票否决权漠视了其他约84%的存在，[①] 2010年的小幅度改革并没

---

① 鉴于2010年IMF份额和世界银行投票权改革之后美国依然拥有16.5%的份额和15.85%的投票权，而两大机构成立之初设有重大决定需要85%的表决通过率规则，这意味着美国依然拥有一票否决权，导致其对其余所有经济体拥有的83.5%份额和84.15%投票权的严重漠视。

有让发展中国家得到应有的份额和投票权,撒哈拉以南非洲国家的份额和投票权甚至被削减,IMF和世界银行决策机制的合理性和效率并未明显提高。美国依然霸占着行长职位,理事会成员中发达国家占据绝对优势。美国倡议建立的G20机制表面上给予主要新兴国家平等参与全球经济治理对话的机会,但G20只是结合当今的经济现状对以往的框架规则作出适当的结构性调整,作为不具有法律权威性的非正式国际经济治理制度,没有也无法改变现有国际经济秩序及新兴国家在其中的弱势地位。它实际上是七国集团(G7)试图分担责任,重新恢复对包括新兴国家在内的更广泛的世界经济秩序的控制并使其合法化的工具。(Mark Beeson and Stephen Bell,2009)如果G20不能有效维护美国自身的利益并发展成为"后美国霸权治理"的工具,美国就会贬低甚至排斥其作用。另外,IMF份额及世界银行投票权计算方式存在缺陷。世界银行原行长佐利克曾表示,计算投票权新公式远非完美,需要推出一个更具活力的投票权计算公式,以保证各国拥有更加公平均衡的投票份额。此外,中国、印度和韩国等发展中国家对世界银行直接和间接的贡献并未在投票权中得到体现。如中国GDP排名世界第二,但IMF份额与世界银行投票权均未排第二。

(2)主导力量滥作为严重损害全球经济治理效能发挥

2018年以来,美国实施"货币政策正常化+大幅度减税+贸易保护主义+构建高标准贸易规则"的政策组合,通过"一对一"方式迫使对手与其达成有利于美国的双边经贸协定,"吸引"更多国际资本主动流向美国,对发展中国家形成"资本流出+经贸规则被边缘化"的双重压力,特别是"三零方案"(零关税、零非关税壁垒、非汽车工业零补贴)为核心的多边贸易新规则严重冲击以WTO为核心的多边贸易体制,如WTO争端解决机制陷入停滞,未能完成2001年启动的多哈议程谈判。WTO副总干事艾伦·沃尔夫(Alan Wolff)表示,应对全球性挑战方面,集体行动至关重要。如果不解决各国互利贸易安排障碍,将损害并最终扭转各国通过贸易积累的经济、社会和政治收益。美国无底线指责、干扰、打压国际组织,要求IMF和世界银行停止支持中国、俄罗斯、伊朗等国,并且企图依托主权国家而非国际组织来改革、领导世界秩序,如IMF总裁和世界银行行长位置一直被欧美人士把持;2007年7月,美国强行要求任命现任WTO副总干事、美国人沃尔夫为代理总干事,以填补从8月底到11月初遴选程序完成这段空窗期;世界银行原行长金墉2019年1月7日意外提前3年多辞职;WTO原总干事阿泽维多2020年5月14日宣布提前一年结束任期,于8月31日离职,均与美国干扰、打压脱不了干系。

可见,三大正式多边治理机制即WTO、IMF、世界银行都面临着重大的合法性与问责性危机,因为它们内部的投票与决策结构没有反映全球新的权力关系现实。要让国际经济组织在21世纪全球充满活力的经济中具有重要性、负责、有效,就必须进行重大的制度改革。政府领导人应当将其作为一项优先事务。(斯蒂格,2011)

(3)赋权偏低抑制新兴国家治理能力发挥

新兴国家与发展中国家在正式多边治理组织内部赋权偏少,治理诉求与参与决策潜能得不到应有的重视,必然严重挫伤其参与全球经济治理的积极性,抑制其能力的发挥,引发多边治理组织内部阵营分化和损害团结协调,如在G20等举办重大国际磋商之前或者期间,G7和B5(金砖五国)往往分头举办内部协调会议;发展中国家及发达国家之间围绕发展中国家在WTO框架下的优惠待遇去留问题一直争吵不休。斯蒂格利茨认为,在一个可以称为没有全球化政府的全球化治理体系内,WTO、IMF和世界银行以及财政部长、商务部长和贸易部长等若干个角色与特定的金融与商业利益紧密地联系在一起,支配着整个局面,受到其决策影响的许多人却几乎没有发言权。现在是重新思考有关决策是如何在国际水准上作出以改变某些国际经济秩序的治理规则的时候了。让所有国家在相关政策上都有发言权才有可能创立一种崭新的更加可持续和变化较少的、增长果实可被更加平等分享的全球经济。(斯蒂格利茨,2004)新冠疫情大流行冲击下,全球发展与全球治理更需要提倡多边主义和包容性治理、经济公平性和共同责任。随着新兴国家影响力不断增强,确实应当探索新的多边治理决策方式和建立共识的新方法。"除非发展中国家能够积极参与新的国际经济体系治理程序的设计,否则这些组织的重要性与合法性就岌岌可危。现在正处于国际体系急剧变化的时期,在这个充满压力与不确定的时代,关于改革的思想将成为有助于引导制度构建发展的明灯。"(斯蒂格,2011)全球经济治理变革的核心、克服当前国际经济组织"合法性"危机的关键应当是扩大广大发展中国家的参与权、决策权。

5. 行为体利益冲突和政策矛盾加剧全球经济治理失灵

(1)单边主义政策泛滥

特朗普根据"美国优先"原则把美国的对外政策调整为尽可能少履行或不

履行应尽的国际责任，2009—2018年美国实施的贸易保护主义措施高达1693项，居全球首位，其中2018年出台197项。美国还利用强大的优势将《美墨加贸易协定》、TPP等高级化，将单边标准双边化、多边化，以主导重塑全球经贸规则体系。美国还以"双重标准"不断对发展中国家特别是中国施压，使其分担更多责任，如中国自加入WTO以来就被取消《补贴与反补贴措施协定》第3条所规定的出口补贴和进口替代补贴，第27条过渡期规定也被强行取消。2020年2月，美国单方面取消中国、印度、巴西等25个经济体的WTO最惠国待遇。美国一直凭借美元霸权及其控制的国际资金清算系统（SWIFT），在全球范围内大举进行金融制裁，如将伊朗踢出SWIFT，威胁对北溪二号、土耳其管道等合作方加以制裁。

（2）保护主义盛行

在2019年10月中旬至2020年5月中旬G20贸易政策审议期间，G20成员采取了203项贸易救济行动，其中反倾销调查占80%左右，其余为贸易保障措施和反补贴行动。2015—2018年，全球制造业平均关税从11%上升到14%左右，农业平均关税从33%上升到近39%。2018年以来，美国以301条款对中国多次加征关税，更加突显其践踏WTO规则的本性。如果各国政府转向采取贸易保护主义手段以维护本国经济，那么WTO等捍卫自由贸易的机构也可能会面临更大冲击。资金减少和贸易保护主义盛行会限制现有国际组织的能力，并且可能会破坏全球为加强国际合作所作出的努力。根据2020年《全球风险报告》，未来各国将在特定议题上形成较小范围开展合作的新合作模式，通过非正式机制而不是正式组织或条约展开的趋势将不断加强。（Nico Krisch，2020）各国在关键优先领域的合作弱化，尤其是大国间经济对抗加剧将导致全球经济放缓，成为2020年及未来10年世界重要风险。

（3）治理失灵低效

现有多边机制基本由西方大国制定并为发达国家所操纵用于为自身利益服务，缺少全球性的协调、管理和制裁措施，使其效用大为降低，难以有效应对全球性挑战，赤字问题严重。（俞可平，2002）首先，治理能力不强。对区域性、全球性重大经济问题、被动隐患和重大突发事件以及各类风险及可能造成的冲击和危害缺乏预警和充分应急准备。如三大正式多边治理机制对2008年美国次贷危机发生、2020年全球性新冠疫情大流行对全球经济造成巨大伤害以及各国贸易保护加剧等预警及应对不力。其次，治理成本高昂。例如，世界银行机构臃肿、行政费用高、办事效率低等痼疾久治不愈，如 2018 财年世界银行行政费用高达 20.49 亿美元，创历史新高。同时，其贷款额度偏小、项目准备时间长、审批程序复杂、评估方法缺乏灵活性以及对国内政策干涉较多，往往不能满足贷款国要求，也不能给予新兴国家与发展中国家合理化建议。最后，治理效率不高。如美国一票否决以及西方国家主导下的 IMF 和世界银行难以作出迎合新兴国家与发展中国家权益的重大决策；"协商一致"规则下的 WTO 组织性笨拙不堪，缺少与成员方的企业、非政府组织（NGO）及普通民众间的沟通机制，导致其决策及争端解决缺乏透明度，上诉机构停摆使其缺乏权威性；WTO 被双边和区域贸易协定边缘化，多边谈判功能几近丧失，极端低效和运转困难，多哈谈判多年无果，几乎停止，历经多年谈判的 RCEP 因印度、日本变卦面临尴尬。三大正式多边治理机制以及《巴黎协定》等在促进货币金融稳定、贸易自由和贸易平衡、投资公平、能源安全、气候治理等问题上多边治理结果不尽如人意。全球经济治理严重"赤字"不仅使经济全球化负面效应难以得到及时消解，甚至使其成为发展失衡、治理困境、数字鸿沟、公平赤字的推手。（徐秀军，2015）

二、全球经济治理变革核心内容

全球经济治理变革涉及多方面的内容，如组织机构职能变化、治理权力计算规则与结构调整、新兴国家与发展中国家制度性话语权提升、规则制度制定程序优化、监督运行强化、效能与效率提高等，其中，治理权力计算规则与结构调整以及新兴国家与发展中国家制度性话语权提升是基础和根本。权力配置在多边治理组织中具有发挥各自潜能、平衡行为体相互关系、协调决策和行动、保证实施等重要功能。但现实中的全球经济治理，权力结构扭曲、僵化难调，使得权力过大者滥权不负责任，权力不足者扩权阻力重重、治理潜能发挥难，导致阵营分裂对立、内耗严重，降低治理效能甚至导致治理失灵。找准病根、推进治理权力结构优化是当下保持多边治理有效运行的基础和核心。

1. 提高全球经济治理正当性、合理性和协调性

适时调整优化权力结构对于提高多边治理正当性、合理性和协调性具有核

心意义。

(1) 制度性话语权是多边治理支柱

全球治理是在无政府状态下的多边规则制度基础上实现的,因而,规则制度的提出、建立和实施是多边治理组织赖以存在、运行和发挥效能的基础和核心。依据美国政治学家塞缪尔·P.亨廷顿(2008)的观点,"制度就是稳定的、受珍重的和周期性发生的行为模式"。美国制度研究学者道格拉斯·诺思(2008)指出:"制度是一个社会的博弈规则……制度构造了人们在政治、社会或经济领域里交换的激励。制度变迁则决定了人类历史中的社会演化方式。……制度对经济绩效的影响是无可争议的。""制度是非常稳定地组合在一起的一套规范、价值标准、地位和角色,它们都是围绕着某种社会需要建立起来的。"(罗伯逊,1991)组织凭借规则去谋求行动的一致性。没有规则,组织就不可能以一个整体面目出现,更不用说去实现组织目标了。正是规则所提供的标准、规范、控制使得实现了集体行动的一致性。如果没有铁一样的规则,整个组织就会陷入纷乱无序之中。(张康之,2014)多边治理组织中的各个行为体的地位和影响力集中体现在通过规制获得的制度性话语权上,包括在国际金融机构中的份额和投票权、本币是否被纳入SDR货币篮子及比例、董事会席位、高管职位、总部办公场地及其他被委托的职责等以及基于这些重要元素的规制、决策影响力等。制度性话语权是一种以制度形式固化的话语权,即制度体制为话语权提供保障。(高奇琦,2016)制度性话语权意味着行为体在一个集体组织中获得集体规则认可的声望、地位、影响力、决策及实施能力。掌握制度制定优势的国家通过话语博弈可在全球经济治理中对自己分配较多的权力。(陈伟光、王燕,2016)行为体在治理体系中的地位和话语影响力、提出新的政策与制度倡议及被采纳的概率和程度、协调执行能力等都与其在这个体系中的制度性话语权密切相关。话语权表现为一个行为体具备的话语表达权力和空间在国际社会范围内被广泛认可和接纳。主导或强势话语者往往在规则与制度倡议制定、实施、评估、修改等方面具有影响力。正式治理组织规则赋予的制度性话语权能够成为其他非正式治理体系话语权和影响力的基础和支撑,进而带动和增强后者在全球经济治理体系中的整体决策影响力。制度性话语权直接决定一个国家在国际组织中的地位与作用及整体国际影响力,是其参与全球治理的重要抓手。(左凤荣,2019)各行为体制度性话语权配置结构是多边治理组织赖以动员和组织行为体进行决策参与及行动,进而实现多边治理目标的基本元素和抓手。在传统的经济手段和军事资源已经不足以解释当下的种种现象，军事威胁和经济制裁并不是国际政治中促成改变的仅有手段，设置议程并施以诱惑也能达到同样的效果时（约瑟夫·奈，2013），新兴国家必须从战略高度看待制度建设、制度调整和制度供给的意义（燕继荣，2013），将构建在多边治理体系中的制度性话语权作为参与国际制度建设的重要部分。

（2）多边治理正当性、合理性和协调性有赖于行为体制度性话语权的合理构建和调整

基于制度性话语权在多边治理组织权力结构合理平衡及机制运行中的基础地位，多边治理体系改革的核心就是对行为体的制度性进行合理测算、实时调整，形成更佳的权力结构，为整个多边治理组织决策、运行创造平衡和谐、团结协作的出发点。第一，行为体制度性话语权的调整将影响整个治理组织和机制的力量均衡及合作决策状态，可改变权力话语畸轻畸重的失衡扭曲状态，增强决策的民主性、代表性和合理性，缓解行为体之间的分裂、对抗和冲突。第二，行为体制度性话语权的调整将有助于全球经济治理决策正当性和合理性的提高，治理能力、效力和效果的改善。

从图11.1可见，权力结构在全球经济治理运行及其变革诸要素和环节中扮演着核心作用，权力配置和调整影响多边治理组织的合理、公正、声誉和效能以及内部各行为体间的角色、关系、决策和行动。

（3）优化行为体制度性话语权配置，促进多边治理效能提升

合理分配成员国的决策权是提升合作效率、保障国际组织可持续运行的核心内容。权责对称以及行为体权力配置合理是集体机制中行为体自尊自信和对治理组织信任并与其开展合作的基础。数量众多的行为体要和谐共处、合作行动，必须有较为合理和均衡的权力搭配及相应的调整规则。畸轻畸重的权力配置必然引发行为体相互间的猜忌、矛盾和对立，导致整个治理体系的决策作出以及实施运行难以达成共识。全球经济治理制度性话语权与全球贡献度分配错配、失衡，必然导致全球经济治理出现合法性、有效性危机（左海聪，2016），也必然会引起一些国家试图寻求在现有多边框架之外的解决方案，如快速崛起的金砖国家在IMF的份额总和和世界银行的投票权总和均不及美国，尤其是美国在全球治理中的霸权和单边行为让新兴国家与发展中国家极为不满，影响和抑制这些国家参与全球经济治理的潜能，迫使其试图在现有多边治理体系框架之外寻求建立新的平行机构，如金砖国家等倡建金砖银行、金砖应急储备基

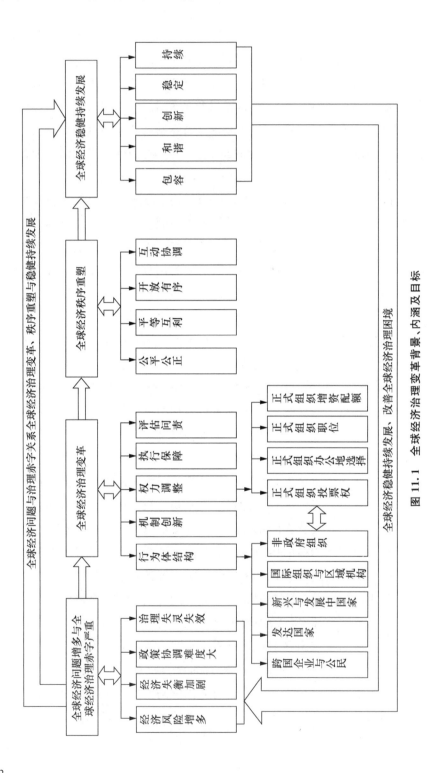

图 11.1 全球经济治理变革背景、内涵及目标

金、亚投行等机构，从而争取解决 IMF 和世界银行融资不足问题以及抵御金融风险，这必然对现有多边治理框架及其效能发挥形成冲击。

2. 提升新兴国家制度性话语权是全球经济治理变革的根本要求

现有全球经济治理结构权力失衡主要体现为新兴国家权力与经济增长实力壮大不相匹配，赋权偏低严重约束快速成长的新兴国家在全球经济治理中的参与度和贡献度，不利于推动全球经济治理朝着更加合理、公正、协调、高效的方向前进。

（1）提升新兴国家制度性话语权将改善多边治理权力失衡

现有多边治理组织中无论在 IMF 份额、加入 SDR 货币篮子及其份额、世界银行投票权比例，还是执行董事席位、重要管理岗位职数及级别、重要治理机构总部办公场所供给、重要决议起草及讨论决定，或决策及新机构的倡建等构成多边治理制度性话语权的诸多方面，新兴国家与发展中国家的存在感均严重不足。世界银行投票权实际上是成员国在世界银行中权利与义务的基础，其依据是成员国在世界经济总量和国际贸易中所占的份额。成员国份额的大小取决于国民收入、经济开放度和波动性、黄金与美元储备规模、进出口及其权重等因素。G7 合计拥有 42.89% 的投票权，加上其他发达国家任执行董事的混合选区的投票权，则发达国家控制的投票权占到 60% 以上。而中国、印度、俄罗斯均为 2.78%，巴西为 2.07%，韩国为 0.99%，最为贫穷的数十个国家累计拥有投票权仅 10%。

多边治理组织管理席位安排也存在严重失衡。执行董事会 24 个席位中美国和英国等 8 个国家都各拥有一个席位，而所有其他国家只有 16 个席位，如世界银行中 44 个非洲国家总计只有 2 个席位。据不完全统计，发达国家人口占全球比重不到 20%，但在重要国际机构工作的人员占到 60% 以上，而重要领导职务占到 70% 以上，如在国际组织担任职务的人中美国有 48 人、法国有 18 人、德国有 17 人、日本有 14 人、英国有 9 人，而总人口超过几个发达国家总和的中国却只有 11 人（截至 2013 年上半年）。发达国家还限制新兴国家代表进入重要多边组织，如 2020 年年初，美国联合日本、欧洲抵制中方推举的王彬颖竞选世界知识产权组织（WIPO）副总干事一职。

改变发达国家在 IMF 份额和世界银行投票权中占绝对优势的决策机制，是确保世界银行进行实质性改革并依照专业准则履行发展职能的关键。世界银行原行长佐利克在 2010 年 4 月 14 日演讲中指出：富裕国家不能再将其意愿强加于新兴国家和发展中国家,后者已成为全球经济增长的主要动力。通过正式多边治理组织权力调整,给予新兴国家更多制度性话语权,将有助于解决多边治理扭曲和失灵状况。2015年中国人民币获准加入SDR货币篮子后,IMF当时的总裁拉加德曾表示,将人民币纳入SDR货币篮子将推动建立一个更加充满活力的国际货币和金融体系,为国际金融治理提供新的手段和机遇。

(2) 新兴力量增强将弥补多边治理霸权弱化与缺位状况

针对当下美国等多边治理组织内主要领导国家滥作为以及主动退避责任,使多边治理陷入困境的状况,迫切需要补充和强化新鲜力量。提升新兴国家的制度性话语权可以使其更有效地参与全球经济治理,维护开放性国际经济合作态势,营造持续发展的良好国际环境,维护广大发展中国家的利益,促进全球经济治理转型,推进全球经济治理机制向着更加公正合理的方向发展。(梁怀新,2017) 新兴国家参与全球经济治理有利于营造更佳的国际经济发展秩序,减少新兴国家面临的外部障碍,如使国际贸易保护主义减少、技术门槛降低、国际贸易争端上诉机制正常运转等,从而保障国际贸易和投资以及金融秩序稳定可靠,营造稳定的外部环境。因此,新兴国家愿意推动多边经济治理机制变革进程,希望看到更加强劲有力、高效的多边经济治理体系。

新兴国家全球治理能力日益增强。随着经济实力的壮大,新兴国家会增加对多边治理组织的捐款,承担诸如IMF等的增资责任以及多边治理组织领导责任等,以弥补美国等霸权缺位或者不作为带来的权力空白和治理赤字。同时,新兴国家参与多边治理经验的积累也为其承担更大的治理责任和提供更多的制度性贡献奠定了坚实的基础。

(3) 提升新兴国家话语权将加强对多边治理的民主监督

在既有多边经济治理框架下,权力主导者滥用职权、为所欲为及多边治理组织民主监督不足、监管乏力等突出,如在IMF框架下缺乏切实可行且有效的金融监督标准、早期预警机制和风险预防机制,导致美元主导国家滥用货币霸权以及缺乏透明度和可预期性。只有让新兴国家获得更大的IMF份额、更多地加入SDR货币篮子并发挥其平衡美元霸权的作用、获得更多管理席位、更广泛地参与国际金融治理进程,才能降低IMF等沦为发达国家表决工具的倾向,增强IMF等表决系统对不同利益的多边包容性,增强IMF等对全球经济活动的监督,提高国际支付、国际资本流动和信贷供给的专业标准,促进国际金融体系的公平、透明和稳定。

三、新兴国家提升制度性话语权基本方向

全球经济治理的失灵和失效严重威胁着全球经济发展秩序,也对新兴国家与发展中国家更加重视和深度参与、推动全球经济治理变革提出了严峻挑战。《中华人民共和国国民经济和社会发展第十三个五年规划纲要》指出,要"积极参与全球经济治理和公共产品供给,提高我国在全球经济治理中的制度性话语权"。这为包括中国在内的新兴国家推动全球经济治理变革并改善自身地位和影响吹响了号角。鉴于全球多边治理制度设计具有复杂性及内在缺陷,以及权力再分配必将受到既得权益者抵制,新兴国家要在推进全球经济治理变革中提升制度性话语权,只能在提升制度性公共产品供给、构筑强有力的系统性话语体系以及深化合作等能力和责任担当方面多措并举。

1. 坚守多边治理宗旨

当前,各行为体间受冷战思维的影响,"不愿承担国际责任"的现象普遍存在,使全球治理"赤字"广泛存在(秦亚青,2013),在集体行动中多元行为体不为应对公共危机积极提供公共产品,反而偏向搭便车的自利行为,加深了全球治理"参与赤字"和"责任赤字",带来集体行动困境和全球治理机制危机。特别是在传统主导力量拒绝承担多边治理主要责任、单边主义盛行语境下,新兴国家应挺身而出,坚持全球化理念,高举多边主义旗帜。习近平总书记代表中国多次清晰而坚定地阐述了中国面临治理赤字、信任赤字、和平赤字、发展赤字四大全球挑战,始终坚持公正合理、互谅互让、同舟共济、互利共赢的伙伴精神,坚定维护多边主义、加强沟通协调、推动务实合作、共同应对事关世界经济增长前景和全球经济治理格局的重大问题的态度,致力完善全球经济金融治理、维护多边贸易体制、构建开放型世界经济、落实联合国2030年可持续发展议程,携手构建人类命运共同体的决心。人类命运共同体是中国积极参与全球治理、推动全球治理转型和走出困境的重要战略设想。(门洪华,2017)坚持以平等为基础、以开放为导向、以合作为动力、以"普惠包容"为原则、以"共享共赢"为目标的全球经济治理观,应是全体新兴国家与发展中国家的共同方针。

2. 推动既有多边治理组织改革

推动现有全球经济治理框架的改革不是另起炉灶，而是促进其完善。新兴国家需要积极提出改革方案，担当起对现有全球经济治理改革的责任，促进现有多边治理体系更具活力和效力。

(1) 推动 IMF 份额和世界银行投票权规则合理改革

为提高国际金融机构及其决策的合理性和民主性，需要进一步调整世界银行的份额计算公式，如将原先依据 50% 的 GDP 权重（即 60% 的市场汇率折算的 GDP 和 40% 的购买力平价（PPP）折算的 GDP 相加得到的加权之和）提升至 55%，30% 的开放程度权重降至 25%，15% 的金融波动权重降至 10%，5% 的国际储备权重提高到 10%，使代表权向着活跃经济体转移；推出基本投票权，保护最贫穷国家投票权益；降低对于新借款安排的借款保障要求；修订协定以实现更有代表性的、全面选举的执行董事会制度。新兴国家在推进重要多边治理组织改革过程中迫切需要厘清国际组织中成员间的权力关系，特别是具有形式合法化特征的投票权和决策权的计算与分配方案，应在 IMF 协定修改等重大问题的票决制方面争取将 85% 的获胜规则调整为 70%，这样能够使新兴国家综合决策权力、阻止行动权力以及倡议行动权力显著提升，从而削弱甚至剥夺美国的绝对否决权（黄薇，2016），增强 IMF 机制的公正合理性。

(2) 推进 WTO 机制改革，维护国际贸易秩序

为强化 WTO 管理职能和权威以适应全球经济治理的新任务，需要围绕总干事和秘书处职权、透明度、现行决策机制这三项基本制度尽快开展改革。应加强总干事和秘书处推动多边贸易谈判和决策的权力，WTO 应选择发展中国家代表作为新任总干事，并提高发展中国家人才在秘书处中的比例。为提高 WTO 决策效率，在坚持"协商一致"原则下，应在涉及 WTO 基本原则和重要规则的重大决策在全体成员长期达不成共识的情况下增加权重选择方式和适用比例，同时规定赞成成员必须达到绝对多数且已包含世界主要经济体。WTO 应建立与各成员议会间的沟通交流机制，制定与非政府组织的关系准则，增强决策和争端解决透明度。（刘敬东，2013）当务之急是加强国际合作，尽快恢复 WTO 贸易纠纷最终裁决功能。

(3) 增强 G20 治理机能并强化新兴国家话语地位

传统三大正式多边治理机制存在诸多内在决策弊端并且改革困难，而 G20

作为一种有主要新兴国家平等参与的全球经济治理南北协商机制,在最近10年的全球经济治理中发挥着十分重要的作用。新兴国家需要支持、强化其多边治理功能,使其更加机制化、制度化。借助参与和强化G20机制有助于新兴国家和发展中国家捍卫自己的全球经济治理参与度,提高自身在全球经济治理进程中的地位和影响力。中国杭州G20峰会通过的《二十国集团领导人杭州峰会公报》不仅为世界经济指明新方向,也彰显了完善国际治理体系的"中国担当"。新兴国家需要进一步重视和加强在G20中的地位,提出更多治理改革方案,从而在重溯全球经济治理格局中发挥更大作用。

3. 积极倡建新的多边治理规则与平台机构

在维护和完善现有多边治理基础上,依据创新治理需求及时倡建新的治理组织不失为缓解现有多边治理短缺和失衡的出路之一。在这方面,主要新兴国家要有担当。

(1) 增强新的治理规则倡建能力

行为体自身制度建设能力和贡献力一定程度上影响并决定其在多边治理组织内获得制度性话语权的多寡。一国参与全球经济治理所享有的话语权基础源于其综合国力即硬实力、软实力和巧实力的合成,是一个行为体全球经济治理能力、影响力的集中体现,也是其全球经济治理领导力的源泉。(吴志成、王慧婷,2019)新兴国家要从国际经济治理体系中的跟随者和依附者角色转变为引领者和贡献者,就必须善于学习、积极参与、大胆倡建,研究提出兼具前沿性、合理性和可行性的规则、机制等公共产品;要依据形势发展变化以及经济发展秩序建构要求,在深入研究基础上拿出更多更好的多边治理组织倡建方案。建议IMF形成新的更为合理的份额计算公式,提高有活力经济体份额,提出加强国际金融监管合作的具体行动路线图;在WTO上诉机制停摆后,应联合其他主要成员共同提出替代方案以维持WTO对贸易争端的裁决功能;依托并发挥中国等新兴国家的基础设施建设优势,促进G20成员尽快达成"多边或区域投资协定",促进成员进一步放松管制、简化程序、完善争端解决机制等。

新兴国家应通过国际多边论坛、国际会议、媒体合作、智库合作,以及参与联合国和世界银行等国际多边治理组织重要评估报告的调查、数据提供、指标测度、方法认证以及撰写、讨论和联合发布等,及时发出、传递加强多边治理改革的立场、声音、智慧和贡献。比如,提高参与和主导国际多边治理组织重要评估报告的编撰和传播能力等,打破西方研究者在世界银行《全球治理指数》等重要报告编写和发布中的价值偏好、结构设计、方法论和数据选择等缺陷,突破西方政治的霸权逻辑。(游腾飞,2016)

新兴国家要在数字经济、5G、AI、区块链、数字货币、绿色金融等方面加快新技术及标准规则的开发和总结并使其上升为全球性治理规则。新兴国家需要积极参与各类治理指数的研制以及自行开发设计更加科学合理的治理评价体系,并借助大数据、云计算、互联网等新兴信息技术提高指数算法的准确性,加强国际传播,使其成为制度性话语权获取的有力推手。

在提高多边治理规则倡建能力方面,新兴国家需要强化自身倡议游说能力。一方面,要采取包括建立联合阵线、非正式联盟或"准联盟"等合作方式提高话语优势;另一方面,要加强与G7、欧盟的政策合作。新兴国家可将支持和推动基于"有效多边主义"的国际秩序的欧盟作为合作、共同推动多边治理的伙伴。(陈志敏、吉磊,2014)当然,中、俄等国家也应妥善处理好与美国的关系,斗智斗勇,竞合有序,避免落入"修昔底德陷阱"。此外,新兴国家及其合作机制还要通过国际多边治理组织、区域合作机制等深化对话协作,汲取经验,增强自身多边治理能力。

(2) 倡建新的多边治理组织

行为体制度倡建的积极性和能力体现出其对国际多边治理组织面临的治理规则的需要、规制建设短板的熟悉。习近平主席2020年7月28日在亚洲基础设施投资银行第五届理事会年会视频会议开幕式上的致辞中指出,亚投行应该成为促进成员共同发展、推动构建人类命运共同体的新平台。金砖国家要继续强化包括金砖银行、应急储备基金等在内的金砖国家合作机制,作为提升集体制度性话语权的重要台阶;还可倡建"一带一路"沿线国家城市合作联盟等次国家机构以及"一带一路"智库联盟、媒体联盟等,发挥其作为推动区域、全球治理部分辅助工具的主导作用。如中国积极倡建"一带一路"、亚投行、金砖银行、丝路基金、上合组织开发银行和积极推进RCEP等,为建立新的多极世界秩序做出贡献。(Balázs Sárvári,Anna Szeidovitz,2016)中国上海成为金砖银行总部所在地,广州被联合国授予全球人道主义关键医疗物资应急中转枢纽,有助于消除"金德尔伯格陷阱"。

(3) 提高多边治理人才供给力

行为体在国际重要经济治理组织中的职位以及该职位的活跃程度不仅对于

该行为体的话语权产生较大影响,也对组织决策及运转具有不可忽视的作用。一个国家在全球经济治理体系中制度性话语权的多寡与其在该体系中就职人数特别是领导岗位就职人数有不可忽视的关系。自各类主要多边治理组织建立伊始,各国尤其是主导国家就力求更多来自自己国家的人士进入该组织尤其是关键领导岗位。新兴国家要多培养具有国际治理专业理论和实践背景并享有国际声望的人才,营造相互支持的环境,努力增加本国人士在多边治理组织任职。如培训更多能够熟练运用外语和国际法规的国家治理综合人才并采取各种有效方法推荐其到 IMF、世界银行、WTO 等执行董事会和其他管理席位任职。

4. 提高多边治理引领力和贡献力

全球经济治理需要所有行为体共同努力,在规则修订、决策制定以及决议执行等多方面做出自身的贡献。鉴于传统主导国家从多边治理领域退匿失职,更加需要新兴国家加大支持力度,做出更大的贡献。

(1) 推进贸易投资自由化

在美国等竭力推行贸易和投资保护主义政策、打压多边贸易治理机制、全球贸易投资自由规则面临重大威胁之际,新兴国家要率先抵制、反对贸易和投资保护主义,坚决维护以 WTO 为核心的多边贸易体制,坚持开放和公平竞争取向,降低关税,改善营商环境;同时积极参与和支持发展中国家参与新一轮国际经贸规则制定,在目标规划、协商议题优先项设置、制度架构建设方面积极创造条件以更好地维护发展中国家利益,并致力于同发展中国家共同维护多边主义以及旗帜鲜明地反对贸易和投资保护主义,推动国际秩序朝着更加公正合理的方向发展。(阙天舒、张纪腾,2018) 如推动 WTO 上诉机制的恢复或者替代机制的建立,积极参与和推动高规格区域自贸协定的建设,如 RCEP、FTAAP,争取参与《全面与进步跨太平洋伙伴关系协定》(CPTTP) 等。

(2) 提升金融开放和治理能力

整体而言,新兴国家普遍存在金融制度改革滞后、开放不足、金融市场发育不良、货币体系较为脆弱、汇率不够稳定、金融风险防范与治理能力不强等问题。根据麦肯锡全球研究院的"MGI 连接指数",中国金融开放度还不够高,如 2018 年外资在中国银行系统及证券市场中占比均只有 2%,在股票市场中占比约为 6%,金融市场运营监管负面清单还较长、较复杂。其他金砖国家的金融开放度、国际化、治理能力更不乐观。因此,新兴国家需要深化金融制度改革,推进金融市场自由化、本币国际化、汇率稳定化,扩大本币结算、货币互换，努力加入 SDR 货币篮子，开展数字货币、区块链以及新兴国际结算体系开发和运用等合作，增强金融治理能力及独立自主权。

（3）加强气候治理责任担当

受发展水平的限制，新兴国家在节能减排推进生态可持续发展、实现《巴黎协定》方面需要加大责任担当。据国际能源署（IEA）数据，中国和印度居 2018 年全球新增碳排放的第一名和第三名，增速超过世界平均水平。所以，中国、印度等应努力推动《巴黎协定》落实、降低碳排放，提高全球气候治理和绿色发展水平。同时应加强金砖国家内部气候治理政策协调，消除俄罗斯与"基础四国"（中国、印度、巴西和南非）以及基础四国内部（印度和巴西）的分歧，在减少化石能耗、转向绿色能源以及节能减排、促进《巴黎协定》气候治理目标的实现方面加大力度，做出更大贡献。

5. 提高国家经济治理能力和水平

一国多边治理话语权除了取决于经济规模、黄金外汇储备、进出口状况及稳定性等指标外，还取决于其自身治理能力、质量、水平等。一国的国家治理程度决定了其能否有效参与全球治理，即一国内部的治理行为是其全球治理价值得以实现的重要基础。（高奇琦，2016）国家治理水平和能力影响着全球治理体制的转型和目标的实现，因而提高国家治理水平是实现全球治理有效性的重要途径。（刘雪莲、姚璐，2016）良好的国家治理（尤其是政府问责机制和施政透明度方面）、公民社会、独立媒体以及信息自由传播是应该着重坚持的价值观。依据世界银行的全球治理指标排名，主要新兴国家各项指标尤其是规制质量、法治和政治稳定性、腐败遏制等指标不仅落后于美国，也低于世界平均值，总体处于中后位置，而且 2014 年以来多数指标改善缓慢，个别指标甚至下降。而依据世界银行发布的根据衡量经济体的市场竞争、财产保护、审批效率、腐败治理、行政效率等政策竞争力的十大指标测算的世界营商环境指数，虽然中国、印度、俄罗斯等主要新兴国家排名有所改善，但整体上与美国等发达国家差距较大。全球化、信息化以及国内社会矛盾复杂化等使国家治理质量、效能面临严峻挑战，也加剧了全球范围内国家治理竞争的白热化。探索国家治理现代化的核心问题以提升治理质量与效能是每个国家政府的重大使命。（夏志强，2020）新兴国家应大力改善内部经济制度、提高经济治理现代化能力和水平，为提升全球治理能力以及获得制度性话语权打下坚实基础。

综上，本章在论述当前全球化遭遇逆袭背景下全球经济治理面临的诸多重大挑战和失灵低效难题基础上，分析了其中所蕴含的治理权力结构失衡、主导国家滥用霸权、新兴国家与发展中国家尤其是最具发展活力的主要新兴国家制度性话语权不足等问题，制约多边治理组织内部团结合作以及规则制定和决策的协调性、正当性、合理性、可行性，进而限制其效能发挥；同时论证了在多边治理机制变革面临各种不确定性和阻力的情况下，新兴国家应深化经济、金融、贸易、投资制度创新，大力改善营商环境，提升国际经济发展创新力、竞争力和引领力，通过广泛合作，在推动现有多边治理基础上积极倡建多边治理规则、机制、平台、组织，提供人力、物力、智力支撑和贡献，进而为提升制度性话语权夯实基础。

第 12 章
构建中国风格的世界经济学理论体系

建设开放型的世界经济需要以世界经济学理论为指导,因此,适应世界经济格局和动能的变化,需要实现世界经济学理论创新。世界经济学是以马克思主义政治经济学为基础创建的独立学科,中国学者为建设世界经济学做出了独特贡献。世界经济学的理论来源包括两方面:一是自19世纪50年代以来,以"资本输出"理论、"结构主义"理论和"经济全球化"理论为核心的世界经济学理论;二是国际经济学中的国际贸易、国际金融和国际投资理论。当前经济全球化具有新趋势和新特点,以信息技术和人工智能为主要标志的新一轮技术革命,为世界经济学理论发展提供了现实机遇。中国学者应该发挥在世界经济学建设上的独特优势,利用马克思主义经济学和西方经济学的知识积累,深入研究当代世界经济发展的新特点,构建中国风格的世界经济学理论体系。

一、世界经济学的缘起和中国学者的贡献

世界经济学是一门以马克思主义政治经济学为基础创建的独立学科,它主要研究生产要素国际流动、世界经济格局演变以及全球经济增长和全球经济治理等问题。在《新帕尔格雷夫经济学大辞典》中没有找到"世界经济学"条目,这是因为在西方经济学理论体系中没有将世界经济学作为相对独立的学科

来建设；西方经济学中尚有"国际经济学"的范畴，主要研究国际贸易、国际金融和国际投资，而且纳入"宏观经济学"的理论体系。以"世界经济学"命名的学科体系，主要是从马克思关于对外贸易、世界市场和国际价值的理论演变而来的。

早在19世纪50年代，马克思就开始制订政治经济学写作计划，并在《政治经济学批判》序言中正式宣布他的宏伟计划："我考察资产阶级经济制度是按照以下的次序：资本、土地所有制、雇佣劳动；国家、对外贸易、世界市场。"（马克思、恩格斯，1962）可见，前三者是以一国经济运行方式为研究对象的国民经济学，后三者是以世界经济和世界市场的运行方式为研究对象的世界经济学，这里蕴含着世界经济学的萌芽。50多年以后，德国学者哈姆斯（Berhard Harms）在《世界经济问题》一书中提出建立"世界经济学"的倡议，认为世界经济是依托高度发达的交通体系，由国际条约所规定和促进的地球上个别经济间关系以及这种关系的相互作用的全体；苏联学者布哈林在《世界经济和帝国主义》一书中分析了现代世界经济的含义，主要研究了世界经济发展以及贸易增长和资本国际流动；日本学者作田庄一撰写了第一部直接以"世界经济学"命名的著作，重点阐述了世界经济的概念和特点，分析了世界经济的形成过程以及世界经济运营、商品流通、货币流通和产业分工问题；美国学者派特逊撰写的《世界经济学概论》主要分析了世界人口、自然资源以及国际收支平衡、国际贸易、资本流动、货币体系和世界机构。上述学者的研究，从不同角度对构建"世界经济学"理论体系作了初步探索。

中国学界对世界经济学的研究始于20世纪50年代末期，开始主要集中在对世界国别经济的研究。1978年以后，改革开放的阳光雨露滋润了世界经济学的成长，适应经济全球化趋势和融入世界经济体系的现实要求，呼唤着中国经济学家深入系统地思考世界经济学问题，特别是中国社会科学院制定了发展世界经济学科的长期规划。在1979年7月召开的全国世界经济学科规划会议上，时任世界经济与政治研究所所长钱俊瑞先生提出："我们要以无产阶级的科学精神和革命勇气大胆地去创建和发展世界经济这门学科。"（钱俊瑞，1980）随后，世界经济问题成为学术界研究热点，特别是涌现出陶大镛等有影响力的专家，编写和出版了一些有代表性的著作。40余年来，伴随着经济全球化和中国经济开放，一批中国学者深入系统地研究了世界经济问题和世界经济学理论体系，从而在世界经济学领域形成了独特的中国优势。具体地说，中国学者的主要贡献在于：

第一，把世界经济学作为独立学科，探讨世界经济学研究对象和核心范畴等基本问题。他们认为，构成世界经济的基本要素是国际分工、国际市场、国际交换和世界货币等，世界经济是一种全球规模的经济体系（钱俊瑞，1980；陶大镛，1980）；世界经济学的研究对象是全球性经济运动和发展的规律，即世界经济的总体和整体问题（仇启华，1989；连平，1998；李琮，2000）；国际价值和世界货币是世界经济的两个基本范畴，国际价值论是世界经济学的理论基石（褚葆一、张幼文，1989；庄宗明，2007；杨圣明，2012）。

第二，系统研究世界经济学的学科体系，形成了几种典型的理论体系结构。有的以世界市场的形成为逻辑起点，分析国际分工、国际商品流通、资本和劳动的国际流动、世界经济运行与国际协调、经济全球化和可持续发展（李琮，2000）；有的以国际价值论为理论基石，分析国际贸易和世界市场、生产国际化和生产要素的国际流动、金融自由化和国际货币体系、世界经济格局和经济全球化、国际经济协调和可持续发展（庄宗明，2007）；有的以经济全球化为现实背景，分析世界资源状况与可持续发展、国际贸易与多边贸易体系的形成、国际直接投资与跨国公司的发展、国际货币体系与金融全球化、区域经济一体化与世界经济制度变迁（池元吉、李晓，2013）。

第三，吸收和利用西方经济学理论的合理因素，促进世界经济学理论的深化。普遍运用国际经济学理论和方法，分析世界经济运行中的国际贸易、国际投资和国际金融，从比较优势理论、要素禀赋理论到国际贸易新理论，从国际资本流动理论、国际直接投资理论到跨国公司效应理论，从国际金融市场理论、国际货币体系理论到国际金融危机理论，使得对世界经济学科体系中重点问题的研究愈益深入。（张宇燕，2016a）总之，中国学者为创建世界经济学理论体系做出了积极贡献。

习近平总书记指出："哲学社会科学的特色、风格、气派，是发展到一定阶段的产物，是成熟的标志，是实力的象征，也是自信的体现。"从中国的情况看，目前亟待解决在学术命题、学术思想、学术观点上的能力和水平同中国综合国力和国际地位还不太相称的问题，亟待解决哲学社会科学领域话语权不足的问题。因此，我们应该依托世界经济学科的中国优势，在原有知识积累的基础上，适应经济全球化和新一轮技术革命的趋势，对当代世界经济发展过程中出现的重大问题进行科学探索和理论概括，并提出利用中国智慧和中国力量解决世界经济问题的中国方案,构建中国风格的世界经济学理论体系。

二、构建世界经济学理论体系的知识积累

马克思主义绝不是离开世界文明大道凭空创造的故步自封的学说,而是在综合人类思想积极成果的基础上形成的科学体系。习近平总书记指出:"哲学社会科学的现实形态,往往是古往今来各种知识观念、理论、方法等融通生成的结果。"我们构建中国风格的世界经济学理论体系,同样不能离开世界文明的大道,要融通古今中外的各种资源,特别是梳理世界经济学理论发展的脉络。从总体上看,世界经济学及其相关理论的发展有两条脉络:第一条是马克思主义的世界经济学发展脉络;第二条是西方经济理论中的国际经济学发展脉络。

1. 马克思主义的世界经济学发展脉络

从总体上看,马克思主义世界经济学的发展经历了三个阶段,即分别以"资本输出"理论、"结构主义"理论和"经济全球化"理论为核心的世界经济学演变阶段。

(1) 以"资本输出"理论为核心的世界经济学。从马克思和恩格斯到布哈林和列宁,主要是从资本输出的角度来考察世界经济。马克思、恩格斯在《共产党宣言》中指出:"资产阶级,由于开拓了世界市场,使一切国家的生产和消费都成为世界性的了。"(马克思、恩格斯,1958) 而资产阶级开拓世界市场的原因和动力,主要是资本扩张与输出。围绕这个问题,马克思在《资本论》中阐述了三方面的观点:

第一,资本输出是资本主义生产方式发展的内在要求,这是由资本主义经济规律即剩余价值规律所决定的,资本输出的目的就是追求利润最大化。"资本输向国外……这种情况之所以发生,并不是因为它在国内已经绝对不能使用。这种情况之所以发生,是因为它在国外可以按更高的利润率来使用。"(马克思,1975) 殖民地国家的经济发展程度较低,而处于有利条件的国家,在交换中以较少的劳动换回较多的劳动,因此,投在殖民地的资本能够提供较高的利润率。

第二,"不同国家在同一劳动时间内所生产的同种商品的不同量,有不同的国际价值,从而表现为不同的价格,即表现为按各自的国际价值而不同的货币额。"(马克思,1975)所谓价值,就是劳动时间的凝聚或者物化的劳动,在一个国家之内,国际价值的实体是该国的正常质量或中等强度的抽象劳动;但在以各个国家作为组成部分的世界市场上,由于不同国家的劳动中等强度不同,因此任何一个国家的正常质量劳动或中等强度劳动都不可能成为国际价值的实体,在这种条件下,各国的平均数形成一个阶梯,它的计量单位是世界劳动的平均单位;强度较大的国民劳动比强度较小的国民劳动在同一时间内能生产出更多的价值,从而表现为更多的货币。

第三,资本输出导致"剥削"与"双赢"并存。"两个国家可以根据利润规律进行交换,两国都获利,但一国总是吃亏。"(马克思、恩格斯,2003)比较而言,处在有利条件下的国家,在国际交换中可以用较少的劳动换回较多的劳动;而处在不利条件下的国家,在国际交换中所付出的实物形式的物化劳动多于它所得到的,但它由此得到的商品比它自己所能生产的更便宜。简言之,落后国家在出口方面吃亏,在进口方面获利。于是,不仅资本家之间而且国家之间不断地进行交换,然而双方的盈利并不相等,一国可以不断攫取另一国的一部分剩余劳动。

总之,基于资本主义繁荣时代的特点,马克思在"资本输出"理论的基础上提出了世界经济学的观点。当资本主义发展到帝国主义阶段时,苏联思想家开始沿着"资本输出"的路线研究帝国主义时代的世界经济。1915年,列宁在布哈林的著作《世界经济和帝国主义》的"序言"中写道:"布哈林这本书的科学意义特别在于:他考察了世界经济中有关帝国主义的基本事实,他把帝国主义看成一个整体,看成极其发达的资本主义的一定的发展阶段。"布哈林(1983)认为,帝国主义是资本主义竞争的扩大规模的再生产,现代资本主义的扩张导致全世界范围内的资本积聚和集中。

(2)以"结构主义"理论为核心的世界经济学。20世纪初期,经济学家提出世界经济"中心—外围"结构主义理论,主要从结构主义的角度考察世界经济格局。拉美结构主义学派的代表人物普雷维什(Raul Prebisch)认为,世界经济结构具有明显的不平衡特征,它主要由"中心"和"外围"两个部分构成:中心部分是已经实现工业化的发达国家,外围部分是从事农业和初级产品专业化生产的欠发达国家。在这种"二元结构"的基础上,他提出以下观点:

第一，世界经济的"二元结构"是由工业革命和殖民地贸易引致的，其结果是经济落后的"外围国家"对经济发达的"中心国家"的依赖性的形成和加强。在实现工业化的中心国家转变为发达国家之后，通过殖民地贸易赋予外围国家三种角色，即原材料的生产者、廉价劳动力的提供者、大规模和标准化工业品的消费市场，先进的工业国与落后的初级产品生产国通过商品贸易联合起来，共同构成世界经济的整体。在这种结构中，外围国家依赖于通过出口初级产品获取外汇，以购买工业制造品，同时还从中心国家进口技术，最终将逐渐丧失技术进步的动力。

第二，在中心国家和外围国家进行贸易过程中，外围国家的贸易条件逐渐恶化。自由贸易并不像古典经济学所预言的那样，可以带来收益增长在贸易国之间更平等的分配，从而有利于发展中国家的经济发展。相反，伴随着收入水平的提高，中心国家用于初级产品的消费比例逐渐降低，用于工业制造品的消费比例逐渐提高，因而对来自外围国家的初级产品的需求相对下降，而外围国家对中心国家工业制造品的需求相对上升。由此，中心国家生产工业制造品的相对价格往往高于外围国家生产初级产品的相对价格，贸易条件将不利于外围国家。

第三，外围国家应该实行进口替代战略，采取必要的工业化和贸易保护政策。为了减缓通过贸易形成的收入从外围国家向中心国家转移，需要改变出口导向战略，建立进口替代的发展模式，通过关税和其他形式的市场干预保护国内工业部门，使其投资至少能够获得同出口部门投资相当的利润率水平，从而推动国内工业化发展。

在20世纪50—60年代，这种结构主义成为发展中国家政府转变经济发展战略的理论依据，也是它们要求建立国际经济新秩序的主要理论基础。同时，随着社会主义制度的建立和发展，世界经济格局中出现了二元结构，即资本主义经济体系和社会主义经济体系。这个时期的苏联和东欧国家学者集中研究世界社会主义经济和世界资本主义经济，阐述了世界社会主义经济体系的形成及其发展规律，世界资本主义经济结构的变化及其主要特征。可见，世界经济学中的结构主义表现为发达国家与发展中国家、资本主义国家与社会主义国家并存的复杂结构，从而形成这个时期世界经济学的特点。

（3）以"经济全球化"理论为核心的世界经济学。"经济全球化"这个词最早由T. 莱维于1985年提出，至今没有公认的定义。IMF认为，经济全球化是指跨国商品与服务贸易及国际资本流动规模和形式的增加,以及技术的广泛迅速传播,使世界各国经济的相互依赖性增强。可以将经济全球化看作一种过程,它始于19世纪六七十年代,随后逐渐形成比较完整的世界市场;但是严格意义上的经济全球化,应该是20世纪八九十年代发生的,在20世纪末期到21世纪初期达到高潮。进入20世纪80年代以后,发展中国家从"消极应对"全球化走向"积极参与"全球化,从而使经济全球化发展到新的阶段。正如莱斯特·瑟罗(1998)所说:"随着第二世界加入资本主义体系,第三世界的多数国家也决定参与全球资本主义的赛局,全球经济的规模更大了,同过去任何时候相比都更为现实了。"

这个时代的现实特征使经济全球化成为国际学术界研究的热点问题,推动了世界经济学理论的发展,经济学家在以下方面进行了深入探讨:

第一,各国可以通过利用国际性资源和市场,获得全球化红利。斯密认为不同的国家之间存在生产率差异,李嘉图则发现即使一个国家生产所有产品的生产率均低于另一个国家,它仍然可以在某些产品上拥有比较优势。那么,既然各个国家都具有比较优势,而且可以通过贸易获益,倘若愈来愈多的国家自觉融入国际性的产品和服务贸易,这种贸易规模不断扩大的过程,就将变成产生更大的全球性收益的过程。经济全球化加速生产要素在全球范围内的自由流动和优化配置,促进全球经济快速增长,而且将世界经济结成一体,形成全球共同利益。从总体上看,并非所有国家都可以均等地在参与全球化的过程中获益,但是从理论逻辑上看,全球化可以惠及所有参与国家。埃里希·贡特拉赫和彼得·努能坎普于1995年指出:"全球化使许多发展中国家增加了从经济上把本国发展成为工业化国家的机会。"中国自改革开放以来,特别是在21世纪初期加入WTO以后,深深地融入全球化的历史进程中,成为全球化的极大受益者。经济开放为优化资源配置创造条件,中国通过对外开放已将丰富、廉价的劳动力资源配置到制造业,很快形成了制造业优势。

第二,科技革命是全球化的根本动因,它促进了交通运输的便捷和信息网络的发达。如果说第一次全球化浪潮的重要推动力量是交通运输条件的改善较大地缩小了全球化的时空距离,那么,第二次全球化浪潮的重要推动力量就是信息网络的发达最大限度地缩短了全球的时空距离,而交通运输和信息网络的发达都是由科技革命所推动的。20世纪80年代末90年代初以来的新技术革命,使国际分工从产业内分工拓展到产品内分工,这种国际生产体系的变革,使企业生产的内部分工扩展为全球性分工，使生产要素可以在全球范围内优化配置，从而加速和深化了各国经济的融合，特别是信息网络的技术革命、信息高速公路的兴起和互联网的开通极大地改善了贸易、投资和金融自由化、便利化的物质技术条件。

第三，全球化具有多种多样的形式，国际贸易、国际投资和国际金融是三种最基本的形式。艾德阿德·安尼南特（2001）在分析经济全球化的推动力时指出，第一推动力就是技术进步，特别是交通和通信技术的进步。经济全球化的最初形式是国际贸易，通过国际贸易带动国际投资，最后带动国际金融的发展。在资本主义自由竞争时期，国际分工体系的形成推动了国际贸易的空前发展，特别是商品结构出现明显的变化，以奢侈品为主的传统贸易结构，转向以纺织品、钢铁、机器为代表的工业品和以煤炭、棉花、粮食为代表的原材料占主导地位的结构。二战后，发达国家兴起第三次科技革命，发展中国家也追求经济繁荣和国家富强，由此推动国际贸易的迅速增长，使国际贸易增长率超过国际经济增长率。国际贸易引起资本的国际流动，国际直接投资迅速增长，推动国际金融市场的发展，逐步在全球范围内形成了统一的金融体系，加深了各地金融市场的联结和融通。同时，国际货币市场、外汇市场、证券市场、期货市场迅速发展，呈现出金融市场自由化和金融体制趋同化的趋势。

2. 西方经济理论中的国际经济学发展脉络

国际经济学主要是在二战结束后发展起来的，它以微观经济学和宏观经济学原理为基础，研究两国或多国范围内的资源配置，其主体理论是国际贸易理论、国际金融理论和国际投资理论，是世界经济学的另一重要理论来源。

在传统的国际经济学中，国际贸易理论无疑是最重要的。伴随着国际贸易实践的发展，国际贸易的核心理论经历了从绝对优势到比较优势，从要素禀赋到规模经济的过程。斯密运用分工理论分析自由贸易的合理性，认为两个国家各自出口生产成本绝对低的产品，进口生产成本绝对高的产品，贸易就可以使两个国家都获利。这种理论可以解释绝对优势不同的国家之间的贸易，却不能解释为什么在任何产品上都不具有绝对优势的国家仍然发展出口贸易，在任何产品上都具有绝对优势的国家仍然发展进口贸易。李嘉图的比较优势理论用比较优势替代绝对优势，提出了国际贸易产生的一般性基础。他从技术差异入手分析比较优势形成的原因，从而构建了古典的国际贸易理论。这种理论可以解释贸易利益的存在，却不能说明技术上完全相同、资源禀赋存在差异的两个国家之间发展贸易的原因,后来的新古典贸易理论对此作出了合理的解释。赫克歇尔和俄林通过技术要素禀赋和偏好的一般均衡分析,构建了国际贸易理论的标准模型。随着经济全球化和国际贸易的深化,出现了与资源禀赋无关的产业内贸易现象。20世纪80年代以克鲁格曼为代表的经济学家从不完全竞争和规模经济的角度,分析了产业内贸易产生的原因,构建了新贸易理论及战略性贸易政策。

在世界经济发展过程中,国际金融的地位愈益突显。汇率决定问题是国际金融的核心问题,汇率决定理论经过了从"国际借贷说"到"购买力平价理论",再到"均衡汇率理论"的历程。戈森提出的"国际借贷说"认为,汇率是由外汇的供给和需求决定的,而这两者都是由国际借贷产生的,国际借贷关系就成为影响汇率变化的主要因素。随着金本位全盛时期的结束和纸币本位制的开始,卡塞尔提出的"购买力平价理论"实现了汇率理论的重大突破。他认为,两国货币的购买力之比是决定汇率的基础,汇率的变动是由两个货币购买力之比的变动引起的。经过经济学家不断修正和完善,购买力平价理论成为20世纪最重要的汇率理论。后来的经济学家将购买力平价理论作为假设前提,综合分析影响汇率的各种因素,提出"均衡汇率理论"。蒙代尔、弗莱明运用货币分析方法,弗兰克尔和多恩布什运用资产分析方法,综合考虑物价水平、利率差异、国民收入差异和资本存量调整等因素,对汇率的决定及其变动进行全均衡分析。但这些理论都只是把各种影响汇率变动的因素并列在一起,缺乏对汇率决定的系统解释,至今仍然没有成熟的理论。而在汇率制度领域,从布雷顿森林体系建立以后,就开始固定汇率制度和浮动汇率制度的争论。米德和弗里德曼是浮动汇率制度的倡导者,而蒙代尔则是固定汇率制度的维护者。国际金融理论的另一条线索是国际收支理论,哈罗德和马克卢普运用凯恩斯的乘数分析方法建立了国际收支的乘数分析方法,研究开放经济条件下的国际收支经常账户模型、国际收支的收入效应以及经济周期的国际传递。这种方法主要局限于国际贸易往来领域,可以说是一种狭隘的经常账户分析方法。勒纳、罗宾逊、马克鲁普和哈伯勒则运用马歇尔的弹性分析法,主要分析一国政府通过赋值提高出口竞争力时的国际收支问题,通过赋值改善国际收支赤字问题。同时,经济学家还探讨了实现内部和外部均衡的国际收支平衡的思路。有的经济学家采用一般均衡方法构建开放经济条件下的宏观经济模型,分析产品市场均衡、资本市场均衡和国际收支平衡时各种宏观经济变量之间的关系。在此基础上，蒙代尔—弗莱明模型可以为开放经济条件下追求内部和外部均衡宏观经济政策的制定提供更好的工具。20世纪末期，泰勒、克鲁格曼、萨克斯等提出新结构主义思路，认为发展中国家和发达国家之间以及发展中国家之间存在各种各样的经济结构，应该根据不同情况制定不同的方案。

随着跨国公司的兴起，国际直接投资理论发展起来。20世纪初期和中期的解释基本上属于古典国际直接投资理论，认为资本流动是受利率支配的，利率是由资本要素的供给决定的，因此，资本往往是由资本供给充裕的发达国家流向资本稀缺的发展中国家。从20世纪60年代开始，经济学家从不同的角度阐述国际直接投资理论，先后出现了海默的垄断优势理论、维农的产品生命周期理论以及小岛清的产业雁行理论，分别从跨国公司的垄断组织优势、产品更新换代、产业梯次转移的角度解释国际直接投资的原因。从20世纪末期开始，随着经济全球化趋势的加快，国际直接投资理论的重点逐渐转向构建跨国公司的一般理论。从其发展趋势看，以巴克莱、拉格曼和蒂斯为代表的自然性市场不完全理论占据主导地位，它揭示了跨国公司将不完全市场内部化的机制，即用有效的企业内部行政管理结构替代低效率的市场结构；邓宁试图将结构性市场不完全理论与自然性市场不完全理论结合起来，从更一般的层次解释跨国公司的国际直接投资和国际生产。这些理论从不同视角进行分析，比较合理地解释了国际投资和跨国经营现象。

两条脉络的理论发展，都为世界经济提供了有价值的理论和方法。马克思主义世界经济学属于主脉，主要研究"资本输出"理论、"结构主义"理论和"经济全球化"理论，围绕世界市场、国际价值和国际分工、国际资源配置等问题进行剖析。特别是马克思的国际价值理论成为构建世界经济理论的基石，马克思以世界市场和国际贸易为前提，用逻辑和历史一致的方法拓展劳动价值论，进而形成国际价值论和世界经济一体化理论。西方经济理论中的国际经济学属于支脉，主要研究国际贸易、国际金融和国际投资理论，通过从斯密、李嘉图到克鲁格曼的理论探索，形成了比较完善的国际贸易理论。同时，西方经济学家提出汇率决定理论、国际收支理论和跨国经营理论，为世界经济学提供了一些理论和方法。这两条脉络在世界经济领域汇集，为构建新时代世界经济学提供了重要知识积累。

三、构建世界经济学理论体系的现实机遇

当前世界经济格局发生深刻变化,世界经济发展呈现出新特点,全球经济治理产生了新问题,这就为深化世界经济理论研究和完善世界经济学理论体系提供了新机遇和新要求。习近平总书记指出:世界正处于大发展、大变革、大调整时期,"世界多极化、经济全球化、社会信息化、文化多样化深入发展,全球治理体系和国际秩序变革加速推进,各国相互联系和依存日益加深。国际力量对比更趋平衡,和平发展大趋势不可逆转。同时,世界面临的不稳定性不确定性突出,世界经济增长动能不足"。这是世界经济发展进入新时代的基本特征,也是世界经济学转型的时代背景。

1. 随着新兴大国的崛起,多元化世界经济格局逐步形成

自 2008 年国际金融危机以后,发达国家经济增长明显放缓,世界经济处于"大调整"时期,全球各主要经济体力量对比发生变化,全球经济出现"再平衡"的趋势。世界银行前行长佐利克认为未来的世界可能实现"多极增长",将有助于世界经济实现平衡和全面的增长。从总趋势看,2010—2016 年,世界 GDP 增长率下降,2016 年为 3.1%。从具体结构看,将 1989—2016 年划分为 1989—2007 年和 2008—2016 年两个时间段分析长期经济平均增长率,发达经济体的长期经济平均增长率从前段的 3% 左右回落到后段的 1% 左右;新兴与发展中经济体的长期经济平均增长率从前段的 6.6% 左右回落到后段的 5% 左右。可见,发达经济体的降幅较大,新兴与发展中经济体的降幅较小,相对而言,后者的增长趋势更好。国际金融危机以后,新兴与发展中经济体成为拉动世界经济增长的主要动力,对世界经济增长的贡献率不断提高,2008—2014 年,新兴与发展中经济体对世界经济增长的贡献率超过 60%,仅中国的贡献率就达到 30% 左右。具体分析各主要经济体增长状况,2010—2015 年,美国 GDP 的实际增幅分别为 2.6%、1.6%、2.2%、1.8%、2.4%、2.9%,日本 GDP 的实际增幅分别为 4.2%、-0.1%、1.5%、2.0%、0.4%、1.2%;2014 年和 2015 年,欧元区 GDP 的实际增幅分别为 0.9% 和 1.6%;中国和印度经济增长势头良好,中国 2010—2015 年 GDP 的实际增幅分别为 10.6%、9.5%、7.9%、7.8%、7.3%、6.9%,印度 GDP 的实际增幅分别为 10.3%、

6.6%、5.5%、6.4%、7.4%、8.0%。根据 2015 年世界银行数据，全球 GDP 总量排前 10 的国家依次为美国、中国、日本、德国、英国、法国、印度、意大利、巴西和加拿大，发达经济体有 7 个国家，新兴经济体有 3 个国家。全球 GDP 总量排名前 10 国家的 GDP 增速如表 12.1 所示。从这种增长结构可以看出，随着新兴经济体份额的增加和发达经济体份额的减少，以美国为中心的单极格局逐步改变，正在形成一种多元化的世界经济格局。

2. 全球化进程矛盾突显，世界经济出现贸易保护主义浪潮

全球金融危机后的经济停滞给人类带来了一个重要的副产品，那就是"逆全球化"浪潮成为世界经济舞台上不可忽视的力量，形成了一股阻碍全球化进程的消极效应。自冷战结束以后，全球化进入高歌猛进的时代，特别是 1995 年成立的 WTO 正式确立多边贸易体制，加速了经济全球化的进程。2008 年金融危机以后，欧美主要国家纷纷出台贸易投资保护措施，伴随着英国脱欧、特朗普上台和 TPP 夭折，世界贸易和投资增速下滑，在较低的位置上下波动。全球商品和服务出口占 GDP 的比重，从 1991 年的 19.5% 上升到 2008 年的 30%，到 2015 年下降至 29.5%；全球 FDI 净流入占 GDP 的比重，从 1991 年的 0.6% 上升到 2007 年的 5.1%，到 2015 年下降至 2.9%。从世界贸易和投资增长速度看，可以划分为三个阶段：2003—2007 年，实际出口增速为 7.28%，实际进口增速为 8.04%；2008—2012 年，实际出口增速为 2.71%，实际进口增速为 2.52%；2013—2015 年，实际出口增速为 3.19%，实际进口增速为 2.71%。可见，总的趋势是下滑的，但是在发展过程中不断波动，呈现出低位震荡状态。

同时，世界贸易规则从开放的全球主义向整体的区域主义转变，各主要国家出现走向区域贸易安排的倾向，正在形成一些有全球影响力的区域集团：一是中美共同参与的 FTAAP，它包括 TPP 全体成员和 RCEP 的 12 个成员，不仅具有较大的包容性，而且形成"贸易、投资、服务、知识产权纽带"的全球完整供应链；二是东盟主导的 RCEP，它包括东盟 10 国和中国、日本、韩国、澳大利亚和新西兰，有利于形成完整的东亚生产网络和区域价值链，但存在开放水平不同和协调成本高的问题；三是中国倡议的"一带一路"，它是包括 60 余国的双边和多边机制，有利于形成欧亚大市场的纽带，实现互利共赢和共同繁荣。当前全球化受阻表现出两个特征：主体力量从发展中国家转变为发达国家，过去是发展中国家担心发达国家的商品和资本给本国产业带来不利冲击，现在是发达国家担心发展中国家的商品和劳务给本国福利造成消极影响。总体

表 12.1 全球 GDP 总量排名前 10 国家的 GDP 增速（%）

国家	2007年	2008年	2009年	2010年	2011年	2012年	2013年	2014年	2015年	2016年	2017年	2018年	2019年
中国	14.20	9.60	9.20	10.61	9.50	7.90	7.80	7.30	6.90	6.73	6.76	6.75	5.95
美国	1.88	−0.14	−2.54	2.56	1.55	2.25	1.84	2.45	2.88	1.57	2.22	3.00	2.16
日本	1.65	−1.09	−5.42	4.19	−0.12	1.50	2.00	0.38	1.22	0.61	1.93	0.79	0.65
印度	9.80	3.89	8.48	10.26	6.64	5.46	6.39	7.41	8.00	8.17	7.17	6.53	4.04
德国	3.37	0.82	−5.56	3.94	3.72	0.69	0.60	2.18	1.48	2.16	2.46	1.09	0.56
英国	2.55	−0.35	−4.25	1.71	1.65	1.45	2.05	2.95	2.35	1.79	1.82	1.25	1.67
法国	2.43	0.26	−2.87	1.95	2.19	0.31	0.58	0.96	1.11	1.17	2.29	1.87	1.84
意大利	1.47	−1.05	−5.48	1.69	0.58	−2.82	−1.73	0.11	0.92	1.12	1.67	0.93	0.29
巴西	6.06	5.10	−0.12	7.55	3.99	1.93	3.01	0.51	−3.55	−3.31	1.06	1.32	1.41
加拿大	2.07	1.01	−2.93	3.09	3.15	1.76	2.33	2.87	0.69	1.11	2.98	2.78	1.88

数据来源：国际货币基金组织世界经济展望数据库：IMF World Economic Outlook Database。

第 12 章 构建中国风格的世界经济学理论体系

趋势仍然是全球化不可逆转,当前的世界经济正在经历比较缓和的调整,虽然出现了局部的贸易摩擦,各国出台了许多贸易保护措施,但国际贸易规则的总体取向仍然是自由化。近年来的国际贸易和投资有所回升,世界经济发展中的第三次全球化浪潮正在兴起。

3. 全球价值链分工网络正在构建,各国之间经济联系愈益加深

当前的经济全球化构筑在全球价值分工网络基础之上,通过一些新型的贸易或跨国经营形式,将各国的经济运行更加密切地联系起来。目前,国际分工体系的总体格局是:发达国家已经步入信息社会阶段,成为全球的科技创新和金融中心,为世界提供了消费市场;发展中国家仍处在工业社会阶段,成为全球制造业中心,为世界提供了廉价商品;自然资源大国特别是石油输出国组织成员,成为全球初级产品供给中心,为世界提供原材料。在这个框架中,各国发挥要素禀赋的比较优势,形成国际产业链和价值链。随着国际分工的深化,全球分工已经从产业间分工发展到产业内分工和产品内分工,企业生产的专业化程度越来越高。各国的企业可以通过外包、中间投入品贸易、企业内贸易等方式,充分获取全球化和分工深化的收益,同时承担一些危机的贸易传染效应。来自不同国家和地区的企业通过研发、设计、生产、销售、交货和售后服务等环节,构建上下游产业分工关系和全球价值链,形成"一荣俱荣、一损俱损"的联动关系。

与传统的分工体系不同,现代的分工体系具有以下特点:一是从全球价值链产品分工深入要素分工,在价值链上表现为劳动要素密集、资本要素密集、技术要素密集或者其他要素密集的各个环节的分工;二是跨国公司成为全球价值链的主导者,要素分工的实质是跨国公司在全球范围内整合资源,依托不同区域基于要素密集度的比较优势,对生产活动和其他功能性活动进行更加细密的专业化分工;三是服务外包成为全球价值链分解和优化的重要途径,通过服务外包网络拓展全球生产服务体系,更加有效地整合全球资源。同时,全球价值链分工网络的构建加深了世界经济的内在联系,国家之间经济的协同性增加,不仅具有同质性的国家之间的经济呈现明显的协同性,而且发达国家和发展中国家之间经济的协同性也在增加。

4. 世界经济发展中不确定性突出,非周期性波动因素影响增强

所谓经济周期是指经济发展的总体趋势所经历的有规律的扩张和收缩,一般分为繁荣、衰退、萧条和复苏阶段。在世界经济运行过程中,受到一些特定

因素的影响，可能导致世界主要国家的经济活动呈现出同步的繁荣、衰退、萧条和复苏，从而形成持续时间不同的世界经济周期波动。根据世界经济发展的历史，经济学家提出了不同长度和类型的经济周期，主要有朱格拉周期、基钦周期、康德拉季耶夫周期、库兹涅茨周期和熊彼特周期，从不同的角度解释了经济周期形成的原因、后果及时间，其主要关联指标包括固定资产投资、存货调整、资本积累、建筑业兴衰和技术换代等。

在当今世界经济发展中，这种周期性波动出现了新的特征，特别是非周期性波动要素的影响增加。世界经济发展中会出现一些随机事件，导致这些事件发生的因素包括经济发展自身因素、自然情况下发生的因素以及国家或地区的政治因素，它们将加剧世界经济的非周期性波动。进入21世纪以来，2001年发生的"9·11"事件、2003年发生的"非典"事件、2007年发生的次贷危机，都在不同程度上给世界经济波动带来了影响。特别是美国次贷危机引发的国际金融危机，不仅给发达国家经济带来巨大冲击，而且给发展中国家经济带来严重影响。随着危机的蔓延，导致全球金融市场剧烈震荡，西方发达国家经济普遍严重衰退，发展中国家经济放缓。后危机时期的世界经济步入深度调整时期，周期性矛盾和非周期性矛盾交错，新旧动力转换艰难，在人口老龄化加速、通用技术创新缺乏新突破、发达国家宏观政策调整空间收缩的情况下，未来世界经济增长仍将疲软，需要经历一个弱复苏的阶段。同时，由于国家政策在经济发展过程中作用的增大，货币政策和财政政策、贸易政策和汇率政策交互作用，深刻地影响着本国经济和世界经济发展，从而使国家政治和政策因素对世界经济的影响增大。伴随着经济全球化的发展，世界经济的周期性波动可以通过贸易和金融的渠道在不同国家之间传导，从而使各国经济增长呈现出更加明显的趋同性，经济波动表现出更加突出的协同性。

5. 世界经济增长动能不足，面临着寻找新动能和新秩序的任务

斯密研究了国民财富增长的途径：一是分工和专业化带来的技术进步和生产效率的提升；二是交换和贸易带来的利益共赢的增加。目前全球经济增长动能不足，导致世界经济长期低迷，寻求全球经济增长新动能有两条基本路径：一条是以技术创新推动经济增长，另一条是以合作深化促进经济增长。首先，深刻把握新技术革命的特点，增强世界经济发展的动力。世界经济史的经验表明，世界经济的复苏和繁荣必然伴随着科学技术的变革。目前，信息时代和智能时代正在到来，信息技术是新一轮技术革命的核心和先导，给人类的生产方

式、生活方式和思维方式带来深刻的影响，不仅以现代技术改造了传统产业，而且创造了一些新产业和新业态。信息技术与传统产业的融合，促进了制造业的智能化、互联网的信息化，催生了新的商业模式。国际金融危机后，世界各主要国家先后出台创新驱动战略，美国政府提出"重振制造业战略"，德国政府提出"工业4.0计划"，日本政府提出"机器人新战略"，中国政府提出"中国制造2025计划"，使世界经济焕发出新的活力。正在兴起的互联网、物联网、3D打印、人工智能、航天航海、生物医药、新能源和新材料技术以及高新科技产业化的加速，为世界经济加速发展找到了新的方向。其次，深刻把握国际金融合作的新趋势，拓展世界经济发展的新空间。经济增长和贸易繁荣紧密相连，增长低迷和贸易下滑互为因果，事实表明，倘若国际贸易没有恢复较快增长，世界经济很难焕发生机和活力。发达国家贸易保护主义的升温，损害了多边贸易组织的权威和公信力，导致了市场预期暗淡和投资者信心不足。坚持"互利共赢"的合作原则，打造"开放共赢"的合作模式、"包容平衡"的发展模式，推动建设开放型世界经济，将为世界经济繁荣开辟新的空间。

当前世界经济发展的新格局、新趋势和新特征，标志着世界经济发展进入大发展、大变革和大调整时期。为此，世界经济学应该研究世界经济发展新特征，总结世界经济发展新经验，促进世界经济学转型。具体地说：一是要研究世界经济发展新格局，分析二战以来世界经济格局经历由两极到单极的过程以及正在形成多极化的格局；特别是分析新格局的特征，进而分析国际贸易、投资和金融的特征，国际分工结构及其特征，生产要素流动格局和国际生产体系，这种格局中的平衡与失衡以及国际协调，促进了世界经济格局的理论转型。二是要研究世界经济发展的新动能，分析历次科技革命对世界经济发展趋势的重要影响。当前以信息技术为核心的新技术革命促进了现代经济的网络化，对国际贸易、国际资本流动和世界经济增长产生深刻的影响。特别是要研究以创新驱动为特征的世界经济发展趋势，分析新技术革命对新一轮经济全球化的推动作用，对世界产业结构的影响；同时分析这种产业结构演变形成世界经济新动能的机制，促进世界经济增长动力理论转型。三是要研究世界经济治理新体系，与世界经济格局演变相适应，分析全球经济从两极主导治理走向单极主导治理并走向多极化治理的历程；特别是研究全球治理体制变革，分析完善全球治理体系的发展方向，进而研究发达国家和发展中国家共同参与全球治理的新机制，促进全球经济治理理论转型。

四、构建世界经济学理论体系的基本思路

自 20 世纪初期以来,各国经济学家长期探索世界经济及其理论,初步构建了世界经济学理论。特别是中国的经济学家,将政治经济学、国别经济学和国际经济学的相关理论相结合,形成独特的理论体系,推动世界经济学的理论发展。纵观世界经济学发展历史,经济学家们编著了一些有代表性的教科书,体现了世界各国经济学家提出的世界经济学理论体系总体概貌。(具体见表 12.2)

表 12.2　各国经济学家的代表性著作

作者及书名	出版社及出版时间	世界经济的概念	理论体系的主要内容
〔德〕哈姆斯,《世界经济问题》	古斯塔夫·菲舍尔出版社,1912 年	世界经济包括地球上各种个体经济之间的关系及其相互作用的总和,这些关系及其相互作用通过高度发达的运输得以实现,并且受国家和国际条约管理和推动	世界经济文献;个体经济、国民经济及世界经济,国际运输公司(管理原则、国际运输方式、国际货物交换、海外投资与其他国际价值转移、具有经济目的的私营国际组织、国际性的国家条约);社会经济学、个体经济学、国民经济学及世界经济学
〔日〕作田庄一,《世界经济学》	日本改造社,1933 年	世界经济可以理解为世界范围的经济生活,由国民经济联结的国际经济层与各个经济联结的人类经济层所构成,包括作为关系的世界流通经济和作为体系的世界总体经济	世界经济概念和特点;世界经济形成(世界经济形成过程、世界经济组织、世界经济运行);世界经济流通(世界商品流通、世界货币流通、世界协营流通);世界生产分业(国际交换分业、国际流通分业、国际协营分业);世界消费分业(国际交换分业、国际流通分业、国际协营分业)
〔美〕派特逊,《世界经济学概论》	麦克米伦出版公司,1947 年	世界经济把整个世界看成一个巨大的经济体,研究人口、资源和商业之间的关系。而国际经济概念则认为各个国家是拥有独立主权的,现在很多问题来源于这种独立主权	人口、自然资源及其关系;国际和地区间账户(国际收支平衡);国际贸易(总量、影响因素、外贸控制、经济保护、商业协定);资本流动和机构(资本流动的本质、国外投资、国际卡特尔);金融机制(货币和货币体系、外汇、金本位);当前世界状况(建立世界机构、国际货币基金组织和世界银行、食物和原材料、战后国际贸易)

(续表)

作者及书名	出版社及出版时间	世界经济的概念	理论体系的主要内容
〔苏〕苏辛科，《世界经济》	苏联国际关系出版社，1978年	整个世界经济是社会主义和资本主义两种世界经济体系的总和，两者处在复杂的相互作用之中，在进行经济竞赛的同时还发展着合作关系	世界经济方面斗争和合作的领域（现代世界经济的发展及其特征、社会主义同资本主义的经济竞赛）；世界社会主义经济（世界社会主义体系及其发展规律、经济互助委员会成员的经济和非成员的经济）；世界资本主义经济（现代资本主义的不稳定性和帝国主义国家力量对比、资本主义世界经济联系体系变动）；发展中国家经济（发展中国家社会经济机构和经济发展）
〔中〕褚葆一、张幼文，《世界经济学原理》	中国财政经济出版社，1989年	世界经济是由不同发展水平的国家和国家集团组成的相互联系、相互依赖的有机整体，具有空间广阔性、历史短期性、构造复杂性、运转过程受干扰性的特点	国际价值与世界货币；世界经济的生产过程（世界生产与世界交换、国际分工、生产要素的国际流动、国际投资、跨国公司）；世界经济的交换过程（世界市场的特点、国际交换的性质、国家外贸政策、世界市场的垄断）；世界经济的再生产总过程（世界经济周期、科技革命、经济一体化、不同类型国家的国际经济关系）
〔中〕李琮，《世界经济学新编》	经济科学出版社，2000年	世界经济是世界规模的经济有机体，再生产过程已不仅是在各个国家范围内，而是在世界范围内进行，各国国民经济都成为这个过程的有机组成部分	世界经济的形成、发展和特点；世界经济的宏观主体；世界经济的基础（国际分工）；世界经济的纽带（国际商品流通、资本和劳动力的国际流动）；世界经济的运行（运行方式、市场机制与国际协调）；经济全球化和区域化；全球可持续发展
〔中〕庄宗明，《世界经济学》	科学出版社，2007年	世界经济是世界范围内各国国民经济通过国际贸易与世界市场、生产国际化与生产要素国际流动、金融自由化与国际货币体系等经济纽带相互联系而构成的有机整体	世界经济运行（世界经济形成和发展、科技革命与世界经济结构、国际贸易与世界市场、生产国际化与要素国际流动、金融自由化和国际货币体系）；世界经济发展趋势（当代世界经济格局、区域经济合作、经济全球化）；世界经济的可持续发展（全球性问题、国际经济协调）

(续表)

作者及书名	出版社及出版时间	世界经济的概念	理论体系的主要内容
〔中〕池元吉、李晓《世界经济概论》	高等教育出版社，2013年	世界经济是以各国国民经济为主体，通过国际贸易、国际投资、国际金融及国际劳务合作等纽带相联结，在世界范围内所进行的生产、分配、交换、消费等经济活动的总和	世界经济成长的基础和历程（经济全球化、科技革命、全球可持续发展）；世界经济的运行与协调（国际贸易与多边贸易体制、国际直接投资与跨国公司、国际货币体系与金融全球化、区域经济一体化）；世界经济发展中的制度变迁（战后发达国家经济体制调整、发展中国家经济改革、东欧国家经济改革）

习近平总书记指出："要按照立足中国、借鉴国外、挖掘历史、把握当代、关怀人类、面向未来的思路，着力构建中国特色哲学社会科学，在指导思想、学科体系、话语体系等方面充分体现中国特色、中国风格、中国气派。"构建新时代世界经济学理论体系，应该选择逻辑起点和理论基础，在融通国内外知识积累和学术思想的基础上，致力于提出比较完整的理论框架。（具体见图12.1）

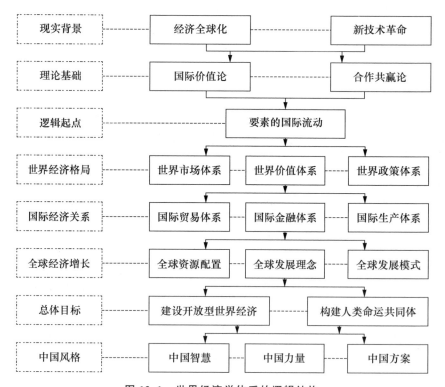

图 12.1 世界经济学体系的逻辑结构

第 12 章　构建中国风格的世界经济学理论体系

1. 以要素的国际流动为逻辑起点，研究建设开放型世界经济

经济学研究的主题是资源和生产要素的优化配置，世界经济学研究的主题是世界范围资源和要素的优化配置，为此，构建世界经济学的理论体系，应该以生产要素的国际流动为逻辑起点，研究资源和要素的国际性优化配置，进而具体分析国际贸易、国际金融和国际投资发生的原因，提出引导生产要素国际流动的措施。

具体地说，一是要研究要素国际流动实现优化配置的机制。商品的国际流动形成国际贸易，资金的国际流动形成国际直接投资，劳动力和技术要素的国际流动深刻地影响着国际贸易和国际投资。随着生产的国际化，即生产过程愈益突破国界向国际范围延伸，生产要素也在国际范围自由流动，从而促进了生产要素在世界范围的优化配置。跨国投资造成资本的国际流动，投资者控制企业经营管理活动，从而带动商品、资本、技术和人才的国际流动和优化配置。特别是经济全球化条件下的要素流动超越国际贸易成为当代世界经济的主要特征，导致世界各国的比较优势发生变化，要素的国际流动可以改变一个国家的要素禀赋结构，进而改变生产结构和贸易结构；同时，要素的国际流动导致生产在世界范围的相对集中，分工深化到产品价值链的各个环节，提高了专业化水平和规模经济，创造了增长效应。

二是要研究要素国际流动影响全球经济失衡的机制。习近平总书记指出："经济全球化是一把双刃剑，既为全球发展提供强劲动力，也带来一些新情况新挑战。"在经济全球化深入发展的过程中，由于国家之间和主体之间利益分配不均衡，导致全球经济失衡。特别是要素流入的激励政策可以改变一个国家参与国际分工的模式，进而影响经济发展战略和道路的选择，即依靠吸引要素流入和培育高级要素推动经济发展。当前有两种突出的现象：第一种现象是优质要素愈益向发达国家集中，而经济落后国家的优质要素愈益稀少，导致发达国家和经济落后国家之间的差距越来越明显；第二种现象是全球要素流动出现发达国家高级要素向新兴国家流动的趋势，使最终产品的生产更多地由新兴国家承担，并且向发达国家出口，从而导致贸易不平衡。

三是要研究当今世界出现的逆全球化浪潮。全球经济失衡导致某些国家采取贸易保护主义政策，逆全球化浪潮开始涌动。特别是美国等发达国家从贸易和投资自由化的旗手转向实行贸易保护主义战略。近几年出现的中美贸易战，直接原因是中国贸易顺差和美国贸易逆差的增大，深层原因是美国贸易违背了比较利益原则。相对而言，美国拥有更多的高级技术要素，应该多向中国出口高新技术产品，然而，美国为了遏制中国技术的赶超，人为限制高新技术产品的出口，造成中美贸易中美国出口高新技术产品的比重低于中国的奇怪现象。为此，我们应该研究全球贸易和投资自由化、便利化发展新动向，分析逆全球化产生的原因以及逆全球化倾向下的关税调整和优化，寻求实现世界经济再平衡的路径。

2. 以国际价值论为核心理论，研究构建包容均衡的全球价值链

各国经济开放的总目标是追求国际价值，利用全球生产要素和世界市场是为了获得国际价值，马克思的国际价值论应该成为构建世界经济学的核心理论。

具体地说，需要研究三个重要问题：第一个问题，国际价值论怎样成为贯穿世界经济学理论体系的主线。马克思认为，价值只是劳动时间的凝结，从国际上看，也是具体劳动创造使用价值，抽象劳动创造国际价值，而这种抽象劳动是范围更大、抽象程度更高的劳动。所谓国际价值量，就是生产某种商品所消耗的国际社会平均劳动时间，或者国际社会平均必要劳动量。在世界市场上，国家与国家之间或者商品所有者之间，表面上是交换商品和服务，实质上是彼此交换商品中所包含的劳动力，即发生的价值关系。根据国际价值规律的要求，首先是"不同国家在同一劳动时间内所生产的同种商品的不同量，有不同的国际价值"（马克思、恩格斯，2003）。在同一劳动时间内不同国家创造不同量的国际价值，一个国家的生产力越发达，劳动生产率越高，就越超过国际水平。其次是在不同劳动时间内不同国家创造相同数量的国际价值。欠发达国家可能以三个劳动日同发达国家的一个劳动日进行交换，因而它在国际交换中"所付出的实物形式的物化劳动多于它所得到的。但是，它由此得到的商品比它自己所能生产的更便宜"（马克思、恩格斯，1962）。简而言之，欠发达国家在出口方面吃亏，但在进口方面获利，从总体上看是互利共赢的。发展中国家应该自觉融入经济全球化，从而获得开放的红利，特别是可以利用自身优势，生产一些成本低于国际生产成本的商品，获得更多的贸易利益。国际价值论是一种经济全球化理论，经济全球化是价值规律在世界范围内发生作用的必然结果。

第二个问题，当今世界的国际价值及其新特征。沃勒斯坦超越了发展经济学家提出的"中心—外围"理论，用"核心—半边缘—边缘"理论界定现代世

界体系，形成了三层解释的框架。与此相适应，可以超越赤松要和小岛清的雁行产业理论，提出"多极雁行理论"，即在当代世界经济发展过程中，一些新兴国家实行赶超战略，迅速地实现崛起和产业升级，在某些产业领域可以成为世界经济的头雁，从而形成发达国家和新兴国家均可在不同产业领域成为头雁的多极雁行格局。这种新格局的形成，有利于世界各国利益的融合，有利于世界经济的包容和均衡增长。

第三个问题，怎样构建包容均衡的全球价值链。全球化过程中的非均衡化，主要是由以往的国际经济秩序造成的，我们应该以国际价值论为基础，致力于建设国际经济新秩序。习近平总书记指出："利益融合，是世界经济平衡增长的需要。各国要充分发挥比较优势，完善全球产业布局，建设利益共享的全球价值链。"应该分析不同国家在全球价值链中的位置以及参与全球价值链分工的程度，比较不同国家获得的实际收益，从而更加合理地进行国际分工，促进全球价值链网络拓展，使各国包容和均衡地获得国际价值；同时，致力于建立健全国际规则和协调机制，确保国际价值的获得和交换公平而有效，通过完善全球治理体系实现全球经济包容和均衡发展。

3. 以合作共赢论为核心思想，研究构建人类命运共同体

马克思提出的国际价值论阐述了商品和要素在世界范围内流动的依据，成为世界经济学的理论基石；习近平总书记提出的合作共赢论阐述了当代世界经济实现利益融合和共同发展的路径，成为新时代世界经济学的核心思想。国际价值论和合作共赢论，两者共同构成世界经济学体系的理论基础。

为此，世界经济学应该致力于研究三大课题：第一个课题，合作共赢论是对比较利益理论的补充和发展。中国古代提出的"两利相权取其重，两弊相权取其轻"的观点，已经蕴含了"互利共赢"的思想。李嘉图提出的比较利益学说，认为资源禀赋和劳动生产率不同的国家，可以集中生产和出口具有比较优势的产品，进口具有比较劣势的产品，从而两国都可以获取比较利益。即使不存在技术进步，但只要各国专注于自身拥有优势的产品的生产，并与贸易伙伴交换自己没有或者生产效率不如别国的产品，就是实现"得自贸易的收益"。习近平总书记提出的合作共赢论不仅继承了比较利益学说的基本思想，而且从新的视角进行了系统分析，认为贸易和投资的便利化可以降低贸易和投资的成本，各国通过经济贸易交流可以共同优化全球资源配置，完善全球产业布局，建设利益共享的全球价值链，培育惠及各方的全球大市场，实现互利共赢的发

展。这样，就根据当今世界经济贸易发展的特点补充和完善了比较利益学说。

第二个课题，怎样通过合作共赢构建人类命运共同体。习近平总书记指出：当今世界各国相互联系和相互依存的程度空前增加，"人类生活在同一个地球村里，生活在历史和现实交汇的同一空间里，越来越成为你中有我、我中有你的命运共同体"。特别是世界发展和变革过程中充满风险挑战，没有哪个国家能够独自应对人类面临的各种挑战，也没有哪个国家能够退回到自我封闭的孤岛。如生态环境恶化、能源危机和金融危机等问题，都已经成为全球性问题，这些问题往往可以超越国界，在全球范围内蔓延和扩张，给全球经济安全带来消极的影响。解决这些问题，需要世界各国采取联合行动。为此，各国要顺应时代发展潮流，齐心协力应对挑战，开展全球性或区域性协作，创造人类共同发展的优良环境，推动世界经济共同繁荣。

第三个课题，怎样通过建立全球治理体系构建人类命运共同体。为创造优良的国际环境，需要建立促进世界经济稳定发展的国际协调机制，健全全球治理体系。已往的协调机制虽然在促进国际经济稳定发展方面发挥了积极作用，但其作用在复杂的国际环境里出现递减的趋势；特别是全球治理体系存在缺陷，主要是明显地由少数发达大国起主导作用，发展中国家的话语权很小，合理的利益得不到保障，这就不利于发展中国家的进步和发展，发展中国家特别是新兴大国的积极作用难以得到很好的发挥。随着发展中国家经济的迅速发展，特别是新兴大国对世界经济增长的贡献的增大，全球治理体系变革已成为大势所趋。我们应该高举构建人类命运共同体的旗帜，积极推动全球治理体系朝着更加公正合理的方向发展，特别是要适应世界经济格局的变化，更加平衡地反映新兴国家和发展中国家的利益。中国作为新兴大国的典型代表，应该发挥负责任大国的作用，深入研究怎样建立公平有效的全球治理体系，具体分析现有全球治理体系的结构和程序，揭示其失衡的原因以及对世界经济发展的重要影响；分析新兴大国对全球治理体系变革的要求以及大国责任，完善金砖国家、G20和"一带一路"等平台的有效路径，积极参与引领全球治理体系的变革和建设，从而提高治理效率和公平程度。

4. 以新一轮技术革命为现实背景，研究构建世界经济发展新模式

从20世纪90年代开始，美国提出建立"信息高速公路"的设想，标志着世界进入信息化时代；进入21世纪以后，大数据、物联网、云计算和人工智能技术的兴起，正在将信息化推向一个新的阶段。习近平总书记指出："创新

是从根本上打开增长之锁的钥匙。以互联网为核心的新一轮科技和产业革命蓄势待发，人工智能、虚拟现实等新技术日新月异，虚拟经济与实体经济的结合，将给人们的生产方式和生活方式带来革命性变化。"为了适应信息化时代的要求，我们应该深入研究信息化对世界经济发展的影响，推动世界经济发展模式的转变。

具体地说，一是研究信息化怎样促进世界经济增长方式发生变化，分析信息化通过提高劳动生产率影响世界经济中长期增长的机制，提出以信息化促进经济增长从粗放型走向集约型的思路，以信息化推进生产效率提高的措施。

二是研究信息化怎样促进产业结构的优化和升级，分析信息化与工业化结合的趋势，IT产业迅速发展以及在各国产业结构中比重增加的特点，信息化对工业、农业、服务业和高新技术产业的影响机制，以及打造信息产业集群的措施。

三是研究信息化怎样促进经济全球化的发展，分析信息化为跨国公司的全球生产和经营提供的便利条件，互联网及其应用增强跨国公司跨越时空限制能力的机制，以及发展信息技术对加速发展中国家追赶发达国家的作用。

四是深入研究信息化怎样推动流通业的转型发展，分析电子商务导致"流通革命"的机制，零售业和金融业发生的深刻变化，新业态的出现及其重要意义，以及改善企业经营管理、提高交易效率和增强产品竞争力的措施。

五是深入研究信息化的积极作用和消极影响，分析国家或地区之间"信息差异"导致贫富差距拉大的机制，白领阶层的两极分化，机器人代替劳动力以及人才流动的后果及其影响。当前，特别要研究人工智能对经济的影响，分析下一代人工智能引领世界经济发展的可能性和现实性，以及催生新技术和新产业的机制，推动经济结构调整和产业转型升级的路径。因此，我们应该通过对这些问题的系统研究，发现信息化时代世界经济发展的新动能，探索推动世界经济转型的新机制和新路径，从而构建世界经济发展新模式。

5. 以中国风格为文化元素，研究中国智慧、中国力量和中国方案

习近平总书记指出："中华民族有着深厚文化传统，形成了富有特色的思想体系，体现了中国人几千年来积累的知识智慧和理论思辨。"我们应该围绕世界经济发展面临的重大问题，致力于提出能够体现中国智慧的理念和方案，从而为世界和人类的发展做出积极贡献。

20世纪80年代以后，中国经济学家顺应经济全球化加速的趋势，建设以

经济全球化理论为核心的世界经济学体系。当前,在世界经济大发展、大调整、大变革的新历史时期,怎样在以往经济学成就的基础上,运用中国智慧研究开放型世界经济,以人类命运共同体思想为核心构建中国风格的世界经济学话语体系?首先要融入中国精神,充分发挥中国文化的黏合作用,用和合思维分析世界多极化格局,用整体思维促进世界各国的经济合作。在观察和思考国际贸易和投资问题的时候,要在人类命运共同体思想框架下,善于从多元融合、互利共赢、共建共享的角度分析问题,努力将世界经济发展中的各种因素凝聚起来,并且化消极因素为积极因素,从而形成推动建设开放型世界经济的强大力量。

其次要体现中国力量,深刻认识新兴大国推动和稳定世界经济增长的责任,做好世界经济稳定的压仓石、世界经济增长的助推器,充分发挥中国作为新兴大国和发展中大国的典型代表的作用,充分反映新兴国家和发展中国家的利益诉求,努力重塑全球价值链,积极参与全球经济治理,提升制度性话语权,不断改善新兴市场和发展中国家的贸易和投资环境,推动建立公正合理的世界经济新秩序。

最后要提出中国方案,面对经济全球化加速发展的新问题、全球化和逆全球化碰撞的新矛盾、信息化时代世界经济发展的新特征,善于胸怀世界经济稳定和发展大局,用中国智慧和世界眼光分析各种新矛盾和新问题,提出化解矛盾和解决问题的中国方案,特别是要总结提出人类命运共同体思想和"一带一路"倡议为世界经济发展贡献中国方案的经验,总结建设自由贸易区和自由贸易港的经验,为世界经济转型发展注入新的活力。遵循这样的思路开展研究,将推动世界经济学理论进入新境界,增强中国对世界经济学理论的话语权,为世界经济学理论发展做出贡献。

结　语
发展更高水平和更深层次的经济开放

遵循党的十九大关于坚持对外开放的基本国策、推动建设开放型世界经济的精神，以及党的十九届五中全会关于"加快构建以国内大循环为主体、国内国际双循环相互促进的新发展格局"的精神，我们拟出十二个专题开展重点研究，主要探索了大国经济开放空间选择、自由贸易区平台建设、粤港澳大湾区建设、"一带一路"和跨次区域西西合作、全球价值链重构、国际区域一体化、人民币国际货币地位攀升、应对美联储货币互换战略竞争性选择、提升新兴国家制度性话语权、形成大国经济双循环格局以及构建世界经济学理论体系等重要问题，将理论研究和实践探索结合起来，提出了中国的战略思路和具体方案。

我们通过理论研究的深化，获得了一些规律性的认识，进而提出了一些思想观点。一是开放乃大国崛起的必由之路，在封闭的世界里，大国经济的发展趋势可以说是绝对优势，在开放的经济环境里，小国也可以利用国际市场形成巨大的市场规模，培育大产业和大企业；世界经济发展的经验证明，开放也是所有国家走向繁荣富强的必由之路，当前世界经济的复苏迫切要求世界各国的经济开放合作，世界经济的可持续发展和人类社会的进步需要世界各国采取联合行动，携手应对全人类面对的风险和挑战，构建人类命运共同体。二是遵循经济空间开放的理论逻辑，国际经济空间开放是要素国际流动从非连续性空间到连续性空间的过程，它将会带来要素国际流动的集聚效应和扩散效应；大国幅员辽阔的经济空间可以容纳庞大的要素集聚和产业集聚,在国内经济大循环的基础上进入国际经济大循环。三是在百年未有之世界大变局中,"多极世界"正在取代"单极世界",各主要经济体可以依托动态比较优势,形成"多极雁行"产业结构,实现价值链重构;新兴大国的产业链地位为价值链升级提供了产业基础和主动权,通过创新驱动实现产业链和价值链升级,则有利于新兴大国跨越"中等收入陷阱"。四是国际货币金字塔呈现多层次结构,单一货币国际化程度变动缓慢,整个国际货币体系内在结构稳定,美国享有超级特权而居于霸主地位,边缘外围国家负有原罪而处于脆弱地位;由两者的非对称地位所决定,美国主导全球货币政策并享受超级特权产生的收益,而边缘外围国家则被动承受其外溢效应以及原罪带来的成本,美国可能爆发内源性危机并有能力向外转嫁危机,而边缘外围国家一旦爆发内源性危机则必然引爆货币或债务危机。五是大国拥有庞大的人口规模和国土规模,从而依靠广阔的国内市场支持产业发展,国家规模同外贸依存度呈反比例关系成为世界经济发展的客观规律;新兴大国市场规模和潜力巨大,应该充分发挥国内超大规模市场优势,特别是致力于建设规模庞大、结构合理、畅通融合、拉动力强的强大国内市场,实施基于内需的经济全球化战略。六是构建以国内大循环为主体、国内国际双循环相互促进的新发展格局,实际上是大国经济发展的典型模式,无论是国内大循环还是国际大循环,都需要消除要素自由流动的障碍,形成优良的市场环境和制度环境,实现贸易投资便利化,选择国内大循环和国际大循环的关键是构建国内产业链和全球价值链,而唯有以技术创新推动产业升级才能构建高水平的国内产业链,才能进入全球价值链的高端。

  我们通过政策研究的深化,形成了一些战略性的思路,进而提出了一些政策建议。一是构建大国经济开放空间,应该坚持自主选择、动态调整和内外均衡的原则,可以考虑以国内经济空间为主体,利用要素供需均衡和匹配的优势构建国内大循环系统;以后发国家经济空间为延伸,利用潜力巨大的新兴市场吸纳国内优势产业产能;以发达国家经济空间为前沿,利用国际先进技术提升中国产业链现代化水平。二是自由贸易区建设应该利用国内超大规模市场优势,立足平台补短板,加强双边供需市场条件、市场主体条件和平台支撑者条件建设;上海自贸区的长期目标可定位于国际金融中心,但是短期目标应该调整为金融服务创新、投资便利化和国际货物贸易中心;海南自贸区应该走信息化、科技化和服务化的新兴产业之路,大力引进互联网、IT产业和高端制造业，通过建立科技网络交易平台补足产业支撑短板。三是基于中国西部地区拥有对沿线跨次区域国家的相对优势，可以依托中西部地区进行跨次区域合作，以提升沿线各国的贸易投资便利化水平，新发展阶段需要重塑"一带一路"建设的发展导向，着力形成区域大市场效应和对外投资的资本效应，突破过于强调基础设施建设的大基建思维，重视贸易投资便利化中的社会文化差异和非正式制度作用，以此推动"一带一路"沿线国家的社会文化法律环境和营商软环境的改善。四是中国位列国际货币金字塔的第三层次，人民币具有"超越原罪"的中间外围国货币性质，在美元等主要货币具有"在位优势"或网络效应并试图阻碍人民币国际化进程的情况下，中国需要适应国内大循环为主体的战略转型，守住不发生系统性金融风险底线；积极推动人民币国际化进程，实现贸易与金融双轮联合驱动战略；稳定现有外汇储备规模，提升人民币外汇储备的全球占比。五是由于美联储秉持霸权国战略竞争策略，它并不能成为新兴和发展中国家的有效国际最后贷款人，中国应该深度融入国际金融市场，增强与欧美国家的金融联系，依据与霸权国的金融联系程度和战略竞争程度动态调整外汇储备规模，面对激烈的货币竞争稳步推进人民币国际化进程。六是根据全球经济稳健持续发展对改善经济治理的要求，致力于提高全球经济治理的正当性和协调性，提升新兴国家制度性话语权；同时坚守多边治理宗旨，推动既有多边治理组织改革，倡建新的多边治理规则与平台机构，提高多边治理引领力和贡献力，提升国家经济治理能力和水平。七是发挥粤港澳大湾区开放合作的引领性作用，依托大湾区开放合作的优势和基础，建设内地与粤港澳深度合作示范区，通过设施一体化、市场一体化和规划一体化，以强大的统一市场支撑产业发展；同时，通过集聚全球创新资源，建成全球科技创新高地和新兴产业重要来源地，既带动全国的开放创新和产业升级，又依托高新技术产业进入国际经济大循环，逐步占据全球价值链高端位置。

基于新兴大国特征和优势的经济开放战略，总体目标是构建以国内大循环为主体、国内国际双循环相互促进的新发展格局，基本路径是发展更高水平和更深层次的经济开放。首先是致力于提高经济开放的水平，努力发展动态比较优势，实现从劳动密集型产业优势和低成本贸易优势向新兴技术产业优势和高质量贸易优势转变，培育国际竞争新优势；以创新驱动经济发展，以创新推动经济开放，实现由模仿创新向自主创新转变，掌握一批产业核心技术和关键技术，推动技术升级和产业升级，培育全球产业链的链主。其次是致力于拓深经济开放的层次，努力发展制度性优势，实现从贸易开放、金融开放和投资开放向制度性开放拓展，消除经济开放的各种制度性障碍，以制度性开放带动经济全方位开放，更深层次地嵌入全球价值链分工，依托新兴大国市场规模庞大并且迅速扩张的优势，集聚全球优质创新资源，加快发展高新技术产业和新兴产业，以国际经济竞争新优势进入全球分工体系，力争某些产业或行业成为国际性区域的头雁，进而占据全球价值链的高端位置。

实践已经证明，中国经济发展的成就是在经济开放的条件下取得的，未来中国实现经济高质量发展也必须在更加开放的条件下进行。我们既要实施以内需为主的大国经济发展战略，建设国内经济大循环的主体系统，依靠本国的资源和市场培育大产业和大企业；又要实施全方位的经济开放战略，利用市场规模优势聚集全球创新资源，在国际大循环中增强国际经济竞争新优势。习近平总书记指出："我们要以更加开放的心态和举措，共同把全球市场的蛋糕做大、把全球共享的机制做实、把全球合作的方式做活，共同把经济全球化动力搞得越大越好、阻力搞得越小越好。"虽然目前遭遇到了"逆全球化"浪潮的阻碍，美国等西方国家贸易投资自由化的推动者变成了阻碍者，但是中国作为新兴大国的典型代表，将以积极的姿态，参与全球经济治理，做经济全球化和贸易投资自由化的推动者，以卓有成效的行动共建开放合作的世界经济。

附录1

贯彻总书记"一带一部"优势区位重要指示的建议

全国人大常委会副委员长张春贤同志批示：茂松同志长期致力于长株潭有关问题的研究，从战略上分析"一带一部"的区位优势，提出把长株潭建成国家中心城市的建议，看后令人大受启发。

贯彻总书记"一带一部"优势区位重要指示的建议

刘茂松

2013年11月初，习近平总书记来湘视察时作出了湖南要发挥作为东部沿海地区和中西部地区过渡带、长江开放经济带和沿海开放经济带结合部即"一带一部"区位优势的重要指示。这是党中央对湖南经济发展战略区位的新定位和新提升，是新时期优化湖南空间布局、促进中部崛起的重大战略。

一、长株潭是"过渡带"与"结合部"的空间节点

从经济区位理论分析，"过渡带"系发达地区与发展中地区之间生产要素、商品交易和产业转移的通道，一般以"过道效应"为主；而"结合部"则以"集聚效应"为主，其空间形式表现为承载经济和人口的中心城市。

长沙、株洲、湘潭三市呈"品"字形分布，同处湘江中游，彼此相距不到

40公里，其显著优势是拥有30分钟通勤圈，同城化水平很高。2018年，三市国土面积2.8万平方公里，经济总量15795亿元（其中长沙11003亿元），人口规模1425.65万人，其中市内建成区人口达605.4万人（如果长沙县转为区，则建成区人口达703万人）。进入21世纪以来，中国铁路、公路和航空交通快速发展，由京广、沪昆、渝厦三大高速铁路及高速公路通道在长株潭地区交汇形成了中国长江以南大型高铁枢纽中心，并经湘江入洞庭湖联通长江，又构成了长江黄金水道流域型枢纽。至此，长株潭地区全面形成了水陆双联双通链接"一带一路"和长江经济带的枢纽型空间格局，既是全国经济地理中心区，也是国内市场半径最短且交通最佳地区。正是这种得天独厚的经济区位优势，长株潭已建成长江开放经济带由北向南同沿海开放经济带结合且经济和人口承载能力高的首个节点型大都市，具有国家内陆大开放的战略地位。

二、长株潭一体化持续推进已初具中心城市基础

以同城化为目标的长株潭一体化一直是湖南人民所期盼的，也是历届省委、省政府既定的战略部署。特别是2007年国务院批准长株潭城市群为"两型社会"建设试验区以来，经过10多年的努力，目前已在规划、交通、环保、市场、产业和公共服务六个一体化方面取得明显成效，三市融合的大都市格局初具雏形。首先从交通一体化来看，长株潭城际铁路已建成通车，以长沙站为中心，由长沙—株洲、长沙—湘潭线路组成"人"字形骨架，线路全长95.513公里，共设车站21个，将三市间的交通时间缩短到30分钟以内。同时，还在长株潭相向地区开通了12条公交线路，三市人流相向联度达70%左右。其次在产业发展方面，已有9个国家级产业园区和19家省级园区密布在该地，形成了以轨道交通、工程机械、通用航空、铁建重装等为主的世界级高端装备智能制造产业链；以超级计算机、移动互联网、储能材料和硬质合金材料为主的具有世界先进水平的高科技产业链；以广电、影视、出版、动漫、文旅等为主的文化创意产业链等。总体来看，长株潭地区现已基本具备中国中部地区要素集聚和产能辐射中心的基础条件，完全可以根据区域经济布局优化及区域协调发展的原则，按照节点型大都市建制创建中国内陆腹地开放型国家中心城市，形成带动整个湖南及长江中游南部内陆地区经济高质量发展的新动力源。

三、创建长株潭国家中心城市的重要战略意义

2016年湖南省第十一次党代会明确支持长沙申报建设国家中心城市，然而由于城区规模和人口总量偏小而未成功。基于此，以长沙为核心整合株洲、湘潭，统一行政管理，完善空间治理，推进分工协作，建成可承载更多产业和人口的国家中心城市，对于带动绿色低碳发展、工业智能制造、科技自主创新等具有国家层面的战略意义。

首先是贯彻落实习近平总书记关于湖南要发挥"一带一部"区位优势指示的重大战略安排。基于地理学对地域本质的认识，湖南"一带一部"区位最根本的经济地理特征是处在湖南北部的长江开放经济带，沿京广大通道向南辐射伸展，经过长株潭与东西向的沪昆大通道交汇，形成四方通衢枢纽，直链以粤港大湾区为中心的沿海开放经济带。因此，长株潭能否建成行政区划一体、内陆开放型、高集聚力的国家中心城市，就直接决定了"结合部"实体能否真正形成。虽然目前长株潭形成了一体化雏形，但作为"结合部"实体建设的动力不足，存在多头行政摩擦的掣肘，如尚未形成一体化、融城化、整体化的发展思路，特别是缺乏城区土地整体利用规划；大气及水污染等区域防治机制尚未形成，生态保护的财政转移支付制度也尚未建立；公共服务资源共享程度偏低，区域之间公共服务存在玻璃墙现象；在商事主体登记过程方面存在差异，在市场准入、质量技术标准、行政事业性收费等方面不同程度地存在某些地方保护主义；缺乏产业的整体和空间布局规划，没有形成有机、合理的产业分工配套体系，存在产业同质化竞争现象。十九届四中全会所作决定指出："优化行政区划设置，提高中心城市和城市群综合承载和资源优化配置能力"，因此，长株潭按照"结合部"实体即要素集聚中心的要求优化配置行政区架构，全面实行一体化的行政管理，建设中国内陆开放型国家中心城市，这是从提高经济中心综合承载力上落实习近平总书记"一带一部"重要指示的必然要求。

其次是优化区域经济布局、促进区域协调发展和发挥优势地区价值创造作用的需要。国务院2016年通过的《促进中部地区崛起规划》和国家发改委发文明确支持武汉、郑州建设国家中心城市。目前湖南的情势是，南有大广州、北有大武汉、东有大杭州大上海、西有大重庆大成都，长沙面对这六大国家中心城市虹吸效应的冲击，落后的窘态凸现，差距正在扩大，不利于全国区域经济协调发展。由于湖南在全国地位独特，具有承东启西、贯通南北、辐射周边

的重要中枢功能，且人口在全国居第 8 位，国土面积在全国居第 10 位，经济总量在全国居第 8 位。作为这样一个经济区位重要的人口大省、经济大省，没有一个超千万人口规模的城市，缺乏强大的极化和辐射中心，便难以跟上全国特别是沿海地区高质量发展的步伐，也有碍于中部崛起。有鉴于此，以长沙为核心整合株洲、湘潭，建成经济总量达 1.6 万亿元、远期超两万亿元和城区常住人口过千万的国家中心城市，对于贯彻习近平总书记关于新形势下促进区域协调发展，形成优势互补、高质量发展的区域经济布局的重要指示，促进长江经济带建设和中部崛起，意义重大且具有可操作性。

最后是培育红色元素集聚中心，带动长江中上游南部湘赣黔革命老区经济高质量发展。湘赣黔是中国革命策源地，革命先辈发动南昌起义和秋收起义，建立井冈山革命根据地，发起通道转兵，召开遵义会议确立以毛泽东为核心的党中央的正确领导，挽救了红军，挽救了党，老区人民为中国革命胜利和中华人民共和国的建立做出了巨大贡献。由于湘赣黔地区大多属于老少边穷地区，虽然目前已改变了贫困落后面貌，但同长江中上游的武汉、成渝和长江下游的苏州、上海、杭州等地区的差距仍较大，呈现出相对落后下陷之态。尽快使革命老区富起来、强起来，是全面实现"两个一百年"目标的应有之义，具有特殊意义。长株潭是毛泽东、刘少奇、任弼时、彭德怀、胡耀邦等老一辈革命家的故乡和先辈们聚集首义的革命圣地，将长株潭整合组建为国家中心城市，使之成为新时代具有中国革命红色元素集聚特色的经济中心，发挥沪昆大通道牵引作用，建设湘赣黔边区经济合作示范区，推动革命老区加快发展，高质量地全面建成小康社会，无疑是发扬革命传统、实现中华民族伟大复兴的必有之举，也是缅怀告慰湘赣黔老区革命先烈和老一辈革命家的应尽之责，政治经济影响力巨大。

附录 2

借鉴新加坡经验推进城市基层社会治理

全国人大常委会副委员长张春贤同志批示：报告贯彻十九届四中全会精神，深入分析总结新加坡基层治理的经验，从"硬约束"和"软约束"相结合的治理机制着眼，提出了有针对性的建议，是篇好文，请社会建设委员会的相关同志阅研。

借鉴新加坡经验推进城市基层社会治理

欧阳峣　汤凌霄

中共十九届四中全会通过的《中共中央关于坚持和完善中国特色社会主义制度，推进国家治理体系和治理能力现代化若干重大问题的决定》，提出要"健全党组织领导的自治、法治、德治相结合的城乡基层治理体系"。实际上，这里明确提出了中国特色的基层治理模式，它是一种将儒家文化和现代治理相结合、自律和他律相结合的模式。在这方面，新加坡的社会治理经验堪称典范。早在1992年邓小平同志视察南方的时候，就曾经赞扬新加坡的社会秩序和治理经验，认为新加坡管理严格有序，我们应该借鉴新加坡的经验。2015年，习近平总书记在新加坡国立大学演讲时谈道："在李光耀先生带领下，新加坡兼具东方价值观和国际视野，走出了一条符合新加坡国情的发展道路。"

新加坡在社会治理方面的经验，主要就是将东方价值观和国际视野有机融合，形成了一套保障社会秩序的治理体系，可以为中国推进城市基层社会治理提供有益的启示和借鉴。

一、借鉴"大众民主"的做法，推进中国城市基层自治建设

马克思和恩格斯最早提出建立"自由人联合体"的思想，列宁认为"生气勃勃的创造性的社会主义是由人民群众自己创立的"，主张通过"人民自治"使普通劳动者成为社会管理者，感受到自己是"国家的主人"，从而提高"发展生产力的兴趣"。新加坡在基层民主中没有照搬西方模式，而是根据具体国情设计了吸收公民广泛参与的"大众民主"制度，并建立了全覆盖的基层民主自治组织体系。具体有两个特点：一是机构设置多元化，形成完整而紧密的基层社区服务体系。新加坡设置了三个指导社区管理的机构：人民协会，统一管理社区建设；社区发展理事会，负责开展社会援助；市镇理事会，负责改善居住环境。各个机构的职能和作用很明确，人民协会是联系政府和人民的桥梁，致力于增强社会凝聚力，其下设有公民咨询委员会、民众联络所和居民委员会等基层组织，其中公民咨询委员会的职能主要是为选举服务，同时负责社区的重大改造项目的协商和实施；民众联络所负责组织居民开展各种活动，为兴趣不同的居民提供交流平台；居民委员会负责联络邻里之间的情感，反映居民的要求和心声。由于各种组织的职能不相互交叉，避免了基层组织变成小政府，单纯执行上级交办的任务而缺乏自身活力。二是具有服务实施的能力和财力，政府拨款及相应的筹资机制可以确保基层组织履行职责。政府给予基层组织较大的投入，公共设施建设项目经费由政府承担90%左右；基层组织的运营和服务经费也主要由政府资助，如家庭服务中心的项目可获得50%左右的政府资助。三是执政党通过议员联系民众，增强渗透力和影响力。由于经济的高度发达和民生问题的基本解决，执政党以经济利益"惠及社会大众"的空间有限，他们坚持"以公民为本位"的理念，主要通过国会议员联系基层群众，而且规定国会议员每周必须有一个夜晚会见本选区居民，每两年必须遍访所有居民，积极收取和回复民意诉求。国会议员对社会事务的深度参与，使执政党对社区组织极具影响力。

借鉴新加坡的经验，遵循党的十九届四中全会提出的思路，中国的城市基层自治组织建设可以作一些改进和完善：第一，增强基层组织的活力，避免过度行政化。目前，中国城市基层组织是居民委员会（简称"居委会"），其下设

有人民调解、治安保卫、公共卫生等委员会,在某种程度上存在职能交叉和过度行政化的问题,使居委会成为落实政务的窗口,但却弱化了民主自治的职能。为此,应该按照"建设人人有责、人人尽责、人人享有的社会治理共同体"的要求进行改革和创新,比如可以考虑将城市基层组织的职能分离,社区工作站主要负责政府的行政事务和任务落实,居委会主要履行基层组织的责任,群团组织主要负责联系群众和凝聚人心。同时,可以适当缩小居委会的规模,一个社区工作站可以设置多个居委会,从而实行自我管理和自我服务,有利于自主开展活动。第二,加大公共财政的投入,推动更多资源下沉到基层。在社会治理和服务重心向基层下移的同时,公共财政应加大对基层组织的投入,确保工作站、居委会和群团组织履行职责所需的运行经费,并减少各种收费项目,提高基层组织的能力和权威。第三,加强基层党的建设,增强执政党的凝聚力。通过创新实现党的领导的方式和途径,在加强执政党对基层组织领导的同时,重视培养社区领袖,并充分发挥群团组织广泛联系和服务群众的作用,实现社区事务的深度参与,从而增强执政党对基层组织的影响力和渗透程度。

二、借鉴"法律至上"的做法,推进中国城市基层法治建设

正如卢梭所说:"法律必须被信仰,否则它将形同虚设。"如果全体公民没有形成"法律至上"的理念,就不可能建成一个真正的法治国家。法治国家的基本特征就是"法律至上",即法律在整个社会规范体系中具有至高无上的权威;任何社会规范和政府政策都不能违背法律,也不可能影响法律的效力;任何社会主体和社会成员都自觉地遵守法律,不存在凌驾于法律之上的集团和个人。新加坡是一个法治国家,其社会治理的重要特点是依法严格治理,邓小平、尼克松等不同类型国家的领导人都称赞新加坡"管得严"和"管得好"。具体地说,一是立法严明和严密。新加坡立法细密,大至政治体制、经济管理、商业往来、公民权利和义务,小到旅店管理、停车规则和公共卫生,都有相应的法律规定,而且在立法时重视社会需要,根据实际需要独立自主地制定法律,不盲目照搬西方国家的法律,如废除陪审制度和制定鞭刑等。特别是立法规定具体明确,很少有视这种情况或那种情况而定的内容,在执行中没有回旋的余地。二是执行严密和严正。即可以实实在在地执行法律规定,不折不扣地将法纪落到实处;严格公正地执法,真正做到法律面前人人平等。无论总理、部长还是身边工作人员,无论本国人还是外国人,违反法律规定都必须受

到惩戒。法官可以根据法律和自己的确信独立裁判案件,而不受行政机关和立法机关的干预。三是惩罚严厉和严峻。新加坡用"重罚"造就了文明有序的城市,在任何地方都可以看到罚款的警告,而且罚款的数量和价码都写得清楚明白。同时,施行鞭刑是新加坡法治的特色之一,共有30多种罪可施以鞭刑,包括贩毒、走私、强奸、抢劫、非法入境和破坏公物等罪。

新加坡的法治体现了东方文明的特色,我们可以借鉴某些做法更加严格地管理社会秩序,真正落实十九届四中全会的要求,做到"坚持宪法法律至上,健全法律面前人人平等保障机制,维护国家法制统一、尊严、权威,一切违反宪法法律的行为都必须予以追究"。具体地说,第一,要全面和系统地立法,真正切实做到有法可依。特别是要重视公共秩序方面的立法,对于"乱插队""乱扔垃圾""公共场所吸烟"等不良行为,制定操作性强的法律规范。目前,中国开始重视"垃圾分类堆放"的问题,但在公共场所"乱插队"和"乱抛垃圾"的现象时有发生,而且没有得到惩戒。笔者2019年到埃塞俄比亚考察,发现亚的斯亚贝巴城市居民都能严格地维护公共场所排队的秩序,使我们这些来自"礼仪之邦"的人感到汗颜。第二,法律规定要更加明确,从而有利于严格执法。判刑的时间、罚款的数量等都要具体明确,尽可能缩小量刑和惩罚的幅度,减少受人为因素影响的空间。目前,中国的法律规定中量刑和处罚的伸缩性比较大,有的法律法规操作性不强,甚至存在相互矛盾和冲突的问题,为此,需要进一步完善法律法规。第三,执行法纪要更加严格,坚决维护法律的权威。目前,执法不严的问题仍然存在,人为影响因素还比较重,官职大小、财富多少和亲戚朋友关系,都有可能影响执法的效率,这些现象在扫黑除恶活动中有所暴露。为此,需要切实加大严格执法的力度,致力于消除司法腐败,使违法的行为毫无例外地受到惩处,使合法的行为毫无例外地受到保护,使司法公正成为法律运动的主流,彻底走出人治的怪圈,真正走进法治的殿堂。

三、借鉴"社会优先"的做法,推进中国城市基层德治建设

新加坡政府发布的《共同价值观白皮书》,提出了一个以儒家伦理为基础的多元开放的价值体系,主要内容是:"国家至上,社会优先;家庭为根,社会为本;关怀扶持,同舟共济;求同存异、协商共识;种族和谐,宗教宽容。"其中讲到的"社会优先""社会为本""同舟共济""协商共识""种族和谐"等,实际上都是强调"社会优先"和"社会和谐"的理念。新加坡建国后以新儒学为基础重构国家价值观,新儒学的核心思想就是"社会第一、个人第二",

把"社会优先"作为公民共同的价值取向,而且延伸为"国家至上",强调国家高于社会、社会高于家庭和个人的理念。这种共同价值观体现了东方文化和西方文化的交融、传统思想和现代思想的交融,成为新加坡建设和谐社会和严格秩序的精神文化动力。

实践证明,传统的儒家文化通过改造可以实现现代转换,成为现代社会治理的精神文化基础。为此,我们应该借鉴新加坡的经验,致力于传统文化的现代转换。习近平总书记指出:"中国优秀传统文化是中华民族的精神命脉,是涵养社会主义核心价值观的重要源泉,也是我们在世界文化中站稳脚跟的坚实根基。"任何社会治理都应该具有共同的文化基础和共同的价值观。那么,我们需要做好以下三项工作:第一,实现传统文化的现代转换。习近平总书记指出:"对历史文化特别是先人传承下来的价值观念和道德规范,要坚持古为今用、推陈出新,有鉴别地加以对待,有扬弃地予以继承。"可见,继承和发扬传统文化的前提就是"扬弃",我们务必重视"扬弃"的环节。现在有的单位讲到发扬传统文化,就提倡穿唐装汉服、背诵《三字经》和《道德经》,这是一种肤浅的认识;特别是将没有经过"扬弃"和现代转换的作品灌输给广大公民和青少年一代,将会给社会文化和社会治理带来消极影响。因此,很有必要遵循社会主义核心价值观,创造一些实现传统文化现代转换的优秀作品,用来教育新时代的公民,为现代社会治理注入健康的精神文化营养。第二,制定一套体现中国优秀文化的社会规范。中华民族优秀传统文化中蕴含着"讲仁爱、重民本、守诚信、崇正义、尚和合、求大同"的价值观念,它们符合现代社会治理的需求,然而,要使这些健康向上的思想文化观念转化为社会治理的精神支撑,需要把这些优秀的思想文化融入社会治理的规范之中,制定一套规范人们行为的规范体系,包括居民公约和社区公约,从而使思想文化转化为行为规范,用以指导和调控人们的社会行为,这样才能在社会治理中有效地发挥作用。第三,将社会主义核心价值观融入法治建设。法律是一种带有强制性的行为规范,在社会治理中起着特殊的"硬约束"作用,而优秀文化和价值观念属于非强制性的行为规范,在社会治理中起着"软约束"的作用。如果能够将核心价值观融入法制建设,就可以建立一种将"软约束"和"硬约束"相结合的社会治理机制,实现德治和法治的有机结合。为此,需要遵循社会主义核心价值观开展立法工作,作出合理的司法解释,从而满足人民群众对司法公正的新要求,促进社会治理的法治化。

附录3
关于中国与埃塞俄比亚经贸合作的思考和建议

这篇调研报告是欧阳峣教授在埃塞俄比亚调研工业园发展情况期间撰写的，2019年8月16日同中国驻非盟使团团长刘豫锡大使进行交流，并给使团外交官做讲座，中国外交部网站做了报道。

关于中国与埃塞俄比亚经贸合作的思考和建议

欧阳峣

湖南师范大学课题组在承担研究阐释党的十九大精神国家社科基金重大专项"建设开放型世界经济与大国经济开放的中国方案研究"（18VSJ047）的过程中，组织到埃塞俄比亚（以下简称"埃塞"）进行了为期23天的实地考察。主要调查三个方面的内容：一是工业园区发展状况，如东方工业园、华坚工业园、波尔弥工业园、阿达玛工业园、阿瓦萨工业园等；二是城市和市场发展状况，如亚的斯亚贝巴市、阿达玛市、阿瓦萨市以及东非最大综合市场（Merkato）和小商品市场、咖啡市场、皮革市场、花卉市场等；三是农业和农村发展状况，如亚的斯亚贝巴郊区的农村、阿瓦萨的农村以及沿途的农村和农民。调查和访谈的对象有：埃塞政府官员，如科技部部长吉特汉·玛卡纳，投资委外资局局长阿斯查罗·麦切索，农业部推广局局长格尔玛·加鲁玛，统计局副总干事阿伯拉什·塔里库等；中国政府驻埃官员，如非盟使团刘豫锡大使、陈绪峰公使级参赞，中国驻埃塞投资顾问曾卫红，驻埃塞农业专家赵海志；中国在埃塞投资企业经营者，如华坚工业园、乔治鞋业公司、金达亚麻公司和林德印染公司等企业人员。

通过调查和思考，我们深深地感受到：10多年来，埃塞推行"民主发展型"战略和"增长与转型"计划，工业化进展令人瞩目，经济获得快速增长。具体地说，埃塞的经济发展模式有以下几个特点：一是重视"积极主义国家政策在经济发展中的作用"，主张发挥后发优势，通过政府制定产业政策实行"后发赶超"战略；二是实施外向型经济发展战略，埃塞的人均收入是非洲最低的，虽然人口数量大，但难以形成庞大的市场规模，因而需要实施出口导向战略，依靠出口拉动经济增长；三是充分利用劳动力资源优势，埃塞拥有大量的剩余劳动力，从城市里多得出奇的售货摊、咖啡摊和擦鞋摊可以看出非充分就业的状况，普通劳动者月平均工资在300—400元人民币，劳动力成本低是明显的优势；四是重视发展制造业，认为发展制造业可以发挥埃塞的比较优势，创造更多的就业机会，通过吸引外商投资和兴办工业园加快制造业的发展，期望成为非洲制造业中心；五是经济增长速度很快，从2005年到2018年，埃塞的GDP增长率分别为11.82%、10.83%、11.46%、10.79%、8.8%、12.55%、11.18%、8.65%、10.58%、10.26%、10.39%、9.43%、9.5%和6.81%，年均增长速度达到10%左右。从以上特点可以看出，埃塞的增长模式同中国改革开放初期有许多相似之处，基本的发展思路就是发挥政府产业政策的作用，依托劳动力资源充裕和低成本优势，积极发展外向型经济，带动劳动密集型制造业发展和经济高速增长。近几年来，中国与埃塞的经贸合作取得了重要成就，中国已经成为埃塞工业园区的最大投资者、第一大贸易伙伴和重要的农业援助者。但是，目前的情况有喜也有忧，主要是存在着基础设施投资规模偏大、工业园政策不够稳定、劳资关系矛盾开始显露、农业开发力度较小等问题。为此，我们提出以下政策建议，以期为政府部门决策提供参考意见：

第一，适度控制埃塞政府的贷款和基础设施建设投资。自2013年以来，两任政府领导人海尔马里亚姆·德萨莱尼总理和阿比·艾哈迈德总理奉行西方治国理念，使政局面临动荡风险，民族矛盾和利益冲突交织，导致社会不稳定因素增加，经济增长速度有所放缓。另外，埃塞的农业发展滞后，农产品和矿

新兴大国经济开放战略
/建设开放型世界经济的中国方案/

产品出口规模较小，2016—2017 财年出口收入仅增长 2.9%，但由于大举借债造成债台高筑，截至 2019 年 6 月负债已高达 523 亿美元。根据 IMF 预测，埃塞政府债务总额占国内生产总值比重在 2022 年将达到 55.306%。[①] 从中国与埃塞的经贸交往来看，中国从埃塞进口总额呈下降趋势，2017 年和 2018 年进口商品总额分别为 3.57558 亿美元和 3.45315 亿美元，比上年分别下降 14.7% 和 3.4%；截至 2017 年年底，中国企业对埃塞直接投资存量为 19.8 亿美元，自 2000 年以来埃塞政府共向中国借债 121 亿美元。据反映，中国大型建筑企业为承揽工程，往往倾向于动员埃塞政府搞基础设施投资，超前建设形象工程，并协调中国的银行给埃塞政府和公共设施部门贷款，但没有考虑偿还问题。典型的事例是亚的斯亚贝巴至吉布堤的电气化铁路，由于前期论证没有估计到电力不足的问题，建成后只能隔日对开一次，经济效益较差，至今无法偿还贷款。为此，建议中国政府适度控制给埃塞的贷款规模，特别是大型基础设施建设的借债，具体而言，一是要对埃塞的经济发展能力和偿还债务能力进行总体评估，实行总量控制；二是要对具体项目进行科学论证，精准评估经济效益和还贷能力。

第二，科学引导在埃塞工业园投资的企业主体和产业方向。中国企业投资埃塞的目的，或者说埃塞吸引中国企业投资的优势，主要包括三个方面：一是土地价格或租金较低；二是劳动力价格或工资较低；三是提供税收减免政策。近些年来，埃塞政府学习中国地方经济开发区建设的经验，通过积极吸引外商直接投资，推动工业化和经济快速增长。但要看到，随着外资企业的增加和经济的发展，埃塞政府的政策以及土地和劳动力的价格都面临着调整的趋势。综合分析埃塞的经济发展状况和社会需求，目前埃塞需要的主要是轻工业制造品，因而适合发展中低端制造业；而对于大型机械主要是中国的建筑企业有些需求，埃塞的居民对高端制造业的购买能力极为有限。目前，一些来自中国的民营企业主要从事服装、鞋业、家具、建材、摩托车和制药等行业，这些企业投资规模较小，建设成本较低，即使遇到经营环境变化也不会造成重大的损失。而高端制造业到埃塞投资则面临较大风险，我们前两年就听说在阿达玛建设湖南工业园，经过这次实地考察发现尚未施工，原因在于湖南省政府希望三一集团牵头建设工业园，而三一集团属于高端制造业，如果在埃塞建厂需要巨

---

① 数据来源：IMF 官网。

大的投资,而且它的主导产品是重型机械,并不适合埃塞的需求,所以,三一集团希望通过招商动员一些中小企业到埃塞办厂。为此,建议中国政府进行科学的引导:一是鼓励更多的民营企业到埃塞的工业园区投资,而大型国有企业主要参与政府的基础设施建设;二是引导企业坚持市场导向,主要从事投资规模较小和市场需求较大的行业,特别是中低端制造业。

第三,积极参与埃塞的农业开发以及农业机械和农业技术推广。埃塞是农业国家,农业自然资源丰富,土地面积为110.4万平方公里,可耕地面积占国土总面积的45%左右,不仅人均耕地面积大,而且雨水充沛,气候适宜。同时,埃塞的农业在国民经济中占有举足轻重的地位,国内生产总值40%以上来自农业,国家外汇90%以上来自农产品出口。但是,目前埃塞农业仍然落后,实际耕地面积仅占到可耕地面积的21%,可见农业开发潜力很大。存在的主要问题是,农业生产方式落后,种植业以小农耕种为主,技术水平和机械化程度很低,灌溉设施极其匮乏,需要灌溉的350万公顷农田仅有4.6%得到灌溉;养殖业以家庭放牧为主,良种覆盖率低,动物疾病较多;农户小规模和分散化经营在一定程度上导致农户与市场、生产与技术、政府与农民之间缺乏有效联系,制约农业专业化、规模化、产业化的发展。由于全国85%的人口在农村,因此农业和农村的发展是埃塞经济发展的重要掣肘;特别是随着埃塞人口的快速增长以及城市化进程的加速,埃塞人民对主要农产品的需求量将越来越大。据埃塞政府官员反映,中国对埃塞农业的援助和支持是最受欢迎的,这是涉及大多数人的惠民行为。目前,埃塞政府开始重视农业领域的引资和引智,建议中国政府、科研机构和企业积极参与埃塞的农业开发和技术推广:一是适度加大对埃塞农业开发的投入,帮助埃塞扩大农业生产规模,促进埃塞农业产业化和商品化;二是引导和支持农业技术在埃塞的推广,对埃塞的种植、养殖技术和农业机械的使用进行指导,使其提高农业生产效率;三是在埃塞推广适宜的制种技术,进行新品种引进和研发,特别是水稻新品种的栽培技术。

第四,慎重处理在埃塞投资企业的劳资关系和社会责任。随着埃塞工业园建设的发展,埃塞的外资企业面临着一些新问题:一是埃塞政府重视工会的作用,企业工会由国家工会直接控制,特别重视维护工人利益;二是随着经济发展水平的提高,埃塞工人对工资的要求逐步提升,特别是对外资企业的期望更高;三是埃塞工业园的建设标准越来越高,在污水治理、劳工保护等方面也有比较超前的要求和措施。我们来到波尔弥工业园的台资企业乔治鞋业调研,总经理夏先生反映工人罢工事件不断增加,工人对工资的要求提高,而且比较容易情绪化;而华坚工业园和东方工业园的企业在这方面做得较好。阿瓦萨工业园在环境治理方面可以达到国家标准。最近,埃塞社会对吸引外商投资出现了不同的声音,我们在亚的斯亚贝巴大学书店看到一本名为《埃塞俄比亚政治经济掠夺的编年史》的书,作者艾尔·格兰提出:"埃塞吸引外商投资是'偷窃'土地的代名词,外资企业的低工资是诅咒而不是恩赐。"根据这种情况,建议中国政府引导在埃塞投资的企业慎重处理劳资关系,并认真履行必要的社会责任,树立良好的国际形象:一是重视埃塞工人的岗前培训和在岗培训,努力提升其基本素质和劳动技能;二是重视车间班组管理人员的本土化,从埃塞本地工人中选拔和培养企业基层管理者,从而更好地协调劳资关系;三是制定适宜和合理的工资制度,将最低工资限度和浮动奖励工资相结合,不断提高工人生活水平;四是严格遵守相关的劳动保护要求,执行环境保护的规定,并适当开展一些有益的慈善活动;五是总结华坚工业园等企业的经验,为在埃塞投资的中国企业提供示范。

附录4
关于加快粤港澳大湾区建设的调查与思考

罗富政

湖南师范大学课题组在承担研究阐释党的十九大精神国家社科基金重大专项"建设开放型世界经济与大国经济开放的中国方案研究"（18VSJ047）的过程中，于2019年7月11日至12日组织赴广州进行了粤港澳大湾区建设情况的实地考察。

7月11日下午，调研组成员来到中山大学国家高端智库粤港澳发展研究院。副院长袁旭阳教授、副院长张志安教授以及自贸区综合研究院常务副院长符正平教授等专家具体介绍了研究领域、研究进展和研究成果，并就大湾区怎样实现体制机制创新、高端智库怎样服务国家战略等问题进行交流。中山大学党委书记兼粤港澳发展研究院院长陈春声教授会见了欧阳峣教授一行，简要介绍了智库建设的经验。7月12日上午，调研组成员在广州市黄埔区副区长黄建强和市大湾区建设办秘书处处长李健的陪同下，先后考察了清华珠三角研究院和广州视源电子科技股份有限公司，并同黄浦区发展改革局、科技局、工信局负责同志进行座谈。12日下午，广州市推进粤港澳大湾区建设领导小组办公室常务副主任陈建荣主持召开座谈会，市发改委、科技局、工信局以及广州开发区、海珠开发区和南沙开发区等单位负责同志参加，向调研组介绍了大湾区建设的总体思路和进展状况，交流讨论了产业布局、技术研发、体制机制创新和营商环境改善等问题。

通过现场调查和后续跟进，粤港澳大湾区的建设进展主要体现在四个方面：

一是政策体系不断完善。目前，已经逐步形成和完善了"以《粤港澳大湾区发展规划纲要》为主导，区域协调发展、协同创新优化、供给侧结构性改革、基础设施互联互通、生态环境保护、开放型经济新体制构建等专项规划同步推进"的"1＋N"顶层设计规划体系。特别需要说明的是，大湾区政策体系的设计，包括"基本原则""战略定位"和"发展目标"等，都强调了创新发展并积极打造以创新为主要支撑的经济体系和发展模式。

二是科创中心有序推进。粤港澳三地在科技研发和产业创新方面具有一定的优势。香港地区有5所进入世界100强的大学，广州有5所进入国家"双一流"建设计划的大学；广东省拥有国家工程实验室12家，国家工程技术研究中心23家，国家认定的企业技术中心80余家，发明专利数量和国际专利受理量均居全国首位。目前，"广州—深圳—香港—澳门"科技创新走廊建设步伐的加快以及粤港澳大湾区大数据中心和国际化创新平台的共同推进，进一步巩固了这一优势。一方面，推动了科创基础设施建设的开展。例如，中科院近代物理所的强流重离子加速器装置（HIAF）项目推进、材料基因组大科学装置平台项目启动、解析与脑模拟大科学装置平台与合成生物大科学装置平台规划建设。另一方面，实现了内地与港澳地区的"科创互通"。香港科技大学在广州南沙新区的合作办学项目获批筹建，目前已正式动工。中科院与香港地区签署《关于中国科学院在香港设立院属机构的备忘录》，共同推进中科院香港创新研究院的建设。同时，港澳地区科研机构和人员与内地可以共享使用重大科技基础设施和大型科研设备。

三是交通网络加速形成。大湾区正在积极以联通内地与港澳地区以及珠江口东西两岸为重点，构建以高速铁路、城际铁路和高等级公路为主体的城际快速交通网络，同时积极推进珠三角港口群、世界级机场群、对外综合运输通道的建设。目前，南沙大桥的正式通车、广湛高铁、深茂铁路深江段、深惠城际等重点项目的稳步推进，深圳机场与惠州机场的完善建设，以及皇岗口岸与粤澳新通道的改造建设，形成了粤港澳大湾区高效便捷的现代综合交通体系，实现了"12312"交通圈，并与纵向的广深高速、广深沿江高速、广珠东线、广珠西线等"黄金通道"一起，织起大湾区的"梯形状"快速通道。

四是人才资源的自由流动。广东省政府印发的《关于加强港澳青年创新创业基地建设的实施方案》提出，来粤创业的港澳青年可与本省青年同等享受创业补贴扶持政策,同时积极打造港澳青年人才服务体系,建立多层次融资支持体系,促进粤港澳大湾区出入境、工作、居住、物流等更加便利化的政策措施的落实,鼓励科技和学术人才交往交流。此外,珠三角九市积极借鉴港澳地区吸引国际高端人才的经验和做法,通过制定技术移民先行先试政策、建设国家级人力资源服务产业园、完善高层次人才认定标准、优化人才激励机制等,实现了人才引进政策的积极、开放、有效推进。

粤港澳大湾区的发展正在蓬勃推进,未来的提升潜力更是不言而喻,然而就目前的情况来看还是存在进一步优化改善的空间。面临的主要挑战包括社会经济体制机制的衔接、关境(要素)障碍的存在、产业分工链条的融合、创新资源的优化配置、城际协同规划及长效治理机制的缺乏等。为此,我们提出以下政策建议,以期为政府部门决策提供参考意见:

第一,建立和完善区域一体化的体制机制。内地与港澳深度合作示范区是粤港澳大湾区建设的重要目标之一,这要求深化珠三角九市与港澳地区全面务实合作,促进人员、物资、资金、信息便捷有序流动。然而,内地与港澳地区的社会经济制度差异一定程度上不利于推进大湾区内的市场一体化,因此需要建立和完善区域一体化的体制机制。一方面,强化多领域开放与融合。落实内地与港澳地区CEPA系列协议,推动对港澳地区在金融、教育、法律及争议解决、航运、物流、铁路运输、电信、中医药、建筑及相关工程等领域的开放,并通过取消或放宽对港澳地区投资者的资质要求以及持股比例、行业准入等限制,强化市场对接与融合。另一方面,推进制度安排的有效衔接。在内陆与港澳地区的社会经济制度融合方面,应构建完善的法治体系和规范的市场机制,逐渐消除由体制差异所形成的制度障碍,以制度性的区域一体化促进粤港澳地区的协同发展。具体而言:在人员流动方面,应由粤港澳三地共同出台措施,扫除衣食住行、就医就业、信息互通、创新创业等方面可能存在的障碍,特别是对于税收政策、签证边检、居留许可等问题应当实现便利化和自由化;在产品流动方面,粤港澳三地应加强检验检疫、认证认可、标准计量等方面的合作,完善口岸执法机构的常态化便利机制;在跨境结算方面,应不断创新跨境贸易和跨境投资人民币结算业务,特别是应当优化外汇管理体制改革,建立内地与港澳地区之间的自由贸易账户管理体系。然而,目前粤港澳三地资质互认基本上是"单向认定",即港澳地区专业服务标准和资质在内地获得认可,但内地专业服务标准和资质在港澳地区未获得认可。未来在条件允许的情况下可以实行"双向互认",在规划与政策制定、个人与企业权益保障、知识产权保护、纠纷解决机制、市场准入标准以及行业规范等方面,请专业的三方机构制定标准和规则,实现三方"共同制定"。

第二,打造大湾区产业分工链条的耦合机制。首先,基于区域异质性、产业异质性、企业异质性,培育大湾区内不同城市的不同产业和不同规模企业的价值链链主及隐形冠军。链主通常是大企业,掌握着全球产业链和价值链的关键技术、知识诀窍、资金资源或营销网络,通常采用标准化或差异化竞争战略。隐形冠军通常是中小企业,它们是某一个产品价值链甚至是价值链中某一核心模块的创新者,通常采用重点集中战略。链主与隐形冠军的培育,既是夯实产业链的重要环节,也是大湾区引领中国经济发展并占据全球价值链高端的关键环节。其次,基于比较优势视角和多极雁行理论逻辑,构建大湾区内城际产业分工链条的耦合机制。大湾区内每个城市都要积极培育不同产业具有比较优势的链主和隐形冠军,形成跨区域和跨产业的多极雁行格局,进而利用产业生命周期规律和产业扩散效应推动城际不同产业的协同互动,同时基于国家战略视野塑造大湾区内城际产业分工链条的耦合机制。产业分工链条耦合机制的设计应当充分考虑粤港澳三地的自身特色情况。香港地区的产业耦合导向是国际金融中心和创新研发扩散中心。澳门则属于典型的城市经济体,产业结构比较单一,但可以成为大湾区区际联系节点。粤港澳三地分工合作有序的产业协调机制,是培育健康、协同与可持续的区域内产业体系的关键。最后,应当通过发挥粤港澳大湾区内部的产业虚拟集聚效应,推动产业分工链条的耦合化协作。粤港澳大湾区是制造业的集聚地,更是战略性新兴产业的沃土,进一步发挥产业集聚效应,可以有效促进大湾区经济的高质量发展。然而,片面地追求产业空间集聚存在效率缺乏问题,产业的虚拟集聚是新一代信息技术下产业变革的新理念,是"互联网+"下产业空间组织的新形态,是资源空间配置的新方式,是推动大湾区产业优化升级和产业链条耦合化的新路径。

第三,通过优化资源配置塑造创新系统。首先,优化大湾区内资源的有效配置,构建创新系统,形成虹吸效应,吸引全球优质创新资源。目前,大湾区主要城市已经初步具备了创新要素集聚的基础,特别是深圳和香港地区对创新资源具有较强的虹吸能力。然而,大湾区内不同城市的创新资源虹吸能力具有显著的不平衡性,因此,应当积极优化资源配置,将深圳和香港地区的创新资源虹吸能力扩展到整个大湾区，进而形成创新资源虹吸能力的"规模报酬递增效应"。其次，通过构建大湾区内的创新资源配置机制，利用大湾区内部的主要创新扩散源，打造大湾区内部创新扩散常态化路径及创新承接的有效模式。构建创新资源配置机制的关键是，消除影响创新要素自由流动的制约因素，激发各类创新主体的活力。而大湾区内创新扩散源的扩散机制得以形成的主要路径是推动粤港澳三地间的创新互联互通，如鼓励科技和学术人才的交往交流，支持港澳地区的高等学校和科研机构申请内地科技项目，鼓励港澳地区在广东设立研发机构等。最后，健全和完善泛创新系统的制度保障。一方面，强化大湾区内知识产权的保护和运用，健全粤港澳三地间的知识产权合作机制，加强在知识产权的创造、运用、保护等方面的多方合作，建立和完善泛创新系统内部的知识产权交易平台。另一方面，建立大湾区泛创新系统的知识产权信息交换机制和信息共享平台，保障大湾区内创新资源的有序流动，促进高端知识产权服务与区域产业融合发展。

第四，构建大湾区城际协同规划及长效治理机制。1998年开始举办的粤港合作联席会议与2003年开始举办的粤澳合作联席会议在推动粤港澳大湾区协同合作和互动规划等方面发挥着重要作用。未来应当创新大湾区城际协同规划机制，既要突出国家层面的推进粤港澳大湾区建设领导小组的作用，也要发挥粤港合作联席会议和粤澳合作联席会议的协商机制优势。"一组两会"城际协同规划机制的主要目的在于，实现城际社会经济制度的有效衔接，确保空间布局协调、时序安排统一，以解决大湾区建设中政策实施、项目安排、体制机制创新、平台建设等方面的重大问题。同时，在协同规划中应当从多方面构建长效治理机制，具体包括：一是空间布局治理。实现极点带动，发挥香港—深圳、广州—佛山、澳门—珠海强强联合的引领带动作用，构建区域经济发展轴带，形成主要城市间高效连接的网络化空间格局。二是产业发展治理。一方面，加快发展先进制造业，以珠海、佛山为龙头建设珠江西岸先进装备制造产业带，以深圳、东莞为核心在珠江东岸打造具有全球影响力和竞争力的电子信息等世界级先进制造业产业集群。另一方面，培育壮大战略性新兴产业，依托香港、澳门、广州、深圳等中心城市的科研资源优势和高新技术产业基础，充分发挥国家级新区、国家自主创新示范区、国家高新区等高端要素集聚平台作用，联合打造一批产业链条完善、辐射带动力强、具有国际竞争力的战略性新兴产业集群，增强经济发展新动能。三是生态环境治理。坚持节约优先、保护优先、自然恢复为主的方针，以建设美丽湾区为引领，着力提升生态环境质量，形成节约资源和保护环境的空间格局、产业结构、生产方式、生活方式，实现绿色低碳循环发展。四是社会保障治理。加强跨境公共服务和社会保障的衔接，探索港澳地区社会保险在大湾区内跨境使用，建立粤港澳跨境社会救助信息系统开展社会福利和慈善事业合作。特别是，在珠三角九市港澳居民比较集中的城乡社区，有针对性地拓展社区综合服务功能，为港澳居民提供及时、高效、便捷的社会服务。

附录 5
理论研究和政策研究的阶段性成果篇目

1. 欧阳峣，汤凌霄. 在构建新发展格局中实现高质量发展 [N]. 人民日报，2020-12-16.

2. 汤凌霄. 大国开放发展的中国经验 [N]. 光明日报，2018-09-05.

3. 欧阳峣，赵晓雷，汤凌霄，高凌云. 推动建设开放型世界经济 [N]. 光明日报，2018-09-18.

4. 欧阳峣. 促进形成强大国内市场 [N]. 光明日报，2019-05-14.（《新华文摘》2019 年第 15 期全文转载）

5. 欧阳峣. 多极雁形理论与全球价值链重构——从产业视角观察当前世界经济体系 [N]. 光明日报，2020-07-28.

6. 欧阳峣，赵刚，毛艳华，傅元海. 粤港澳大湾区怎样集聚全球创新资源？[N]. 光明日报，2019-10-15.

7. 林跃勤. 从高速增长迈向高质量发展 [N]. 光明日报，2020-10-27.

8. 欧阳峣，汤凌霄. 构建中国风格的世界经济学理论体系 [J]. 管理世界，2020，(4).（《新华文摘》2020 年第 14 期封面重点文章全文转载）

9. 欧阳峣. 中国的大国经济发展道路及其世界意义 [J]. 经济学动态，2018，(8).（人大复印资料《国民经济管理》2018 年第 12 期全文转载）

10. 汤凌霄，欧阳曜亚. 外汇储备与外债同增悖论研究进展 [J]. 经济学动态，2021，(5).

11. 汤凌霄. 国际最后贷款人研究进展［J］. 经济学动态，2018，（11）.

12. 汤凌霄. 国际货币金字塔：中国的位置及行动策略［J］. 湖南师范大学社会科学学报，2021，（1）.（《新华文摘》2021年第11期全文转载）

13. 林跃勤. 全球经济治理变革与新兴国家制度性话语权提升研究［J］. 社会科学，2020，（11）.（《新华文摘》2021年第5期全文转载）

14. 欧阳峣. 大国发展经济学的逻辑体系［J］. 湖南师范大学社会科学学报，2018，（6）.（《新华文摘》2019年第7期全文转载）

15. 洪联英. 开放大国自由贸易区平台建设的优势与短板——以海南省为例［J］. 湖南师范大学社会科学学报，2021，（1）.

16. 高凌云，臧成伟. 全球价值链发展趋势与我国对外开放战略［J］. 湖南师范大学社会科学学报，2020，（5）.

17. 欧阳峣，汤凌霄. 大国经济开放与粤港澳经济合作［N］. 中国社会科学报，2019-09-02.

18. 欧阳峣. 共建开放合作的世界经济——学习《习近平谈治国理政》第三卷的体会［N］. 湖南日报，2020-09-01.

19. 贯彻总书记"一带一部"优势区位重要指示的建议（国家领导人批示），2020年1月23日.

20. 借鉴新加坡经验推进城市基层社会治理（国家领导人批示），2019年12月17日.

21. 加强中国与埃塞经贸合作的思考和建议. 中国驻非盟使团讲座，2019年8月16日.

22. 关于加快粤港澳大湾区建设的调查与思考，2019年7月26日.

参考文献

[1] 阿尔伯托·阿莱西纳,恩里科·斯波劳雷. 国家的规模[M]. 上海:格致出版社,上海人民出版社,2020.

[2] 阿尔弗雷德·韦伯. 工业区位论[M]. 北京:商务印书馆,2010.

[3] 艾德阿德·安尼南特. 中国、全球化及IMF[J]. 国际贸易问题,2001,(6).

[4] 奥古斯特·勒施. 经济空间秩序[M]. 北京:商务印书馆,2010.

[5] 巴里·艾肯格林. 嚣张的特权——美元国际化之路及对中国的启示[M]. 陈召强,译. 北京:中信出版集团,2019.

[6] 白重恩,杜颖娟,陶志刚,仝月婷. 地方保护主义以及产业的地区集中度的决定因素和变动趋势. 经济研究,2004,(4).

[7] 保罗·克鲁格曼. 萧条经济学的回归[M]. 朱文晖,译. 北京:中国人民大学出版社,1999.

[8] 布哈林. 世界经济和帝国主义[M]. 蒯兆德,译. 北京:中国社会科学出版社,1983.

[9] 蔡昉. 全球化的政治经济学及中国策略[J]. 世界经济与政治,2016,(11).

[10] 查尔斯·金德尔伯格. 西欧金融史[M]. 徐子键,等译. 北京:中国金融出版社,2007.

[11] 陈爱贞,刘志彪. 自贸区:中国开放型经济"第二季"[J]. 学术月刊,2014,(1).

[12] 陈景辉,邱国栋. 跨国公司与东道国产业集群的"双向嵌入观"[J]. 经济管理,2008,(11).

[13] 陈林, 邹经韬. 中国自由贸易区试点历程中的区位选择问题研究 [J]. 经济学家, 2018, (6).

[14] 陈敏, 桂琦寒, 陆铭, 等. 中国经济增长如何持续发挥规模效应: 经济开放与国内商品市场分割的实证研究 [J]. 经济学, 2008, (1).

[15] 陈伟光, 王燕. 全球经济治理制度性话语权: 一个基本的理论分析框架 [J]. 社会科学, 2016, (10).

[16] 陈钊, 陆铭. 从分割到融合: 城乡经济增长与社会和谐的政治经济学 [J]. 经济研究, 2008, 43 (1).

[17] 陈志敏, 吉磊. 欧洲的国际秩序观: "有效的多边主义"? [J]. 复旦国际关系评论, 2014, (1).

[18] 成新轩, 郭志尧. 中国自由贸易区优惠原产地规则修正性限制指数体系的构建 [J]. 管理世界, 2019, (6).

[19] 池元吉, 李晓. 世界经济概论 [M]. 北京: 高等教育出版社, 2013.

[20] 仇启华. 世界经济学 [M]. 北京: 中共中央党校出版社, 1989.

[21] 褚葆一, 张幼文. 世界经济学原理 [M]. 北京: 中国财政经济出版社, 1989.

[22] 崔日明, 黄英婉. "一带一路"沿线国家贸易投资便利化评价指标体系研究 [J]. 国际贸易问题, 2016, (9).

[23] 戴维·S. 埃文斯, 理查德. 施马兰奇. 连接: 多边平台经济学 [M]. 张昕, 译. 北京: 中信出版社, 2018.

[24] 黛布拉·斯蒂格. 世界贸易组织的制度再设计. 汤蓓, 译. 上海: 上海人民出版社, 2011.

[25] 道格拉斯·诺思, 制度、制度变迁与经济绩效. 杭行, 译. 上海: 上海三联书店, 2008.

[26] 杜声浩. 东盟国家在全球生产网络中的地位与竞争力 [D]. 厦门大学硕士学位论文, 2018.

[27] 高凌云. 加足马力"硬核"稳外贸 [J]. 国际商报, 2020, (4).

[28] 高凌云. 对"十三五"时期国际经济形势的基本判断 [J]. 全球化, 2015, (11).

[29] 高奇琦. 社群世界主义: 全球治理与国家治理互动的分析框架 [J]. 世界经济与政治, 2016, (11).

[30] 郭永泉. 中国自由贸易港建设和自由贸易试验区深化改革的策略研究 [J]. 国际贸易, 2018, (3).

[31] 何枭吟, 吕荣艳. 空港型自贸区发展趋势与中国内陆空港自贸区战略抉择 [J]. 国际经济合作, 2018, (8).

[32] 洪俊杰, 商辉. 中国开放型经济发展四十年回顾与展望 [J]. 管理世界, 2018,

34（10）．

[33] 洪联英，黄汝轩．上海自贸区的功能定位反思及其调整［J］．国际商务研究，2017，（1）．

[34] 洪联英．开放大国自由贸易区平台建设的优势与短板：以海南省为例［J］．湖南师范大学社会科学学报，2021，50（1）．

[35] 黄玖立，吴敏，包群．经济特区、契约制度与比较优势［J］．管理世界，2013，（11）．

[36] 黄玖立，周璇．定制化与地方保护主义：经验证据及对自贸区建设的启示［J］．管理世界，2018，（12）．

[37] 黄薇．国际组织中的权力计算——以IMF份额与投票权改革为例的分析［J］．中国社会科学，2016，（12）．

[38] 江小娟等．服务经济：理论演进与产业分析［M］．北京：人民出版社，2014．

[39] 金培振，张亚斌，邓孟平．区域要素市场分割与要素配置效率的时空演变及关系［J］．地理研究，2015，（5）．

[40] 鞠建东，余心玎．全球价值链研究及国际贸易格局分析［J］．经济学报，2014，1（2）．

[41] 莱斯特·瑟罗．资本主义的未来［M］．周晓钟，译．北京：中国社会科学出版社，1998．

[42] 兰德尔·雷．现代货币理论——主权货币体系的宏观经济学［M］．张慧玉，王佳楠，马爽，译．北京：中信出版集团，2019．

[43] 李兵，颜晓晨．中国与"一带一路"沿线国家双边贸易的新比较优势［J］．经济研究，2018，（1）．

[44] 李波，杨先明．贸易便利化与企业生产率：基于产业集聚的视角［J］．世界经济，2018，（1）．

[45] 李琮．世界经济学新编［M］．北京：经济科学出版社，2000．

[46] 李坤望，陈维涛，王永进．对外贸易、劳动力市场分割与中国人力资本投资．世界经济，2014，37（3）．

[47] 李凌．平台经济发展与政府管制模式变革［J］．经济学家，2015，（7）．

[48] 李天籽．跨境次区域合作与中国沿边产业空间分布［M］．北京：社会科学文献出版社，2015．

[49] 李向阳．亚洲区域经济一体化的"缺位"与"一带一路"的发展导向［J］．中国社会科学，2018，（8）．

[50] 李晓，张显吉．世界经济一体化与世界经济区域集团化刍议［J］．世界经济，1994，（4）．

[51] 李政. 新兴市场经济体的内涵、范围与国际地位 [J]. 经济问题, 2014, (1).

[52] 连平. 世界经济总论 [M]. 上海: 上海科学普及出版社, 1998.

[53] 梁怀新. 全球经济治理变革与新兴国家制度性话语权提升研究 [J]. 大连干部学刊, 2017, (10).

[54] 刘洪愧, 刘霞辉. 构建开放型经济新空间布局: 理论基础、历史实践与可行路径 [J]. 改革, 2019, (1).

[55] 刘洪愧, 谢谦. 新兴经济体参与全球价值链的生产率效应 [J]. 财经研究, 2017, 43 (8).

[56] 刘敬东. WTO 未来之路在何方？——WTO 改革动向及思考 [J]. 法学杂志, 2013, (4).

[57] 刘倩. 独奏抑或共鸣: 全球议题合作中的金砖国家——以成员国在联合国大会的投票为例 [J]. 外交评论（外交学院学报）, 2018, 35 (2).

[58] 刘伟, 蔡志洲. 如何看待中国仍然是一个发展中国家？[J]. 管理世界, 2018, 34 (9).

[59] 刘玮, 邱晨曦. 霸权利益与国际公共产品供给形式的转换——美联储货币互换协定兴起的政治逻辑 [J]. 国际政治研究, 2015, 36 (3).

[60] 刘雪莲, 姚璐. 国家治理的全球治理意义 [J]. 中国社会科学, 2016, (6).

[61] 刘亚男, 王跃. 新世纪以来国内全球治理研究述评——基于 CSSCI 数据库的分析 [J]. 社会主义研究, 2019, (4).

[62] 卢静. 全球治理: 地区主义与其治理的视角 [J]. 教学与研究, 2008, (4).

[63] 鲁志国, 潘凤. 改革开放 40 年中国省域开放度的发展演进与成因分析 [J]. 深圳大学学报（人文社会科学版）, 2018, 35 (1).

[64] 陆铭, 陈钊. 分割市场的经济增长: 为什么经济开放可能加剧地方保护？[J]. 经济研究, 2009, (3).

[65] 吕冠珠. 中韩 FTA 促进中国制造业全球价值链地位提升的研究 [D]. 山东大学博士学位论文, 2017.

[66] 罗伯特·蒙代尔. 蒙代尔经济学文集（第六卷）: 国际货币: 过去、现在和未来 [M]. 向松, 译. 北京: 中国金融出版社, 2003.

[67] 马风涛. 中国制造业全球价值链长度和上游度的测算及其影响因素分析——基于世界投入产出表的研究 [J]. 世界经济研究, 2015, (8).

[68] 马克思恩格斯全集（第 4 卷）[M]. 北京: 人民出版社, 1958.

[69] 马克思恩格斯全集（第 13 卷）[M]. 北京: 人民出版社, 1962.

[70] 马克思恩格斯全集（第 30 卷）[M]. 北京: 人民出版社, 1995.

[71] 马克思恩格斯全集（第 46 卷）[M]. 北京: 人民出版社, 2003.

[72] 马克思. 资本论（第1卷）[M]. 北京：人民出版社，1975.

[73] 迈克尔·波特. 国家竞争优势[M]. 李明轩，邱如美，译. 北京：华夏出版社，2002.

[74] 曼瑟尔·奥尔森. 集体行动的逻辑[M]. 陈郁，等译. 上海：上海三联书店，上海：上海人民出版社，1995.

[75] 门洪华. 应对全球治理危机与变革的中国方略[J]. 中国社会科学，2017，(10).

[76] 倪红福. 全球价值链位置测度理论的回顾和展望[J]. 中南财经政法大学学报，2019，(3).

[77] 聂名华. 中国对外直接投资的主要特征与发展策略思考[J]. 国际贸易，2017，(4).

[78] 欧阳峣，罗富政，罗会华. 发展中大国的界定、遴选及其影响力评价[J]. 湖南师范大学社会科学学报，2016，(6).

[79] 欧阳峣. 大国发展经济学[M]. 北京：中国人民大学出版社，2019.

[80] 欧阳峣. 大国发展经济学的逻辑体系[J]. 湖南师范大学社会科学学报. 2018，(6).

[81] 庞中英. 关于中国的全球治理研究[J]. 现代国际关系，2006，(3).

[82] 裴长洪，刘斌. 中国对外贸易的动能转换与国际竞争新优势的形成[J]. 经济研究，2019，54 (5).

[83] 皮埃尔·卡蓝默. 破碎的民主：试论治理的革命[M]. 高凌瀚，译. 北京：三联书店，2004.

[84] 钱俊瑞. 为创建和发展马克思主义的世界经济学而奋斗[J]. 世界经济，1980，(3).

[85] 秦亚青. 全球治理失灵与秩序理念的重建[J]. 世界经济与政治，2013，(4).

[86] 邱斌，叶龙凤，孙少勤. 参与全球生产网络对我国制造业价值链提升影响的实证研究——基于出口复杂度的分析[J]. 中国工业经济，2012，(1).

[87] 阚天舒，张纪腾. 全球经济治理体系出现"机无力"，中国该如何推动变革？[N]. 解放日报，2018-08-07.

[88] 塞缪尔·P. 亨廷顿. 变化社会中的政治秩序[M]. 王冠华，刘为，译. 上海：上海世纪出版集团，2008.

[89] 盛斌，毛其淋. 进口贸易自由化是否影响了中国制造业出口技术复杂度[J]. 世界经济，2017，40 (12).

[90] 盛斌，魏方. 新中国对外贸易发展70年：回顾与展望[J]. 财贸经济，2019，40 (10).

[91] 史本叶，王晓娟. 探索建设中国特色自由贸易港：理论解析、经验借鉴与制度体

系构建 [J]. 北京大学学报（哲学社会科学版），2019，56（4）.

[92] 苏庆义. 中国省级出口的增加值分解及其应用 [J]. 经济研究，2016，51（1）.

[93] 汤凌霄. 国际最后贷款人研究进展 [J]. 经济学动态，2018，（11）.

[94] 唐宜红，顾丽华. 贸易便利化与制造业企业出口——基于"一带一路"沿线国家企业调查数据的实证研究 [J]. 国际经贸探索，2019，35（2）.

[95] 陶大镛. 论世界经济学的研究对象 [J]. 社会科学战线，1980，（2）.

[96] 藤田长久，保罗·克鲁格曼，安东尼·维纳布尔斯. 空间经济学 [M]. 梁琦，主译. 北京：中国人民大学出版社，2005.

[97] 汪素芹. 中国区域外贸发展方式转变的实证分析——基于全国15个主要省（市）的数据与比较 [J]. 财贸经济，2013，（12）.

[98] 王冠凤. 贸易便利化机制下的上海自由贸易试验区跨境电子商务研究——基于平台经济视角 [J]. 经济体制改革，2014，（5）.

[99] 王乐夫，刘亚平. 国际公共管理的新趋势：全球治理 [J]. 学术研究，2003，（3）.

[100] 王宁. 生产要素市场扭曲的结构效应分析 [D]. 浙江大学博士学位论文，2016.

[101] 王玮. 美国联盟体系的制度分析 [J]. 美国研究，2013，27（4）.

[102] 王晓红. 推动新时期我国对外直接投资的战略思路 [J]. 全球化，2017，（1）.

[103] 王晓玲. 国际经验视角下的中国特色自由贸易港建设路径研究 [J]. 经济学家，2019，（3）.

[104] 王直，魏尚进，祝坤福. 总贸易核算法：官方贸易统计与全球价值链的度量 [J]. 中国社会科学，2015，（9）.

[105] 魏浩，巫俊. 知识产权保护与中国工业企业进口 [J]. 经济学动态，2018，（3）.

[106] 魏龙，王磊. 从嵌入全球价值链到主导区域价值链——"一带一路"战略的经济可行性分析 [J]. 国际贸易问题，2016，（5）.

[107] 吴志成，王慧婷. 全球治理能力建设的中国实践 [J]. 世界经济与政治，2019，（7）.

[108] 习近平. 共同维护和发展开放型世界经济 [N]. 人民日报，2013-09-06.

[109] 习近平. 决胜全面建设小康社会，夺取新时代中国特色社会主义伟大胜利 [N]. 人民日报，2017-10-28.

[110] 习近平. 深化伙伴关系，增强发展动力 [N]. 人民日报，2016-11-21.

[111] 习近平. 在20国集团领导人第八次峰会上的讲话 [N]. 人民日报，2013-09-06.

[112] 习近平. 在哲学社会科学工作座谈会上的讲话 [J]. 人民网，访问日期：2019-10-20.

[113] 习近平. 中国发展新起点，全球增长新蓝图 [N]. 人民日报，2016-09-04.

[114] 习近平谈治国理政（第一卷）［M］. 北京：外文出版社，2014.

[115] 习近平谈治国理政（第二卷）［M］. 北京：外文出版社，2017.

[116] 习近平谈治国理政（第三卷）［M］. 北京：外文出版社，2020.

[117] 夏志强. 国家治理现代化的逻辑转换［J］. 中国社会科学，2020，(5).

[118] 小岛清. 对外贸易论［M］. 周宝康，译. 南京：南京大学出版社，1987.

[119] 徐晋. 平台经济学［M］. 上海：上海交通大学出版社，2013.

[120] 徐明君，黎峰. 基于生产效率视角的全球价值链分工：理论解释及实证检验［J］. 世界经济与政治论坛，2015，(6).

[121] 徐秀军. 全球经济治理进入深度变革期［J］. 经济研究参考，2015，(63).

[122] 徐秀军. 全球经济治理困境：现实表现与内在动因［J］. 天津社会科学，2019，(2).

[123] 亚当·斯密. 国民财富的性质和原因的研究（上下卷）［M］. 郭大力，王亚南，译. 北京：商务印书馆，1972.

[124] 燕继荣. 政治学十五讲［M］. 北京：北京大学出版社，2013.

[125] 杨汝岱，朱诗娥. 企业、地理与出口产品价格——中国的典型事实［J］. 经济学（季刊），2013，12（4）.

[126] 杨圣明. 马克思主义国际价值论及其中国化探索［M］. 北京：社会科学文献出版社，2012.

[127] 杨子荣，徐奇渊，王书朦. 中美大国货币政策双向溢出效应比较研究——基于两国 DSGE 模型［J］. 国际金融研究，2018，(11).

[128] 伊恩·罗伯逊. 社会学（下册）［M］. 黄育馥，译. 商务印书馆，1991.

[129] 伊曼纽尔·沃勒斯坦. 现代世界体系［M］. 郭芳，等译. 北京：社会科学文献出版社，2013.

[130] 游腾飞. 西方治理指数与制度性话语权的传播［J］. 探索，2016，(5).

[131] 于水，徐亚清. 论新时代制度性话语权的双重维度建构［J］. 学术论坛，2018，41（2）.

[132] 余泳泽，张莹莹，杨晓章. 创新价值链视角的创新投入结构与全要素生产率分析［J］. 产经评论，2017，8（3）.

[133] 俞可平. 全球治理引论［J］. 马克思主义与现实，2002，(1).

[134] 约瑟夫·E. 斯蒂格利茨. 全球化及其不满［M］. 夏业良，译. 北京：机械工业出版社，2004.

[135] 约瑟夫·奈. 软实力［M］. 马娟娟，译. 北京：中信出版社，2013.

[136] 张斌，王勋. 中国外汇储备名义收益率与真实收益率变动的影响因素分析［J］. 中国社会科学，2012，(1).

[137] 张红霞, 陈才. 中国大陆地区外贸失衡与地区差距的关联与机理 [J]. 经济地理, 2009, 29 (8).

[138] 张杰, 周晓艳, 李勇. 要素市场扭曲抑制了中国企业 R&D? [J]. 经济研究, 2011, (8).

[139] 张康之. 论集体行动中的价值、规则与规范 [J]. 天津行政学院学报, 2014, 16 (4).

[140] 张平, 陈昌兵. 加快现代化建设, 实现第二个百年奋斗目标 [J]. 经济学动态, 2018, (2).

[141] 张亚斌. 一带一路"投资便利化与中国对外直接投资选择 [J]. 国际贸易问题, 2016, (9).

[142] 张幼文, 薛安伟. 要素流动的结构与全球经济再平衡 [J]. 学术月刊, 2013, 45 (9).

[143] 张幼文. 自贸区试验与开放型经济体制建设 [J]. 学术月刊, 2014, (1).

[144] 张宇燕, 倪峰, 杨伯江, 冯仲平. 新冠疫情与国际关系 [J]. 世界经济与政治, 2020, (4).

[145] 张宇燕. 当代中国世界经济学研究 [M]. 北京: 中国社会科学出版社, 2016a.

[146] 张宇燕. 全球治理的中国视角 [J]. 世界经济与政治, 2016b, (9).

[147] 中国外汇管理局. 2019年中国国际收支报告. 中国外汇管理局官网, 访问日期: 2019-10-20.

[148] 中华人民共和国国民经济和社会发展第十四个五年规划和2035年远景目标纲要 [N]. 人民日报, 2021-03-13.

[149] 周亚敏. 全球价值链中的绿色治理——南北国家的地位调整与关系重塑 [J]. 外交评论 (外交学院学报), 2019, 36 (1).

[150] 周亦奇. 当伙伴"遇见"盟友——中国伙伴关系与美国同盟体系的互动模式研究 [J]. 国际展望, 2016, 8 (5).

[151] 周琢, 祝坤福. 外资企业的要素属权结构与出口增加值的收益归属 [J]. 中国工业经济, 2020, (1).

[152] 周子勋. 海南创建自贸港: 中国开放跃升新高度 [N]. 上海证券报, 2018-04-18.

[153] 朱孟楠, 陈冲, 朱慧君. 从自贸区迈向自由贸易港: 国际比较与中国的选择 [J]. 金融论坛, 2018, (5).

[154] 庄宗明. 世界经济学 [M]. 北京: 科学出版社, 2007.

[155] 左凤荣. 全球治理中的国际话语权 [N]. 学习时报, 2019-12-18.

[156] 左海聪. 协力提高制度性话语权 [N]. 人民日报, 2016-02-19.

[157] 作田庄一. 世界经济学 [M]. 日本改造社, 1933.

[158] Acemoglu D, Autor D, Dorn D, et al. Import Competition and the Great US Employment Sag of the 2000s [J]. *Journal of Labor Economics*, 2016, 34 (S1).

[159] Aizenman J, et al. Selective Swap Arrangements and the Global Financial Crisis: Analysis and Interpretation [J]. *International Review of Economics and Finance*, 2010, (19).

[160] Aizenman J. International Reserves and Swap Lines in Times of Financial Distress: Overview and Interpretations [C]. ADBI Working Paper, 2010.

[161] Allen W, Moessner W. Central Bank Co-operation and International Liquidity in the Financial Crisis of 2008-9 [C]. BIS Working Papers, 2010, 310.

[162] Antràs P, Chor D, Fally T, Hillberry R. Measuring the Upstreamness of Production and Trade Flows [C]. Cepr Discussion Papers, 2012a, 102 (3).

[163] Antràs P, Chor D, Fally T, Hillberry R. Measuring the Upstreamness of Production and Trade Flows [C]. NBER Working Paper, 2012b, (17819).

[164] Antràs P, Chor D. On the Measurement of Upstreamness and Downstreamness in Global Value Chains [C]. NBER Working Paper, 2018, (24185).

[165] Antràs P, De Gortari A, Itskhoki O. Globalization, Inequality and Welfare [J]. *Journal of International Economics*, 2017, 108.

[166] Art R J. Selective Engagement after Bush, in M. A. Flournoy & Brimley S. (eds.). *Finding Our Way: Debating American Grand Strategy*. Center for a New American Century, 2008.

[167] Baba N, Packer F. From Turmoil to Crisis: Dislocations in the FX Swap Market before and after the Failure of Lehman Brothers [J]. *Journal of International Money and Finance*, 2009, 28 (8).

[168] Bahaj S, Reis R. Central Bank Swap Lines: Evidence on the Effects of the Lender of Last Resort [J]. *Institute for Monetary and Economic Studies*, 2019, 19.

[169] Balassa B. Trade Liberalisation and Revealed Comparative Advantage [J]. *Manchester School of Economic and Social Studies*, 1965, (33).

[170] Balázs Sárvári, Anna Szeidovitz. The Political Economics of the New Silk Road [J]. *Baltic Journal of European Studies*, 2016, 6 (1).

[171] Barry E, Hausmann R, Panizza U. Currency Mismatchs, Debt Intolerance and Original Sin: Why They Are not the Same and Why It Matters [C]. NBER Working Paper, 2003, (10036).

[172] Beeson M, Bell S. The G-20 and International Governance: Hegemony, Collec-

tivism, or Both? [J]. *Global Governance*, 2009, (15).

[173] Boring T W. The Development of Foreign-trade Zones in Inland Ports [J]. *The Journal of Commerce*. 2005, 6 (36).

[174] Campbell K M, Sullivan J. Competition Without Catastrophe: How America Can Both Challenge and Coexist With China [J]. *Foreign Affaris*, 2019, (5).

[175] Castilho M, Marta M, Aude S. Poverty and Inequality Dynamics in Manaus: Legacy of a Free Trade Zone [C]. Développement, Institutions et Mondialisation Working Paper, 2015, (18).

[176] Chauffour J P, Maur J C. *Preferential Trade Agreement Policies for Development: A Handbook* [M]. World Bank Publications, 2011.

[177] Chen M X, Jochi S. Third-Country Effect on the Formation of Free Trade Agreements [J]. *Journal of International Economics*, 2010, 82 (2).

[178] Chong Z H, Qin C L, Pan S. The Evolution of the Belt and Road Trade Network and Its Determinant Factors [J]. *Emerging Markets Finance and Trade*, 2019, 55 (14).

[179] Chung-In Moon, Sang-Young Rhyu. Rethinking Alliance and the Economy: American Hegemony, Path Dependence, and the South Korean Political Economy [J]. *International Relations of the Asia-Pacific*, 2010, 10 (3).

[180] Cohen B J. *The Future of Money*. Princeton University Press, 2006.

[181] Coughlin C C, Novy D. Is the International Border Effect Larger than the Domestic Border Effect? Evidence from US Trade [J]. *CESifo Economic Studies*, 2013, 59 (2).

[182] Coulibaly B, Millar J. The Asian Financial Crisis, Uphill Flow of Capital, and Global Imbalances: Evidence from a Micro Study, Board of Governors of the Federal Reserve System [C]. International Finance Discussion Papers, 2008, (942).

[183] Crinò R, Ogliari L. Financial Frictions, Product Quality, and International Trade [C]. CEPR Discussion Paper, 2015, (10555).

[184] Djankov S, Freund C, Pham C. Trading on Time [C]. World Bank Policy Research Working Paper, 2006, (3909).

[185] Dooley M P, Landau D F, Garber P M. The Revived Bretton Woods System's First Decade [J]. *National Bureau of Economic Research*, 2014, (20454).

[186] Duval Y, Utoktham C, Kravchenko A. Impact of Implementation of Digital Trade Facilitation on Trade Costs [C]. ARTNeT Working Paper Series, 2018.

[187] Feldstein M. A Self-Help Guide for Emerging Markets [J]. *Foreign Affairs*, 1999, 78 (2).

[188] Felipe J, Kumar U. The Impact of Geography and Natural Resource Abundance

on Growth in Central Asia [J]. *SSRN Electronic Journal*, 2010a, 50 (4).

[189] Felipe J, Kumar U. The Role of trade facilitation in Central Asia: A Gravity Model [J]. *Eastern European Economics*, 2010b, (628).

[190] Fischer S. On the Need for an International Lender of Last Resortl [J]. *Journal of Economic Perspectives*, 1999, 13 (4).

[191] Fleming M J, Klagge N. The Federal Reserve's Foreign Exchange Swap Lines [J]. *Current Issues in Economics and Finance*, 2010, 16 (4).

[192] Fujita M. *Economics of Agglomeration, Cities, Industrial Location, and Regional Growth* [M]. Cambridge University Press, 2002.

[193] G20. Communique of Finance Ministers and Central Bank Governors-Berlin, Germany, 1999, December 15-16.

[194] Gilpin R. *War and Change in World Politics* [M]. Cambridge University Press, 1981.

[195] Goldberg L S, et al. Central Bank Dollar Swap Lines and Overseas Dollar Funding Costs [J]. *SSRN Electronic Journal*, 2011, 17 (15763).

[196] Graham E M. Do Export Processing Zones Attract FDI and Its Benefits: The Experience from China [J]. *Internal Economics and Economic Policy*, 2004, (32).

[197] Hansen N. Border Regions : A Critique of Spatial Theory and a European Case Study [J]. *The Annals of Regional Science*, 2007, 11 (1).

[198] Harms B. *Probleme der Weltwirtschaft* [M]. Verlag von Gustav Fischer, 1910.

[199] Hausmann R, Hwang J, Rodrik D. What You Export Matter [J]. *Journal of Economic Growth*, 2007, 12 (1).

[200] Hertel T, Mirza T. The Role of Trade Facilitation in South Asian Economic Integration [R]. Study on Intraregional Trade and Investment in South Asia, 2009.

[201] Hoover E M, Giarratani F. *An Introduction to Regional Economics* [M]. Knopf, 1984.

[202] Howson S, Winch D. The Economic Advisory Council, 1930-1939 [J]. *Economic History Review*, 1978, 31 (1).

[203] Huber P, Pfaffermayr M, Wolfmayr Y. Are There Border Effects in the EU Wage Function? [J]. *DANUBE: Law and Economics Review*, 2011, (2).

[204] Hummels D, Ishii J, Yi K-M. The Nature and Growth of Vertical Specialization in World Trade [J]. *Journal of International Economics*, 2001, 54 (1).

[205] Humphrey T M, Keleher R E. The Lender of Last Resort: A Historical Perspective [J]. *Cato Journal*, 1984, (4).

[206] Humphrey T M. Monetary Policy Frameworks and Indicators for the Federal Reserve in the 1920s [C], Working Paper, 2000.

[207] Jenkins G P, Kuo C Y. Taxing Mobile Capital in Free Trade Zones to the Detriment of Workers [J]. *Asia-Pacific Journal of Accounting & Economics*, 2019, 3 (26).

[208] Jones R. Finding Sources of Brand Value: Developing a Stakeholder Model of Brand Equity [J]. *The Journal of Brand Management*, 2005, 13 (1).

[209] Kejzar K Z. Investment Liberalisation and Firm Selection Process: A Welfare Analysis from a Host-country Perspective [J]. *Journal of International Trade & Economic Development*, 2011, 20.

[210] Kindleberger C. *The World in Depression, 1929—1939* [M]. The Penguin Press, 1973.

[211] Kogut B. Designing Global Strategies: Comparative and Competitive Value-added Chains [J]. *Sloan Management Review (pre-1986)*, 1985, 26 (4).

[212] Koopman R, Powers W, Wang Z, Wei S J. Give Credit Where Credit Is Due: Tracing Value Added in Global Production Chains [C]. NBER Working Paper, 2010, (4).

[213] Koopman R, Wang Z, Wei S J. Tracing Value-Added and Double Counting in Gross Exports [J]. *The American Economic Review*, 2014, 104 (2).

[214] Kramarz F, Martin J, Mejean I. Volatility in the Small and in the Large: The Lack of Diversification in International Trade [J]. *Journal of International Economics*, 2020, 122.

[215] Krisch N. COVID, Crisis and Change in Global Governance [J]. *The Global*, Apr. 17, 2020.

[216] Krugman P. *The Spatial Economy : Cities, Regions and International Trade* [M]. MIT Press, 1999.

[217] Krugman P, Venables A J. Globalization and the Inequality of Nations [J]. *The Quarterly Journal of Economics*, 1995, 110 (4).

[218] Leeds B A, Anac S. Alliance Institutionalization and Alliance Performance [J]. *International Interactions*, 2005, 31 (3).

[219] Lijphart A, The Analysis of Bloc Voting in the General Assembly: A Critique and a Proposal [J]. *The American Political Science Review*, 1963, 57 (4).

[220] Li Q, Scolloy R, Maani S. Effects on China and ASEAN of the ASEAN-China FTA: The FDI Perspective [J]. *Journal of Asian Economics*, 2016, (6).

[221] McCallum J. National Borders Matter: Canada-U. S. Regional Trade Patterns [J]. *American Economic Review*, 1995, 85.

[222] Mi Z, Meng J, Guan D, Shan Y, Song M, Wei Y-M, Liu Z, Hubacek K. Chinese Reversing Emission Flows [J]. *Nature Communications*, 2017.

[223] Moessner R, Alien W A. Central Bank Swap Line Effectiveness during the Euro Area Sovereign Debt Crisis [J]. *Journal of International Money and Finance*, 2013, 35.

[224] Morelli P, Pittaluga G B, Seghezza E. The Role of the Federal Reserve as an International Lender of Last Resort during the 2007-2008 Financial Crisis [J]. *International Economics and Economic Policy*, 2015, 12 (1).

[225] Moïsé E, Orliac T, Minor P. Trade Facilitation Indicators: The Impact on Trade Costs [C]. OECD Trade Policy Working Papers, 2011, (118).

[226] Moïsé E, Sorescu S. Trade Facilitation Indicators: The Potential Impact of Trade Facilitation on Developing Countries' Trade [C]. OECD Trade Policy Papers, 2013, (144).

[227] Obstefeld M. Lenders of Last Resort in a Globalized World [C]. CEPR Discussion Paper, 2009, (7355).

[228] OECD. Business Benefits of Trade Facilitation, TD/TC/WP (2001) 21 FINAL. Paris.

[229] OECD. Investment Division: Chapter 2, Investment Promotion and Facilitation, OECD Directorate for Financial and Enterprise Affairs, 2011.

[230] OECD. Policy Framework for Investment: A Review of Good Practices, https://doi.org/10.1787/9789264025875-en, 2006.

[231] Patterson E M. *An Introduction to World Economics* [M]. Macmillan Publishers Ltd., 1947.

[232] Pastor L, Veronesi P. Inequality Aversion, Populism, and the Backlash Against Globalization [R]. National Bureau of Economic Research, 2018.

[233] Polaski S. The Employment Consequences of NAFTA [J]. *Carnegie Endowment for International Peace*, 2006, 9 (11).

[234] Porter M E. *The Value Chain and Competitive Advantage* [M]. Routledge, 2001.

[235] Ramasamy B, Matthew Y, Chorthip U and Yann D. Trade and Trade Facilitation along the Belt and Road Initiative Corridors [C]. ESCAP Working Paper, 2017, (172).

[236] Ratnayake R, Sudesh R R, Feracane M F, Duval Y (eds.). Impacts of Trade Facilitation Measures on Poverty and Inclusive Growth: Case Studies from Asia [J]. *Foreign Trade Review*, 2015, 50 (4).

[237] Ravi R, Rajan S R, Martina F F, Yann D. *Impacts of Trade Facilitation Measures on Poverty and Inclusive Growth: Case Dtudies from Asia* [M]. United Nations

Publication, 2013.

[238] Rochet J, Tirole J. Platform Competition in Two-sided Markets [J]. *Journal of European Economic Association*, 2006, (1).

[239] Rodrik D. Populism and the Economics of Globalization [J]. *Journal of International Business Policy*, 2018, 1 (1-2).

[240] Romer P. Why, Indeed, in America? Theory, History, and the Origins of Modern Economic Growth [J]. *The American Economic Review*, 1996, 86 (2).

[241] Rose A K, Spiegel M M. Dollar Illiquidity and Central Bank Swap Arrangements during the Global Financial Crisis [J]. *Journal of International Economics*, 2012, 88 (2).

[242] Sahasrabuddhe A. Drawing the Line: The Politics of Federal Currency Swaps in the Global Financial Crisis [J]. *Review of International Political Economy*, 2019, 26 (3).

[243] Sakyi D, Villaverde J, Maza A, Bonuedi I. The Effects of Trade and Trade Facilitation on Economic Growth in Africa [J]. *African Development Review-Revue Africaine De Development*, 2017, 29 (2).

[244] Shepherd B, Wilson J S. Trade Facilitation in Southeast Asia: Measuring Progress and Assessing Priorities [C]. World Bank Policy Research Working Papers, 2009.

[245] Shuyu W, et al. The Impact of the US Interest Rate Hike on Emerging Market Economies and the Belt and Road Initiative [J]. *China & World Economy*, 2019, 27 (3).

[246] Sourafel G, Gong Y D, Holger G. Investment Liberalisation, Technology Take-off and Export Market Entry: Does Foreign Ownership Structure Matter? [J]. *Journal of Economic Behavior & Organization*, 2015, 116 (8).

[247] Thangavelu S M, Narjoko D. Human Capital, FTAs and Foreign Direct Investment Flows into ASEAN [J]. *Journal of Asian Economics*, 2014, (11).

[248] Titze M. Federal Reserve Swap Lines-International Lender of the Last Resort [J]. *Acta Oeconomica Pragensia*, 2016, 4.

[249] Tosevska T K, Tevdovski D. Trade Facilitation Indicators and Their Potential Impact on Trade between the Countries of South Eastern Europe [J]. *Scientific Annals of Economics & Business*, 2016, 63 (3).

[250] Triffen R. *Golden and Dollar Crisis* [M]. Yale University Press, 1960.

[251] Venables A J. Equilibrium Locations of Vertically Linked Industries [J]. *International Economic Review*, 1996, 37 (2).

[252] Volkswirtschaft und Weltwirtschaft, Versuch der Begründung einer Weltwirtschaftslehre, Jena, 1912.

[253] Waltz K N. *Theory of International Politics* [M]. Waveland Press, 2010.

[254] Warnock F E, Warnock V C. International Capital Flows and U. S. Interest Rates [J]. *National Bureau of Economic Research*, 2006, (12560).

[255] White L H. Economic Principles and Monetary Institutions. Review Essay on The Theory of Monetary Institutions [J]. *Journal des Economistes et des Etudes Humaines*, 2000, 10 (2).

[256] Wilson J S, Mann C, Tsunehiro O. Assessing the Benefits of Trade Facilitation: A Global Perspective [J]. *The World Economy*, 2005, 28 (6).

[257] Wilson J S, Mann C, Tsunehiro O. Trade Facilitation and Economic Development: A New Approach to Measuring the Impact [J]. *World Bank Economic Review*, 2003, 17 (3).

[258] Wilson J S, Mann C, Yuen P W, Nizar A, Inbom C. Trade Facilitation: A Development Perspective in the Asia Pacific Region [R]. Report Presented to APEC, 2002.

[259] Xiaoying Z, Jimin M. Opening up and institutional innovation in the western region under the 'One Belt and One Road' strategy [J]. *Guizhou Social Sciences*, 2017, 325 (1): 130-135.

[260] Yang Y C. A Comparative Analysis of Free Trade Zone Policies in Taiwan and Korea based on a Port Hinterland Perspective [J]. *The Asian Journal of Shipping and Logistics*, 2009, 25 (2).

[261] Ye M, Meng B, Wei S. Measuring Smile Curves in Global Value Chains [C]. IDE Discussion Paper, 2015.

[252] Yi W. Building a Community of Shared Future [N]. *China Daily*, 2018-03-02.

[263] Yue Z, Nie F. *Research on the Legal Problems of Trade and Investment Facilitation in GMS* [M]. Atlantis Press, 2017.

[264] Zaki. An Empirical Assessment of the Trade Facilitation Initiative: Econometric Evidence and Global Economic Effects [J]. *World Trade Review*, 2014, 13 (1).